労働者の権利

軌跡と展望

宮里邦雄先生弁護士五〇周年記念

編者—鵜飼良昭・徳住堅治・井上幸夫・鴨田哲郎

旬報社

刊行にあたって

敬愛する宮里邦雄弁護士の弁護士活動五〇周年を記念して、本書『労働者の権利―軌跡と展望』を出版する運びになりました。

宮里弁護士は、一九六五年弁護士登録されて以来、労働弁護士としてさまざまな労働分野で活動されてきました。先生は、中小企業争議、国鉄闘争、労働委員会闘争などで、働く人のために先頭になって活躍され、その切り開かれた地平は極めて広範囲にわたります。また、先生は、一九八二年から八六年まで総評弁護団幹事長、二〇〇二年から一二年まで日本労働弁護団の会長を務められるなど、常に弁護団の維持・発展に寄与され、労働弁護士の活動するフィールドを豊かにするために貢献されてきました。先生の薫陶を受けて育った労働弁護士が、現在さまざまな労働分野で活躍しています。先生は、日本労働法学会会員としても活発に発言され、弁護士として初めて理事を務められました。二〇〇四年四月から〇七年三月まで東京大学法科大学院客員教授（労働法と法曹倫理）として、法律家を目指すロースクール生の教育に尽力されました。

本書の構成は、第Ⅰ部「権利闘争をめぐる状況と課題」、第Ⅱ部「重要判例の形成にかかわって―判例形成の過程と判決の意義と評価」、第Ⅲ部「宮里弁護士の歩んだ五〇年」から構成され、第Ⅳ部に先生ご自身の執筆による論稿および略歴と執筆活動を収録しました。

第Ⅰ部は、労働者の権利をめぐる一九の分野について、現在第一線で活躍されている労働弁護士から、その分野のこれまでのたたかいの軌跡と展望を執筆してもらいました。この章をみると、労働者をめぐる各分野の権利闘争の過去・現在・未来を俯瞰することができます。

第Ⅱ部は、わが国の労働分野における判例法理の確立に重要な影響を与えた一四の判例について、事件当時の担当弁護士に執筆してもらいました。「裁判を提起するに至った経緯」、「法廷のたたかいでの出来事・エピソード」、「裁判官の下した結論が出た要因」、「判決の意義・評価とその後の動き」、などを盛り込んでもらいました。通常の判例解説には見られない、重要判例が形成された実相を垣間見ることができます。その他の重要判例を担当された弁護士にも執筆をお願いすることも検討しましたが、担当弁護士がすでに鬼籍に入っておられたり、弁護士活動をお止めになっておられたりして、残念ながらご依頼することがかないませんでした。

第Ⅲ部は、先生と交流のある方々（弁護士・研究者・組合関係者）から、弁護士五〇年の先生の活動内容、人柄、交流関係などについて執筆していただきました。人間性豊かで、常にユーモア溢れる先生の人柄を、十分感得していただけると思っています。

第Ⅳ部は、先生がかかわってこられた不当労働行為事件の経験、ＪＲ採用差別とのたたかい、そして組合への思いを込めた労働組合の役割と課題に関する論文を収録しました。

二〇一三年一一月から刊行委員会の会合を持ち、全体の構成、個別テーマ、重要判例の選定など本書の刊行を準備してまいりました。本書を出版する運びになったことは、このうえもない喜びです。また、ご協力いただいた多くの方々に衷心より御礼申し上げるしだいです。

本書は、宮里弁護士の弁護士活動五〇周年を記念して出版されるものではありますが、本書が労働者の権利の発展に大いに寄与することを願っていますし、また、寄与すると確信しています。

宮里邦雄先生、これからも労働者の権利確立のために、われわれと一緒に頑張りましょう。

二〇一五年四月

刊行委員会
鵜飼　良昭
徳住　堅治
井上　幸夫
鴨田　哲郎

第Ⅱ部　重要判例の形成にかかわって―判例形成の過程と判決の意義と評価

第Ⅲ部　宮里弁護士の歩んだ五〇年

第Ⅳ部　不当労働行為と労働組合の存在意義

第Ⅰ部

権利闘争をめぐる状況と課題

第1章　労働法制の規制「破壊」に反対する取り組み

髙木　太郎
（弁護士）

一　第二次安倍政権の発足と規制「破壊」をすすめる体制

二〇一二年年末、内閣総理大臣に返り咲いた安倍晋三首相は、就任直後の二〇一三年一月二八日、第一八三回通常国会における所信表明演説で、「世界で一番企業が活動しやすい国を目指す」と述べた。企業が一番活動しやすい国とは、そこで働く労働者にとっては生活しにくい国であろう。また、日本だけが世界で一番企業が活動しやすい国になって、投資家の投資を受け入れられるはずはなく、他の諸国家も「企業が活動しやすい国」競争を展開して、そのしわ寄せが労働者、一般国民に行くことは明らかである。

安倍首相は、政権発足直後の二〇一三年一月八日、閣議と同じメンバーで構成される日本経済再生本部を立ち上げた。翌九日には、経済財政諮問会議を復活させ、同月二三日には、規制改革会議、産業競争力会議を誕生させた。安倍内閣の基本方針は、これらの諸「会議」で形作られる。さらに同年一二月一三日に国家戦略特別区域法が制定されると、国家戦略特区諮問会議が制定された。この国家戦略特区諮問会議が、「岩盤規制」に風穴を開けるための司令塔として重要な役割を果たすことになる。

日本経済再生本部は上記の諸「会議」が出した結論にお墨付きを与えるためのセレモニーを行なう場にすぎず、議論らしい議論もほとんどない。つまり、大臣といえども、上記諸「会議」の構成員でない人たちは、安倍首相の主要な政策決定からは、蚊帳の外におかれている関係である。しかし日本経済再生本部が閣議と同じメンバーで構成されていることはきわめて重大である。閣僚は、日本経済再生本部の決議に縛られる。すわなち、前記諸「会議」が出した提言について、日本経済再生本部がお墨付きを与えれば、その方針は、各省庁所管の各種審議会で審議される場合でも、結論先にありきの審議にならざるを得ないのである。

さらに、安倍首相は、二〇一四年一月二二日世界経済フォーラム年次総会（ダボス会議）で、「『既得権益の岩盤を打ち破るドリルの刃になる』と私は言ってきた。春先には国家戦略特区が動き出す。そこではいかなる既得権益といえども、私の『ドリル』から無傷でいられない。」と述べた。その既得権益の筆頭に労働法の規制が挙げられている。

改憲論者として知られる慶応大学の憲法学の小林節教授は、自民党の国会議員らとともに自民党の改憲案を作ってきた経験から、安倍首相ら自民党の二世、三世議員について、「歴史的素養のない」人たちであると喝破された。歴史的素養のない首相によって、歴史的に積み上げられてきた、労働者の命と健康を守るために、労働者の家族的・文化的生活を守るために、さらに社会の安定的発展のために、必要不可欠な規制が、打ち砕かれようとしている。私たちは、この労働規制「破壊」の動きをなんとしても阻止しなければならない。これは、労働者のためだけではなく、日本社会を救う取り組みである。

二〇一四年六月二〇日に閉会した第一八六回通常国会では労働関係の法案では、過労死防止対策推進法が会期末の六月二〇日に成立し、労働者派遣法改正案は審議に入らないまま廃案、有期雇用労働者特別措置法案も衆議院では可決されたものの参議院の審議に入らないまま継続審議となった。圧倒的に不利な国会情勢のなか、労働者派遣法改正案、有期雇用特別措置法案とも、今国会で成立必至の情勢であったが、労働組合がこぞって反対し、運動が盛り上がったなか、何とか今国会での成立は阻止することができた。労働者派遣法改正案、有期雇用特別措置法案とも、秋の臨時国会で再提案、継続審議され、政府与党がその成立を目指すことは間違いない。また、労働時間規制の適用除外は、次期通常国会への法案提出に向けて準備が進められている。今後の運動のさらなる盛り上がりが必要である。

二　予定されている規制「破壊」のメニュー

1　派遣労働

派遣法は、一九八五年の成立から、「小さく産んで大きく育てる」の方針により、次第に適用範囲を拡大されてきた。大きくは、最初は専門一三職種でのみ認められた派遣労働が、その認められる職種の範囲を拡大された。一九九九年のネガティブリスト化、二〇〇三年の製造業派遣の解禁で、ほぼ職種の範囲の拡大は完了した。その後は、派遣を認める期間の伸長が課題の中心となった。二〇一二年一〇月初めて規制方向の改正がされたが、人材ビジネス業界の巻き返しにより、その改正が行なわれた二〇一二年一〇月から、「今後の労働者派遣制度の在り方に関する研究会」が発足し、派遣労働の規制緩和方向での検討が積み重ねられてきた。

今般の派遣法「改正」案の概要は次のとおりである。

①　専門二六業務という区分や業務単位での期間制限は撤廃

②　業務に関わらず、無期雇用派遣や六〇歳以上の派遣労働者等は派遣受入の期間制限を無くす（常用型派遣・登録型派遣ではなく、無期雇用派遣・有期雇用派遣に）

③　有期雇用派遣の場合でも、労働者を入れ替えれば「派遣労働」を使い続けることができる（過半数労組等の意見聴取は必要）。また、使用する「組織単位」を別にすれば同一労働者を派遣として使い続けることができる。つま

り、営業一課で三年使ったAという派遣労働者を営業二課に移してまた三年使うことができ、その後営業一課に戻せばさらに三年と同じ派遣労働者Aを永久に使い続けることができることになる。

④　派遣業はすべて許可制にする（特定派遣・一般派遣の区別をなくす）

この労働者派遣法「改正」案は、派遣期間制限の事実上の撤廃＝派遣自由化をその内実としており、労働関係全体の四割近くに拡大した非正規労働の派遣分野でのさらなる拡大を招き、日本社会の安定を根本から覆す危険のあるものである。①常用代替防止の制限がなくなり、②派遣労働者の処遇改善のための措置も「均等待遇」ではなく「均衡待遇」の推進に止まっており、③雇用安定措置もきわめて不十分である。

2　有期雇用の無期転換ルールの緩和

二〇一三年四月、改正労働契約法一八条が施行され、有期雇用が五年を超えて更新される場合に無期転換できるとされた。ただ、実際に適用がされるようになるのは、二〇一八年四月一日以降のことである。

ところが、二〇一三年一二月には、議員立法により、研究開発力強化法改正が行なわれ、大学、研究機関およびその共同研究者である民間労働者については、無期転換ルールが適用されるのは、五年ではなく一〇年経過後であることが定められた。これは、有期雇用の研究者、大学教員にとって事実上無期転換権を奪うものである。

さらに、第一八六回通常国会には、「専門的知識等を有する有期雇用労働者等に関する特別措置法案」が提出された。同法案は、施行されていない無期転換ルールについて特例を認めるものであり、上記研究開発力強化法改正とは異なり、その適用範囲が、「高収入かつ高度な専門的知識、技術又は経験を有する」者とされており、広範かつ不明確であり、「高収入かつ高度な専門的知識、技術又は経験を有する」者に該当するか否かを、行政認定に委ねるなど非常に問題の多い法案である。

この法案は、第一八六回通常国会では、衆議院で採決されただけで、参議院では審議されないまま継続審議になったが、本年秋に開催が予定される臨時国会では、継続審議で法案通過が企図されている。阻止のための格段の運動が求められる。

3　労働時間

売上にかかる経費はできるだけ売上に応じて増減する流動費とし、固定費化を防ぎたいのは、経営側の考える常である。そのため、生産、販売に必要な人件費を流動的なものに近づける努力（派遣労働の採用、有期雇用における雇い止めの自由の確保、正社員解雇の容易化などや、成果主義賃金の導入など）が、経営側によって不断に行なわれている。労働時間については、労働時間規制（一日八時間、週四〇時間、週休一日など）の範囲内では、賃金を成果に応じて定めることに法律上の制限は最低賃金法の規制のみである。しかし、労働時間規制を超えた時間の就労に対しては、所定内賃金を基準にして、超過した労働時間に対応した割増賃金の支払いが法によって命じられている。この労働時間規制の趣旨は、①労働者自身の健康確保、②労働者やその家庭のワークライフバランス、③ワークシェアによる社会経済の安定にある。また、④企業間の公正競争のルールとしての意味も大きい。すなわち、ブラック企業まがいの長時間労働を強いる企業を野放しにすることになれば、適正労働時間で就労をさせる企業は、企業間の競争に敗れてしまうことになるのである。

この労働時間規制の適用除外を作ろうとしたのが、二〇〇七年第一次安倍政権の時代に提案されたホワイトカラーエグゼンプションである。これは、「残業代ゼロ法案」として世論の強い反対に遭い、葬り去られた。

二〇一四年六月二四日に決定された「日本再興戦略」の改訂版では、「時間ではなく成果で評価される制度への改革」と称して、一定の年収要件（たとえば一〇〇〇万円以上）を満たし、職務の範囲が明確で高度な職業能力を有する労働者を対象として、労働時間の長さと賃金のリンクを切り離した「新たな労働時間制度」を創設するなどとしている。しかし、このような制度が導入されれば、いくら長時間労働が行なわれても成果に応じた賃金しか支払わないことが許されることになり、さらに、成果が上がるまで際限のない長時間労働が強いられることになる。この新しい労働時間制度の導入には労働者の同意が必要であると説明されるが、使用者に対して弱い立場にある労働者が、制度導入に抵抗し拒否できる保障は何もない。これは、「残業代ゼロ法」であるばかりでなく、「過労死促進法」であり「ブラック企業野放し法」である。

なお、年収一〇〇〇万円以上という年収要件を設けるとされているが、ひとたび新制度が立法化されて新しい適用除外制度が導入されれば、あとはなし崩し的に年収要件が引き下げられ、適用対象労働者が拡大していくのは必至である。現に、日本経団連は、二〇〇五年六月二一日の「ホワイトカラー・エグゼンプションに関する提言」で対象労働者の年収を四〇〇万円と想定している。また、そもそも年収一〇〇〇万円以上の労働者であれば、長時間過重労働による過労死や過労自殺、健康被害を防止しなくてもよいということにはならない。どんなに高額な賃金を払ったとしても、労働者の命と健康を犠牲にすることなど許されることではない。

4　解雇の金銭解決

解雇の金銭解決は、従来から何度も遡上に上ってきた問題である。上記「日本再興戦略」の改訂版では、「透明で客観的な紛争解決システムの構築」を図るとして、二〇一四年度中に「あっせん」等の事例の分析と諸外国の関係制度・運用に関する調査研究を行ない、システムの在り方についての議論の場を立ち上げ、二〇一五年中に検討を進めるとしている。

企業が活動しやすい国を作るために、「透明で客観的な紛争解決システム」を作るとすれば、それは、企業側からも解雇の金銭解決を利用できる制度ということにならざるをえない。雇用継続を望む労働者に金銭解決を強いる制度になることは明らかであり、組合潰しなどに利用される危険性も視野に入れ、迅速、的確に反対運動を構築するなど対応をしていく必要がある。

5　ジョブ型正社員・限定正社員

二〇一三年一二月五日の規制改革会議・雇用ワーキンググループに提出された資料「ジョブ型正社員の雇用ルール整備に関する意見」によれば、「ジョブ型正社員は、専門性に特化したプロフェッショナルな働き方、子育てや介護との両立、正社員への転換を望むも無限定な働き方は望まない非正社員等の受け皿として重要である。」しかし、「多くの企業で導入されているが、その特性にあった雇用管理が行われていない。」「ジョブ型正社員の形態・内容について労働契約や就業規則で明示的に定めることが必要である」とされている。ジョブ型正社員の特性にあった雇用管理を普及するとは、職種・勤務地限定の労働契約や就業規則の整備を普及し解雇しやすい労働者を作り、このような労働者の雇い方をすれば不況時・経営方針転換時に「余剰」労働力を抱え込むリスクが軽減できるとの考え方を普及し、最終的には、投資を呼び込むことにつなげることが目論まれているものと考えられる。

しかし、ジョブ型正社員＝限定正社員とされる労働者は、勤務地や職種が限定されているから、その勤務地の就労場所がなくなり（工場移転の場合など）、担当業務がなくなれば（業務統合による管理部門一括化により事務系人員を削減する場合など）、当該労働者を容易に解雇できるという誤った理解が普及される危険がある。また、業務が限定されているからという理由だけで賃金が低く据え置かれる危険がある。他方、限定正社員に対して、「無限定」と観念されてしまう従来型の正社員については、無限定な配置転換（勤務地、職種）が命じられ、無限定な残業が命じられてしまう危険性がある。

6　外国人労働者の受け入れ、職安行政への人材ビジネスの参入

その他にも、外国人単純労働者を問題の多い「技能実習生制度」の枠組みでなし崩し的に受け入れようとする外国人受け入れ制度の導入、労働者保護の観点が必要な職業安定行政を利益目的の人材ビジネスに開放し、求人求職情報を人材ビジネスに開放しようとする職業紹介事業への人材ビジネスの参入解禁など、許してはならない規制「破壊」のメニューが目白押しである。

7　国家戦略特区構想

さらに、これらの規制の「破壊」がうまく進まない場合には、国家戦略特区を利用して、特区として指定された地域で、これらの規制を破壊していく国家戦略特区構想も具体化されようとしている。

国家戦略特区は、安倍首相らが「岩盤規制」と認識している各分野（建築、教育、雇用、医療、農業）について突破口を設けることを目的とした制度である。二〇一四年三月二八日には、東京圏、関西圏、新潟県、養父市、福岡市、沖縄県が特区として指定された。特区構想の内容は、多岐にわたるが、労働の分野では、①技能実習生の制度対象の拡大、②有期雇用特措法、③「雇用指針（ガイドライン）」の策定、④「雇用労働相談センター」の設置などがそのメニューとして、用意されている。

三　労働法制の規制「破壊」に反対する取り組み

1　日本労働弁護団としての取り組み

これらの安倍政権の策動に対して、日本労働弁護団は、次のような運動を展開してきた。

二〇一四年年初から「派遣法川柳・キャッチコピー」の募集を行ない、記者会見してマスコミ報道を促すとともに、各労働組合に応募を働きかけ、派遣法改悪が本年の重大課題になることを広げた。

二〇一四年二月には緊急全国常任幹事会を開催し、各地の団員に、労働法制「破壊」の危機が迫っていることを強く訴えた。その後も、ホームページ、闘争本部ニュースの発行などを通じて、運動を広げることを不断に訴えている。

派遣法パンフレットを作成し、二〇一四年四月からその普及に力を入れてきた。短時間の学習会、議員要請活動、宣伝に役立つものとして、広く普及することを目的に、送料のみ実費負担していただき、あとは無料で提供するとの方針も実施した。初版三万部印刷に加え、六月には追加で二万部の印刷を行なって、さらに学習会活動、議員要請を強める予定である。その後、労働時間制度に関するチラシ（約二〇万枚）を作成し、労組への宣伝、日本労働弁護団主催のビラまきなどに活用している。さらに、時間法制改悪阻止のための「労働時間酷書」の作成も行なっている。

各地での講演会、学習会活動を実施している。要請があれば、本部役員が各地に講師として出向く体制を作った。本部役員が講師として参加する企画が、東京、神奈川、埼玉、札幌、仙台、広島、徳島、長崎などで実施され、あるいは実施が予定されている。また、各地で独自に開催されている企画も多数ある。

2　日弁連の活動

日弁連は、二〇一三年一二月一三日派遣法改悪反対で日弁連初の日比谷野音集会を開催した。そこでは、日弁連会長も先頭に立って力強い挨拶を行なった。その後も、院内集会などの活動が行なわれた。日弁連の呼びかけで、その主催する集会に、各労働組合が参加し、共同の行動が広がった。日弁連は、派遣法反対で国会議員への要請活動を行なった。与野党を問わず、厚生労働委員会の委員に名を連ねる議員を中心に要請を行ない、議員本人から、率直な意見や感想を聞き、次の要請、運動に生かすことも行なわれた。

労働弁護団の団員は、日弁連の会員として、日弁連の活動に積極的に参加した。とくに議員要請は、当該国会議員の選挙区の弁護士会を中心に行なうことが効果的であり、その点で、地方の団員の果たした役割は大きい。

3　マスコミ報道、インターネットの活用

報道の果たす役割はきわめて大きい。二〇〇七年に労働時間法制に関するホワイトカラーエグゼンプションが葬られた際には、マスコミによる「残業代ゼロ法案」の命名が大きな役割を果たした。日本労働弁護団は、有期雇用労働者の無期転換権の除外制度に関する各法案等に対しても、派遣法改正案に対しても、今回の労働時間法制の適用除外制度提案に対しても、声明を発表し、記者会見を行なうなどして、各法案、制度の問題点が広く報道されるように活動してきた。

マスコミに関する影響力という点では、各地方における地元メディアへの影響力はきわめて大きい。各地の弁護団は、日本弁護団として、あるいは弁護士会を通じて、集会、意見書発表などについて地元メディアへの発表を行ない、これを報道に取り上げてもらう努力を行なった。

日本労働弁護団本部は、労働分野の規制「破壊」に対応する特別のホームページを作成し、そこに、関連する情報を集め、また、各地で学習会等を実施する際に活用してもらえるように、資料およびレジュメの掲載を行なった。

四　今後の闘い

秋には、第一八七回臨時国会が召集され、そこで、継続審議になった有期雇用労働者特別措置法案の審議が再開され、労働者派遣法改正案も再提案されることは必至である。また、労働時間規制の適用除外制度については、労政審の審議が行なわれており、次期通常国会に法案として提案することが企図されている。

国会における与党の数の優位は圧倒的であるが、運動を広げ、世論を変え、与党の国会議員にも働きかけることで、何とか、労働規制の「破壊」を阻止する決意である。

（二〇一四年八月二五日脱稿）

第２章　公契約条例の意義

上田　絵理
（弁護士）

はじめに

国または地方公共団体等が一方当事者となる売買、賃貸借契約、請負、委託等を含む契約を広義の「公契約」といい、そのうち他方当事者が労働者を使用する契約を狭義の「公契約」という。

公契約における国または地方公共団体の支払の原資は税金や公共料金であるため、無駄な使い方は許されない。そのため、一般競争入札において、予定した価格よりも低額での契約のみならず、行き過ぎた価格競争によって低廉な価格での契約さえ行なわれるという事態が生じた。その結果、そこに従事する労働者の労働条件の低下（低賃金化）を招き、労働者の労働意欲の減退による事業の品質の劣化、技能や経験を有する人材の確保や育成が困難になる等、公共工事や公共サービスの質の低下を招くという弊害が生じている。

実例としては、大阪市において交通局の駅清掃業務が民間委託されたが、その民間労働者の賃金が生活保護水準以下であったため、差額を生活保護費として支給されたことがあった。また、札幌市の清掃業務委託会社に勤務する清掃員が、八年間勤務をしているものの、一切昇給もなく賞与もなく最低賃金しか支払われないといったこともあるなど、公契約のもとで働く多くの労働者が、低賃金等の劣悪な労働条件下で労務を提供しているという実態がある。

それらの弊害を解消することを目的として、いくつかの地方自治体では公契約条例が制定され注目されている。そこで、本稿では、公契約条例の意義、現状、公契約条例制定に向けての運動等についてみていきたい。

一　公契約条例について

1　意義・目的等

⑴　意義

公契約条例には、広義の公契約を対象に公契約の目的・趣旨などを定めるもの、狭義の公契約を対象に雇用と労働条件に関する事項を定めるものがある。

この点、労働条件を規定する労働基準法、最低賃金法では、適用対象者（使用者・労働者）の合意内容いかんにかかわらず一律に基準を設定し、これに反する合意内容を無効としたり（強行的効力）、さらには無効となった部分を法令で定める基準とする（直律的効力）などの効力が定められている（公権力的規制）。

一方、狭義の公契約を対象とした公契約条例は、条例によって直接的に、事業者に対し、一定額以上の賃金支払い義務を課す公権力的な規制を含む方式（後述する野田市公契約条例等）もあるが、地方自治体が発注者として、事業者（受注者）と対等の立場で契約を締結し、当事者は合意にもとづく契約上の義務を負うこととなる方式のものである。後者は、地方自治体と受注者との合意を通じて、双方が協働しながら地方自治体の掲げる基本的な政策や理念を実現できるという点に特徴がある。

⑵　目的

公契約条例によって、受注者が雇用する労働者に対して支払うべき賃金の基準を設定でき、それによって受注者側の労働者に一定の賃金の支給を確保することが可能となる。

また、賃金のみならず、労働時間の上限設定、性差別等解消のためのアファーマティブアクション（積極的差別是正措置）、障害者差別の解消や不当労働行為を排除するための方策等、多様な条項を盛り込むことができる。これによって、労働条件の改善のみならず女性の社会進出、障害者雇用促進、法令順守の徹底といった政策実現の方策となる点も注目されている。さらに、受託事業者の変更にともない、受託事業に従事していた労働者の雇用が失われることもままあり、住民にとっては公共サービスの品質が低下し、サービスの継続性が失われてしまうという問題が指摘されている。そこで、公契約のなかに、受注者が交代する際の労働者の雇用継続努力義務を盛り込むことで、雇用の安定、業務の品質維持の確保につなげることも可能になる。

そして、事業者にとっても、賃金の基準が設定されることで、不当なダンピングや過当競争を防ぐことができるため、公正な競争が確保される。すなわち、労働者の賃金が別枠で保障されることで、人件費は価格競争の対象外となり、各事業者は一定のルールにのっとって人件費以外の部分での適正な受注競争を行なうことができるのである。また、実際に工事等に必要のない不良業者（ほとんど工事に携わっていないにもかかわらず一定のマージンを得るような事業者）を排除できるため、重層下請構造も改善されうる。

このように、労働者のみならず、事業者、住民にとっても有益な目的を達成しうるのが公契約条例なのである。

(3) 総合評価方式との違い

総合評価方式とは、公共工事の入札にて受注者を決定する方法の一つである。一般的には、総点数の半分が価格にもとづく点数に、残りの半分が労働条件、環境、男女共同参画、地域貢献、防災等の各政策事項に対応する点数に割り当てられている。このため、総合評価方式では、入札価格が近接している受注希望者が複数いる場合には、政策項目についての点数の高い受注希望者が優先されることから、公契約条例の目的とする政策実現の一役を担うことを期待できる。

しかし、受注希望者がダンピングして受注価格を引き下げると、価格以外の政策事項の点数が低くとも総合点が上昇するために受注が可能となってしまう。労働条件の改善等の政策を実現するためには、政策目標に即した受注者選定の方法を採用する公契約条例が有効であって、総合評価方式のみでは政策実現の機能を十分に果たすことができない。

(4) 規則や指針による選定との違い

受注者選定と契約条項の内容は、地方公共団体の首長の裁量事項であることから、首長の定める規則や指針によって、政策実現にそった受注者選定等も可能になり、公契約条例と同様の効果を期待することができる。

しかし、首長が交替する都度、制度変更をともないうるため安定性に欠けること、価格以外の政策実現のための受注者選定に関する基準を定めた規則や指針ではかえって首長の裁量権濫用の危険も否定できない。これに対し、公契約条例では、受注資格要件や手続きについての客観性、透明性を確保でき、法的安定性の面でも優れているといえる。

2 国際的にみた公契約法等の沿革

一八八八年にパリ市が公共土木工事に関する請負契約書のなかに労働条項の挿入を義務づけた。また、一八九一年には、アメリカ合衆国カンザス州にて公契約規制州法が成立し、他州へも広がり、同年にはイギリスでも公正賃金決議が採択された。

このような流れのなか、一九四九年には、国際労働機関（ＩＬＯ）の「公契約における労働条項に関する条約」九四号が、国際的な労働基準として条約化された。九四号条約は、政府がその発注にかかる事業に従事する労働者の労働条件に無関心であってはならず、その最低基準を確保する責務を負うべきことを宣言するものである。これは、政府が、国民の税金で事業を行なうにあたっては、その事業に携わる労働者の労働条件に責任をもつべきという考えにもとづくものである。同条約は、これまでにすでに多くの国が批准しているが、日本はいまだ批准していない。

二　全国各地での公契約条例制定の状況

1　野田市をはじめとする各地での取り組み

具体的な賃金条項のある公契約条例は、二〇〇九年九月に野田市にてはじめて制定された。その後、二〇一〇年一二月には政令指定都市では初の公契約条例「川崎市契約条例」（改正）、一一年一二月には多摩市で「多摩市公契約条例」、神奈川県相模原市でも「相模原市公契約条例」が成立した。一二年六月には東京都渋谷区で「渋谷区公契約条例」、東京都国分寺市で「国分寺市公共調達基本条例」が成立した。一三年九月には東京都足立区、同年一二月には福岡県直方市、一四年三月には東京都千代田区にて東京都千代田区公契約条例、兵庫県三木市にて公契約条例が制定されている。また、都道府県レベルでは、同年七月四日に奈良県で「奈良県公契約条例」が制定されている。

その他にも、二〇一四年九月には埼玉県草加市にて「公契約条例基本条例」が、東京都世田谷区でも「世田谷区公契約条例」が制定され、高松市にて「高松市公共調達条例」が改正されるなど、全国各地で公契約条例の制定が進んでいる。

2　札幌市

札幌市でも二〇一一年から公契約条例の制定に向けて取り組みが進められていたが、警備業協会・ビルメンテナンス協会・建設業協会からの反対によって、制定にはいたっていない。

具体的な経過は、二〇一一年一一月、札幌市は公契約条例素案を発表し、パブリックコメントに付した。それに対し、一二年一月に札幌建設業協会、北海道ビルメンテナンス協会、北海道警備業協会の三団体が制定に反対する陳情書を提出し、札幌商工会議所からも公契約条例制定の必要性を検討する前に、入札の落札下限額である最低制限価格を引き上げるなどの入札制度改革を実施すべきとの要望書が札幌市に提出された。

その後、二〇一二年二月八日には、日本労働弁護団の会員を中心とする弁護士、学者、札幌地区連合、札幌地区労連、全建総連札幌などナショナルセンターを越えた労働組合から構成された「札幌市公契約条例の制定を求める会」（以下「求める会」という）が結成され、運動がすすめられた。求める会では、市民集会を開催し、市民に向けて公契約条例への理解を求める活動等を行なった。同年には、札幌市は入札における最低制限価格を引き上げることを発表したが、「下請けの賃金まで把握できるか疑問だ」とする公契約条例の制定に反対する札幌建設業協会からの提案により七工事のモデル事業にて検証をすることとなり、「札幌市公契約条例」は継続審議となった。その後も、「求める会」が市民集会を開催し、市議会の各会派に対し要請を行なう等、地道な活動を続けたが、翌年の札幌市議会においても札幌市公契約条例案は否決されてしまった。長期間にわたって議論され、「求める会」の活動も精力的に行なわれたものの、最後まで業界団体の反対を解消しきれなかった。

3　公契約条例制定への歩み

前述した高松市では、二〇一二年四月に公共調達条例が制定されていた。同条例では、事業主に対し、職務、業務、責任の度合い、経験年数などを考慮した賃金支払い、下請企業に適正な請負代金を支払うことを求めていたが、罰則や法的拘束力がなく、理念的なものであった。同条例制定後、労働組合などにおいて公契約条例の実効性を担保する機運が高まり、労働報酬の下限額を設定した改正案が市民クラブ、共産党、公明党から議員提案され、一四年九月に公共調達条例改正案が可決された。同改正案は、市長が公共調達審議会の意見を聴いたうえで、公共調達下で働く労働者の労働報酬下限額を定め、告示し、受注者は対象労働者に労働報酬下限額を周知し、労働報酬額を記載した台帳を市長に提出する義務を負わせるという内容である。また、市長は提出資料に疑義がある場合や対象労働者から申出があった場合は、受注者に調査・報告を求め、場合によっては市の職員に立ち入り調査をさせることができ、市長が求めた是正措置が実行されないなど、悪質な場合には契約を解除することが盛り込まれている。この改正案に対しては、高知県建設業協会高知支部が「企業の経営に影響を与える」として反対する要望書を市や市議会の各会派に提出していたが、そのなかで同改正案が可決されるにいたった。

また、埼玉県草加市の公契約条例は、土建組合、市職員組合等が中心となって「草加公契約適正化運動実行委員会」を結成し、地域の実情の調査、市内建設事業者との懇談、市への申し入れ、意見書の提出、懇談等を重ね、その活動が実って公契約条例の制定を実現させるにいたったとのことである（自由法曹団通信二〇一四年一〇月二一日（一五〇四）号八頁）。

これらの制定経過をみていくと、各地で公契約条例の制定に至るまでには、紆余曲折あるものの、労働組合等による公契約条例制定運動、そして地域住民らへ公契約条例の意義を浸透させ、公契約条例が労働者にとっての利益のみならず、事業者や地域経済の活性化にとっても重要であることについての理解が広まっていくことが公契約条例制定にあたっては重要であることが再確認できる。

三　公契約条例をめぐる法律問題と課題

公契約条例の制定にともなう法律問題や、前述のとおり制定に対する反対派が懸念する公契約条例がかかえる課題等について、以下検討していく。

1　法律問題について

(1)　最低賃金法との関係

公契約条例によって受注者の労働者の最低賃金を定めることとなるため、このような定めが最低賃金法に抵触しないのかとの点が問題となりうるが、地方自治体と受注者との合意にもとづき一定額以上の賃金額を設定する公契約条例は、契約自由の原則にもとづき、一定額の賃金支払義務を課すものである。そして、最低賃金法による公権力的な最低賃金の支払い義務と、契約にもとづく最低賃金の支払い義務とは性格が異なるものであるから、最低賃金法に抵触するものではないと考えられている。

(2)　独占禁止法との関係

公契約条例によって、作業報酬の下限額を義務づけることは、独占禁止法二条九項に定める「不公正な取引方法」、とりわけ同項五号「自己の取引上の地位が相手方に優越していることを利用」（以下「優越的地位の濫用」という）することにあたり、違法にならないかとの点が問題となりうるが、公益的な政策目的を実現するための条項であれば「不公正な取引方法」と認定することは困難である。

また、「優越的地位の濫用」とは、その地位を利用して取引の相手方に対して、「不当」に「商品又は役務以外の商品又は役務を購入させること」、「自己のために金銭、役務その他の経済上の利益を提供させること」、「取引の相手方から取引に係る商品を受領した対価の支払いを遅らせるなど」を指すが、公契約条例はいずれにも該当しない。

(3) 地方自治法との関係

地方自治法二条一四項では「地方公共団体は、その事務を処理するに当たっては、住民の福祉の向上に努めるとともに、最少の経費で最大の効果を挙げるようにしなければならない」と定められているところ、最低価格のものを落札者としないことは、同法に違反しないかとの点が問題となる。

最低価格のものを落札することは最少の経費で効果を得ることにつながるかもしれないが、コスト削減を追い求めることで住民の賃金水準・生活水準が引き下げられれば、地域経済を疲弊させ、地方自治体の財政基盤の悪化を招きかねない。また、工事や業務の質の確保をするために価格以外の他の要素も考慮することこそが、「最少の経費で最大の効果を挙げる」ことにつながるため、地方自治法には抵触しないといえる。

2 公契約条例が抱える課題

(1) 賃金格差の問題

公契約条例によって同一企業内において、公契約条例の対象となる労働者とその余の労働者との間に賃金格差が生じ、同一労働同一賃金の原則に反するとの指摘がある。

たしかに、公契約条例の効果として、同一企業内での一部の労働者のみの賃金引上げという問題は生じうる。しかし、最低賃金ぎりぎりの賃金設定によるワーキングプアの問題が生じているなかで、賃金格差が生じることを理由として現状を是認すべきではない。不景気のなかで下がり続けた賃金を基準とするのではなく、安心して働き、生活を送っていくことができる賃金の確保をいかにして保障していくかを指向すべきなのであって、まずは公契約条例を制定し公契約下での労働者の賃金を引き上げ、そのうえで民間契約における労働者の賃金の底上げも図っていくべきである。

(2)　十分な財源が確保されるのか

公契約条例制定に反対する事業者からは、公契約条例制定下において、支給すべき賃金の財源が確保されるのかといった点を不安視する声が上がっている。

発注者は費用を適正に積算し適切な価格での発注を行なう義務を負っており、また、公契約条例を実効あらしめるためにも、予定価格について改善を図ること、契約を遵守する運用がなされることは発注者に当然に求められるところである。そして、発注者側の適正な支出が執行されるためにも、発注者側の公契約条例への取り組み状況について、適宜、議会に報告がなされ審議がなされるといったチェック体制を構築することも重要となろう。

(3)　事務作業量の負担について

公契約条例が制定されれば、行政、受注企業（元請・下請）のそれぞれで、説明会や賃金台帳作成義務などの新たな業務が発生する。

行政側の受注者への説明、賃金の支払い状況の確認は条例を遵守させるうえで必要不可欠であるが、説明を繰り返すことで受注企業は公契約条例の内容に対する理解が深まり、経過とともに業務量は軽減させうる。また、賃金の確認は、受注者からの報告によるなどによって軽減化を図ることが可能である。

受注企業も自治体の説明会参加、元請企業内・下請企業への説明、該当工事での賃金台帳作成等の作業が要求される。しかし、賃金台帳の作成はもともと義務づけられているものである（労基法一〇八条）。また前二者については、公契約条例の内容への理解が進めば、労働者への周知作業としてはチラシ等の配布によって簡易化を図ることが可能となりえ、事務作業の軽減化は工夫しうるところであろう。

四　これからの公契約条例制定運動

現在、全国各地で公契約条例の制定に向けての運動は進んでいる。

公契約条例の制定に向けては、地方公共団体のみならず、労働組合をはじめとした労働運動が盛り上がらなければ、市民や事業者の理解も得られず制定にこぎつけられるものではない。そして、その流れを作っていくには、労働組合や労働問題に取り組む弁護士らの運動が大きな役割を果たしていることは、公契約条例を制定した各地の状況も示している。また、二〇〇九年五月に「公共サービス法」が成立し、理念規定ではあるが同法一一条では「国及び地方公共団体は、安全かつ良質な公共サービスが適正かつ確実に実施されるようにするため、公共サービスに従事する者の適正な労働条件の確保その他労働環境の整備に関し必要な施策を講ずるよう努めるものとする」と一定の発注者責任を記していることからも、同法も足掛かりとしてますます運動を押し進めていくべきである。

また、公契約制定後にも公契約条例の目的を達成するべく活動をしていくことが必要である。たとえば、多くの公契約条例では、作業報酬額の下限額の決定は、工事請負契約については公共工事設計労務単価、業務委託契約については公共工事設計労務単価を基準としつつ、学識経験者、労働者および使用者の関係者等からなる審議会の意見を聴取したうえでなされる。そのため、政策の実効性を高めるためにも審議会等のメンバーである学識経験者に日本労働弁護団の弁護士や公契約条例の意義を十分に理解している者が選任されるようにするなどといった働きかけをしていくことも重要な取り組みである。

最後に

前述のとおり、公契約条例の制定によって、ワーキングプア解消、熟練労働者の賃金下落等に歯止めをかけることができれば、労働者一人一人の賃金を上昇させ、可処分所得を上昇させることができ、地域経済の活性化、景気回復にも大きく貢献するだろう。

また、公契約条例に労働時間の短縮、安全衛生の確保、男女雇用機会均等、障害者雇用の促進等の政策実現をめざす条項を盛り込むことができれば、社会問題となっているブラック企業の問題、過労死防止、女性の社会進出、障害者雇用等の問題の解消に向けた抜本的な改善策を打ち出すことも可能となりうる。

このような取り組みが公契約分野で広がっていけば、少なからず民間契約への波及効果を与えうること、そして、ディーセント・ワーク（働きがいのある人間らしい仕事）を実現するための重要な足掛かりとなることも期待できる。

また、地方自治体のみならず、国レベルでの公契約における同様の問題を解消するべく二〇〇九年に民主党内で参議院議員を中心に作成された「公共工事報酬確保法案」は、いまだ制定にいたっていないことから、このような法律の制定も目指していくべきである。

まずは、各地方自治体の取り組みが全国に、また国の取り組みにも波及していくよう、公契約条例制定に向けた運動の流れを止めてはならない。

【参考文献】


『企業法学の展望』北樹出版、二〇一三年。

古川景一「公契約を媒介とする雇用と労働条件の規整」季労二三九号（二〇一二年冬季）、一二七頁以下。

自治総研ブックレット9「公契約を考える―野田市の公契約条例制定を受けて」公人社、二〇一〇年。

原冨悟『公契約条例ハンドブック　賃金破壊とサービスの劣化にストップ』新日本出版社、二〇一三年。

小畑精武「公契約条例のひろがりといくつかの課題―賃金・労働条項をめぐって」労旬一八二〇号（二〇一四年七月）四七頁以下。
＊その他、労働組合および関係団体等の公表された関係文書やパンフレット、ホームページ、各自治体の条例等を参照した。

第3章 日本労働弁護団の伝統と、ワークルール教育推進法の制定をめざす取り組み

小島 周一
（弁護士）

はじめに――労働法制に関する日本労働弁護団の取り組みの伝統と、ワークルール教育推進法制定の提言

日本労働弁護団は、わが国のすべての労働者・労働組合の権利擁護を目的として一九五七年に結成された弁護士の団体（当初の名称は総評弁護団）である。弁護士の団体であるから、その活動の中心が裁判所、労働委員会などでのいわゆる法廷闘争であることはいうまでもないが、それだけではなく、労働者・労働組合の権利に関わる法律の制定・改正（改悪）についても、その都度積極的に意見を表明し、さまざまな取り組みをしてきた。

これら労働法の制定・改正等に関する日本労働弁護団の取り組みの大きな特徴は、労働者・労働組合の権利を侵害するような法制定・法改正に対する反対運動を行なうだけでなく、労働者・労働組合の権利をより一層保護し、進めるための立法提言を積極的に行なってきたことである。

たとえば、労働契約法については、日本労働弁護団は、法制定に先立つこと一三年前の一九九四年に「労働契約法制立法提言」を公表し、それ以後、労働者の権利擁護のための労働契約法の必要性を訴え続けてきた。

その他にも、日本労働弁護団は、有期労働者の劣悪な権利状況、労働条件の問題に関しては、二〇〇九年に「有期

労働契約法制立法提言」を公表し、国・地方自治体の行なう公共工事や公共サービスの現場で働く労働者の労働条件を守るため、二〇一二年に公契約法および公契約上程の制定を求める決議を上げるなどしてきている。

以上のように、「あるべき労働法制」に向けての具体的な提言・意見表明は、日本労働弁護団の活動の、一つの大きな柱であり、伝統でもある。

日本労働弁護団は、二〇一三年一〇月四日、「ワークルール教育推進法の制定を求める意見書」を発表し、ワークルール教育推進法制定に向けた取り組みを開始した。この提言も、「あるべき労働法制を提案する」という日本労働弁護団の伝統あればこその取り組みである。

以下、日本労働弁護団が制定を求めるワークルール教育推進法について、その制定の必要性（立法事実）、あるべきワークルール教育推進法の内容、法制定に向けた展望と課題について述べてみたい。

一　ワークルール教育推進法制定の必要性（立法事実）

1　我が国の労働をめぐる状況

総務省の労働力調査結果（二〇一四年平均）によれば、我が国の就業者数は六三五一万人、役員を除く雇用者数は五二四〇万人である。他方、我が国の企業数は約四三〇万、個人経営事業所数はおよそ二四〇万である。労働者、経営者に扶養されて生活する家族も含めて考えると、「雇用する」「雇用される」ことに関わって生活している人は膨大な数にのぼる。

また、近年、労働契約法の制定・改正や、労働者派遣法、高年齢者等の雇用の安定等に関する法律の改正等々、労働をめぐる法制度自体が急激な変化を遂げている。

さらに、雇用形態の多様化や非正規労働者の増加により、かつて日本の主流であった終身雇用、年功序列、企業内組合を内容とする日本型雇用慣行は失われつつあり、多様な雇用形態、とりわけ非正規労働者が急激に増加している。総務省の前記調査でも、役員・理事等を除いた雇用者のうち、正規の職員・従業員は三三〇七万人、非正規の職員・従業員は一九三九万人、役員を除く雇用者に占める非正規割合は三七・〇%と、二〇年前に比較して非正規の比率は約一六ポイントも上昇している。

加えて近年、労働者を正社員として多数採用しては、労働基準法・労働契約を無視した過酷な業務命令を強いて、多くの労働者を短期間のうちに使い捨てにするなどの特徴をもつ、いわゆるブラック企業の問題も生じている。

2 労使紛争の増加と多数の潜在的紛争（泣き寝入り）の存在

労働法制の相次ぐ新設・改正、雇用形態の多様化等を背景として、労使紛争、あるいは労使問題に関する相談件数が増加している。

労働関係民事通常事件、労働関係仮処分事件、労働審判事件の各申立の合計件数は、二〇〇七年度が約四一〇〇件だったのに対し、二〇一一年度は約七三〇〇件と、七割以上も増加している。

労使紛争の前段階とも言いうる労働相談件数も増加している。二〇〇一年一〇月に施行された厚生労働省の個別労働紛争解決制度に寄せられた労働相談件数は、二〇〇二年度に約六〇万件だったのが、二〇〇八年度には一〇〇万件を超え、以後二〇一三年度まで六年連続で一〇〇万件を超えるなど、相談件数は増加、高水準を続けている。長時間労働やそれにもとづく過労死（および過労病）・過労自殺は、永年にわたり日本の雇用社会における克服すべき課題であったが、近年になっても減少するどころか、二〇一二年は、労災認定された過労自殺が過去最高を記録するなど悪化の一途をたどっている。職場におけるセクハラ・パワハラなどの問題も改善の兆しはなく、退職強要、賃金未払いなどの相談も増加している。

しかしこれらは、表面に表れた、いわば我々の目に触れた紛争にすぎない。労働者が権利を侵害されても、被害に遭ったことを自覚できず、あるいは権利侵害されたことを認識できなければ、被害回復、権利回復の行動に出ることはない。また、権利侵害を認識しても、その解決手段を知らなければ、労働者は泣き寝入りするほかはなく、結局労働者の権利侵害の状態は回復されない。

3　ワークルールに関する知識・理解の不足

働くこと、働かせることに関わる人の数が膨大であること、雇用は人の生活の根幹に関わるものであること、そして労働法制の改正や雇用形態の複雑多様化が進む現代においては、労働者、使用者ともに、働くことに関するルール、すなわちワークルールを理解していることがきわめて重要である。しかしながら、我が国においては、働くことに関する基本的な知識すら持てていない労働者、使用者がきわめて多い。

たとえば、沖縄労働局が二〇一二年から一三年にかけて沖縄県内の大学生に対して行なったアンケート調査によれば、法定労働時間を正しく理解している大学生は全体の五三・二%、割増賃金制度について知っていると回答した大学生は全体の二九・三%であった。連合総合生活開発研究所（連合総研）が一二年に行なった調査では、契約社員やパートタイム労働者も有給休暇を取得できることを知っていたのは、正社員の六六%、非正社員の五二%にとどまっている。一九九八年から九九年にかけて村中孝史氏、瀧敦弘氏によって行なわれた中小企業の労使に対するアンケート調査では、自分の企業の従業員に労働組合を結成する権利があると正しく回答した経営者は約五〇%、父親が育児休業制度を利用できると正しく回答した経営者は四五・五%にとどまっている。

４　ワークルール教育に関する現場の努力と法律制定の必要性

ワークルール教育に関しては、たとえば、中学校公民の学習指導要領には、「社会生活における職業の意義と役割及び雇用と労働条件の改善について、勤労の権利と義務、労働組合の意義及び労働基準法の精神と関連付けて考えさせる。」とあり、高校の現代社会の学習指導要領には「雇用と労働問題……について理解させるとともに、個人と企業の経済活動における社会的責任について考えさせる。」とあるように、働くことについても公教育のなかでそれなりに位置づけられている。そして、これをより具体的で実践的なものにすべく、教育実践の現場では創意工夫をこらしたさまざまな取り組みがなされている。

また、ワークルール教育の取り組みは、学校現場のみならず、労働組合、ＮＰＯ法人や、各地の弁護士などの手による出前講座などを通じても行なわれている。たとえば、道幸哲也北海道大学名誉教授が代表を務めるＮＰＯ法人「職場の権利教育ネットワーク」は、『教室で学ぶワークルール』（旬報社、二〇一二年）を出版するほか、「ワークルール検定」などのユニークで効果的な取り組みを行なっている。

我が国の労働をめぐる現状と、これらの先進的な取り組みが教えてくれるのは、「誰でも、いつでも、どこでも、実践的で役に立つ」ワークルール教育を受けられることが、きわめて重要だということである。

ここでいう「誰でも」とは、「労働者・使用者及び将来労働者や使用者になる可能性のある者」のこと、「いつでも」とは、「社会に出る前に、社会に出た後に、働き方が変わるときに」ということ、「どこでも」とは、「学校で、職場で、地域で」ということ、そして「実践的に役に立つ」とは、「基本的な知識のみならず、問題が生じたときの解決手段まで含めたワークルール教育を受けられること」ということである。

しかし、それぞれの現場における献身的・先進的な取り組みはありつつも、本来求められるワークルール教育の質と量に比較すると、我が国で現に行なわれているワークルール教育は、未だ十分なものであるとは言い難い。

政府が設置した「今後の労働関係法制度をめぐる教育の在り方に関する研究会」は、二〇〇九年二月、「労働者自身が自らの権利を守っていく必要性が高まっている一方、必要な者に必要な法知識が行き渡っていない状況である」との現状認識のもと、学校、家庭・地域社会、企業等が連携して労働関係法制度教育を推進していくべきであるとの詳細な報告書を出している。この報告は重要な示唆に富むものではあるが、これまでのワークルール教育の原状を踏まえると、各機関がそれぞれ従前の教育を進めるというだけでは、いくら相互の連携を強化したとしても、なお限界があることは明らかである。

労働関係法を中心とする知識の教育にとどまらない、実践的なワークルール教育を、学校教育の場で、職場で、地域で、総合的に、実践的に進めるためには、その理念を掲げ、ワークルール教育の推進を国や公共団体に義務づけ、必要な体制や財源を確保するための法律、すなわち「ワークルール教育推進法」を制定することが必要なのである。

日本国憲法二七条一項は「すべて国民は、勤労の権利を有し、義務を負ふ」と定める。また、日本国憲法二六条は国民の教育を受ける権利を保障する。働くことは憲法によって保障された国民の権利、基本的人権のひとつであり、教育を受ける権利も国民の基本的人権であるのだから、働くことに関する教育を受けることもまた国民の基本的権利であることは明らかである。すなわち国は、国民に対して、働くことについての十全な教育を行なうべき憲法上の責務を負っているのである。

二　あるべきワークルール教育推進法の内容

1　基本理念の必要性

国がワークルール教育を進める際には、ワークルール教育推進法のなかで基本理念が定められ、それにもとづいて基本的施策その他の施策が進められる必要がある。そうでなければ、問題が噴出している我が国の雇用をめぐる現状を改善し、ワークルール教育を通じて健全な労使関係、労働環境を構築していくことはできないからである。

その基本理念としては、以下の三点があげられる。

第一に、労働者と使用者との間に情報の質・量および交渉力等において格差が存在するという厳然たる事実があることを前提としたうえで、労働者および使用者がそれぞれの権利・義務について正しく理解するとともに、労働者が自らの権利・利益を守るうえで必要な労働関係法制等に関する知識を習得し、これを適切な行動に結び付けることができる実践的な能力が育まれることを旨として行なわれるべきであることを明記する必要がある。

第二に、ワークルール教育は、学齢期から高齢期までの各段階に応じて、学校、地域、職場その他のさまざまな場の特性に応じた適切な方法により行なわれるとともに、それぞれの段階および場において、ワークルール教育を行なう多様な主体の連携を確保して効果的に行なわれるべきである。ワークルール教育は、学校教育のなかでなされれば終わりというものではない。社会人になった後も、労働の現場において、常に、かつ正しく伝えられ続けられなければならない。なぜなら、ワークルール自体が法改正等によって変化していくものであるし、また、労働者の職場や仕事内容が変わるなどしたとき、それに対応するワークルールがきちんと理解される必要があるからである。

そして第三に、ワークルール教育の推進にあたっては、労働者の義務や自己責任論が安易に強調されることによって労働者の権利・利益が不当に損なわれることのないよう、とくに留意しなければならないことが明記されなければならない。前述したブラック企業などにおいては、労働法規を無視した違法・過酷な業務命令を労働者に強いておきながら、表面上は労働者の自主的努力・自己責任が強調され、その結果として、うつ病、さらには自殺などの深刻な被害が発生している。自発性・自己責任の名のもとに被害が拡大するようなことは絶対にあってはならない。

これらの基本理念のもとで、ワークルール教育推進法のなかでは、国・地方自治体等が行なうべき基本的施策や国・地方自治体の責務、ワークルール教育推進を担う組織の構築等が定められ、また、国が十分な財政措置を取るべきことが定められる必要がある。

2　基本的施策

ワークルール教育推進法のもとで国、地方自治体等が行なうべき基本的施策は下記のとおりである。

①学校、大学等におけるワークルール教育の推進
②事業所等におけるワークルール教育推進への支援
③地域におけるワークルール教育の推進
国、地方公共団体は、高齢者、障害者等を含む地域住民に対して必要に応じたワークルール教育が適切に行なわれるようにするため、労政事務所等、地域における教育の充実を図る。
④教材の充実等

3　ワークルール教育を進めるための国・地方自治体等の責務および推進体制

国・地方自治体等は、適切なワークルール教育推進計画を定めるとともに、労働者、労働組合、使用者、使用者団

体、NPO、学識経験者、教育関係者、関係行政機関等をもって構成するワークルール教育推進会議を設置し、効果的なワークルール教育推進方策の検討等を行なう。

4　労働組合、使用者・使用者団体の努力

労働組合は、基本理念にのっとり、ワークルール教育の推進のための自主的な活動に努めるとともに、学校、地域、職場その他のさまざまな場において行なわれるワークルール教育に協力するよう努める。使用者および使用者団体は、基本理念にのっとり、管理職に対する研修・教育の充実を含むワークルール教育推進のための自主的な活動に努めるとともに、学校、地域、職場等において行なわれるワークルール教育に協力するよう努める。

5　財政上の措置

国および地方公共団体は、ワークルール教育の推進に必要な財政上の措置を講じなければならない。

三　法制定の展望と課題

1　日本労働弁護団の取り組み

二〇一三年三月二三日に大阪で行なわれた日本労働弁護団全国幹事会において、日本労働弁護団が「労働者教育推進法」の制定を求める提言を行なうべきではないかとの問題提起がなされた。その後の議論のなかで、労働者（および学生）がワークルールを十分理解すべきなのは当然のこととして、ワークルールの理解が十分とはいえない使用者も少なくないことから、教育の対象は労働者にとどまるものではなく、労働に関わり、あるいは今後関わる可能性の

ある者すべてであることが確認された。その結果、労働者、使用者、学生など雇用に関わっている、あるいは関わる可能性のある人々を対象とする、「ワーク」に関する「ルール」の教育、すなわち「ワークルール教育」推進法の制定を求める提言を行なうこととなった。

そして日本労働弁護団内にワークルール教育推進法PTを設置し、調査・検討を経て、二〇一三年一〇月四日、「ワークルール教育推進法の制定を求める意見書」を発表し、ワークルール教育推進法制定に向けた取り組みを開始したのである。

2 法制定の展望と課題

ワークルール教育推進法の制定は果たして実現可能であるか。意見書に向けた検討のなかでも議論された。結論からいえば十分可能である。それは、ワークルール教育を推進すること、それを支える法制度を構築することは、今の日本の社会が切実に求めていることだからである。日本労働弁護団が労働契約法の立法提言を行なった一九九四年当時、それが実現することはきわめて困難に見えた。しかし、労働契約法の制定は時代の要請であり、そうであるからこそ二〇〇八年に不十分な内容ながらもそれが制定されるにいたったのである。

また、ある分野の教育を、学校教育にとどまらず、広く進める法律としては、すでに二〇一二年八月、消費者教育推進法が制定されている。これも、今の日本の社会が、実践的な消費者教育を消費者に対して進めることを求めたからである。

働くことが、憲法に保障された国民の基本的権利であること、労働者とその家族の生活の根幹を支えるものであること、そして求められている水準に比較してワークルールに関する知識・理解があまりに足りない現状からするならば、ワークルール教育推進のための法律制定も、避けることのできない時代の要請なのである。

現在、「ワークルール教育の必要性」については、急速に、広範に、その理解が進みつつある。しかし、「ワークルール教育の推進」のためには、「それを支える法律が必要なのだ」ということについての理解は、未だ十分に浸透していない。これが広がったときこそ、ワークルール教育推進法が制定されるときである。法律家の団体である日本労働弁護団は、今後も、ワークルール教育推進法制定の必要性を先頭に立って訴え続け、その実現に向けたさまざまな取り組みを進める。

第４章　労働時間をめぐる闘いと課題

小川　英郎
（弁護士）

一　長時間労働の現状と規制緩和

日本の労働現場における最大の課題の一つが長時間労働の解消である。長時間労働は改善される兆しがなく[1]。労働基準法はもっとも守られない法律の代名詞となり、取締りが多少は強化されても違法な現状はまったく改まらず[2]、その「手口」も、単純な割増賃金不払い型から裁量労働制や管理監督者の潜脱・悪用型、年俸制・固定残業代など賃金制度を「活用」した法違反まで多様化した。

一九八〇年代以降、日本の労働現場の特徴ともなってきた過労死は、毎年多くの犠牲者を出し続け、精神障害に罹患する労働者も激増している[3]。日本の過労死・過労自殺の労災認定基準は、被害者・被害者遺族の長年にわたる闘いの結果、数次の改訂を経て、諸外国に類例をみないほど精緻な発展を遂げ、ついには、超党派で過労死等防止対策推進法が制定されるにいたった。

こうした現状にあるにもかかわらず、経済界は労働時間規制の緩和一辺倒であり、裁量労働制の要件緩和などではとうてい満足できないとして、労働時間規制の究極の緩和形態である適用除外拡大への質的大転換を要求し続け、第三次安倍内閣は、これに沿った法案を提出した。

こうした流れにどのように歯止めを掛け、いかに人間らしい労働時間法制を実現していくかが、社会全体の大きな課題として突きつけられている。労働時間規制の緩和を全力で阻止し、同時に現行法下でもやれることを最大限追求しつつ、長時間労働のない社会に向けた法規制と社会的規制を展望する取り組みが今ほど求められている時代はない。

二　九〇年代後半からの規制緩和の濁流

1　本質は「労働法の解体」――一九九七年宮里講演から

筆者が弁護士登録をしたのは一九九七年だが、この年の日本労働弁護団の全国総会が一一月に行なわれ、宮里邦雄先生が「労働分野の規制緩和とどう闘うか」をテーマに基調講演をされた[4]。講演の大きな柱のなかでも、今日の労働時間法制を考えるうえで非常に重要なのは、①日本の労働法は規制力が弱く、むしろ、立法的規制の強化こそ求められていること、②労働の流動化や規制緩和を推進する勢力が誰なのかという点から本質をとらえなければならないこと（労働者のニーズ論に根拠がないこと）、③労働法制の規制緩和の影響が決して雇用や労働条件のなかにとどまらないこと、④規制緩和は労働者の団結の基礎を掘り崩し、労働組合の影響力をそいでいくことの四つの視点である。

2　一九九〇年代後半からの労働時間法制の流れ

宮里講演の一九九七年を起点として、まず労働時間法制や関連する動きを振り返っておきたい。この間の規制緩和の流れは、弾力化から適用除外への流れとそれに対抗する労働運動・社会運動とのせめぎ合いの歴史であったといえる。

(1)　企画業務型裁量労働制の導入と総合規制改革会議の発足

宮里講演が行なわれた一九九七年は、専門業務型裁量労働制の対象業務に労働省告示によりコピーライターの業務等六業務が追加された年である。翌九八年には労働基準法改正により企画型裁量労働制が新設され、二〇〇〇年四月から施行された。この労基法改正については、労働側からは「例外なき規制緩和」の一環ととらえられ、激しい反対運動が巻き起こった。反対運動は、ナショナルセンターの枠を超えて、幅広く展開された。

二〇〇一年四月一日、政府の総合規制改革会議（議長宮内義彦オリックス株式会社代表取締役＝当時）が発足し、労働者ニーズ論を前面に打ち出しながら裁量労働制拡大に向けた提言を相次いで発表、答申を受けた厚生労働省は、二〇〇二年二月、大臣告示において、専門業務型裁量労働制の対象業務を一気に拡大した。

(2)　ホワイトカラーエグゼンプションの登場

規制改革会議は、さらに労働時間規制緩和へ向けてより踏み込んだ提言を行なう。二〇〇二年七月に発表した中間とりまとめのなかで、「米国のホワイトカラー・エグゼンプションの制度をも参考にしつつ、裁量性の高い業務については労働時間規制の適用除外を採用することについて検討すべきである。」と提言、これが労働政策審議会の議論に持ち込まれ、同年一二月二六日付の建議「今後の労働条件に係る制度の在り方について」では、労働時間法制について、「アメリカのホワイトカラー・イグゼンプション等についてさらに実態を調査したうえで、今後検討することが適当である。」と位置づけられた。二〇〇三年には、企画型裁量労働制の要件につき、対象事業場の拡大、労使委員会決議の決議要件の緩和（全員一致から五分の四へ）などの実体要件・手続要件の緩和がなされた。

(3) 経団連の「提言」と時間研報告

二〇〇五年三月、政府の「規制改革・民間開放推進三か年計画」が閣議決定され、「二〇〇四年八月に改正規則が施行されたアメリカのホワイトカラーエグゼンプション制度を参考にしつつ、」裁量性の高い業務についての適用除外を検討するとされた。閣議決定のなかに、「ホワイトカラーエグゼンプション」の文言が入ったのはこれが初めてである。

この閣議決定を受けて、二〇〇五年四月に「今後の労働時間制度に関する研究会」(「時間研」)が発足した。また、同年六月に日本経団連がその名もズバリの「ホワイトカラーエグゼンプションに関する提言」(以下、「提言」)を公表した。専門業務型裁量労働制の対象労働者は「問答無用」で深夜業も含め適用除外とし、企画型を意識した「法定裁量労働者」も年収要件不要で適用除外とするものであった。加えて、労使協定の締結または労使委員会の決議によって対象業務の追加ができ、年収四〇〇万年以上七〇〇万円未満は労使委員会決議、七〇〇万円以上はより簡便な労使協定の締結を手続要件としていた。労使協定等によって適用除外の範囲を決めるというやり方は、アメリカの制度にもないものである。

これが現在でも経済界が目指す適用除外の範囲だと見てよい。いったん「蟻の一穴」があけば、必ず上記範囲と水準まで拡大させようとする圧力が勢いを増すことであろう。

「時間研」も、二〇〇六年一月に最終報告を公表した。最終報告は、労働者の自律的な働き方の促進を主眼に据えた「労働者ニーズ論」に依拠しつつ、閣議決定に盛り込まれたホワイトカラーエグゼンプションについては、労働側からの実態報告や批判を受けて、転職が容易でない日本社会でのそのままの導入は困難として、慎重論を示しながらも[5]、適用除外の拡大自体は肯定し、勤務態様要件としては、裁量労働制と同様の要件に加えて、一定水準以上の年収要件を課し、本人同意を要件とすることとした。さらに、健康確保措置として、定期的な健康状況のチェック等の義務づけが盛り込まれた。

時間研報告は、経団連提言とは異なり、労働者の健康被害の防止に一定程度配慮が見られたうえ、業務量のコントロールを導入要件としており、労働側の批判に対する問題意識は見られたものの、適用除外拡大を推し進めようとする点で、厳しい批判を受けた。

時間研報告が対象労働者として挙げたのは、「企業における中堅の幹部候補者で管理監督者の手前に位置する者」「企業における研究開発部門のプロジェクトチームのリーダー」であった。現行法制度のもとでは違法の疑いが濃厚な層を適用除外に取り込もうとするものであった。

三　法案上程断念（労働側の勝利）とエグゼンプション復活

時間研報告を受けて、二〇〇六年労働政策審議会労働条件分科会が「自由度の高い働き方にふさわしい制度」を答申し、これにもとづく労基法改正法案が〇七年の国会に上程されることとなった。時間研報告をベースに、「四週四日以上かつ年一〇四日以上の休日付与」を要件としたが、長時間労働解消の担保とは認められず[6]、この法案に対しては、前述のとおり、労働者・労働組合・市民団体の広範な反対運動が巻き起こり、労働組合の潮流を超えた「共同アピール運動」が発足して多彩な反対運動が行なわれた。運動の広がりに連れて、マスメディアも「残業代ゼロ法」と名付けて反対キャンペーンを展開、労働運動サイドからは「過労死促進法」というネーミングも提起された。大阪をはじめ、全国各地で反対の集会・シンポが行なわれた。こうした運動の盛り上がりによって、政府与党は衆参で圧倒的な多数を占めていたが、第一次安倍内閣は〇七年七月に控えた参議院選挙への影響を恐れて法案上程を断念するという異例の展開となったのである。

九〇年代以降の労働運動の蓄積と展開も背景として重要である。とくに九〇年代後半から、不払残業に対する労働者の労働基準監督署に対する申告活動や司法手続が活発化し、管理監督者性をめぐる訴訟も増加した。

行政レベルでは、一九九八年の限度基準（平成一〇年労働省告示第一五四号）策定および三六協定事項の拡充、二〇〇一年の「労働時間の適正な把握のために使用者が講ずべき措置に関する基準」（二〇〇一・四・六　基発三三九号）の発出と対策が相次ぎ、〇二年から〇三年にかけて、労働者・労働組合の長時間労働や不払残業に対する取り組みも強まり、告発運動や申告運動が盛り上がりを見せ、各地の労働基準監督署による摘発が活発化した。トヨタ自動車、三菱電機、中部電力など名立たる大企業が巨額の不払賃金の支払いを余儀なくされ、大きく報道された。こうした一連の労働側の闘いがなければ、法案上程断念といった成果は得られなかったに違いない。

その後の参議院選挙で与党は惨敗し、総選挙でも破れて政権交代が実現し、労働時間規制緩和の動きは、国民世論の高まりのなかで一旦ストップした。立法事実そのものが疑わしく[7]、違法状態の蔓延をたんに合法化するだけだと批判され、説得力を欠いたのである。

政権交代から衆参「ねじれ解消」までの間、労働時間法制の大幅な規制緩和論は、この間多少鳴りを潜めた。労働法制では労働者派遣法の抜本改正や有期契約法制等の非正規問題に議論がシフトしていった。しかし、民主党政権が政権公約に反する行動を相次いでとるなかで、急速に支持を失い、ついには、再度自公政権が成立し、その反動として今日、規制緩和の動きはかつてないほど強力に進められている。

四　長時間労働解消に向けた課題

1　「プロフェッショナル労働制」の概要

安倍政権は、早速労働法制全般の解体に取り掛かり、労働時間法制では一度挫折した日本版ホワイトカラーエグゼンプションの復活に向けて動き出した(8)。

「日本再興戦略改訂二〇一四」では、労働時間の長さと賃金のリンクを切り離した「新たな労働時間制度」を創設することとし、労政審の審議を経て、法案化されたのが「プロフェッショナル労働制」と「企画業務型裁量労働制」の適用範囲の拡大を柱とする労働基準法改正案である(二〇一五年四月法案上程)。

「プロフェッショナル労働制」は、①職務が明確であること、②高い能力を有する労働者であること、③少なくとも年収が平均賃金の三倍を相当程度上回る水準であること(具体的には一〇七五万円以上が想定される)であることを対象労働者の要件に挙げた。法的効果としては深夜業も含めた労働時間法規のほぼ完全な適用除外である。対象労働者には、一日八時間、一週四〇時間、週休制といった法定労働時間と法定休日の「最低基準」がなくなり、何時間働かせても時間外・休日・深夜労働手当の支払義務がなくなり、使用者はコストを気にしなくてよい。これは、労働者が長年かけて獲得してきた「標準労働日」を奪われることを意味する。八時間労働制が名実ともになくなる(健康確保の措置として、労使委員会決議により、年一〇四日の休日、勤務管理時間、勤務間隔時間のいずれかを導入することが義務付けられるが、これらは組み合わせなければ長時間労働の防止効果は期待できない)。

裁量労働制は、実労働時間による算定を解除するだけで、基本的に労基法が構造的には及ぶ。労使協定や労働委員会決議の段階で、労働時間の実態に「みなし時間」を近づける努力をすることが一応は可能であるし、「みなし時間」が法定労働時間を超えれば、三六協定の締結も必要である。しかし、適用除外はこれとは「別世界」であり、労働時間に対する最低基準とそれにともなう監督が及ばず、公的な保護がほぼ奪われる点に質的な違いがある。あまりにも危険な制度といわなければならない。

また、裁量労働制拡大の対象業務には、法人営業などが含まれており、エグゼンプションの年収要件が高い間は、むしろこちらの方が現場への影響は大きいと言えよう。

2　エグゼンプション阻止に向けて

法案阻止に向けた運動は第一次安倍内閣のときよりもより一層の規模で展開されなければ、その阻止は困難だろう。この点、今回は法案がすでに「残業代ゼロ法」「過労死促進法」として認知されており、注目度も高い。ブラック企業批判という多くの人に支持される運動も広がり、「過労死防止対策推進法」も制定された。こうした新たな局面を基礎として、社会運動や環境運動等と連帯しつつ新しい発想で大規模かつ大胆に取り組んでいく必要がある。

(1)　管理監督者の違法状態解消が先決

適用除外の拡大の大きな目的の一つが、現状では違法とされる管理監督者扱いの労働者層をここに吸収することであり、実質的には労基法四一条の再定義である。ライン管理職ではないスタッフ職を取り込むことと、課長、課長代理クラスまで適用除外を広げることに狙いがあるといえる。現在公刊されている管理監督者が争点となった裁判例は六〇余りあるが、ほとんどで管理監督者該当性が否定されている。各訴訟のなかでは、管理監督者性判断の三要素にもとづく判断がなされているが、ほとんどの裁判例において重視されているのは、「経営者と一体といえるほどの権限があるか」「労働時間規制が及ばなくても労働時間に裁量性があるか」という要件である。年収等の待遇要件はほとんどの場合補助的に用いられている点が重要であり、労働時間規制を解除しても保護に欠けることがないかが慎重に検討されている。本来保護されるべき労働者が違法に適用除外とされているとの司法判断がこれだけ積み重ねられているにもかかわらず、それらを批判的に検討せず、改善の努力もしないで適用除外を広げる方向で解決を図るという政府の姿勢は、司法判断による規範を無視したものであり、批判は免れない(9)。

むしろ、管理職層は「名ばかり」であるか否かを問わず、過酷な労働に追い込まれており、長時間労働解消には管理職層の労働時間の思い切った短縮の方がより切実である。[10] かねてより、学説上有力に唱えられてきた労基法四一条二号廃止論を今日的課題として再評価すべきである。[11]

(2) 裁量労働制拡大論も根拠がない

経済界からは、しきりに裁量労働制の手続きが煩雑であり、適用除外を導入すべきであるという議論がなされているが、ＪＩＬＰＴの調査によれば、現行制度は基本的に支持されている。[12] 立法事実があるのかをきちんと立法過程に反映させることは民主主義の基本的手続きであり、こうしたことが無視されてはならないだろう。

(3) 年収要件は歯止めにならない

年収要件は、一旦導入されれば、経済界の圧力によってとめどなく下げられていくことに歯止めがかからないし、アメリカの公正労働基準法（ＦＬＳＡ）が定めた基準が調整がなされなかったために、非常識な低水準に据え置かれていることにも思いを致せば、[13] このような基準を労働時間法制に持ち込むこと自体の合理性が疑われよう。

(4) 女性が輝く社会のコンセプトに逆行する

安倍政権が掲げる女性が輝く社会を実現しようとするならば、女性（妻）の家事・育児を組み込んだ男性労働者の長時間労働解消が必要不可欠であるが、長時間労働を前提とする適用除外拡大は、長時間労働競争を放置し、性別役割分業システムを温存・恒常化させる危険性が高く、完全に逆行する政策である。

五　長時間労働解消のために

1　現行法でやれることをやろう

政府の新たな労働時間法案が法制化されてしまっても、当面、大部分の労働者は現行の法制度のもとに残る。抜本的な上限規制や勤務間隔時間が実効性をもってすべての労働者に導入されるまでには相当な時間と努力を要するだろう。そこで、今後の闘いとしては、法案の行方にかかわらず、まず、現行法のもとでもやれることをとことんやることである。

2　過半数組合の役割の重要性

三六協定は労働者代表がイニシャチヴをとることを前提として構想されている。労働者側が「ノー」と言えば、労使協定の期限が経過した瞬間に「八時間労働制」が法形式的には実現してしまうという意味で、この法律は、労使の力関係次第では恐ろしい破壊力を秘めているともいえる。これが完全に形骸化させられた状態のままで、別の仕組みをつくりさえすれば長時間労働の防止が実現するか、はなはだ疑問であり、労働組合の役割も含めて、三六協定を通じた長時間労働解消の方向性を今一度追求し、社会全体の「常識」へと高めることを目指すべきではないだろうか。

三六協定が実質的には労働協約としての規制力を期待され、かつ、この協定が延長時間の設定という重要な機能を持っており、非組合員にも適用される構造からすれば、[14]過半数組合の役割と責務は重要であり、現に長時間労働を許容するような協定があるとすれば、次の協定期限を目指して見直していく「三六協定適正化」運動が燎原の火のごとく広がっていくことを強く期待したい。逆に、過労死を許容するような協定を漫然と締結し続けている過半数組合の在り方は、今後ますます社会的にも法的にも厳しく問われる時代になるだろう[15]。

また、みなし裁量制職場における労使協定や労働委員会決議に労働者の意見を反映することも現行法下での重要な闘いである。これも同様に過半数組合がある場合は、その役割が期待される。

新聞労連の発行している「裁量労働制対策ハンドブック『ゆとりある職場を目指して』」(日本新聞労働組合連合)には、いくつかのメディアの裁量労働に関する労使協定例が掲載されているが、たとえば、高知新聞社の協定書では、裁量労働制の対象となる職場のみなし労働時間を細かく分けて、経済部、社会部一般は、一日八時間四〇分、政治部は一日九時間一五分、社会部デスク、警察担当は一日九時間二〇分といった具合に職場の実情を反映させようと努力している。また、神奈川新聞の協定では、「突発的業務や緊急事態発生により、指揮命令者の管理下で業務を行う場合」など裁量制が適用されなくなる場合を細かく規定している。

このように制度設計に労働組合の意見が反映される例は多く、こうした事例を広めていくことも重要となるだろう。労働弁護士も労働組合の相談に乗り、支援する体制を整えていくことが必要であろう。

3　過半数代表者の課題

大きな問題があるのは、過半数組合のない過半数代表者による協定の場合である。過半数代表者が過半数組合と同様の規制力を発揮することは現状では非常に困難である。

これにはまず、徹底した監督によって三六協定の締結率を高めることのみならず[16]、その際、三六協定の意義を労使に理解させること、協定締結は労働者の義務ではないことを周知すること、「所定外・休日労働を必要とする具体的事由」について指導を徹底すること(漫然と「繁忙であること」などは事由とならない[17])が必要となる。労使が真剣に「具体的事由」を考えて協議し、職場でも十分に民主的な討議を加え、合意できる範囲でのみ合意するということが当たり前になっていけば、相当程度効果が期待できるだろう。

次に、三六協定内容の強化が必要である。特別協定制度の廃止（告示三五五号三条但書の削除）、一日単位の基準時間および休日労働回数の基準の設定（同三条、四条改訂）を速やかに告示改正で実施する。さらには、「告示」等において具体的事由を限定列挙して時間外労働を許容する事由を制限すべきである。

そのうえで、過半数組合がない場合の民主的基盤と権限および身分保障のある職場代表の在り方を議論すべきである。また、労働弁護団等の法律家団体や労働ＮＰＯが連携して、三六協定についての内容・効力を周知する運動を展開し、労働者が法を活用することの意義を広めていくことも重要であろう。

4　上限規制と勤務間隔時間

長期的には、労働時間法制の抜本的な改正を視野に入れた活動が展開されなければならないだろう。アメリカ型ではなく、ヨーロッパ型の社会を目指す運動を社会全体に広める必要がある。

日本労働弁護団が労働時間法制についての「試案１」を公表し、週四八時間、一一時間の勤務間隔時間を提言した[18]。同試案では、労働協約によって週五五時間までの時間外労働が例外的に許容される仕組みを取っている。これによれば、おおむね月六〇時間程度の時間外労働が限度ということになる。まずは、このレベルの上限規制導入に注力することが重要だ。

5　ヨーロッパ型社会を目指して

今後は、長時間労働問題を解決するなかで、日本はヨーロッパ型の社会を本格的に志向すべきである[19]。その際に長時間労働問題の解消は、たんに労基法の規制の在り方だけではなく、社会構造の変革をともないつつ進めていくしかない側面が自覚されなければならないだろう。企業中心社会から脱却をして、人間中心の社会へと変革していくうえで、働く者の意識も変わらざるをえないし、そのための制度を追求していくことが重要となるだろう。企業に縛り付けられなくてもいいような雇用保険を含めたセーフティネットの充実、教育・住宅費の社会化とそのための公平な税制、労働者教育を通じた権利意識の醸成とそれを現実に行使できる仕組みの構築、二四時間社会の見直し、過度の顧客中心主義の転換など長時間労働の解消は、社会システムの見直しと不即不離の関係にあり、「時間」を取り戻す闘いは、人間を取り戻す闘いでもある。(20)

(1) 一般労働者(フルタイム労働者)の年間総実労働時間は、不払い労働時間を含まない厚生労働省「毎月勤労統計調査」(企業回答)によっても、二〇一二年では二〇三〇時間、二〇一三年では二〇一九時間と優に二〇〇〇時間を超える。
(2) 厚生労働省の監督結果によれば、二〇一三年度が是正額で一二三億四〇〇〇万円(過去最高は〇七年の二七二億四〇〇〇万円)。これらは脆弱な監督体制を前提とするとまさに「氷山の一角」にすぎない。
(3) 厚生労働省「脳・心臓疾患と精神障害の労災補償状況」によれば、脳・心臓疾患についての労災支給決定件数は二〇一三年度三〇六件で三年連続で三〇〇件を超えた。精神疾患の労災認定件数も、六三件で高水準となっている。
(4) 宮里邦雄「規制緩和との闘いの基調」季刊労働者の権利二三三号二頁。
(5) このころ、アメリカの実情が報告されたことも大きな影響を与えたといえよう。連合「アメリカ　ホワイトカラー・イグゼンプション調査団報告書」二〇〇五年、労働総研「ホワイトカラー・エグゼンプション米国調査報告書」二〇〇八年、日本労働弁護団「アメリカ調査報告」季刊労働者の権利二六〇号八八頁以下など。
(6) 日本労働弁護団「労働契約法及び労働時間法に関する『答申』に対する見解」(二〇〇七年一月一七日)。
(7) この時期にＪＩＬＰＴが行なった企業アンケート報告を見ると、長時間労働の発生要因として、「所定労働時間では対応できない仕事量」が四七・六%で最も多く、「突発的な業務がしばしば発生」も三六・三%となるなど、使用者自身が長時間労働の原因が業務の量や不規則性にあることを認めていた。

(8) なお、本家アメリカでは、オバマ政権が対象労働者を限定する方向で規則改正を進めている。労働省統計によれば、週五〇時間以上働く労働者は対象労働者が一五%なのに対して、一般労働者は五%にすぎず、対象労働者の長時間労働傾向が顕著である。

(9) 詳しくは拙稿「時間外手当と管理監督者」『労働判例精選』有斐閣、二〇一四年。

(10) 小倉一哉「管理職の労働時間と業務量の多さ」日本労働研究雑誌五九二号七三頁。

(11) 松岡三郎『労働法第三版』弘文堂、一九七〇年、三〇五〜三〇六頁、中島正雄「労働時間規制の原則と例外」『講座21世紀の労働法 5』一九五頁等。

(12) JILPTの「裁量労働制等の労働時間制度に関する調査結果」の「事業場調査結果」(二〇一四年五月)によると、今後の労働時間管理のあり方について、「現行制度のままでよい」が厚労省抽出データで六〇・二%、事業所データベース抽出分で六六・七%。労働者ニーズ論が誤りであるだけでなく、経営者ニーズ論さえ怪しい。

(13) 民主党系シンクタンクEconomic policy instituteによると、公正労働基準法(FLSA)が施行された一九七五年には、六五%の俸給制労働者が時間外労働手当の支給対象となっていたが、その後、インフレ調整がなされなかったため、二〇一三年には支給対象は、わずかに一一%まで減った。

(14) 詳しくは濱口桂一郎「過半数代表性の課題」季労二〇七号。

(15) 厚生労働省「平成二五年度労働時間等総合実態調査」によれば、特別条項付き時間外労働の労使協定締結事業場は四〇・五%で、前回、同調査が行なわれた二〇〇五年の二七・七%から大幅に増えており、また、大企業六二・三%、中小企業二六・〇%と圧倒的に大企業が多い。さらに、同調査によれば、一年間で八〇〇時間超の延長時間を定めたものの割合が一五・〇%、一〇〇〇時間超の延長時間としたものも一・二%あった。

(16) 「平成二五年度労働時間等総合実態調査結果」(厚生労働省労働基準局)によれば、「時間外労働・休日労働に関する労使協定をいずれも締結していない」とした事業場は、全体の四四・八%にのぼる。

(17) 日立製作所事件(最一小判平成三・一一・二八労判五九四号七頁)は「生産目標達成のため必要がある場合」「業務の内容によりやむを得ない場合」という事由につき「いささか概括的、網羅的である」と指摘している。

(18) 日本労働弁護団「あるべき労働時間法制の骨格（第一次試案）」二〇一四年一一月二四日。

(19) 鴨田哲郎「適用除外は時間主権の問題である」（労旬一八二三号二一頁）は、労働時間規制の問題が日本ではカネ（残業代）の問題として矮小化され、残業代ゼロのネーミングを皮相なものと批判しつつ、「欧州のような社会を築くことを目標にしなければ、本格的な時短運動にはならないのである。」とする。

(20) 辻信一「スローライフとGNH—仕事観の転換を」（季刊労働者の権利二六八号二八頁）は、第一次安倍内閣の反エグゼンプション集会の講演だが、大変示唆に富む。

第5章　派遣労働者の権利確立の闘い

村田　浩治
（弁護士）

一　労働者派遣という就労形態の基本的視点

1　労働者供給の禁止（直接雇用の原則）

労働者派遣は、労働者供給事業と同様雇用主が労働者を第三者の指揮命令下で労務させるという構造を持つ法律関係である。労働者派遣は、定義上は指揮命令者とは雇用関係がないものとされている（派遣法二条）が、労働者供給の場合は雇用関係がある場合もある点で区別されているが、それは労働者派遣を法律で容認する際につくられたドグマに過ぎない。雇用と使用が分離している点で両者は同一といえる。

労働者供給は、戦前は法規制がない状態で、土木、建築、造船などの分野で見られた就労形態であったが、ＧＨＱはこれを遅れた封建的で非民主的な形態であると判断し、一九四七年一二月一〇日に職業安定法で全面的に禁止した。ＧＨＱの担当官の述べた「人夫供給業とか親分子分による口入れ稼業というものを根本から廃止してこの封建制度が生んだ最も非民主的な制度を改正し、労働者を鉄か石炭かのように勝手に売買取引することを日本からなくして労働者各人が立派な一人前の人間として働けるように計画されたものである。」という談話が残されている。(1)　こうした観点は、労働契約は直接雇用が原則であることの表明と言い換えても過言ではない。一九四八年の改正法の国会審議でも加藤労働大臣は、「本規定（職安法四四条）は労働者供給事業の本質が、封建的な身分関係に基いて、ややもすれば労働の中間搾取を行なうものであり、かつ強制労働の弊害をともないやすいので、労働者の権威と自由とを保障し、労働の民主化を推進する意味から、（中略）これを禁止した。」としている（昭和二三年六月一八日衆議院労働委員会議事録）。同様の観点だ。

2　偽装請負の源流

労働者供給事業に対する初期の取り締まりが厳格に実施されたことはＧＨＱの日本占領史に残された報告に示されてる。労働ボス排除キャンペーンの結果、「使用者の中には、労働者が労働ボスの支配から解放されたことによって、ボス支配の労働者の非効率性を認識した」「自由な労働者への移行は労働者の労働意欲を向上させた」とした。また「調査によれば、労働ボスから切り離された労働者の賃金は、平均二〇％から四〇％はすぐに上昇する」[2]とある。労働者の賃金が上昇し、労働意欲が向上し効率があがったという記録は今日の労働規制のあり方に示唆を与える。この報告書は、造船や建設業などの労働需要が変動する産業では労働ボスの排除が進展しなかったこと、労働ボスに対する締め付けを行なった結果、ボスを社長に手下を管理者とする請負会社が偽装され、供給先が機械や設備をその企業に移転するなどしてボスを支援したと指摘している。また当時の政府が一九五〇年九月、二五〇万人いたボス支配下の労働者の二分の一は解放されたと発表したが、この数字は額面どおりに受けとることはできないとして偽装請負化を示唆している[3]。労働者供給が、非民主的制度であり人身売買的な問題であるという認識とその禁止直後から偽装請負が問題視されていたことは忘却してはならない事実である。

二　労働者派遣法の成立と規制緩和の進行

1　労働者派遣法の制定の背景

労働者供給事業が原則として禁止されても、労働省自身が一九五〇年の時点でも二五〇万人のうち半分の一二〇万あまりが労働ボス支配から脱していないと報告していたうえ、「業務委託」や「請負」という形式で、雇用主でない使用者が指揮命令をするという就労形態は残り続けた。日常の法律相談でも、労働者供給とおぼしき相談は数知れない。請負代金を支払ってもらえないという相談で、代表者は従業員と一緒に注文主の工場で常時、指示をうけて仕事をしているとか、建築現場で請負として入っても請負代金は人工代のみである。

建築現場で熱中症で死亡した「下請け」の労働者の労災訴訟の準備のために、請負会社の事務所に証拠保全に行くと、社員一〇〇名以上が寝泊まりできる個室の「寮」でも、現場のある日は、冷暖房を切って仕事に向かわせられるように、事務所で冷暖房のスイッチを操作できるようになっていた。建設業での派遣は未だ禁じられていたにも関わらず、公然と人だしがされ、部屋で過ごせない状態で仕事に行かざるをえない寮はまさに現代の「たこ部屋」ともいう状態だった。

就労先の実質上の雇用主に使用者の雇用責任を追及する闘いも「黙示の労働契約」による労働契約関係の確認や、団体交渉拒否にたいする不当労働行為の認定に関わる「労組法上の使用者」をめぐる労働委員会命令を勝ち取る重要な闘いなど数多く存在した（近畿放送局事件・京都地判昭和五一・五・一〇、サガテレビ事件・佐賀地判昭和五五・九・五等）。

労働行政は、一九五二年に職業安定法施行規則四条一項に規定する「専門的企画、技術」が「専門的な経験」に広げるなど、緩和された運用がされ厳格な取り締まりが緩和された。[4] すでに、六六年に外資系会社の「マンパワージャパン」が成立され、アウトソーシング（業務委託）は事務労働分野においても事業として広がり、派遣労働の実態は潜在化していた。

2 労働者派遣法成立の影響

一九八五年に労働者派遣法が成立した際もその問題性が見過ごされたわけではない。七八年一〇月に高梨昌氏を会長とする「労働力需給システム研究会」が設立され、八〇年四月に提言がまとめられてからも法案成立に五年を要し、八五年六月一一日に修正を経て衆議院本会議において可決された際も、派遣労働を可能とする対象業務を定めるにあたって「常用雇用労働の代替を促すことにならないよう十分に配慮する」などを内容とする八項目の附帯決議が付された。[5] 八六年七月一日に労働者派遣法が施行され、人材派遣協会が一二月一日に設立された。

そもそも労働者派遣法は、労働者供給という就労形態の一部を合法化したにすぎないはずであったが、従前の不法な労働者供給以外に存在しうる就労形態へというマインドが形成された。「人を使って稼ぐこと」の後ろめたさを軽減する効果があったといえる。

労働者派遣の定義では、雇用主は派遣会社であり、無届け、無許可であっても雇用している形式があるだけで雇用責任はすべて供給元である派遣会社にあるということになってしまう（もちろんこの解釈は労働者供給の違法性を軽視するものであり適法な派遣だけが派遣だという解釈をとるべきであると考えているが、行政解釈も最高裁の解釈も反対の立場である）。労務提供と指揮命令を基本とする労働契約を念頭におくと、派遣元と派遣労働者の契約は、指揮命令権と労務提供義務が存在しない特別の「雇用契約」が可能となった。

派遣法制定直後の労働者派遣は、女性事務労働分野ではパート労働よりは相対的に高い時給で契約されたが、それは正社員女性事務労働の基本給を時間給に換算した結果にすぎず、不安定な身分にともなう人権侵害が初期の労働相談の内容となった。仕事が決まったというので就労先に事情をいって契約更新せず待機していたら面接後に断られた、妊娠したらまだ働けるのに契約更新がされなかった、三五歳を越えると派遣先を紹介してもらえない、といった相談が寄せられた。労働者派遣制度は、労働関係における人格権の侵害を容易にしてしまった。大阪の派遣労働問題研究会に寄せられたある女性労働者の手紙には、「自由な時間に好きなだけ働けるのはウソ。派遣先に行ってみたらコンピューターの仕事のはずが、電話の受付だった。職場では履歴書を男性社員が回し読みしていた。話が違うと仕事を止めたら賃金を支払ってもらえなかった。派遣先に行ってみたら契約と違ってサラ金の取り立て電話をかけさせられた。大企業の派遣先の男性は結婚するなら社内の女性、派遣の女性は遊び相手と割り切っていて、派遣が終われば別れ話になると聞いた。派遣が終わってからイタズラ電話やストーカーに悩まされた。」などという契約違反、賃金不払い、セクハラ、パワハラの人権侵害が横行する実態を伝えた。女性は派遣会社の営業担当者を「女衒」と表現した[6]。派遣業務が限定されていた時代でも、派遣が認められない庶務業務、事務補助、看護師、給食調理業務、放送局事務スタッフやメイクアップ担当者など違法な派遣労働を改めさせ、直接雇用責任を認めさせる闘いが展開された（前同書参照）。労働組合のない職場ではアルバイトから認識のないままに労働者派遣に切り替えられ、契約を解除されたため争ったが敗訴した事例もある（日建設計事件・大阪高判平成一八・五・三〇）。

3　労働者派遣の規制緩和と派遣労働者の拡大

一九九五年五月、日経連が、バブル崩壊後の人材コスト削減のために、終身雇用型の雇用形態から脱却し雇用を株式同様に、特徴ごとに峻別し活用せよとする「雇用ポートフォリア」を提唱した『新時代の「日本的経営」』を発表した。報告は、日本企業の終身雇用正社員と雇用のあり方を変え、労働者を長期蓄積能力活用型、高度専門能力活用型、雇用柔軟型に峻別管理したうえで、人権費の抑制を図ろうとした。要するにすべての労働者を終身型とみず、雇用調整可能な労働者の割合を決めて雇用調製を図ることを可能にする非正規雇用活用案を提唱したのである。

しかし、日経連の思惑以上に不況が長引き、人権費のカットは際限ないものとなった。この結果、社員のなかの非正規雇用の割合は日経連の予想以上の増加をみせ、雇用が劣化した。当時、日経連でポートフォリオを提唱した当事者も会員企業のコスト削減が人件費に及び、予想以上に非正規労働者の割合が増加をしたと振り返っている(7)。

一九九九年の派遣法改正は従前のポジティブリスト方式からネガティブリスト方式に改めるという大改定となった。期間を制限する従前の派遣可能業務のほかに原則自由とした業務を「自由化業務」とし、従前から許容されてきた二六の業務については「政令指定業務」として区別されたが、原則派遣可能となったことは大きな変化となった。その一方で派遣先事業主の派遣労働者に対する直接雇用の勧告規定を置くなど、初めて派遣先事業主の派遣労働者に対する直接雇用義務などの規定が確定された。

さらに二〇〇三年には、派遣先事業主の義務規定が改定され派遣労働者に対する直接雇用申込み義務が規定されたが、同時に期間の制限はあるが「物の製造業務」でも派遣が可能となった。

二〇〇二年の派遣労働問題研究会への相談五〇〇件のうち、二三%を超える相談が「途中解約」であり、大部分は使用者からの解約であるが、逆に退職できないという相談も少なくなかった。労働者が派遣先での業務があまりにもハードで耐えられないと申し出ると、「(契約が切れるはずなのに)契約は五月までだ。いま辞めるのは契約違反だから違約金を請求する。」といったものだ。

社会保険や雇用保険に関する相談もおよそ一二%を占めたが、派遣労働者の大部分が「登録型」派遣であることに起因しており、派遣元使用者に雇用主としての責任意識が希薄であることを示すものである。たとえば過去二年雇用保険料が引かれていたのに、実際には雇用保険に加入していなかったため、退職後の保険給付を受けられなかったという事例や、五年以上の自動更新で続いてきた契約が期間満了で終了したのに、派遣元から直ちに離職票が交付されないため雇用保険の給付が受けられなかったという類いの相談だ。また、「雇用保険を受給しようとすると、職安は、一ヶ月の間は新たな派遣先への派遣がありうるといって、保留扱いにしている」という雇用保険を必要とするにもかかわらず行政対応が実情をふまえたものになっていないという相談も数多くあった。雇用保険の保留などは派遣ならではだが、当人には深刻な事態である。また社会保険に入るか入らないかは本来、要件を満たす場合は雇用主（派遣法上は派遣元）に加入義務があるのに、社会保険に加入する場合と加入しない場合とで時給に一割ほどの差額をもうけ、派遣労働者に選択させるという相談なども多く見られた。雇用の根本に関わる賃金や社会保険で相談の三割以上を占めるのは、派遣労働に基本的な欠陥がある証拠であると考えられた。

製造業でも二〇〇三年の改定を経て労働者派遣が可能となったはずだが、現実には偽装請負が広がっていた。人材派遣の料金が新聞の価格情報欄に「ゴルフ用品」「シューズ料金」に並んで「労働者派遣」「アウトソーシング」という項目で、一時間あたりの価格や一日あたりの時間が表示されていた。たとえば〇二年四月二一日の日本経済新聞の「価格旬情報」欄には、一時間あたりの派遣料金が営業ルートセールス二二〇〇円〜二四〇〇円、営業一般新規顧客開拓二六〇〇円〜二九〇〇円、リーダー給三二〇〇円、コールセンター要員（受信中心一三〇〇円〜一六〇〇円、受発信業務一九〇〇円〜二二〇〇円）、アウトソーシング医療事務代行一ヶ月二五万円という具合に掲載されていた。労働が商品としてその価格が毎月掲載され、コストが低く使い勝手のいい労働商品の競争が展開されていたのである。

派遣ユニオンが毎年実施しているアンケート調査によると、賃金は低下していき、派遣会社は無料お試しキャンペーンと銘打って、値引き競争を展開した。受注競争の結果、労働者は会社が代わって就労しても時給が四〇〇円ダウンという例すらあった[8]。派遣労働のダンピングは正社員にも影響し、業績主義や歩合制など正社員の請負化や賃金のダンピングを招いた[9]。

派遣労働に業務による制限がなくなった一九九九年以後、派遣労働者の割合は大きくなる一方であった。総務省労働力調査によると、九九年は正社員三六八八万人、パートアルバイト一〇二四万、派遣二〇一万だったが、製造業の派遣が解禁された二〇〇五年は、正社員三三三三万人、パートアルバイトが一〇九五万人、派遣が四九六万人となった。正社員が三五三万人減少し、派遣労働者が二四五万人増加し、アルバイトも七一万人が増加した。常用的な雇用に対する代替が進んだ。さらに統計上の派遣労働者の数字も額面とおりには受け止められない。二〇一四年最高裁で敗訴が確定したダイキン工業事件では、一九九五年頃からすでに「支援従業員」と称する偽装請負労働者が増加しはじめ、リーマンショックの起きた二〇〇八年には工員の八割に匹敵する四六〇人もの偽装請負労働者が稼働し、〇八年に大阪労働局からの指導の結果、これらの労働者が直用された（大阪地判平成二三年一一月一）。彼らは〇五年の統計では派遣労働者にカウントされていない。

三　ワーキングプアの温床としての派遣労働の規制強化の動きと挫折

二〇〇六年前後、働いても生活できない貧困層が注目されるようになった。〇六年七月にＮＨＫスペシャル「ワーキングプア」が放映されて反響を呼び、その後も同年一二月に「ワーキングプアⅡ」、翌〇七年一二月に「ワーキングプアⅢ」が放映された。格差と貧困が人権課題として意識された。ネットカフェやマクドナルドで一夜を明かすホームレスの若者と日雇い派遣がクローズアップされた。また、偽装請負が大企業で横行していることもマスコミが取り上げるようになり、注目を集めた。

日本弁護士連合会が二〇〇八年一〇月の人権大会で「労働と貧困　拡大するワーキングプア」というテーマを取り上げたことで、労働問題が人権問題として意識されはじめた。さらに同年九月のアメリカのリーマンショックに端を発した世界的不況は、日本において大量の派遣切りを生み、同年年末から翌〇九年の年越しに、日比谷公園に「年越し派遣村」が出現した。労働問題と格差社会を問題視する世論の広がりは、同年八月の衆議院選挙において民主党政権を生み出した。

民主党政権下で、派遣労働法を派遣労働者保護法とする改正案が提出されたが、野党自民党の抵抗と巻き返し、景気の低迷と失業率の増加のなか、非正規労働の解消に向かわず、格差と不安定雇用の非正規労働をやむをえないものと温存する形で格差是正の意見は後退しはじめた。野党案の派遣労働者保護を掲げた改正案は、自民、公明の修正を受け入れた形での成立を余儀なくされたが、直接申込みのみなし規定が導入された一応の改正案が成立した。しかし、二〇一二年の総選挙で自民党が政権を取り戻し、一四年一二月に実施された衆議院選挙で再び絶対多数を維持した安倍政権のもとで、常用代替禁止の建前すら放棄されるやもしれない政治状況に直面している。

四　派遣労働者の権利闘争の課題

1　労働行政の指導と権利闘争による要求の実現

労働者派遣の業務が制限されていた時期の一九九六年に、正職員と臨時職とが混在していた大学の講座補助員の臨時職員だけを労働者派遣契約に変更するため、部屋に集め退職届に署名捺印させせたという事件が起こった。この事案では、派遣可能業務が限定されていたため、早期に職業安定所が是正指導を行ない、わずか一ヶ月で大阪府労働部が、大学と派遣会社の双方に契約をしないようにと指導した。指導を武器に、臨時職員らが加入した労働組合は、団体交渉で正職員の三分の一だった差別賃金を是正させ、一気に三〇％の賃金アップを勝ち取った。そして六年後には正職員化を勝ち取った。[10]

一九五二年に後退した労働行政下でも、労働者の闘いによって指導は実効性を与えるものとなる。二〇〇八年の派遣切りが横行した偽装請負と違法派遣を批判する世論が沸騰した時期、労働行政においても派遣先に対する直接雇用を推奨せよとの通達がだされた（平成二〇年九月二六日職発第〇九二六〇〇一号）。世論と運動が行政指導の姿勢に変化を与えるのであり、運動を積み重ねていかなければならない。

2　派遣先に対する労働契約上の地位確認請求の課題

二〇〇八年四月二八日、いわゆる松下ＰＤＰ事件で、偽装請負形態で就労していた男性の地位確認請求が認められる判決が出された。大阪高等裁判所は、違法な偽装請負は労働者供給であり、請負会社と労働者の雇用契約が公序に反し民法九〇条違反によって無効という判断を前提に、就労先との間の黙示の労働契約を認める判断を示した。こうした解釈は、当時のワーキングプアの温床となる偽装請負や違法派遣を批判する強い世論とそれを背景とした労働運動が裁判官の解釈に影響を与えた結果である。法解釈は価値判断の表明であり、民法九〇条違反という価値判断は真っ当なものであった。その判断の基礎には、労働者供給禁止が民主的労働関係の原則であり重要な公序であるとの職業安定法制定時の観点がある。大阪高裁の判決は、その後の派遣先（偽装請負の発注者）に対する労働者の闘いに勇気を与え、多くの訴訟が提起された。労働組合も大阪高裁の判決を武器に直接雇用を求める闘いを展開した。

これに対し二〇〇九年一二月一八日、上告審の最高裁判決は、偽装請負会社（＝派遣先）と労働者の雇用契約は労働者派遣法という取締法規違反にすぎず、「特段の事情がないかぎり」有効との判断に後退した。この判断は下級審の判断を縛るだけでなく、黙示の労働契約関係を認めるには特段の事情がいるといった判断まで示されている。労働契約は直接雇用が原則であり、労働契約の本体は指揮命令と労務提供であるという発想はない。派遣労働関係において雇用主は派遣元であるという一九八五年派遣法が示したドグマが復活している。また取締法規違反でしかないという判断は違法派遣や偽装請負の結果、不安定な労働関係に置かれた労働者の損害賠償請求についても、私法的効力を持たないという形で慰謝料請求否定の論法となってしまっている。

唯一マツダ事件山口地裁の判断は、労働者供給から派遣法成立にいたる歴史的経緯をふまえた判断となっており、派遣労働関係のもとでの闘いの重要なヒントを与えてくれる。

また、民主党政権下で成立した労働者保護も目的とする改正派遣法における直接雇用申込みみなし規定（労働者派遣法四〇条の六）が二〇一五年一〇月一日に施行される。この規定が派遣労働者の権利保障に生かされるのか重要な課題となる。

3　労働組合法上の課題

偽装請負の受注先（＝派遣先）に対する団体交渉に関わって、偽装請負の就労先および派遣先使用者が労組法上の使用者に該当するかという点も重要な課題である。今後、裁判所の判断が示されることになる重要争点である。

（1）北海道立労働科学研究所『臨時工』（前編）、日本評論新社、一九九五年。
（2）ＧＨＱ（竹前栄治・中村隆英：監修）『ＧＨＱ日本占領史　32巻』遠藤公嗣訳、日本図書センター、一九九八年、四七頁。
（3）同前書四七～四八頁。
（4）中島正雄「労働者派遣の前史と制定過程」『労働者派遣と法』日本評論社、二〇一三年所収、五頁。
（5）高梨昌『詳解労働者派遣法　第3版』エイデル研究所、二〇〇七年、一七七頁。
（6）民法協派遣労働問題研究会編『がんばってよかった』かもがわ出版、一九九五年、一四～一六頁。
（7）成瀬健生「雇用ポートフォリオ提言とこれからの雇用問題」連合総研レポートＤＩＯ二〇一四年、№二九五、七頁。
（8）中野麻美『労働ダンピング―雇用の多様化の果てに』岩波新書、二〇〇六年、四～五頁。

(9) 同前書七頁。
(10) 脇田滋教授のホームページ http://www.asahi-net.or.jp/~RB1S-WKT/sikadai.htm 参照。

第6章　ブラック企業の問題点と構造

佐々木　亮
（弁護士）

一　ブラック企業とは何か

1　そもそも定義はあるか？

ここ最近の労働問題を語るにあたり避けられないのが「ブラック企業」との言葉である。すでに広まっており、さまざまな場所で用いられている。インターネット上はもとより、メディア、学者、弁護士、政治家も、ひどい労働環境がある会社のことを「ブラック企業」と呼ぶようになっている。

ここまで広まり、多くの人に認知されているにもかかわらず、実は「ブラック企業」という言葉に正解となる定義はない。この言葉は学者が作出して定義した言葉でもないし、メディアによる造語でもない。後述するように、誰が言い出したのか分からない、本当の意味での「俗語」なのである。

ゆえに、用いる論者によってさまざまな定義がなされ、それゆえに広がりをもった言葉であるといえるものの、各自が抱く概念に乖離があり、曖昧になりかねない脆さももっていた言葉であった。

ただ、後述するとおり、今野晴貴氏が著作『ブラック企業―日本を食い潰す妖怪』（文春新書、二〇一二年）により、この問題は若者の雇用問題であり、かつ、社会問題であるとして、錯綜する「ブラック企業」の意味を整理した点は大きいといえるだろう。二〇一三年七月三一日、若手弁護士を中心に「ブラック企業被害対策弁護団」が結成されたが、これも「若者の雇用問題」に取り組むという結節点がなければ実現しなかったものと思われる。

ブラック企業被害対策弁護団では、その設立趣意書において、ブラック企業という言葉に、独自の定義を置いた。一つは狭義のものとして、「新興産業において、若者を大量に採用し、過重労働・違法労働によって使い潰し、次々と離職に追い込む成長大企業」という定義、もう一つは広義のものとして、「違法な労働を強い、労働者の心身を危険にさらす企業」という定義である。世に知られる「ブラック企業」という言葉の意味は、広義の意味に近いのではないだろうか。ここであえて狭義の定義を置いたのは、弁護団ではここにブラック企業問題の核心があると考えているからである。ちなみに、厚生労働省は、「若者の『使い捨て』が疑われる企業」という言葉を用いているが、どちらかというと弁護団の定義の狭義に近いニュアンスを含んでいるといえるだろう。

ただ、先にも述べたとおり、「ブラック企業」という言葉に正解となる定義はない。むしろ、言葉の定義に気を注ぐより、この言葉によって若者を中心に多くの労働者が自らの雇用環境を振り返ることができたことが大事な点である。これまで疑問を抱かなかった「おかしなこと」に気づき、相談につながったり、時には声を上げる結果に結び付けば、この言葉は十分に力を発揮していると評価できるだろう。

2　用語としての「ブラック企業」の発祥

さて、「ブラック企業」という言葉は今では知らない人がいないほど世の中に広まっている。二〇一三年の流行語大賞ベストテンにも選ばれたくらいである。

このブラック企業という言葉はいつごろどのような経緯で発生したのであろうか。これは確実な発生の日付などは不明であるが、さかのぼると、二〇〇〇年代前半頃ではないかと言われている。この頃、いわゆるＩＴ産業で働いていたＳＥ等の労働者を中心に、インターネット上の掲示板などで使われはじめたものがその発祥とされる。要するに「ネットスラング」だったのである。

なぜＩＴ産業からこの言葉が生まれたのかというと、たんにネット利用者が多いというだけではない。ＩＴ産業は、建設業と似て請負や出向、派遣などによって多重構造をとることが多い。その構造上末端に位置する労働者の労働環境が過酷なケースが多く、その過酷な労働環境を指して、ブラック企業、ブラック会社という言葉が自然と生じ、インターネットの匿名掲示板などで多用されたものと考えられる。そのなかでもとくにインターネット利用者に多い若者の「共通用語」として広まっていったものと推察される。

なお、ここにいう過酷な労働環境とは、サービス残業、長時間労働、休み（有給休暇）なし、パワハラ・いじめなどが挙げられる。インターネット上で広まるようになると、ＩＴ産業だけでなく、「うちもブラック企業だよ」のように、主に若年層労働者の過酷な労働環境を表わす言葉として広まるようになった。

二〇〇七年一一月ころ、インターネット上の巨大匿名掲示板である「2ちゃんねる」に『ブラック会社に勤めてるんだが、もう俺は限界かもしれない』という題名の書き込みが連続してなされた（内容はとくに労働問題にスポットを当てたものではない）。これが〇八年六月に書籍化され、さらに〇九年に映画化するなど、「ブラック会社（企業）」という言葉がインターネットの世界を飛び出して世間一般でも使用されるようになった。ただ、主には若者の言葉であって、世代を超えて広まったというほどにはならなかった。

二〇一二年夏には第一回ブラック企業大賞が企画され、週刊誌などのメディアが取り上げるようになった。一二年一一月には、先に述べた今野晴貴氏による『ブラック企業―日本を食い潰す妖怪』が出版された。この書籍がベストセラーとなり、多義的に使われていた「ブラック企業」という言葉の意味に交通整理がなされ、同時に上の世代にも浸透し、新聞などの大手メディアなどもこの用語を使うようになりはじめた。一三年は、参議院選挙での争点に「ブラック企業対策」（＝若者の雇用問題への対策）がなるなど、急速に広まっていったのである。

注意を要するのは、「ブラック企業」という言葉が、単に面白い言葉だとか、インパクトがある言葉だから広まったというのではないことである。次項以下述べるとおり、この用語を裏打ちする過酷な労働環境が現実に存在していることが、この言葉の広がりの基盤となり、今日のような広まりを持っているのである。

二　ブラック企業では何が起きているか？

では、ブラック企業ではどのようなことが起きているか。

今野晴貴氏は、ブラック企業の「手口」を次のように分類する（今野晴貴＋ブラック企業被害対策弁護団『ドキュメント　ブラック企業』ちくま文庫、二〇一四年、より）。

まず、段階を「Ⅰ　大量の募集」「Ⅱ　選別」「Ⅲ　使い潰し」の三つに区分し、段階Ⅰのなかに「①募集で騙す（労働条件の偽装、正社員の偽装）」、段階Ⅱの中に「②入社後に選別する」「③戦略的なパワハラ」、段階Ⅲの中に「④異常な長時間労働と残業代不払い」「⑤職場崩壊」「⑥辞めさせないけど、病気になったら辞めさせる」の手口があると整理する。

これを敷衍すると、ブラック企業においては、募集段階で労働条件などを誤魔化して大量の人員を確保する（前記①）。たとえば、募集段階では正社員であったのに、入社後、有期雇用で雇う例や、固定残業代を用いて給与が実際よりも高いかのように錯覚させるなど、こういった手を尽くして若年労働者を引きつける。

そして、入社後は厳しい負荷をかけ、選別を行ない（前記②）、結果、大量採用・大量離職が発生する。とくに、

「予選」などと称する試用期間を設け、会社に残るための競争をさせるなどの例が報告されている。また、一定の職位に数カ月で就くことが要求され、これに就けない場合、通常の社員のコースからドロップアウトしてしまうため、その間、必死に働くことが要求される例も多い。なお、一定の職位に就いたとしても、次々に目標が課せられるため、休まることはない。こうした過程で、多くの労働者は自ら会社を去ることになる。

そして、大量離職の過程で、目的を持ったパワーハラスメント、すなわち、戦略的パワハラ（前記③）が起きる。典型的なのは退職強要である。気に入らない労働者はこの時点で排除される。前記②においても、全員が退職を選択するわけではない。また、人間の集団であるから、気に入らない労働者を排除する力も働く。そのため、労働者自らが退職を選択するように嫌がらせが始まる。ある企業では、会社にどうしたら貢献できるかを言えと求め、労働者が何か言えば即座にそれを否定するということが何時間も行なわれ、会社に貢献できることは辞めることだけだと言われ、ついに根負けして自ら辞職したという例もある。

また、負荷をかけられているなかでは、長時間労働が生じる。本来、長時間労働であれば割増賃金が発生し、企業にとってコストがかかることになるが、ブラック企業では、残業代をまともに払わない（前記④）。

こういったことが横行し、疲弊する職場において、経営者のみならず上司や同僚からのハラスメントが無秩序に起きる。これが職場崩壊である（前記⑤）。聞くに堪えないセクハラ発言や、パワハラというより単なる傷害事件という例は枚挙にいとまがない。

そして、労働者がついに耐えきれず退職を申し出ても、退職を妨害する。ところが、いよいよ労働者が病気で働けなくなると、あっさりと切り捨てる（前記⑥）。この点は、「使い捨て」という言葉がよく合うことになる。

もちろん、ブラック企業の被害者が前記①〜⑥のすべてを体験するわけではないが、ブラック企業で起きている典型的な事象を整理すると前記のとおりとなる。

三　ブラック企業はなぜ生まれるのか？

では、ブラック企業はなぜ生まれたのか。原因を整理すると、①若者を取り巻く社会構造上の問題、②労働のルールに対する知識・意識の欠如、③近視眼的な経営とその模倣、④労働組合の組織率の低下の四つに整理が可能である。

1　理由①――若者を取り巻く社会構造上の問題

この二〇年間における若者を中心とした労働の風景は大きく変貌した。雇用政策は非正規労働者を増やす方向に展開してきたため、非正規労働者の増大は今もなお止まらない。このことは同時に、正規労働者の椅子を減らしていることも意味する。その煽りで、なかなか「正社員」になれない若者が激増した。

労働者の多くは安定した雇用を志向する。若年労働者も同様で、これからの将来を考えれば、できれば安定して賃金を得られる職を求める。そして、労働者は賃金額が上昇することを望む。とくに若年労働者は、賃金額の上昇を見込まなければ、人生設計が成り立たず、結婚や子育てなどを思い描くことも難しくなる。

言うまでもなく、非正規労働者の雇用は不安定である。有期雇用であれば期間満了ごとに労働契約が終了するのではないかという不安を完全に拭い去ることはできないし、派遣社員にいたっては構造上そもそも不安定である。さらに、非正規労働者の賃金は上昇せず、いくら長く働いてもその賃金上昇カーブは正規労働者のそれには及ばない。したがって、非正規労働者は労働者の多くが志向する働き方とは対極に位置することになる。

若者は、すぐかたわらの非正規労働者を見ており、自分は安定した職を何とか獲得しようと必死になる。そして、苦しい就職活動を乗り越え、どうにかたどり着いた正社員である。若者としては、あれほど苦しい就職活動を経たのに、ちょっとくらい労働環境がおかしくても簡単に辞めるわけにはいかないという意識が作りだされることになる。

2　理由②――労働のルールに対する知識・意識の欠如

何とか正社員になったものの理不尽な労働環境に置かれることは少なくない。しかし、どれほどの若い労働者が声を上げられているであろうか。

声を上げるためには、権利の存在、所在を知る必要がある。これは大前提なのであるが、今の教育システムでは多くの若年労働者は基本的な労働のルールについて知らないまま就職していくことになる。

たとえば、有給休暇は、労基法三九条一項に定められたきわめて基本的な労働者の権利である。しかし、これが権利だということを知らない若者も少なくない。たとえば、「有給休暇というのを取らせて下さい」と意を決して言ったとしても、「うちは有給休暇をやってないいんだよ」という会社の説明について、納得してしまう労働者さえいるのである。そうでなくとも、もし上司から「有給休暇というのは法律にはあっても、現実では取れるものではない。君はまだ若いから知らないだろうけど社会とはこういうものなのだよ」と言われてしまえばどうだろうか。社会経験が明らかに上の上司がそのように言い、周囲を見渡すと誰も有給休暇を取っていない企業において、この権利をしっかり行使することができる者は少ないと思われる。

このようにそもそも権利を知らない、仮に権利があると知っていても「社会とはこういうものだ」として封じ込められてしまう、おかしいと思ってもどう対応したらいいか分からない、こうしたことが若年層労働者においては罷り通ってしまっているのである。これは④の労働組合の組織率の低下とも絡みきわめて深刻な状況といえる。

3　理由③――近視眼的な経営とその模倣

元来企業が利益を追求するのは当然である。しかし、これがむき出しの利益追求となると労働者の保護を欠く結果となる。ゆえに、労働法においては諸々の規制が存在するところである。

しかし、近年、利益の追求に重きを過度に置いて、労基法が守ろうとしている価値を攻撃する言動を行なう経営者が多い。たとえば、「過労死を含めて、これは自己管理だと私は思います」という発言、「業界ナンバーワンになるには違法行為が許される」という発言、「労働基準法なんておかしい。今は二四時間働かないといけない時代なのに」という発言など、こういった恥ずべき言動を経営者が経済誌などに登場して堂々とするのである。これは異様というほかない。

そもそも、労働者の権利や人格などをまったく度外視して、労働者を雇うことで「利益」を得るための極端な理想形は、採用後すぐに「使いもの」になる即戦力であること、安い賃金で長く働く労働者であること、会社に対する忠誠心が高く無理を言ってもそれに従う労働者であること、他方で会社が要らないと判断したら自ら辞めてくれる労働者であること、このような労働者が「理想」となる。もちろん、こんな労働者は存在しない。ところが、ブラック企業はこれに近付けるシステムを作る。

たとえば、ブラック企業が行なう「大量採用＋振るい落とし」は、過酷な労働について来られる労働者だけが残るシステムである。これは即戦力を確保するのに非常に都合がよいもので、常識で考えれば大量採用にはリスクがあるはずであるが、ブラック企業にかかればこれが合理的システムとなるのである。

一番難しいのが忠誠心であるが、これは過酷な研修により可能となる。カルト教団まがいの研修は蔓延しており、言葉通り「洗脳」された状態によって高い忠誠心を醸成する。この過酷な研修は、ブラック企業にとっては非常に効率的で、振るい落とし効果もあるうえ、忠誠心を高める効果もあり、忠誠心が高いゆえに企業の役に立たないとなると自ら身を退くということまで望めるのである。ブラック企業には過酷な研修が多いのは、この理由による。

4　理由④――労働組合の組織率の低下

本来、労働者を過酷な労働環境において使い捨てることは簡単になしうることではない。それは、労働者からの抵抗があるからだ。この抵抗の主役は労働組合である。労働組合があれば、労働条件を好き放題にすることもできないし、少なくとも滅茶苦茶な労働条件で働かせることはできない。

しかし、労働組合の組織率は一七・七％まで落ち込んでいる。これを企業規模別でみると、一〇〇〇人以上のいわゆる大企業では四四・八％とそれなりの組織率である。しかし、一〇〇～九九九人の企業では一三・一％まで下がり、さらに九九人以下のいわゆる中小企業に至ってはたったの一％しかない。実に一〇〇人の労働者がいて、たったの一人だけが労働組合員というのである。

これでは企業の理不尽に対して抵抗しようにも抵抗できない。せっかくの権利も行使のしようがない。そういう状況になってしまうのである。

四　ブラック企業問題は社会問題である

ブラック企業が単なる違法・不当な労務管理を行なう企業というだけでなく、政府までもがその「対策」を取る必要性を感じるほどの社会問題と認識されるようになるには相応の理由がある。

まず、社会問題としてのブラック企業は、労働者にとって、けっして「対岸の火事」ではないということである。「悪貨は良貨を駆逐する」という言葉があるが、労働のルールに違反して利益を上げる企業の存在が許されると、ルールを守っている企業は競争に勝てない。たとえば、社会のルールに違反して、仕入れ品を窃盗集団から格安で入手している企業があったらどうだろうか。このような企業とまともに競争しても、仕入れ品を適正価格で仕入れている企業は太刀打ちできないであろう。

それと同様に、労働のルールに反して利益を挙げている企業に、まともな企業は太刀打ちできないのである。残業代を支払わないで働かせて作られた商品と、残業代をまともに支払って作られた商品では、おそらく価格は前者が安くなるだろう。仮に同価格で売ったとしても利益は後者の方が多い。これではまともな企業は太刀打ちできない。まともな企業がブラック企業との競争に勝つには、自らがブラック企業化するほかなく、それをしなければ淘汰されることになる。

もちろん、すべてがこのような単純な論理で動いているわけではないが、少なくともブラック企業の存在は、新たなブラック企業を生み出し、若者を使い潰すことが拡散・横行することとなるのである。

若者を使い潰すことが横行すると、日本の国力は衰退する。潰された労働者は、精神疾患となるケースが多く、次の職になかなか就けない。労災が認定されればよいが、現実は労災が認定される例はまだまだ少ない。したがって、このような若者が頼るのは、親や兄弟などとなり、こういった親族が援助できない場合は、生活保護に頼ることになる。本来は健全に働き、社会を支え、むしろ税金を納める立場となるはずだった労働者が、ブラック企業によって使い潰されることの弊害は数字では表わせない甚大なものである。そして、若年労働者は結婚、出産、子育てなど、社会を次世代につなぐために非常に重要な層であるが、ブラック企業ではこれを早くから潰してしまうのである。我が国の若年層の雇用実態が、「非正規労働であれば低賃金、正社員でもブラック企業」となってしまっては先行きが見えないといってよいだろう。

ゆえに、ブラック企業の問題は、個別の問題に留まらず、社会問題として認識され、解決しなければならないのである。このことには労使の別はない。むしろ、まともな企業ほどブラック企業に対しては怒りを燃やさねばならないのである。

五　ブラック企業をなくすために

ブラック企業への対策は一朝一夕でなしうるものではない。個別の事件を解決することはもとより、先にあげた原因を一つずつ除去することが第一歩である。

そのなかでも長時間労働規制など労働時間の直接的な規制は「使い捨て」に対する第一の施策である。立法があれば行政も動ける範囲が増え、取り締まりが可能となる（もっとも、労働基準監督官の人員数を増やす必要があろう）。また、長期的な目で見れば、ワークルール教育など、最低限の労働のルールを学生のうちから教えることも必要である。この点が弱いために、理不尽が理不尽なまま罷り通っている。ここにメスを入れる必要がある。

そして、労働組合が若年層労働者を組織し、ブラック企業を壊滅に追い込むために力を発揮する必要がある。現在、一人でも入れる労働組合が一定の役割を担っているが、このことを切り口に、労働者の側も労働組合の必要性をもう一度見直さねばならないだろう。

ブラック企業被害対策弁護団も相談や個別事件への対応のみならず、深夜二時まで電話相談を受け付けるなど、工夫を凝らして活動をしている。なかなか根の深い問題であるのですぐに効果が表われるわけではないが、ブラック企業に取り組む弁護団がいるという旗を世の中に掲げることで、一人でも多くの労働者が救われることを目指すのみである。

第7章　性差別との闘い

中野　麻美
（弁護士）

一　戦後の女性解放と性差別

性差別賃金を禁止した労基法四条は、女性の経済的自立を女性解放の礎と位置づけていたし、同一（価値）労働同一賃金に法規範性を持たせようとしていた[1]。解釈例規も、一般に低位であった女子労働者の社会的経済的地位の向上を賃金に関する差別待遇の廃止という面から実現しようとするものであることを明らかにすると同時に、勤続年数や能率、主たる生計維持者ではないことなど、女性の一般的な傾向にもとづく賃金における異なる取扱いを禁止していることを明らかにしている[2]。

戦後、高度成長期にさしかかると、産業界は、日本型雇用慣行の確立への向かい、男性については長期雇用保障を確立し、女性については若年定年制・結婚退職制・差別定年制を広げるといった雇用における性差別を再編強化した。そして今日問題になっている非正規雇用についてみても、男性臨時工が人手不足のなかで本工に吸収される反面で女性の主婦層を中心にパート労働を広げていった。性差別の禁止は、賃金以外には規定はなかったが、差別定年制や、差別的解雇・雇用打切り、賃金・格付け差別、配置転換、妊娠・出産差別などをめぐって裁判闘争としても取り組まれ、労基法四条以外に民法九〇条の公序則によって差別を違法無効とする判断が確立されてきた(3)。

しかし他方で、裁判所は、学卒一括採用と長期雇用システム=日本型雇用慣行の広がりとともに、これに正当性を与える規制枠組みを確立してきた。こうした判断が雇用における性差別に対してどう作用するかが問われたが、女性差別撤廃条約批准と国内法整備をめぐる綱引きのなかで生まれた男女雇用機会均等法は、日本型雇用慣行のもとでは男女を平等に扱うことはできないとする経営側の主張を取り入れ、雇用区分ごとの規制枠組みをとった。この規制枠組みは、均等法制定に向けての審議会および国会審議においても明らかではなかったが、産業界では、すでに均等法成立以前から雇用区分による規制枠組みを意識した人事制度の改革が実施されていた。その後、この雇用区分にもとづく社員の割り振りや男女間賃金格差をめぐる取り組みが進められた。金融系では、それまで同一の待遇を建前にしてきたのに、強引に男女でコースを分ける人事政策が問題になった。商社系では、そもそも男女で仕事が異なるとして、それまでの男女別管理をそのまま雇用区分に流し込んで均等法対策としたことが問題になった。

住友系企業や野村證券、兼松、岡谷鋼機に対して、この男女別雇用区分の違法性を問題にした事件で、裁判所は、日本型雇用慣行のもとで女性の勤続年数や家族的責任に関する傾向から男女による格差を生じさせる取扱いを「合理的」であると判断するようになったが、それは、前述した日本型雇用管理を承認してきた裁判所の契約理論と均等法体制の総集約ともいうべきものであった。そして、このような判断は、明らかに前述の解釈例規の実質的な意義を反故にするものであった。この体制は、正規・非正規の契約を通じた身分制を不動のものとし、格差と貧困を広げる元凶となり、貧困の女性化をもたらした。

こうした法制度のもとで、男女間賃金格差は縮小しないどころか、女性の非正規化が急速に進み、とうてい自立して生きてはいけない低賃金労働が広がった。この家計補助的低賃金は、子どもを抱えて自立して生きようとすると、最低賃金レベルでも死ぬほど長時間働かなければならないというもので、その広がりは労基法の立法者意思とはおよそ相容れないものであった。貧困からの脱却には、それを生み出す要因の除去＝システムの転換が求められたが、問題はまったく解決されていない。

私たちは、いま、こうした格差と貧困をもたらす岩盤のような体制をどう変えるか、という課題に直面している。国際社会は、日本の男女間格差の深刻な状況が、低迷する経済の根本原因にあることを指摘し、その解消を強く求めるにいたっている。女性を襲う格差と貧困の問題は、日本の経済分配システムに構造化されたジェンダー差別によるものであり、貧困労働からの解放は、こうした経済システムと日常の生活に根強く組み込まれた差別との闘い以外にない。それは、新しいシステムの構築に向かう戦略のもと、雇用改革の中心にジェンダー平等を据える必要があるが、そうした認識は社会や運動の片隅に追いやられている。それ自体、この国の差別の根強さとそれに挑むことの困難さを象徴している。

二　この差別的体制は如何にして形成され定着したのか

1　日本の経済分配システム

労基法四条違反による指導監督は、明白な性別を理由とする取扱いにしか及ばないことを知らないものはいないだろう。厚生労働省は、二〇一二年一二月になって解釈例規を付加したが、明確な男女による区別が把握できなければ行政権限は発動しないというものにとどまった(4)。これは、労基法四条にもとづく行政権限の発動が司法判断の後追いであること、つまり、立法府や行政取締法規を運用して差別に挑戦する行政府の本来の役割はまったく発揮されていないことを意味していた。このようなまでに謙抑的な体制の根源にあるものは、長時間労働と非正規雇用化を促進した分配のシステムである。

戦後の経済成長とともに構築されてきた経済の分配システムは、日本型雇用システムを柱としている。それは、雇用の安定と右肩上がりの賃金を保障するかわりに労働義務の範囲を包括的に使用者に委ねることによって弾力的な働き方を可能とし、日本の企業競争力の源泉となって経済成長を支えてきた。得られた利益は、企業別労使関係と春闘方式を介して労働者に配分されてきたが、あくまで正社員男性中心の分配調整システムであり、主たる生計維持者である男性に重点的配分を行なうというジェンダー差別を構造化していた。

2 日本型雇用慣行の法的承認（第一段階）

司法判断は、この日本型雇用慣行を性差別的構造も含めて法的に承認してきた。性差別との闘いは、その主体が女性であるか男性であるかを問わずこうした広範囲にわたって争われてきた裁判闘争のなかにあった。

第一は、企業の採用の自由を認めた三菱樹脂高野事件・最高裁判決であり、どのような属性の人をどのような雇用区分および労働条件のもとで採用し処遇しようと、企業の自由であって、それが憲法一四条に反するような事由にもとづくものであっても、違法ではないとする判断の基礎を築いた。

第二に、最高裁は、労働契約関係を日本型雇用慣行によって解釈し、労働者は契約締結によって自らの労働処分権を使用者に包括的に委任した関係であるという判断を確定させている。東亜ペイント事件判決以下の判断は、労働契約の基本的性質について依然としてこの判断を前提にしており、長時間労働が問題になるなかで示された日立武蔵工場残業拒否解雇事件判決もその流れに与するものであった。

そして、解雇制限法理は、整理解雇の四要件と非正規雇用を犠牲にした正規雇用の地位を承認した。要するに非正規雇用は正規雇用者の安定した雇用確保のために犠牲に供せられる地位にあることを確認した。最高裁は、臨時工について東芝柳町事件判決、日立メディコ事件判決により、一定の例外的な条件のもとにそう簡単には雇用を打ち切ることができないとしたが、この判断も雇用区分を身分として固定し雇用上の格差を承認する体制を不動のものとした。

3　均等法体制（第二段階）

均等法は、上記の司法判断を前提に、日本型雇用システムのもとでは雇用のあらゆるステージにおける男女平等を確保できないという使用者側の意見を取り入れながら、雇用管理区分ごとの規制フレームを採った。この法制度は、女性労働市場を中心とした二極化を格段に促進させた。そして、「男性なみに働ける」女性登用の基盤となる労基法＝労働時間規制の緩和・撤廃[5]、均等法では救えない女性が契約本位に技能を発揮して働くスタイルとして「登録型派遣」を承認した労働者派遣法の制定、性別分業・世帯単位の低賃金政策を維持・固定化した年金法改正（第三号被保険者）がこれを後押しした。高度成長期に問題になった臨時工は人手不足のなかで正規雇用に吸収される反面、「主婦」パートが登場して、臨時工よりさらに低賃金の非正規雇用が広がってきていたが、この均等法体制は、女性労働のなかに低賃金不安定雇用を広げた。

4　差別を構造化した雇用区分体制の自己展開・強化（第三段階）

日本型雇用慣行は、「募集採用区分」による規制枠組みと、自由と平等をトレードオフとする機会均等政策が触媒として機能し、労働市場の二極化と貧困化に向かって自己展開をはじめ、所得と仕事の二極化と格差の拡大傾向を不動のものとした（第三段階）。非正規雇用は、若者や男性にも拡大し、正規雇用が削減された数を上回って非正規雇用が増加するという常用代替が顕著となった。均等法後の司法判断は、①一般的な女性の傾向を根拠に男女別の雇用管理区分を設定すること（男性契約・女性契約を締結すること）も合理性があって違法ではないとし、②同一労働に従事する雇用管理区分の異なる労働者の賃金格差は違法ではないとする判断を定着させた。男女に分離した雇用管理区分について、人事ローテーション（配置・昇進の可能性）による期待値や経験の違いが、処理できる仕事の困難度に結び付き、それが賃金等待遇の格差に連動しているものであって、一般的に勤続年数が短く、家族的責任を負担して、長期にわたる育成と活用のシステム＝日本型雇用慣行にはなじまない女性を男性と区別したとしてもやむをえないとする。そして、裁判所は、日本型雇用システムにもとづく契約論に依拠して雇用の全過程において企業の広範な裁量権限を認めてきたが、労基法四条・三条や均等法による規制も、この裁量権を超えて不合理であると判断できる場合にはじめて差別を認めるという判断枠組みを定着させたかのようである。このようにして、私的自治の背後に差別禁止法理を劣後させる傾向が強まった。[6]二〇〇七年改正パート法が、八条で、職務の同一性、期間の定めの有無、人材活用の枠組み（人事ローテーションの範囲）が同一のパートに限って差別を禁止し雇用管理区分の基準を制度化したのも、こうした判断枠組みに符節を合わせるものであった。

5　労基法四条の無力化

労基法四条が立法当初実現を意図した基本的価値は、日本型雇用システムにもとづく法理論の確立とともに、背後においやられ、雇用管理区分や人事考課制度を介して生じる男女賃金格差にはインパクトを与えることができず、無力化させられてきた。日本の司法は、雇用管理区分を設けたり人事考課制度を通じて社員を採用・位置づけ・配置し、賃金等の処遇を実施する権限は、企業の自由＝裁量の範疇にあると考えているが、賃金も労働者の募集・採用、配置・昇進などを通じて実現される労働組織の編成と不可分のもので、使用者の包括的な労働処分権を容認するという価値観に支配されている。賃金はそうしたシステムの一部にすぎず、どう決めようと企業の裁量の範囲に属するというわけである。裁判所は、こうして、募集・採用、配置・昇進の性差別が禁止されていない時代においては、一般的に女性の勤続年数が短いことや家族的責任を負担することを理由として女性を募集・採用、配置・昇進から排除することにも合理性があり、その結果としての男女間の賃金格差は違法ではないと判断してきた[7]。そして、均等法が雇用のあらゆるステージにおける性差別を禁止した後においても、裁判所は企業の裁量の幅を広範囲に求める姿勢を維持し、企業の裁量を考慮したとしても著しく不合理であると認められる場合にしか性差別による違法を認めないという判断をしだいに定着させた。その論理必然的帰結として、裁判所は、男女間格差の程度が著しいことを求めたり、本来であれば、当該格差が性別以外の合理的な事由によることの主張立証責任（とくに厳格な証明）を使用者に課すべきであるのに、「裁量」の名のもとに無罪放免してしまう。こうした司法の限界は、差別撤廃を求める国際社会の流れに乗れない日本の経済システムの矛盾を浮上させるものでもあった。

三　差別に挑む

1　男女平等の基本的価値

男女平等は、ディーセント・ワーク（働きがいのある人間らしい仕事）と持続可能な成長の核心に据えられる基本的価値である。ＩＬＯ二〇〇九年総会の結論は、「女性は出産という付加的な責任を負い、資源及びサービスへのアクセスを欠くために、社会保障の欠如、男女の賃金格差、低賃金、不十分な労働条件、セクシュアル・ハラスメントを含む搾取や虐待、意見表明や代表制の欠如が、女性にとっての状況をさらに悪化させている。」と指摘し、社会経済政策において、母性保護を統合すること、家族的責任を理由とする差別を根絶する（とくに出産適応年齢にある女性を差別する採用や解雇などの雇用政策の根絶）こと、これまで男性が担っていた危険な仕事に焦点が当てられていた安全衛生についても、職場のリスクが男女に異なる影響を及ぼすことを考慮し、女性と男性双方のリプロダクティブ・ヘルスを含め具体的なニーズに一層の注意を払うことが政府の責任であるとしている。そして、男女平等を根付かせるためには、同一報酬条約（一〇〇号）、差別待遇（雇用および職業）条約（一一一号）、家族的責任を有する労働者条約（一五六号）、母性保護条約（一八三号）の尊重が不可欠であることを強調している。

2 問われる「差別とは何か」

しかし、日本の制度と女性労働者をめぐる状況は、きわめて深刻である。差別は、法によって禁止されても、形を変えて生き続ける。このことは、前述した戦後の高度成長期から低成長期を経た差別の再編と強化に向かう歴史をみても明らかである。性差別は、歴史的・経済的・社会的・文化的に構造化され、人々の生活や思考行動様式を支配している。差別は見えづらく、ソフトに人を支配しているから、容易に取り除くことはできない。女性差別撤廃条約は、こうした見えない差別を含めて結果的に女性を排除する効果のある行為を取り除いていくことを求めているが、それは上記の差別の基本的性質をふまえ、社会が強力な差別撤廃に向けたシステムを構築しなければならないという警告でもある。

均等法後、差別は、「雇用区分」「職能等級制度」「役割グレード」といった処遇制度やそのサブシステムである「人事考課」制度によって見えづらくなった。均等法の雇用区分ごとの規制枠組みを利用した、新しい形（契約形態による）女性の区別や排除に加え、同じ雇用区分であっても中立的にみえる制度が、男女間格差は現に存在しても差別の可能性があるという認識から人々を遠ざけてしまう。実務では、それを克服し、差別を可視化する法理論の適用について国際的に大きな後れを取っており(8)、司法審査の手続きも確立されていない。男女による区別や排除を直接規定していない以上差別はないのだ、という考えは明らかに間違っているのに、労基法の解釈通達や司法判断は、そのようなレベルにとどまっている。

そもそも、差別は法による禁止とともに緩和されてきたという見方は、直接差別についてさえ真実ではない。ごく一部の女性を登用することによって、他の多数の女性に対する差別は強化される。「能力さえ発揮できれば登用される」という形を整えることにより、「登用されないのは努力が足りないから」というように錯覚による新しい支配が形成されてしまう。

こうして、日本においては、均等法後においても性差別は強化されてきた。それは、中途半端な法制度と行政・司法の怠慢がもたらしたもので、何も手を打たなければ、格差と貧困化の負の連鎖は世代を超えてとどまることはないとみるべきだ。

3 差別との闘い

差別との闘いは、時としてその人の人生や生活、そして人格のすべてをかけた壮絶な闘いになってしまう。それは、性差別が、歴史的・経済的・社会的・文化的に構造化され、人々をソフトに支配しているからである。女性たちが、差別的解雇や労働条件上の不利益、賃金差別に挑もうとするとき、いつも、子どもや家族との生活・考え方の違いに葛藤させられ、時として闘わない決断をしなければならなかったり、深刻な家族問題を抱え、時として破綻させられながらの闘いになってしまう。そして差別の是正が切実であっても生きるために死ぬほど長時間働き、そのうえ子どもたちの世話をしなければならない女性たち（シングルマザーが典型）にとって、性差別賃金の是正などは最も切実な要求なのに、行動する気力も時間も与えられていない。私たちは、こうした状況がまったく変わっていないことを、日常の相談業務のなかで嫌というほど見せつけられている。だからこそ、たった一人であっても、性差別の是正を求める闘いは、社会にとって大事な価値がある。この国の制度は、決して差別された女性に優しくないから負けるときもあるが、限界まで闘い尽くして救済を得られないなら、そこから社会や制度を変える課題をつかんで立ち上がる。こうした努力の連続が差別との闘いである。均等法後の差別との闘いの特徴は、事件を超えて当事者が手を結び、解決を見た後も、新しい当事者を支え、あるいは制度の不十分さを補い改善することに向けて広いつながりをつくってきたことである。(9)

四　直面する課題

1　雇用区分に名を借りた性差別

雇用区分そのものが性差別のダミーではないのか、これによる男女間賃金格差は労基法四条に違反するのではないかという問題に挑んだのが、兼松男女差別賃金事件であった。東京高裁二〇〇八年一月三一日判決は、格差の合理性について、男女間の賃金格差の程度、女性社員が実際に行なった仕事の内容、専門性の程度、その成果、男女間の賃金格差を規制する法律の状況、一般企業・国民間における男女差別、男女の均等な機会および待遇の確保を図ることについての意識の変化などを総合的に判断するとしつつ、事務職の勤務地が限定されていることは、一般職と事務職給与体系の前記のような格差を合理化する根拠とはならず、一般職と事務職の給与の格差は、事務職の女性は定年まで勤務しても、育成途中にあるとみられる二七歳の一般職の賃金に達することはないことを考えると、格差に合理性がないことは明らかであるとした。この事件では、「職務評価」を実施して、雇用管理区分にもとづく賃金格差には合理性がないことを明らかにした。ＩＬＯ一〇〇号条約が求めている性中立的職務評価は、雇用区分の要素である基幹的判断業務・補助的定型的業務という区分はステレオタイプであって、不合理であること、また、人事ローテーションの範囲が処理できる仕事の困難度を決定づけるものでもなく、まして、将来にわたる勤務地変更の有無や幅が、賃金格差を合理化できるものでもないことを可視化させるツールになる。現在の司法判断では、「仕事の困難度」は裁判官の直観によりなされているが、性中立的な職務評価の手続きと基準の確立が求められる。

2　非正規雇用

非正規雇用とは、中立的な契約の要素によって定義づけるとすれば、「通常の労働者と比較して一週間の所定労働時間が短い」「期間の定めをおいている」「間接雇用」の一つまたは複数の組み合わせによって契約関係が成り立つ雇用である。しかしこのような定義づけは、日本においては意味がない。定義の法規範性が厳格に貫かれていない（「入口規制」のない）制度のもとでは、「疑似」非正規（長期臨時・フルタイムパートタイムその他）は無限大に許容され、正規と非正規の境界は曖昧である。にもかかわらず格差（違い）は顕著であって、契約区分が身分制の基盤となっている。[10] こうした疑似性と強固な格差を実質面からみた場合には、「非」正規はまさに正規の反対形相としての雇用であり、日本型雇用システムから除外されるOthersとしての性質がある。高度成長期に拡大した非正規雇用は、その成り立ちからみても、家族的責任を主に負担し、長期雇用の期待から除外される女性が多数を占める差別的身分的雇用形態であって、グローバル化や金融資本主義の台頭という経済変化の文脈ではとらえられない側面があり、歴史的・社会的・経済的に形成されてきたジェンダー差別を構造化した性差別的特質に着目しなければならない。均等法と同時期に合法化された「登録型派遣」も、均等法では救済できない女性の就労ニーズ（専門性を活かして契約本位に〈仕事と生活を両立させて〉働くニーズ）に応えるという労働者派遣法の理由からして性差別を構造化している。そして時間当たり所定内賃金の比較でみると、日本型雇用慣行の適用を受ける男性正規社員とそれ以外の女性正社員および男女非正規社員にグループ分けでき、そのなかでも女性非正規社員は最底辺で男女間格差は大きい。つまり、雇用区分格差の現れ方は男女で異なっており、非正規労働者の賃金のなかでも、男性＝生計維持、女性＝家計補助の格差と見ることができる。男性については古くは出稼ぎ型低賃金であり、それに代わった女性パート賃金は家計補助的低賃金に特徴づけられるが、そうした構造が賃金格差データから垣間見える。

正規雇用と非正規雇用を隔てる契約区分の要素も、①職務の同一性、②契約期間の定めの有無、③人材活用の枠組みといった日本型雇用システムをふまえたものといえるが、これにジェンダー差別が構造化されて格差のインパクトとなっている。そうしたこともあって、①の職務の同一性判断について、性中立的な職務評価を介して仕事の困難度が同等であることを明らかにできれば、③についても賃金格差の合理的根拠にはならないことを明確にできる（均等法ではこの基準は間接差別となる基準とされている）。

今日の非正規雇用改革は、第一に、非正規労働者の均等・均衡処遇、第二に、非正規雇用から正規雇用への転換、第三に、その受け皿としての正規雇用の改革を柱としている。この間の雇用改革は、正規・非正規を隔ててきた厚い壁を突き崩すために、有期雇用や派遣労働の無期雇用や直接雇用への転換を制度化し、有期の定めや短時間労働者であることを理由として正規雇用との労働条件や待遇の不合理な格差を禁止するなどした。労働契約法やパート法の改正による不合理な労働条件格差の禁止は、「職務」「人事ローテーション」を不合理性判断の要素とする画期的な改革であったが、「職務＝仕事の困難度」「人事ローテーションの幅＝処理できる仕事の困難度を決定づける」「長期雇用＝社員の仕事に対応する能力養成状の位置づけ（したがって長期的視野にたった変動の見込みを含む）」といった三位一体をどう突き崩すかは今後の課題である。これらの要素が性差別を構造化し、それが格差のインパクトとなっていることを格差是正の根拠にできないかぎり（つまりジェンダー差別の観点なくして）、問題は解決しない。

3　人事査定を介した差別

人事考課制度を介して格付けやグレードを決定し、賃金を決めるというシステムによっても、性差別が形を変えて職場を支配している。しかし、裁判所は、性差別の禁止を規定している労基法四条や均等法にもかかわらず、「企業の裁量を超えて違法といえるかどうか」という物差しを用いて差別性を否定するという判断を定着させているようである。

しかし、こうした判断は、性差別禁止規定を「契約の自由」に劣後させてしまうものであって、とうてい許容されるべきでない。その前提となる労働処分権を包括的に使用者に預ける契約関係は、妊娠出産、家族的責任、仕事と生活の両立との狭間で、責任の衝突や活動の制約をもたらし、女性を昇格させない理由になる。むしろ、性中立的職務評価の結果によれば（同一価値労働同一賃金原則に規範性を認めるかどうかは別として）、こうした契約関係にあることが格差の合理的な根拠となるものではないことは明白である。職能格付けや役割グレードを決定するための人事考課制度も、①評価項目および要素の職務関連性（これは性中立的な職務評価を前提にする）、②評価基準の客観性・合理性（同じく従事している職務の価値評価を前提にしなければならない）、③手順（性差別を排除するに足りる適正手続保障）の三つの側面で偏見や固定観念が格差のインパクトとなる構造がある。企業の権利能力および行為能力は、差別禁止法制が存在する以上、差別となる取扱いはその範囲から除外されているのであって、裁量もこれに制約されるはずである。労働者を組織し待遇することは企業が目的とする事業の合理的な範囲にあるが、差別したり、差別的な効果を放置することは、経営合理性がなく目的に合致しない。なぜなら、差別は、社会のもっとも重要な基本財（ロールズ）ともいうべき「自尊」を損ない、力の発揮を妨げ、生産性を低下させるからである。

五　体制は変わらなければならない

1　妊娠・出産降格事件最高裁判決が意味するもの

最高裁は、二〇一四年一〇月二三日、妊娠中の軽易作業への転換にともない副主任の職を解き、その後復帰したにもかかわらずその職を回復させなかった事案について、広島高裁が、企業の裁量の範囲に属するとした判断を覆して破棄差戻しとした。均等法はその目的および基本理念を実現するため、規定に反する事業主による措置を禁止する強行規定として不利益な取り扱いを禁止したものであって、降格させずに軽易業務への転換をさせることが、円滑な業務運営や人員の適正配置の確保などの業務上の必要性から支障がある場合で、業務上の必要性の内容や程度、労働者が被る影響の内容や程度に鑑み、均等法九条三項の趣旨および目的に実質的に反しないものと認められる特段の事情がある場合を除いて違法無効と判断されるべきであるとした。そして、特段の措置を判断するについても使用者側に厳しい主張立証上のハードルを課した。

それまで最高裁は、妊娠出産・育児の権利行使による不利益取扱いに対しては、権利濫用法理を用いて、権利行使を抑制して法の趣旨を没却させるような取扱いを違法無効としてきた。これをさらに進めるために均等法を改正し、妊娠・出産による不利益禁止を強化したのであったが、判決は、その意義に応えるものであった。同時に、差別禁止法理の前に、契約の自由と企業の裁量が優位に立つようなことがあってはならないことへの警告でもある。法による差別禁止を徹底するには、企業の雇用管理から生じる格差について、使用者に厳格な立証責任を課して合理性を厳しく問う判断の仕組みが法的に確立されなければならない[11]。

2　制度が男女間格差を深刻にしている

前述したように、職能資格制度やこれに業績主義を接ぎ木した制度が性差別を構造化しており、雇用区分の細分化が進むなかで性別編成が進行している。人事考課制度はこのシステムを運用して人材を活用するためのサブシステムとして機能しており、違法な差別を言い訳する都合のよい道具になることが往々にしてある（低い評価や昇格しない理由はいか様にも説明することができる）。そして、著しい格差や明確な分離をきたしている場合だけが差別を推定できるというわけではなく、ダミーとして昇格させることによって差別を強化することも可能になる。もっとも深刻なことは、そうした雇用における性差別の強化にもかかわらず、差別は見えなくなっており、それに対して挑むにも、差別を可視化して取り除いていく制度が確立されていないことである。本来使用者側に課せられるべき立証責任さえ、私的自治＝企業の裁量判断の前に無力化されている。

３ 制度を変える

現在最高裁や下級審に係属している性差別事件について、裁判所がいかなる判断をなそうと、それが不正義であり解消されなければならない以上、闘いはあらゆる形態をとって続くことになるだろう。訴訟当事者がユニオンを結成してＩＬＯに憲章二四条の申立を行なったり、女性差別撤廃委員会に対する働きかけを通じて、日本政府に対して法整備の必要を勧告させてきたが、こうした取り組みをさらに発展させることが課題である。ＯＥＣＤやＩＭＦは日本のジェンダー格差に警告を発し、女性の登用が進まない経済・労働市場こそ、日本経済の停滞の要因があると指摘している。闘いの目標は、雇用改革の中心にジェンダー平等を据え、性差別を徹底してなくす制度を確立することである。

(1) 普遍的な雇用や労働関係概念を確立すること

第一に、以下のように普遍的な雇用および労働関係概念を確立することである。

① 仕事と生活を両立しながら自立して生きていける雇用を普遍的な形態として位置づけ、法制度や政策を見直すこと。例外としての「非正規雇用」について「入口規制」を導入すること。

② 世帯単位の税制・社会保障制度の上に成り立っている家計補助的低賃金を底上げして格差を解消する政策を強力に推進すること。具体的には、最低賃金、子ども手当の改善、強力な均等待遇政策とともに、世帯単位の税制

および社会保障制度を撤廃する。

③　最低賃金は、家族（子ども）を含んだ生活のニーズを考慮して仕組みを変えること（ＩＬＯ一三一号）。具合的には、「自立して生活できる一人前の仕事」に対応する最低水準とし、家計補助的低賃金に引きずられた現行制度の体系を抜本的に見直すこと。

④　「働き方の人間化」に向けた労働時間短縮目標を、家族的責任を無視した心身の健康の臨界値に置くのではなく、男女の区別なく仕事と生活の両立を可能とする水準とし、達成に向けた取り組みを進めること。

(2)　強力な差別禁止・均等待遇政策

第二に、強力な差別禁止法制と均等待遇政策を確立することである。具体的には、ジェンダー差別を構造化している利益分配システムを「仕事」中心に再構築すること、そのために、賃金等待遇格差の不合理を可視化するため、「職務評価」システムを導入し、雇用区分にもとづく格差については、間接差別の法理を適用することとし、不合理性の判断にあたっては、使用者側に厳格な主張立証責任を課することを明確化すべきである。また、女性の割合が多い職種や雇用区分については、「女性職」＝家計補助の相関関係を断ち切る賃金政策を講じることや、「仕事と生活の両立」への合理的配慮による格差の撤廃を制度化することも求められる。

(3)　ポジティブアクション

第三に、前述の課題と三位一体のものとして、労使の取り組みを基本とするポジティブアクションを制度化・実施することである。均等法を改正して賃金などの待遇や労働時間のジェンダー格差の解消に向けたあらゆるレベルでのポジティブアクションの制度化を義務づけること、その取り組みを推進する制度の基盤として労使関係を位置づけることが求められる。非正規雇用から正規雇用への転換を促進する制度政策に「女性の登用促進」を位置づけることも必要である。このようなシステムを、ジェンダー平等を中心に据えた雇用改革推進に向けた強力なエンジンとすることが求められる。

(1) 労働省労働基準局監督課長寺本廣作著「労働基準法解説」(昭和二三年七月一〇日)。
(2) 昭和二二年九月一三日発基一七号・昭和六三年基発第一五〇号婦発四七号
(3) 大脇・林・中野『働く女たちの裁判』(学陽書房、一九九六年)はこれらの闘いを総括的に振り返り分析している。
(4) その内容は、「男性労働者には、妻の所得額に関わらず、家族手当等を支給しているのに、女性労働者には、夫の所得が一定額以上ある場合に家族手当を支給しないとすることは、労働基準法第四条に違反する」「男女間で異なる昇格基準を定めること(たとえば、昇格に必要な在職年数等について男女間で異なる基準を定め、賃金格差が生じているような場合)は、同条に違反する」というものであった。
(5) 労働時間規制は、本来労働からの自由を確保するところに眼目があり、国際的な水準からすれば女性の労働時間規制こそ普遍性を有していた。したがって、青天井の時間外・休日・深夜労働を可能にする男性の労働時間制度は、男性であることを理由とする差別というべきものであった。しかし、その差別的規定を「どれだけ働けるか」という本末転倒の物差しによって、女性に対する差別をするものとして規制緩和に向かった。
(6) 不合理な格差が問われた事案においても、賃金の決定が私的自治の範囲にあることをふまえ、均等待遇原則を適用するにしてもその前提に著しい格差の存在を求める判断がなされてきた。丸子警報器事件・長野地裁上田支部判決は、そうした前提にたって労働者の請求を認めたが、日本郵便逓送事件・大阪地裁判決は、日本型雇用慣行の適用の有無や賃金等待遇の決定が私的自治の範囲に属することから労働者側の請求を棄却している。その間に行なわれた一九九八年裁判官会同の記録によると、すでにこの時点で最高裁がこの方向で議論をまとめたことがうかがえる。
(7) 一連の男女別コース制にもとづく賃金格差が問題になった、住友金属事件、野村證券事件、岡谷鋼機事件、兼松事件(第一審)

の判決がそれである。

(8) 差別的インパクトないし間接差別の法理の適用や、性中立的な職務評価の手法を通じた性差別の救済は、国際的にも確立した法理論ないし手法であるが、日本の司法制度においては確立されていない。

(9) 男女賃金差別連絡会や男女差別事件原告団弁護団交流会は、当該賃金差別事件が解決をみた当事者も含めて活動を継続している。コース別雇用管理に対して異議を唱えた住友系訴訟を取り組んだ原告と大阪を中心とした女性たちは、ＷＷＮ（ワーキング・ウイメンズ・ネットワーク）を立ち上げて性差別との闘いを継続している。それぞれの原告団が、差別是正を勝ち取って得た差額賃金をプールして訴訟支援に活用するなどしてきたが、昭和シェル石油労組では、女性差別の是正に取り組んだ解決金の一部を「きんとう基金」として活動に必要な事務所を確保し、女性差別撤廃に向けた研究や活動、訴訟の取り組みに必要な費用を基金から支出する仕組みを作った。また、京ガス事件など、ＩＬＯ一〇〇号条約にもとづく職務評価を試みた経験から、訴訟当事者を中心として「ペイエクイティー・ユニオン」を結成し、性中立的な職務評価の取り組みを広げたり、日本の制度を変えるためにＩＬＯに憲章二四条にもとづく申立を行なって、国内外の世論を喚起するなどの活動を継続している。

(10) 近代において契約は身分制からの解放を意味していたが、それは机上の空論であり幻想に過ぎない。少なくとも日本の非正規雇用においては、契約は司法判断を介して強固な身分制を構築した。

(11) その点で、内山工業事件・広島高裁判決の論旨は示唆的である。

第８章　女性差別撤廃条約の個人通報制度
――その歴史的な意義と課題

林　陽子
（弁護士・国連女性差別撤廃委員会委員長）

はじめに――個人通報制度の歴史的意義

本稿では、女性差別撤廃条約[1]の個人通報制度について、自由権規約[2]の個人通報制度における性差別事案との比較を通じて、その歴史的な意義を紹介し、今後の課題を展望したい。

個人通報制度とは、人権侵害に関する個人（被害者）の申立を条約機関が受理し検討する制度である。

個人は国際法の主体になり得るのか。この問い自体が、国際法の大きな論争のテーマである。グロティウス（一五八三―一六四五）の時代の自然法主義の国際法が自然人をも規律の対象としていたのに対し、一八世紀後半以降は絶対主義国家体制の確立とともに、主権国家のみが国際法の主体であり個人は客体にすぎない、という主張が有力となった[3]。

第二次世界大戦の反省から国際連合が発足するが、国連憲章（一九四五年）は内政不干渉の原則を規定した（二条七項）。国際司法裁判所においても、当事者適格があるのは国家のみであり（国際司法裁判所規程三四条一項）、個人に対する権利侵害は、外交的保護の問題として、国籍国を通じて国家間で解決を図ることが前提とされた。

ところが実際には、発足間もない国連には少数民族の保護や人権侵害をめぐる個人からの大量の申立が寄せられた。しかし冷戦下では、植民地を抱える西側も、国内問題不干渉を掲げる東側も、国連が人権問題に介入することを好まなかった。変化をもたらしたのは一九六〇年代に独立を果たして国連に加盟したアジア・アフリカ諸国の要求であり、国連人権委員会は、アパルトヘイトに象徴されるような人権侵害の検討を開始し、続いて、重大かつ信頼できる程度に立証された人権および基本的自由の侵害に関して、個人やＮＧＯからの通報を受理し審議することが可能となった（一九七〇年の経済社会理事会決議一五〇三）。後者は「一五〇三手続」と呼ばれ、現在でも国連人権理事会（人権委員会の後継組織）において機能している。(4)(5)

個人が国家と対等な立場で国家による条約違反の責任を問うことを可能とする個人通報制度は、国際人権法の最も重要な成果であると言われる。(6)第二次大戦後にできた国際人権条約は、条約自らが実施機関（条約機関）を設立し、締約国に対して国家報告書の提出を求めるとともに、個人通報についても条約機関が受理し審査を行ない、条約違反については締約国に勧告を行なうという画期的な仕組みを持つようになった。(7)

国連の人権条約のなかで最初に個人通報制度を導入したのは、人種差別撤廃条約（一九六五年採択、一九六九年発効）一四条であるが、同条が発効したのは一九八二年であり、一九七六年発効の国際人権自由権規約（第一選択議定書）の方がこれよりも早く運用を始めた。その後の個人通報制度の発展にはめざましいものがあり、現在では、主要人権条約と呼ばれる九つの国連人権条約のすべてが、この制度を備えるにいたった。(8)以下ではまず、個人通報制度に関して最も古い歴史を持ち、先例の数も多い自由権規約委員会において、性にもとづく差別を争点とする個人通報がどのように扱われているかを概観する。

一　自由権規約個人通報制度に表われた女性差別事件

自由権規約には、「性」を差別禁止の根拠と明示する条文として、締約国の実施義務を定める二条一項、男女の平等を定める三条、法の前の平等と無差別原則を定める二六条がある。(9) 同規約にもとづいて設立された自由権規約委員会は、規約解釈の指針として一般コメントを策定しているが、三条に関しては一般コメント28（二〇〇〇年）があり、男女の平等に関し参照することが重要である。三条の規範性については争いがあるものの、自由権規約の個人通報で規約三条に依拠したものはすべて二六条も援用しているので、以下では二六条にもとづく性差別に関する個人通報の先例を概観する。

自由権規約二六条は、一四条（公正な裁判を受ける権利）および九条（拷問の禁止）と並んで、個人通報において最も多く申し立ての根拠として援用される条文である。(10) 試みに、代表的な国際人権先例の検索システムであるSIM（ユトレヒト大学人権研究所データベース）を使って調査をすると、自由権規約二六条に関する先例は九四〇件ヒットする。(11) しかし、その大多数は、二六条の列記する差別の原因である政治的意見、宗教、その他国民的もしくは社会的出身を理由として、公正な裁判を受ける権利や政治参加の権利が侵害されたこと等を申し立てるものであり、性差別が争われたケースは、筆者が調べた限り、一七件のみ特定できた。これは自由権規約の原語が the civil and political rights であり、対国家との間における公民権（the civil rights）および公的領域における政治的権利（the political rights）を念頭においた条約であることを考えれば、驚くにはあたらない現象なのかもしれない。

自由権規約の個人通報先例を研究したスコット・デビッドソンは、二六条のもとで性差別を根拠とする個人通報が認容された典型例を次のように分類する。(12)

(1)外国人の在留資格

モーリシャスではモーリシャス女性の外国人夫は居住許可の申請が必要とされ、許可は政府の裁量により、またそれはいつでも取り消され得る。これに対し、外国人女性と結婚したモーリシャス男性はこのような要件なしに配偶者の居住許可がおりる。これは女性に対する性差別であるとされた⑬。

(2)夫婦の姓の選択

ナミビアでは妻が夫の姓に改姓する場合と夫が妻の姓に改姓する場合とでは別異の手続があり、後者はより複雑だった。これは、男性に対する性差別であるとされた⑭。

(3)財産権の行使

ペルーでは民法が婚姻財産について権利行使ができるのは夫のみと規定していた。アパートの所有者である既婚女性がテナントを賃料不払いで提訴したことに対し、裁判所がこの規定を理由に女性の権利行使を否定したことが、女性に対する性差別であるとされた⑮。

(4)社会保障の受給権

オランダでは失業給付の受給要件として女性に対してのみ本人が家計の主たる担い手であるか、または夫と別居中であることを規定していることが女性に対する性差別であるとされた⑯。このほか、オランダにおける公務員の年金の受給要件が男性に対する性差別であるとされたもの⑰、オーストリアにおける寡夫年金が寡婦年金に比べ不利益であることが男性に対する性差別であるとされたもの⑱がある。

(5)同性愛者に対する取り扱い

① オーストラリアのタスマニア地方では、同意した成人間であっても同性愛者の性的接触が刑事罰の対象となることにつき、自由権規約委員会は二六条の「性差別」は性的指向による差別も含むとの見解を示した⑲。

②　オーストラリアおよびコロンビアにおいて、同性愛のパートナーに先立たれた男性が、女性（妻）であれば遺族として受給できた年金を男性が受給できないのは性にもとづく差別であると主張したのに対し、委員会はその主張を支持した[20][21]。

以上はいずれも男性の同性愛者からの申立である。これに対し、③ニュージーランドがレズビアンのカップルに婚姻証明書を発行しないことの規約適合性が争われたケースで、委員会は、規約二三条二項が婚姻を「男女」間のものと規定していることから、婚姻を男女間に限るものとする国内法にもとづき、締約国が婚姻証明書発給をしないことは規約違反ではない、とした[22]。

(6)その他の紛争類型として、以下のようなものがある。

①　ロシアにおいて刑法が女性に対して終身刑・死刑の言い渡しを禁止しているのに対し、男性死刑囚が自分に死刑判決がなされたのは男性に対する性差別であるとの申立をしたが、受理可能性を否定されたもの[23]

②　スペインにおいて貴族の称号が男性にのみ承継されることに対し、貴族の女性が女性に対する性差別であるとの申立をしたが、受理可能性を否定されたもの[24]

③　ベルギーにおいて治安判事裁判所における陪審員の選任にあたり、いずか一方の性に一定割合の枠（クォータ）があることに対し、男性に対する差別であるとの申立が、権利侵害ではないとされたもの[25]、などがある。

以上のような先例から、自由権規約三条および二六条の無差別（性差別の禁止）条項にもとづく個人通報の先例の特徴を次のようにまとめることができる。

第一に、争われている内容が、在留資格の要件を制限する入国管理法、夫婦の姓につき規定する家族法、同性愛者につき刑事罰を科す刑法等、国の法令・制度の条約適合性が問題とされていることである。この点は、後述のとおり、女性差別撤廃条約の個人通報が私人による加害行為の責任を国に問うものが多いことと際立った対照を見せている。

第二に、男性からの申立が相当な割合を占めていることである。性差別という言葉はジェンダーに中立的なものであり、男性が「女性優遇」に異を唱えるために個人通報を利用していることは、大きな問題ではないかもしれない。しかし国連憲章および世界人権宣言のなかに男女の平等という文言を挿入させた先駆者たちが想定していたのは、歴史的、文化的、経済的に社会のなかで弱い立場にある女性たちの救済であったはずであり、国際人権規約には女性の人権の実現こそが期待されていたのではなかったか。

第三に、性差別禁止条項を根拠とする同性愛者からの申立に関して権利侵害を認める先例が相次いでいることである。これに対し、女性差別撤廃委員会の個人通報の先例では同性愛者の権利に関するものはいまだ存在しない。

二　女性差別撤廃条約の個人通報制度

1　成立までの経緯

女性差別撤廃条約の選択議定書は、一九九九年に国連総会で採択され、二〇〇〇年に発効した[26]。自由権規約や人種差別撤廃条約が、いずれも国連総会で採択された当初から個人通報制度を備えていたのに対し（ただし、個人通報制度に参加するためには、条約本体とは別に追加的な受諾を必要とする）、女性差別撤廃条約は条約機関による監視制度としては国家報告書制度しか持たず、個人通報制度が作られるまでに条約成立後二〇年の歳月を要した。条約の起草過程[27]において、一部の先進国から個人通報制度を作るべきだとの意見が出されたが、女性差別はアパルトヘイトや人種差別のような「深刻な国際犯罪」ではない、各国はすでに女性差別撤廃のために協調しており、「判決」のような仕組みはなじまない、といった主張が支配し、実現しなかった[28]。

この流れを変えた契機は、国連が主催する一連の人権関連の会議であり、まず一九九三年のウィーン人権会議で採択された「宣言および行動計画」に女性差別撤廃条約の個人通報の可能性について検討をすることが明記された。その背後には、冷戦終結後、旧ユーゴスラビア、ルワンダ等において戦時における「女性に対する暴力」の実態が明るみに出るとともに、平時における「女性に対する暴力」についても人権活動家から多くの告発がなされたことが挙げられる。ウィーン人権会議では、会議の準備段階での文書に女性の人権に触れるところがないことに危機感を持った女性運動体が会議に集合し、「女性の権利は人権である」というスローガンを掲げて政府間会議にロビーイングを行なった。運動の理論的支柱となったシャーロット・バンチは、一九九〇年に発表した論考のなかで、旧来の人権運動が、「性差別は些細なことであり、世間にはもっと重大な人権侵害がある」といった性差別の矮小化を行ない、女性への差別は私的なものであり、各国の文化の問題でもあるのだから国家の介入はふさわしくない、と考えられてきたことが、女性の人権の実現を阻んできた、と主張した[29]。

国連女性の地位委員会（CSW）は一九九五年に選択議定書起草のための作業部会の設置を決議し[30]、同年開催された北京女性会議（第四回国連世界女性会議）で採択された「行動綱領」には、CSWにおける選択議定書作成過程を各国が支援することが盛り込まれた[31]。選択議定書案は約四年間の各国の交渉の後、CSW、経済社会理事会、国連総会において、いずれもコンセンサスで採択された。

2　女性差別撤廃条約個人通報制度の現況

女性差別撤廃条約の個人通報制度は、二〇一四年八月現在、六九件が委員会に登録され（既済、未済双方を含む）、その結論は次のようなものとなっている。

本案について「権利侵害あり」とされたもの　一六件[32]

本案について「権利侵害なし」とされたもの　一件[33]

本案に入る以前に受理可能性を満たしていないとされたもの　一八件[34]
取り下げその他の理由により委員会によって「不継続」とされたもの　七件[35]
係属中　二七件
係属中の二七件は結果が出るまで国名が公表されないが、すでに終了した四二件は、国別に内訳を見ると以下のとおりである。
① オランダ　七件
② カナダ、デンマーク　四件ずつ
③ スペイン、イギリス、フィリピン、ブルガリア　三件ずつ
④ オーストリア、トルコ、フランス、イタリア、ハンガリー　二件ずつ
その他、ドイツ、ブラジル、ペルー、ベラルーシ、エクアドルが一件ずつ。
さらに、「権利侵害あり」とされた一六件の中身を見ると、
(a)ドメスティック・バイオレンスに関するもの　六件[36]
(b)強制不妊手術、妊産婦の死亡事故、妊娠中絶へのアクセスに関するもの　三件[37]
(c)性暴力（強姦）に関するもの　二件[38]
(d)セクシュアル・ハラスメントに関するもの　三件[39]
(e)その他（財産権に関するもの、社会保障給付に関するもの）　二件[40]
となっている。

右のうち(a)(c)(d)は、「女性に対する暴力」に関するものとして分類できる。女性差別撤廃委員会の一般勧告（条約の解釈指針）一九号[41]は、「女性に対する暴力」とは「女性であることを理由として女性に向けられる暴力または女性

に対して過度に影響を及ぼす暴力」と定義し、例として、「家族による暴力及び虐待」「職場におけるセクシュアル・ハラスメント」、「レイプ、性的暴行」などを挙げている。

さらに、右の(b)はリプロダクティブ・ヘルス・ライツに関する事案である。

「(e)その他」として分類した二件は、社会保障給付（自営業者の産休の賃金保障）に関するもの[42]および財産権（先住民女性の住居の所有権）に関するもの[43]であるが、後者は、ドメスティック・バイオレンスの被害女性の夫が妻名義の所有権を違法に奪ったというものであり、広い意味ではこれも「女性に対する暴力」に関連する事件であると分類可能である。

本稿では個々の事件の中身を具体的に紹介する余裕がないが、個人通報の先例を、加害行為を誰が行なっているのか（法令や制度が権利を否定しているのか、特定の個人・団体が加害者なのか）に注視して読んでいくと、ほとんどのケース（「権利侵害あり」とされた一六件中一三件）が私人間での権利侵害を問題としており、国の法律や制度そのもの、または公務員による差別や虐待を加害行為としてあげているのは三件（ハンガリーにおけるDVシェルターの不備[44]、ベラルーシにおける被拘禁中の女性への看守によるセクシュアル・ハラスメント[45]、オランダにおける自営業女性への産休中の賃金保障[46]）にすぎない。

以上のとおり、女性差別撤廃条約の個人通報に持ち込まれたケースは、本案において権利侵害があると認められたケースの多く（一六件中一三件）は、その内容が「女性に対する暴力」に関連するか、またはリプロダクティブ・ヘルス・ライツに関わるものであること、かつ、その侵害行為の直接の加害者は多くのケース（一六件中一三件）において公的機関ではなく私人である、という特徴を有し、自由権規約二条一項、三条、二六条のもとでの性差別を争う個人通報と様相が大きく異なっている。

三　二つの条約の差異から見えてくるもの

では、このような二つの条約の個人通報の中身の差異は何に由来するのだろうか。

第一に、自由権規約委員会では十分に展開されていない「女性固有の権利」の保護を、女性差別撤廃委員会が積極的に試みていると見ることができる。一九九三年のウィーン人権会議以降、「女性の人権」には、女性が享受している価値中立的な権利（human rights of women）と、本来女性のみが享有する固有の権利（women's human rights）とがあるのではないかが論じられるようになった。[47]後者の典型例とされるのが、「女性に対する暴力」からの自由とリプロダクティブ・ヘルス・ライツであり[48]、女性差別撤廃委員会には、「男性との比較による差別」というリベラリズムの枠組みには収まりきれない「女性固有の権利」の救済を求めて、個人通報が集積されつつある。

国際人権論における「女性の人権」を研究した辻村みよ子は、女性差別撤廃条約について、「常に対抗概念としての『男性の権利』を想定した上で、これと平等な権利（equal rights）や同一の権利（same rights）を論じている点が特徴であり、『差別撤廃条約』としての不可避的な限界（あるいは過渡的な限界）をあわせもっていた。この点で、子どもの権利の主体性の確立をめざした『子どもの権利条約（児童の権利条約）』とは異なっていることが指摘されよう。」と述べる。[49]フェミニズム国際法学者のヒラリー・チャールズワースとクリスティン・チンキンも、女性差別撤廃条約の基本的な戦略はリベラル・フェミニズムであり、女性に対する暴力について明文規定を持たなかったのは「（私的な）暴力を人権侵害と結びつけることが伝統的な人権概念の価値を損なうと考え反対する国があったから」であり、一九六五年の人種差別撤廃条約と同様の差別定義規定の下に無差別のアプローチを取ったことが果たして適切であったのか、と疑問を呈している。[50]このような評価は、一九七九年に成立した当時の女性差別撤廃条約に向けられたものとしては適切であるが、選択議定書が発効し、個人通報制度を通じて世界の女性たちの受けている差別の現実を検討することによって、女性差別撤廃委員会による条約解釈は変容を遂げており、それはもはや「対抗概念としての『男性の権利』を想定した上での平等」というアプローチから離れつつあると見るべきであろう。たとえば、「元夫からのドメスティック・バイオレンスにより女性が殺害されたこと」（個人通報No.5、同No.6のケース）、あるいは、「不十分な産科医療により妊婦が死亡したこと」（個人通報No.18のケース）が国家の保護義務違反であり「女性差別」である、という委員会の結論は、「男性の権利との対比」においてなされているものではない。

第二に、中立の多くを占める私人による加害行為からの保護に関して、女性差別撤廃委員会は国家の「相当な注意義務」の範囲内であり、権利侵害を予防できなかったことは女性差別撤廃条約違反を構成する、としていることである。

女性差別撤廃条約に「女性に対する暴力」の直接の規定はないが、一般勧告一二および一九により、女性差別撤廃委員会は「女性に対する暴力」が条約で禁止する差別である、との解釈を打ち立てた。一九九三年の国連総会では全会一致で「女性に対する暴力撤廃宣言」が採択され[51]、そこでは公的か私的なものかを問わず女性に対する暴力に対して国家は責任を負うことが宣言され、さらに一九九四年には国連人権委員会が女性に対する暴力特別報告者を任命した。

「相当な注意」（due diligence）は、一般国際法上の概念であり、外国人の受けた損害に対する国際法上の国家責任に源があるが、近年では多くの人権条約において、非国家主体による人権侵害に対する国家責任を論じる根拠として援用されるようになり、とくに米州人権裁判所における実践が著名である。[52]女性差別撤廃委員会の個人通報の先例は、ドメスティック・バイオレンスの事案に「相当な注意」を根拠として国家責任を肯定したが[53]、それらは欧州人権裁判所の判決で援用されるに至り[54]、国連条約機関と地域条約機関との間での相互作用を生み出していることも注目に値する。

四　今後の課題

最後に、女性差別撤廃条約の個人通報制度の質量双方の面の今後の課題について述べておきたい。

まず量的な問題としては、通報の数がまだ少ないという問題がある（ただし増加の傾向にはある）。少し古い数字になるが、自由権規約委員会では一九七七年に個人通報制度が発足し二〇一二年までの三五年間に二〇七六件が登録された[55]。それと比較すると、制度発足後の一四年間で七〇件未満の登録数しかない女性差別撤廃委員会での個人通報はいかにも少ない。自由権規約においても性差別を申し立てる個人通報はきわめて少数であり、しかも男性が女性優遇策に挑戦する申立が相当割合を占めることを考えると、世界的に見ていまだ女性たちは国際人権法の発展の恩恵を受けていないに等しい。制度が周知されていないこともさることながら、個人通報の申し立てには国内での手続の消尽が要件とされており（選択議定書四条）、女性の司法に対するアクセスを強化していかなければ、個人通報制度はいつまでも女性にとって画餅でしかない。

質的な面では、見解の理論的な深化が求められている。前述のとおり、現在の女性差別撤廃委員会の条約解釈は、「比較すべき男性との間の平等論」を脱し、「全的な存在としての（すべての権利を保障される）女性」を想定し、本来持っているはずの権利を侵害されれば条約違反、という立場を採っている。しかし、男女の比較を排除したこの考え方と、条約の基本理念であるジェンダー平等がどのように両立するのか、条約機関からも学界からも、明確な説明はなされていない。

二〇一四年八月現在、女性差別撤廃条約選択議定書の当事国は一〇四カ国に及ぶが、残念ながら日本はその管轄を受諾していない。国際人権メカニズム一般に対する日本政府の不信感が背後にあるのではないかと思う。一九七九年の国際人権規約批准からの三五年間は、日本が国際人権法を学ぶための時代だった。これからは、担い手に回って、個人通報制度をはじめとする国際人権法を使いこなす多くの人材が日本から育ってほしいと思う。

結びに代えて

私は、一九八三年に、宮里邦雄先生が角尾隆信先生と主宰されていた東京共同法律事務所で弁護士としての第一歩を踏み出した。宮里先生のご期待に沿えるような弁護士活動ができないまま歳月を重ねたにもかかわらず、先生の弁護士活動五〇周年を記念する論文集に寄稿する機会を与えていただき、大変嬉しく、また光栄に思う。宮里先生がこれからもお元気で、働く女性および男性の権利の運動をご指導くださることに願いを込めて、この拙い論考を捧げさせていただきたい。

(1) 外務省公定訳による名称は「女子に対するあらゆる形態の差別の撤廃に関する条約」(日本は一九八五年に批准)。女性差別撤廃委員会は同条約により設立された条約機関であり、筆者は二〇〇八年一月より同委員会の委員、二〇一五年一月より委員長をつとめている。
(2) 外務省公定訳による名称は「市民的及び政治的権利に関する国際規約」(日本は一九七九年に批准)。
(3) 山本草二『国際法(新版)』有斐閣、一九九四年、一六三頁。
(4) ブトロス・ブトロス＝ガーリ『国際連合と人権(一九四五―一九九五)』国連広報局、一九九五年、一五頁。
(5) 申惠丰『国際人権法』信山社、二〇一三年、三九―四〇頁。
(6) W.Kälin et al. The Law of International Human Rights Protection (2011) p. 233
(7) 本稿は、国連人権条約の個人通報制度に焦点を当てているが、最初に個人通報制度を備えたのは欧州人権条約(一九五〇年成立、一九五三年発効）である。同条約では当初、締約国により個人通報制度の受諾は選択的なものであったが、一九九四年の第一一議定書の採択（一九九八年発効）により、義務的なものとなった。

（8）拷問禁止条約二二条（一九八四年採択）、移住労働者条約七七条（一九九〇年採択）、障害者の権利条約選択議定書（二〇〇六年採択）、子どもの権利条約選択議定書（二〇一一年採択）、社会権規約選択議定書（二〇〇八年採択）、強制失踪保護条約三〇条（二〇〇六年採択）。

（9）同規約三条は「この規約の締約国は、この規定に定めるすべての市民的及び政治的権利の享有について男女に同等の権利を確保することを約束する」と規定する。これに対し、同規約二六条は「すべての者は、法律の前に平等であり、いかなる差別もなしに法律による平等の保護を受ける権利を有する。このため、法律は、あらゆる差別を禁止し及び人種、皮膚の色、性、言語、宗教、政治的意見その他の意見、国民的もしくは社会的出身、財産、出生または他の地位等のいかなる理由による差別に対しても平等のかつ効果的な保護をすべての者に保障する」と規定する。

（10）富田麻里「規約人権委員会による規約の発展的解釈と適用―個人通報における無差別（二条一項、三条および二六条）を例に」（国際人権 No. 23）二〇一二年。

（11）http://www.un.nl.faculty/lg/EN/organization. 二〇一四年三月三一日現在。

（12）S. Davidson "Equality and Non-Discrimination" A. Conte et al (eds), *Defining Civil and Political Rights* 2004. pp. 168-169.

（13）通報番号　35/1978

（14）通報番号　919/2000

（15）通報番号　202/1986

（16）通報番号　172/1984

（17）通報番号　786/1997

（18）通報番号　716/1996

（19）通報番号　488/1992

（20）通報番号　941/2000

(21) 通報番号　1361/2005

(22) 通報番号　902/1999

(23) 通報番号　1425/2005。個人通報は本案（メリット）の検討をする前提条件として受理可能性を満たしている必要がある。国内手続を尽くしていること、同一事案が他の国際手続に継続していないこと、選択議定書批准後の人権侵害であることなどが主な要件であるが、これらに限られない。また各要件には例外がある。

(24) 通報番号　1019/2001, 1008/2001. なお女性差別撤廃委員会においても、スペインの女性から貴族の称号の継承から女性が排除されているとの個人通報がなされたが、「条約上の権利」の侵害を主張していないとの理由で受理可能性を否定された。

(25) 通報番号　943/2000

(26) 女性差別撤廃条約選択議定書の制定の経緯については、国際女性の地位協会編『コンメンタール女性差別撤廃条約』尚学社、二〇一〇年、四七一―四七八頁（軽部恵子執筆部分）、M. A. Freeman et al (eds), The UN Convention on the Elimination of all forms of Discrimination against Women; a Commentary, pp. 607-679 (Jane Connors) を参照。

(27) 条約案の審議は、国連女性の地位委員会（CSW、一九七二―一九七六年）および国連総会第三委員会（一九七七―一九七九年）で行なわれた。個人通報に関連する条文案が提出されたのは、一九七六年のCSW会期におけるベルギーによるものである（CSW Summary Record, 国連文書番号 E/CN. 6/SR. 673 paras 93-94）。

(28) 山下泰子「女性差別撤廃条約採択後の国際人権の展開」ジュリスト一二三七号（二〇〇三年）四一頁、ヒラリー・チャールズワース他（阿部浩己監訳）『フェミニズム国際法―国際法の境界を問い直す』尚学社、二〇〇四年、二六九頁。注二六の Commentary, pp. 608-609。

(29) C. Bunch, Women's Rights as Human Rights: Toward a Re-Vision of Human Rights (Human Rights Law Quarterly 12 (1990) 486-498.

(30) 注26の Commentary　六一二頁。

(31) 同上　六一三頁。

(32) 個人通報のケース番号 Nos. 2, 4, 5, 6, 17, 18, 19, 20, 22, 23, 28, 31, 32, 34, 36.

(33) 同No. 3.
(34) 同Nos. 1, 7, 8, 10, 11, 12, 13, 15, 25, 26, 27, 29, 33, 35, 38, 40.
(35) 同Nos. 9, 14, 16, 21, 41, 42, 43.
(36) 同Nos. 2, 5, 6, 20, 32, 47.
(37) 同Nos. 4, 17, 22.
(38) 同Nos. 18, 31.
(39) 同Nos. 23, 28, 30.
(40) 同Nos. 19, 36.
(41) 国連文書番号HRI/GEN/Rev.（vol. II）
(42) 個人通報ケース番号No. 3
(43) 同No. 19.
(44) 同No. 2.
(45) 同No. 23.
(46) 同No. 36.
(47) 辻村みよ子『憲法とジェンダー』有斐閣、二〇〇九年、四五—四九頁。辻村は、男女の性差を超えたヒューマンライツの普遍性とウィメンズ・ライツの特殊性との対抗という課題に対する明快な解答は国際人権論の中には見出せない、としている。
(48) 辻村、前掲書、四八頁。
(49) 辻村みよ子『女性と人権　歴史と理論から学ぶ』日本評論社、一九九七年、一八頁。
(50) ヒラリー・チャルズワース、クリスティン・チンキン（阿部浩己監訳）『フェミニズム国際法—国際法の境界を問い直す』尚学社、二〇〇四年、二七九頁。
(51) 国連文書番号　A/Res/48/104
(52) 代表的な判例として、Velasquez Rodriguez v. Honduras, Inter-American Court of Human Rights, Ser. C, No. 4（July 29, 1988）

(53) 個人通報ケース番号 No. 5, No. 6

(54) Opuz v. Turkey, App. No. 33401/02 (Eur. Ct. H. R. (June 9, 2009); Gonzalez et al. v. Mexico Inter-American Court of Human Rights (Nov. 16, 2009), Ser. C, No. 205.

(55) 前掲注10、富田二四頁。

第9章　労災責任と損害賠償請求の闘い

――労働者の命と健康を守る損害賠償請求裁判をいかに闘うか

岡村　親宜
（弁護士）

はじめに

人間社会で一番大切なもの、それは人間の命と健康である。だから、この人間社会で一番大切な命と健康を侵害されたら、侵害された者は、侵害した者の責任を追及しその責任を取らせなければならない。侵害された者が、侵害した者の責任を追及せず、侵害した者がその責任を取らない状況が、広く、かつ長く続けば続くほど、その社会は、「暗闇の社会」である。

ところで日本は、無謀な侵略戦争により、アジアの被侵略国の国民およびわが日本国民にはかりしれない惨禍を与え、一五年戦争に敗北した。そして一九四五年八月一五日の終戦により、戦後、平和憲法を制定し、戦争を放棄した平和国家として経済復興に務め、世界有数の経済大国に成長した。

しかし、日本社会は、強大な力を有する企業の論理が全社会を支配する企業中心社会であり、企業に対抗する労働運動の力が弱く、人間社会で一番大切な労働者の命と健康が社会法則的に侵害されているにもかかわらず、侵害された者が、侵害した者の責任を追及することができず、侵害した者がその責任を取っていない状況が、広く、かつ長く続いていた「暗闇の社会」であった。その社会問題の一つが労災職業病問題である。

戦後のわが国は、労基法および労災保険法等の労働保護立法により、「業務上」の死傷病について最低限度の「労災補償」を行なう制度が採用され、「労災補償」がなされるようになった。そして、高度経済成長によって経済大国となるなかで、社会法則的に増大して発生する労災職業病の被災者とその遺家族を救済する必要性から、終身年金を導入し、補償水準を引き上げる等して労災補償制度の改善がなされてきた。しかし、法律制度上、戦後当初から、労災職業病により生命と健康を侵害された被災者と遺家族が、一番大切な労働者の生命と健康を侵害した事業者の責任を追及し、その責任を取らせることができる損害賠償請求が可能であったにもかかわらず、戦後二〇年余の間、この闘いが展開されることなく経過した。この労災職業病の分野における「暗闇の社会」に灯をともし、この分野における損害賠償請求の闘いを展開できる状況を切り開くことは、わが日本社会の長年の課題の一つであった。

一　「安全保護義務」の法理による損害賠償請求の闘い

わが国は、サンフランシスコ講和条約を締結し、アメリカに従属しながらも「独立」し、資本主義社会の一員となり、労働運動が「春闘」という形で賃上げ闘争を闘うようになったが、労災職業病闘争を闘うまでにはいたらなかった。しかし、わが国が高度成長を続け、大量の労災職業病を社会法則的に発生させ、一九六三年一一月九日、四三九名の労働者の生命を奪い、一酸化炭素中毒により八三九名の労働者の健康を奪いその人生を踏みにじった三池炭坑大爆発事故が発生したのを契機に、左派のナショナルセンター総評は、「労働者安全センター」を設立し、ようやく労災職業病闘争を闘うにいたった。法定補償のほかに、個別企業に対する労災上積み補償闘争を闘うにいたったが、損害賠償の闘いを展開するまでにはいたらなかった。

総評の臨時大会の決議で、一九五七年五月、「総評弁護団」が結成され、結成から約一〇年間は集団的労使関係における労働者の権利擁護の活動に追われてきたが、同弁護団は、一九七八年一一月にいたり、「労働災害の絶滅のために今こそ労働災害訴訟の提起を！　全国の労働者のみなさんへのアッピール」を公表し、損害賠償請求の闘いを提起した。

このアピールは、「労働災害により年間七〇〇〇名の労働者が殉職し、不具廃疾者七万六〇〇〇名を含む一八〇万名もの労働者が被災し」ていますが、これは「労働者の生命ほど安いものはないとする経営者の経営感覚に基づいた生産第一主義と保安無視に起因するものです。自動車事故による死亡の場合でも強制賠償保険によって三〇〇〇万円が支払われており、更にこれだけでは不満があるとして年間一万余件提訴されている自動車損害倍賞訴訟では、その判決において死亡事故では七、八〇〇万円の支払を命ずるのは常識とされ、一〇〇〇万円を超えるものも少なくありません。それなのに、企業のために働き、企業のなかで命を奪われた労働者の場合には、わずかばかりの労災年金と会社の支給する僅かの弔慰金が尊い命の代償とみなされている現実があります。」「労働者の生命が安上がりなものとして扱われている限り、労働災害の発生を防止することはできません。私たちは、労働者の皆さんが、労働災害絶滅の闘いを進め、被災者と家族の生活を守るためには、今こそ労働災害に対して職場の闘いと結合しながら損害賠償の訴訟を次々と提起し、その責任を追及して職場を安全なものとせしめるとともに、労働者の生命の『ねうち』がいかに高価なものであるか、社会的にも明らかにしていく必要があると考えます。」と訴えたのである。

弁護団は、幹事の故藤本正弁護士を責任者として「労災研究会」を本部に設置し、毎月一回の研究会を組織した。研究会には、この年の春、司法研修所を修了して弁護士登録した二〇期生の大竹秀達、千葉憲雄、南元昭雄、筆者の四名がその中心メンバーとして参加していた。同研究会は、一九七五年三月、研究の成果を『労災・職業病』（民衆社）として刊行していたが、この弁護団アピールを公表して以降、組織的に全国で労災訴訟を掘り起こし、次々と労災訴訟を提訴していった。しかし、この闘いを展開していくためには、不法行為責任における三年の消滅時効と主張・立証責任をどのような新しい法理論により突破していくか等の課題があった。そこで同研究会は、この課題を克服するために、川島武宜博士の「安全保証義務」の法理[1]、我妻榮博士の労働者の生命・健康の危険を保護する義務は「信義則上当然」とする法理[2]等の民法学説を手がかりに、「安全保護義務」の法理を提唱した。

その法理は、①使用者は、労働契約上の信義則にもとづき、労働者の不注意をも予測して、不可抗力以外の労災死傷病事故を防止するための万全の措置を講ずべき安全保護義務を負っており、②この安全保護義務は、万全の措置によって労災職業病の結果を発生させてはならない義務であるから、被災労働者側の主張立証責任は、労災職業病の結果の発生で足りるというべきであり、使用者は、「責めに帰すべき理由の不存在」(不可抗力)の主張・立証をしない限り、損害賠償責任を負う、③安全保護義務不履行による損害倍賞請求権の消滅時効の起算点は、「権利を行使することを得る時」から一〇年、④労災職業病の発生につき労働者に「不注意」が存在しても使用者の安全保護義務違反に吸収され過失相殺は許されない、という法理論である[3]。

労災裁判の展開により、当初「安全保護義務」の法理は下級審判例により否定されたが(東急コンクリート事件・東京地裁一九七〇年一二月七判決等)、その後この法理を採用する下級審判例も出現した(平田プレス工業事件・福岡地裁小倉支部一九七二年一一月二四日判決、門司港運事件・前橋地裁一九七四年三月二九日判決等)。

二　最高裁判例と「安全配慮義務」の法理

ところで、労災職業病の損害賠償請求の闘いの裁判は、たんに私企業を相手とするものだけではなく、国家公務員、とりわけ危険な公務に従事して労働災害に遭遇した自衛隊の被災者と遺族が国を相手に損害賠償請求を闘う裁判も展開されるにいった。しかし、自衛隊遺族の国を相手とする損害賠償請求の闘いも、不法行為責任の三年の消滅時効の壁を突破できずにいた。

その事件の一つに、陸上自衛隊八戸駐屯地車輛災害事件があった。自衛隊の車両整備工場で後進中の大型自動車に頭部を轢かれて即死した隊員の両親は、国を相手に損害賠償請求の裁判ができることを知らず、法定補償制度によるわずか七六万円の一時金の補償で泣き寝入りしていたが、事故後三年を経過してこれを知り、自賠法三条にもとづき国の運行供用者責任を追及して損害賠償請求の裁判を提訴した。しかし、東京地裁一九七一年一〇月三〇日判決は、両親は、事故の翌日事故の報告を受けて「損害および加害者を知った」というべきであるから民法七二四条により損害賠償請求権は時効により消滅したとし、請求を棄却した。両親は控訴し、国は、使用者として隊員が服務により生命に危険が生じないよう、車両を後進させる場合には誘導員を配置する等安全管理に万全を期すべき義務を怠っており、両親は国に対し民法四一五条の債務不履行責任による損害賠償請求権を有しており、同請求権は時効により消滅していないと追加主張した。だが、東京高裁一九七三年一月三一判決は、被災者は「通常の雇用関係でなく、特別権力関係にもとづいて服務していたのであるから、国は債務不履行にもとづく損害賠償義務を負担しない」と判示し控訴を棄却した。

そこで、両親は、「公務員の勤務関係は、雇用関係ないし雇用関係類似の関係であり特別権力関係の法理は否認されるべきであり、雇用関係における使用者は、労務者が労務に復する過程において生命や健康に危険が生じないように注意し物的及び人的環境を整備する義務を負っており（前掲我妻、幾代『注釈民法（16）』、前掲岡村季労論文）、同様の関係は同様に取り扱われるべく、国は債務不履行にもとづく損害賠償義務を負担している。原判決には民法四一五条不適用の誤りがある」との理由で上告した。

この上告に対し、最高三小一九七五年二月二五日判決（民集二九巻二号一四三頁）は、東京高裁判決の破棄・差戻の判決をした。その理由は、①「国は、公務員に対し国が公務遂行のために設置すべき場所・施設もしくは器具等の設置管理又は公務員が国もしくは上司の指示のもとに遂行する公務の管理にあたって、公務員の生命及び健康等を危険から保護するよう配慮すべき義務（以下「安全配慮義務」という）を負っているものと解すべきである」とし、②その根拠につき「安全配慮義務は、ある法律関係に基づいて特別な社会的な接触の関係に入った当事者間において、当該法律関係の付随義務として当事者の一方または双方が相手方に対して信義則上負う義務として一般的に認められるべきものであって、国と公務員との間においても別異に解すべき論拠はない」、③「国が義務者であっても、被害者に損害を賠償すべき関係は、公平の理念に基づき被害者に生じた損害の公正な塡補を目的とする点において、私人相互間におけるめ損害賠償の関係とその目的を異にするものではないから、国に対する右損害賠償請求権の消滅時効期間は、民法一六七条一項により一〇年と解すべきである」、と判示したのである。

この最高裁判例が認めた「安全配慮義務」の法理により、労働者の生命・健康を侵害した事業者に対し、「権利を行使することを得る時」から一〇年間時効により消滅しない債務不履行責任の法理が確立した[4]。

三　「安全配慮義務」法理の展開

1　消滅時効の起算点をめぐる闘い

「安全配慮義務」を肯定した陸上自衛隊八戸駐屯地車輌災害事件最高裁判例により、安全配慮義務による損害賠償請求権の消滅時効の起算点は、「安全保護義務」の法理と同様に、「権利を行使することを得る時」から一〇年とされるにいたり、事業者の責任を追及する損害賠償請求の闘いが大きく開かれたのである。しかし、その後も、生命・健康被害による損害が、安全配慮義務違反時でなく退職後に発生した事案（じん肺等）において、消滅時効の起算点につき、安全配慮義務違反時説、退職時説、損害発生時説により請求棄却の判例が出された。これに対し、私たちは、不法行為と同様に、損害・加害者知った時であると主張して闘った(5)。

しかし、長崎じん肺訴訟事件・最高三小一九九四年六月二一日判決（判時一四九九号三二頁）は、損害発生時説を採用し、じん肺の場合、最初の管理区分決定を受けた時ではなく、最終の重い管理区分四の決定を受けた時と解するのが相当とした(6)。

2 主張・立証責任をめぐる闘い

私たちは、「安全保護義務」は、万全の措置によって労災職業病の結果を発生させてはならない義務であるから、被災労働者側の主張立証責任は、労災職業病の結果の発生で足り、使用者は「責めに帰すべき理由の不存在」（不可抗力）の主張・立証をしないかぎり損害賠償責任を負うと主張して闘ってきた。

しかし、航空自衛隊ヘリ墜落事件・最高二小一九八一年二月一六日判決（民集一五巻一号五六頁）は、「安全配慮義務違反の内容を特定し、かつ、義務違反に該当する事実を主張・立証する責任は、義務違反を主張する原告にあると解するのが相当である」とし、私たちの主張を採用しなかった(7)。

3 元請の下請の労働者に対する安全配慮義務の闘い

「安全保護義務」の法理により、私たちは、元請と下請（孫請）の労働者との間に使用従属の労働関係が成立しておれば、信義則にもとづき、その間に雇傭契約が成立していなくても、元請は「安全保護義務」を有しているとして闘ってきた(8)。

この論点につき、三菱重工難聴事件・最高一小一九九一年四月一一日判決（判時一三九一号三頁）は、下請の労働者が元請の造船所で社外工として元請の管理する設備、工具等を用い、事実上元請の指揮、監督を受けて稼働し、その作業内容も元請の本工とほとんど同じであったという事実関係のもとにおいては、元請は下請の労働者との間に特別な社会的接触の関係に入ったもので、信義則上、下請の労働者に対し安全配慮義務を負う」と判示した。この判例は、私たちの主張を採用したものである。

4　履行遅滞の始期、遺族固有の慰謝料請求権をめぐる闘い

生命・健康侵害による不法行為にもとづく損害賠償債務は、「期限の定めのない債務」ではあるが、催告の時に遅滞に陥ると解するのは公平の原則に反することを理由に、判例（大審院一九一一年二月一三日判決〔民録一七輯四九頁〕、最高裁一九六二年九月四日判決〔民集一六巻九号二三四頁〕）により、履行遅滞の始期は、損害の発生と同時に遅滞に陥ると解されてきた。また、生命・健康侵害による不法行為にもとづく損害賠償請求においては、生命侵害もしくは生命侵害と同視すべき重大な身体侵害を受けた被害者の家族は、被害者とは別に固有の慰謝料請求権が、民法七一一条および判例により認められてきた。

そして、生命・健康侵害による債務不履行による損害賠償請求裁判においても、不法行為責任と同様、損害の発生と同時に遅滞に陥るとし、生命侵害もしくは生命侵害と同視すべき重大な身体侵害を受けた被害者の家族は、固有の慰謝料請求権が認められるとする下級審判例が、これを否定する下級審判例よりも多かったのである。

ところが、鹿島建設事件・最高一小一九八〇年一二月一八日判決（民集三四巻七号八八八頁）は、原審が認容した請求は、「債務不履行に基づく損害賠償債務は期限の定めのない債務であり、民法四一二条三項によりその債務者は債権者の履行の請求を受けた時に初めて遅滞に陥るものというべきであり」、下請の労働者と下請および元請との間の「雇傭関係ないしこれに準ずる法律関係の当事者でない下請の労働者の相続人である上告人らが雇傭契約ないしこ

れに準ずる法律関係上の債務不履行により固有の慰謝料請求権を取得するものとは解し難い」としてこれを否定した。

しかし、私たちは、生命・健康侵害による債務不履行にもとづく損害賠償債務も、不法行為にもとづく損害賠償債務と同様に「期限の定めのない債務」ではあるが、債務不履行にもとづく損害賠償債務を催告の時に遅滞に陥ると解するのは公平の原則に反するから、債務不履行成立と同時に賠償義務が発生すると解すべきであると批判してきた。また、不法行為にもとづく損害賠償請求において、生命侵害もしくは生命侵害と同視すべき重大な身体侵害を受けた被害者の家族に固有の慰謝料請求権が認められる実質的根拠は、人間の身体侵害であることにあり、それは債務不履行にもとづく損害賠償請求においても同様であるから、民法七一一条を類推適用（準用）して被害者の家族に固有の慰謝料請求権を認めるべきであると批判してきた。[9] しかし、今日まで、この判例は変更されていない。この判例変更は、今後の課題であるといえよう。

5 弁護士費用をめぐる闘い

生命・健康侵害による不法行為に基づく損害賠償請求につき、被害者が訴訟の追行を弁護士に委任した場合、確立した判例により、請求認容額の約一〇％程度の弁護士費用を、被害者が損害として加害者に請求できるとされてきた（最高一小一九六九年二月二七日判決〔民集二三巻二号四四一頁等〕）。

しかし、不法行為、債務不履行の形式的な峻別論を理由に、生命・健康侵害による債務不履行にもとづく損害賠償請求につき弁護士費用の請求を否定する下級審判例が出されていた（東京高裁一九八〇年二月二七日判決〔判時九六一号八〇頁〕、宮崎地裁一九八二年三月三〇日判決〔判時一〇六一号九七頁〕）。

しかし、多くの下級審判例は、「安全配慮義務」違反を理由とする損害賠償請求事件においても、弁護士費用の損害賠償を認めているとされていた。[10]

しかし、長年、「安全配慮義務」違反を理由とする損害賠償請求事件で、真正面から、弁護士費用を損害と認める最高裁判例は出されないできた。しかし、ようやく、最高二小二〇一二年二月二四日判決（判時二一四四号八九頁）が、「安全配慮義務違反を理由とする債務不履行に基づく損害賠償請求権は、労働者がこれを訴訟上行使するためには弁護士に委任しなければ十分な訴訟活動をすることが困難な類型に属する請求権である」から、労働者が「訴訟追行を弁護士に委任した場合には、その弁護士費用は、事案の難易、請求額、認容された額その他諸般の事情を斟酌して相当と認められる範囲内のものに限り上記安全配慮義務違反と相当因果関係に立つ損害というべきである」と判示して、弁護士費用を真正面から損害と認め、この問題につき決着をつけたのである。

おわりに

労働者の生命・健康侵害につき、侵害した事業者の責任を追及してその責任をとらせる損害賠償請求の闘いは、「安全配慮義務」の法理が確立し、労働契約法五条が使用者の労働者に対する義務として定めている現時点においては、理論的には、不法行為責任にもとづく請求と、「安全配慮義務」違反の債務不履行責任にもとづく請求のいずれもが可能である。

そして、現時点における右判例状況に照らすと、この二つの請求は、生命・健康を侵害された労働者側にとって有利な面と不利な面の双方があり、事案ごとに、不法行為責任にもとづく請求と債務不履行責任にもとづく請求のいずれが妥当かを検討する必要がある。その検討の結果、二つの請求がいずれも可能であれば、どちらか一つではなく、最も有利な請求を第一次的請求とし、他方を第二次的請求として損害賠償請求の闘いを遂行するのがベターと考えられる。

そのうえで、闘いの目標は、事業者に、人間社会で一番大切な労働者の生命・健康を侵害した責任を取るに相応しい損害賠償額を支払わせることに置かなければならない。事業者による労働者の生命と健康の侵害は、知らない者同士の間で、偶発的に発生する交通事故とは本質的に異なり、保険により担保されている自動車事故損害賠償額水準に追随するようなことはしてはならない。

上記弁護団の労働災害訴訟提起のアッピールを起草した藤本正弁護士は、「常軌を逸した長時間労働とそれによる睡眠不足」の結果、うつ病に罹患し過労自殺した労働者の両親が、事業者である電通を被告として損害賠償を請求する裁判を担当し、当時、一人の死亡労働者の損害としては裁判史上最高の約一億二六〇〇万円（遅延損害を含めると約一億六八六〇万円）という賠償額を認めた電通事件・東京地裁一九九六年三月二八日判決（労判六九二号一三頁）が出された(11)。

その後、長年この判決を乗り超える損害賠償判決は出されることなく経過したが、飲食店の支配人であった労働者が、超長時間労働により、自宅で睡眠中に心室細動を発症し抵酸素脳症による完全麻痺、意識不明で寝たきり状態となり、両親が二四時間体制で介護している被災者につき、電通事件の損害賠償額を超える約一億八七六〇万円（遅延損害金を含めると約二億二九〇〇万円）の賠償額を認める康生産業事件・鹿児島地裁二〇一〇年二月一六日判決（労判一〇〇四号七七頁）が出された。今後は、この判決額を超える高額判決を目指して損害賠償裁判を闘うことが期待される。

人間社会で一番大切な労働者の命・健康を侵害した事業者の責任を追及し、その責任を取らせる損害賠償裁判の闘いは、たんに勝訴判決を得るだけでは不十分であって、その責任を取るにふさわしい損害賠償金を支払わせなければならない。

（1）川島武宜「債務不履行と不法行為との関係について」『民法解釈学の諸問題』弘文堂、一九四九年、所収。

(2) 我妻榮『債権各論中巻二（民法講義Ｖ２）』岩波書店、一九七二年、七三六頁。
(3) 南元昭雄「労働契約上の債務不履行論の思想とその役割」月刊いのち四巻九号、岡村親宜「労災における企業責任論」季労八二号（一九七一年）、同「労災責任の規範的論理構造」学会誌労働法四三号（一九七三年）等参照。
(4) この判決につき、拙稿「公務員の労災と国の債務不履行責任」労旬九一三号（一九七六年一〇月）参照。
(5) 拙稿「債務不履行責任と消滅時効の起算点」労旬一九三〇号（一九八一年三月）、参照。
(6) その後、じん肺により死亡した場合は、筑豊じん肺事件・福岡高裁二〇〇一年七月一九日判決により、死亡時と解するのが相当とされるに至った。
(7) この判例は、主張・立証責任は不法行為責任と同一であるとするものであり、この判例に対する批判は、拙著『労災裁判の展開と法理』総合労働研究所、一九八二年、二三三頁以下、参照。
(8) 拙稿「元請の下請労働者に対する債務不履行責任」労旬九四五号（一九七八年一二月）参照。
(9) 拙著『労災裁判の展開と法理』総合労働研究所、一九八二年、三一八頁以下、参照。
(10) 矢崎秀一「損害賠償請求における損害の範囲」『裁判実務体系８』青林書院、一九八五年、所収。
(11) この電通事件のその後の経緯と意義につき、拙著『過労死・過労自殺救済の理論と実務』旬報社、二〇〇二年、四〇六頁以下、参照。

第10章　会社更生計画と整理解雇

――ＪＡＬ整理解雇とのたたかいから

船尾　徹
（弁護士）

一　主要な基本的論点

わが国有数の航空会社の経営破綻にともなう大規模な整理解雇として、社会的耳目を集めているＪＡＬの客室乗務員、運航乗務員の整理解雇のたたかいは、雇用・労働の規制緩和がいっそう進められようとしている情勢のもとで、雇用の安定を求める全国各地の働く者の期待を担って、司法の場で更生手続下の整理解雇の効力とその判断のあり方をめぐって、本格的な争いを展開してきた。

しかし、一審判決に続いて二審も労働者側敗訴の不当判決をうけ[1]、たたかいの舞台は最高裁に移っている。一、二審を通じて、主要な基本的論点のひとつは、更生手続下において管財人が行なった整理解雇に整理解雇法理が適用されるのか、適用されるとしてもその適用判断は、更生事件を審理する裁判所によって更生計画が認可決定された以上、同計画にもとづく人員削減は労働契約法一六条に照らして合理的であり、それを履行する整理解雇も当然に有効であるとする論理（「更生計画は整理解雇法理を制約する」「更生計画は整理解雇法理に優越する」とする「更生計画優越論」）にもとづいて整理解雇法理を実質的に修正するのか、それとも労契法一六条を基軸として雇用保障法理としての整理解雇法理の意義を確認し、更生計画との整合的な解釈適用という判断枠組によって整理解雇法理を適用するかにあった。

これらの判決は、後述のとおり、一方では、更生計画の拘束性を過度に重視し異様に拡張して適用したかと思えば、他方では、同計画の基本的内容から逸脱しこれを無視する。解雇を正当化するために、更生計画の拘束性を御都合主義的に適用判断している。そこで、宮里邦雄弁護士は、「今般の二つの東京高裁判決は更生手続・更生計画という裁判所を介した法的手続をふめば、重要な雇用保障法理である整理解雇法理を実質的に回避できることを意味し、今後の濫用が懸念される」として、「更生手続下における整理解雇法理の適用のあり方、更生計画で定められた人員削減策の拘束性の有無・程度およびその射程と整理解雇法理との関係など二つの判決は検討を要する重要な問題を含んでいる」[2]と、問題の所在を的確に指摘されている。整理解雇の有効性判断と更生計画の関係を正しくとらえることが求められているのである。

再建型倒産手続において、合理化諸施策の一環として行なわれる人員削減は、更生手続上の観点からは、利益を確保できる業務体制を確立するうえで合理的と評価されうる。しかし、同時に、経営破綻になんの責任もない労働者の人員削減を整理解雇によって実施することは、人間としての尊厳を確保し公正な社会を確立する観点からは、過酷で不合理と評価され、可能なかぎり解雇を回避し雇用維持を追求されるべきものとされる。

こうした法的要請を求められる管財人は、事業再建のために更生計画の定める目標を遵守しこれを遂行しなければならない会社更生法（二〇九条一項）による倒産法規範上の義務と経営の破綻・失敗という事情を経営に関与することのできない労働者の解雇を可能なかぎり回避しその雇用維持を確保する労契法（一六条）などによる労働法規範上の義務を、公正かつ衡平に履行しなければならない地位にある。

しかし、更生計画で定めた人員削減を実施するにあたって、倒産法規範と労働法規範のいずれを優先して適用するかについて、会社更生法にも労契法にも特別の規定はない。私たちは、更生手続下における整理解雇の効力を司法が判断するにあたって、一審以来、解雇の必要性（解雇時期、解雇規模なども含めて）、解雇回避努力、人選基準、解雇手続等は、整理解雇を実施する時点を基準に厳格に判断されるべきこと、控訴審に入ってからは少なくとも更生計画と整理解雇法理との整合的な解釈適用が行なわれるべきこと、そして、上告審においては、この整合的な解釈適用にあたっては、更生計画遵守履行義務と整理解雇法理遵守履行義務のいずれをも衡平に尊重し、合理的なバランスを維持・確保した公正な判断が尽くされなければならないことを主張している。

もとより整理解雇法理は判例法理として形成・確立されてきたものであり[3]、この法理の実効性は裁判規範として司法判断が的確になされることによって確保される。それだけに上記の合理的バランスは決定的に重要である。合理的なバランスを欠いた判断基準と判断枠組のもとでは、不公正な判断は避けられないからである。

二　更生計画の優越性と過度の拘束性を認める客乗事件二審判決批判

客乗・乗員事件の一、二審判決はいずれも、更生手続下の整理解雇に整理解雇法理が適用されることを肯定した。しかし、その具体的な適用判断をみると、更生手続下の整理解雇は通常の整理解雇とはその性格を異にするとして、整理解雇法理の核心ともいうべき解雇の必要性、さらには解雇回避努力、解雇手続等の判断において、整理解雇法理を実質的に形骸化した判断をしたものとなっている。

一、二審の裁判官を呪縛のごとく支配したものは、整理解雇が更生計画に定められた人員削減計画にもとづいて行なわれたことを一面的に強調し、「更生計画は整理解雇法理を制約する」、「更生計画は整理解雇法理に優越する」とする「更生計画優越論」であった。客乗事件二審判決が展開する以下のごとき判断基準と判断枠組みはその典型である。

整理解雇法理における人員削減の必要性について、解雇の時点で経営破綻に陥っていない企業においては、「債務超過や赤字の累積など高度の経営上の困難から人員削減が必要であり、企業の合理的な運営上やむ得ないものとされるときには、これが存在すると解される」が、更生会社においては、更生手続開始決定のもとに「更生計画が遂行されて事業の維持更生が図られることがなければ、破綻が避けられなかった」のであるから、「破綻原因を除去して更生計画を確実に遂行することができる業務体制の確立を図るもの……であることに十分配慮」したうえで、人員削減の必要性の判断をすることが相当であると、更生手続固有の事情を重視すべきことを強調する。

次に、管財人によって実施される解雇による人員削減が、更生計画に照らして、「その内容および時期について合理性が認められるときは、更生会社である控訴人を存続させ、これを合理的に運営する上でやむ得ないものとして、その人員削減の必要性が認められる」とする判断基準を設定する。

こうした判断基準にもとづいて、本件にあっては、事業再生・存続のために、株主に一〇〇％減資、債権者に五〇〇〇億円の債務免除という巨額の損害を与え、企業再生支援機構より三五〇〇億円の公的資金による出資・投入を確保すること、航空事業を安定的、持続的に維持運営することのできる業務体制が確立される確実な見込みのあることが、債権者、国民の理解を確保するうえで必要であった、そのために事業規模縮小に応じた人員削減施策を実施することを織りこんだ更生計画案を遂行することが必要不可欠であった、こうした人員削減の実施は、本件更生計画の基礎をなす本件新事業再生計画に照らして、その内容・時期において合理性のあることが認められるとする。したがって、本件解雇が更生会社である控訴人を存続させ、これを合理的に運営するうえでやむえないものとして、人員削減の必要性を肯認する。

判決のこうした判断過程を総括すると、更生計画に定めた人員削減施策が合理的と判断される以上、人員削減の必要性は認められるというものである。その結果、更生計画が定めた「人員削減が再建目的との関係で合理的でないという事態は想定し得ず、結論ありきの判断になってしまう」、そこで、「更生計画の遂行として整理解雇が実施されている限りにおいて、もはや人員削減の必要性はほとんど問題にならない[4]」ものとなる。こうした判断基準と枠組みは、人員削減を定めた更生計画案が認可された時点で、解雇による人員削減を行なうという管財人の経営判断の合理性について、事実上の推認（事前承認）が働いているものとするに等しく、あらためて司法の場でその解雇の効力を争っても、その司法審査の対象は、更生計画の認可から解雇実行の時点までに（ＪＡＬの更生手続にあってはわずか二ヶ月の間に）、解雇の有効性・正当性についての事実上の推認を覆すに足る「特段の事情」などの変化があったか否かの事後的な審査に限定されるとする[5]。

更生計画に対するこうした過度ともいうべき拘束性の承認とそれを前提とする管財人の経営判断の尊重という判断基準を設定した判決の論理は、更生計画遵守履行義務と整理解雇法理遵守義務のいずれをも衡平に尊重し、両者の合理的なバランスを維持・両立させる整合的視点を欠落させたものであり、更生計画の拘束性および管財人の経営判断を、法令（労契法一六条）および判例法理として確立している整理解雇法理に優越させ[6]、更生手続下における整理解雇に整理解雇法理を適用することを事実上否定するものである。

他方、更生計画にもとづく客室乗務員職の人員削減については、二〇一一年三月三一日時点における必要稼働数を四一二〇人と設定し、同日時点の有効稼働数四七二六人と想定したので、その差である六〇六人分が最終的な削減目標とされた。

ところが、判決は、更生計画が設定した削減目標とされた人員体制を達成する方法として、希望退職、定年退職、任意による退職等々により、全体として客室乗務員の総在籍人員が、削減目標とされた人員体制（必要稼働数）まで削減されているのか否か判断をするのではなく、人員削減の方法のひとつである希望退職による削減目標として六〇六人の削減を達成しているのか否かの判断に歪曲・収斂させ、その削減目標に未達の人員がいればこれを余剰人員として解雇をもって削減を実施する管財人の判断を、合理的な経営判断として許容した。

　そのうえで、本件解雇時点において、更生計画が削減目標とした設定した客室乗務員の人員体制に対して、総在籍人員および有効稼働数が最終的にどのような削減状況に到達し、その結果、余剰人員が存在しているのか否かについての立証責任を、これまでの判例法理に反して解雇する使用者ではなく被解雇者に事実上転嫁してしまった[7]。

　判決が、更生計画が設定した削減目標である四一二〇人体制を達成していたか否か（それによって余剰人員が存在するのか否か）についての量的判断を真正面から厳密に検証しようとせず、その立証責任を被解雇者に事実上転換までしているのはなぜだろうか。更生計画に定めた人員削減施策が合理的と判断される以上、人員削減の必要性を原則的に認める論理の基底には、更生計画が削減目標として設定した四一二〇人体制まで削減されているのか否かに拘束されずに、更生会社としての事業継続に支障を来さないかぎり、最大限（「青空天井」）の人員削減の必要性を追求してなんらおかしくないとする価値判断が働いていることを伺わせる[8]。判決は、解雇を正当化するために、ここでは更生計画の拘束性（削減目標として設定した人員体制四一二〇人）から逸脱しこれを無視して、人員削減を正当化する「暴論」を展開しているのである。

　こうして判決は、①客室乗務員の人員削減の進捗状況が更生計画が設定した削減目標としての人員体制（有効稼働数を二〇一一年三月末時点の必要稼働数四一二〇人体制にすること）からみてどれほど進展していようとも、②また、経営業績がどれほど飛躍的に回復しようとも、そして、その回復動向が今後も継続する基調となっていようとも、③更生計画が定めた諸目標の達成によって更生計画の基本目的である事業再建目的達成に人員削減目標の進捗状況がなんらの支障となっていなくとも、④さらに人員削減を実施するにあたって解雇を回避したところでその回避に要する費用は極小で更生計画の基本目的達成になんらの支障を与えるものとなっていなくとも、⑤そして、更生計画が定めた人員削減目標を達成するために、解雇を実施せずに解雇回避措置を実行することによって人件費削減効果のみならず人員削減効果を確保して、人員削減目標を確実に達成することがどれほど可能な見通しにあったとしても、⑥さらには解雇実施直後、わずかに一ないし三ヶ月ほどの解雇回避措置を実行すれば、任意の退職によりその削減目標を達成することが確実な状況になっていようとも、人員削減の遂行を中止、見直すわけにはいかないとして、解雇を正当化していくことになる。

こうした硬直的な認定判断をしているのは、これまでの整理解雇法理が定立してきた人員削減の必要性の有無のみならず、その規模および程度がどれほど高度なのか否かについての具体的な事情・動向をふまえた解雇回避可能性を検討する判断基準と判断枠組みを的確に設定せずに、更生計画（人員削減条項）に不可変更力ともいうべき過度の拘束性を認め、これを固定的なものとして位置づけ、法令（労契法一六条）および判例法理として確立している整理解雇法理よりも優越させたことに由来している。

その結果、前記⑥の状況をふまえた解雇回避措置については、まったく検討判断の対象の俎上にすらのぼらない、まことに特異な判断枠組みを承認するものとなっている。

三　解雇の必要性判断を更生計画変更手続必要論に収斂する乗員事件二審判決批判

乗員事件二審判決は、更生手続下における人員削減の必要性の判断にあたって、「更生計画等を形式的に達成させることを金科玉条とする」のは、「一面的であり、要は、その全体を総合して検討を加えるべき」であるとして、人員削減の必要性判断を更生計画全体を総合的に検討することによって判断すべきとした。

しかし、判決は、他方において、更生計画は、債権者らの「可決」により更生手続における「根本規範としての正統性」を付与され、更生裁判所の「認可決定」により更生計画の内容に従った「権利変更等の法律効果」が発生し、管財人は「更生計画に基づいて事業を遂行する義務」を負うとする。そこで、更生計画上の諸目標の達成をはじめとする飛躍的な業績回復動向、解雇回避に要する人件費の規模、人員削減目標の到達度とその後の予想動向等を総合して検討した結果、雇用を継続し解雇による人員削減を実施しなくとも、更生手続が目的としている事業存続等の再建目的の達成、そのほかの更生計画の諸目標達成になんらの支障が生じないと判断して、解雇による人員削減を中止するということは、「更生計画の根幹に関わる更生計画の変更」に該当するので、同計画の変更手続を履践しなければできないとして、ここでは更生計画の拘束性を過度なまでに強調する。

そのうえで、「予想超過収益の使途」を定めた更生計画の変更手続を履践することなく、「予想超過収益」をもって、「人員削減の一部を行わないとすることは、本件の更生計画の記載事項の明文に反する」だけでなく、事業を再生するための事業遂行の方策に反し、関係者の「権利変更という更生計画の根幹にも直接に影響を与える事項に係る方針変更」に該当する。こうして、更生計画を上回る営業利益を計上したからといって、直ちに更生計画にもとづく人員削減の必要性は減殺されるものではなく、「更生計画の変更手続」を経ずに、更生計画の内容となる人員削減の一部を行なわないとすることなどできないとする。

また、判決は、「更生手続の変更という手続を履践するまでもなく、被控訴人の事業規模の見直しとそれに見合った人員規模とするという事業再生の具体的方策の遂行を以後する必要がなくなり、その遂行を中止すべき状態であること」とする判断基準と判断枠組みを定立し、本件にあってはそうした状態は認められないので、人員削減の見直し・中止を容認しない。

こうして更生手続下における人員削減の必要性と解雇の必要性・正当性判断を、更生計画全体を総合的に検討して判断するのではなく、更生計画の変更手続を履践したか否かの手続問題に収斂させてしまったのである。

しかし、更生計画に定められた「予想超過収益の使途」は、多くの場合定型的な文言として記載されており、更生計画の変更が必要とされる必要的記載事項ではない(9)。また、解雇を回避して雇用を継続するために必要な人件費を、営業費用の一部をもって運用したところで、更生手続による事業再建の目的を達成することが不可能ないし著しく困難となる事態が生じることもなく、更生債権者の更生計画上の権利がなんら害されるものでもない。したがって、更生計画の変更が必要となるものではない。

ちなみにＪＡＬの更生手続における解雇回避に要する費用は、連結営業費用全体のわずか〇・一％レベルの極小の規模でしかなく、こうした極小の効果を得るために、働く権利と人間としての尊厳、そして生活を根底から破壊する解雇という手段を実行する管財人の判断を合理的な経営判断とすることはできない。

また、雇用継続のために必要な経費が「会社の運営に必要な運転資金」に該当するとしても、「会社の運営に必要な運転資金」は、「予想超過収益の使途」に挙げられている。したがって、これを「予想超過収益の使途変更」であるとして更生計画の変更手続は必要とされない。

もとより被解雇者らがＪＡＬに提案していたワークシェアによる解雇回避措置は、解雇を実施なくとも人件費削減効果を確保できるものなのであるから、ワークシェアの実施は「予想超過収益の使途」と関係なく実施することが可能であったのである。こうした解雇回避可能性の条件が存在する以上、運航乗務員として働く権利と生活、そして、人間としての尊厳を守るためにその雇用を可能なかぎり維持しようとする労働法規範が求めている整理解雇法理に照らして、更生計画が目標としていた「人員削減」を解雇によって実施することを中止したり、その「達成時期」等を変更するなどの判断は、更生計画の変更手続によらなくとも、管財人としての合理的裁量の範囲内にあるものとして許容され(10)、更生計画履行義務違反に問われるものでもなかったのである(11)。更生計画の変更手続の履践が必要とされない人員削減条項についてまで、変更手続を必要とするとする判決の論旨は、会社更生法二三三条一項の解釈適用を誤るものである。

また、「事業規模の見直しとそれに見合った人員規模とするという事業再生の具体的方策の遂行を以後する必要がなくなり、その遂行を中止すべき状態」にならないかぎり人員削減の中止判断はできないとする判決の論理は、あまりに一面的で硬直的な判断であり、現実の更生手続の実態をみない観念的な判断基準・枠組みとなっている。

現実の更生手続は、更生計画を遂行しながら解雇による人員削減を中止、変更をしても、更生手続が目的としている再建目的である更生債権の確保など事業再建・維持を達成できる条件は存在しているのであって、両者はいくらでも合理的に両立し得るのである。判決は、更生計画を上回る営業利益などを計上し更生計画上の諸目標を達成していたからといって、更生計画にもとづく人員削減の必要性は減殺されないとする判断を正当化するため、更生計画の不可変更力ともいうべき拘束性を振り回し[12]、更生計画の変更手続によらずに人員削減を中止できる領域は事実上存在しないほどの非現実的な極論を展開して、更生計画から将来の事情の変動を考慮した「予定的要素」を放逐しているのである[13]。

四　更生手続下における整理解雇の効力を判断する公正な基準の確立のために

そこで、更生手続下の整理解雇の効力についての判断基準と判断枠組を、人員削減を定めた更生計画との関係のもとで、どのように設定されるべきかについて、以下に、その基本的な視点を提起するとともに、一、二審判決の誤りをあらためて確認する。

1　更生計画と整理解雇法理との関係の基本的検討

更生計画にもとづく整理解雇の効力を判断するにあたって、更生手続下における整理解雇であるといっても、整理解雇の本質（使用者側の都合によりなんらの責任がない労働者の生活と人間としての尊厳を根底から破壊する解雇であること）が変わるわけではないのであるから、一、二審判決のような「更生計画優越論」に偏して整理解雇法理を実質的に修正・緩和するのではなく、従来の多くの整理解雇判例がそうしたように、解雇の必要性（解雇時期、解雇規模なども含めて）、解雇回避努力、人選基準、解雇手続等は整理解雇を実施する時点を基準に厳格に判断されるべきであって、その判断枠組を修正・変更する必要はない。

ただ、その判断基準については更生手続下にあるがゆえに、更生計画と整理解雇法理との整合的な解釈適用として、更生計画遵守履行義務と整理解雇法理遵守履行義務のいずれをも衡平に尊重し、両者の合理的なバランスを維持・両立させる整合的視点から、生存権、労働権、個の尊重・幸福追求権、「人たるに値する生活を営む」（労働基準法一条一項）等を規範根拠にして具体化されている労契法一六条を基軸にして、更生計画（人員削減条項）の拘束性を合理的に検討して判断されなければならない。

この場合、整理解雇法理が更生手続下にあることによって、整理解雇の効力の判断基準・あり方に一定の変容・修正を受容する余地があるにしても、その判断基準は、更生計画が設定した削減目標としての人員体制を達成したか否かといった形式的な判断をすべきではなく、更生計画を構成している諸目標を統合した全体としての事業再建目的の到達度（更生計画が目標とした財務面の諸目標のみならず、人員削減状況等の進捗状況などを含めて総合した到達度）の状況をふまえて、最終的に解雇による人員削減をしなければ更生手続が目的としている再建目的が達成できなくなるのか否か、その達成度・支障度などを視野に入れて、総合的、実質的に検討されなければならない。そうした判断基準に照らして、解雇の必要性、解雇回避可能性、そのために必要な協議が尽くされたのか否か、そして、人選基準の合理性等々を、具体的に審査し解雇による人員削減の有効性・正当性を検討する判断枠組にもとづいて判断されるべきなのである。

2　更生計画の拘束性の限界と整理解雇の有効性判断

会社更生法一条所定の「利害調整」の結果として策定・認可された更生計画に人員削減計画・目標が定められていても、それらは更生計画の策定権限を有する管財人と可決権限を有する債権者らによって基本的に作成されたものであり、人員削減の対象とされている労働者とその労働組合は、「実質的な手続的地位・参加権」が更生手続上与えられておらず、その利害調整過程から排除されている。したがって、更生計画の認可をもって人員削減の対象とされている労働者の「利害が適切に調整」されたうえで、人員削減を定めた更生計画が認可されたとすることはできない。

また、更生裁判所における更生計画の認可決定にいたる更生手続をみても、更生計画の人員削減条項について、解雇による人員削減の必要性、解雇回避措置、人選基準、労使協議等に照らした労働法規範にもとづいた整理解雇の効力の判断基準に照らした個別具体的な審査は、その可決・認可過程のどの局面においても行なわれていない。

したがって、更生計画に設定された人員削減条項の拘束性とその範囲は、更生手続の制度とその運用における実態に照らして合理的に限定されるのは、法理上当然なのである。また、更生手続下で債権者ら利害関係人の損失負担などを前提にして、人員削減条項が更生計画に設定されたにしても、それは人員削減の必要性を肯定するひとつの事情になり得るにすぎず（一般的な人員削減の必要性が認められるにしても）、それを超えて法令（労契法一六条）および判例法理として確立している整理解雇法理に優越し、更生計画の人員削減条項をもって、整理解雇の有効性・正当性を事前承認したに等しい過度の拘束性を有する「特別の根拠・効果」まで与えることはできない。

したがって、更生計画に設定された人員削減の必要性およびその正当性判断と整理解雇の必要性およびその正当性判断とは別個に検討されなければならない。前者の必要性・正当性が肯定されたからといって、後者の必要性・正当性が肯定されたことにはならない。

更生手続下における整理解雇であっても、労働者の保護、雇用保障の観点からは、更生手続の論理のみによって労働者の利益が犠牲にされてはならず、人員削減の必要性と解雇の有効性・正当性について、司法として独自に整理解雇法理にもとづく労契法上の審査が行なわれる必要がある。[14]

なお、こうした整理解雇法理にもとづく労契法上の審査をあらためて行なった結果、「更生計画の認可決定の際の基準」とは別個に、「整理解雇を無効」とする判断が出されたとしても、更生計画そのものの認可決定の妥当性を否定することにはならないし、更生手続が混乱して破綻してしまうというものでもない。

そこで、更生計画の認可決定がされた以上、同計画にもとづく人員削減は、労契法一六条に照らして合理的な内容であり、それを履行する整理解雇も当然に有効・正当であるとする事実上の推認が働くほどの拘束性を更生計画に付与し、そうした事実上の推認を覆すに足る「特段の事情」の変化があったか否かという事後的な審査に限定して、整理解雇法理にもとづく労契法上の審査を実質的に否定することは、更生計画の拘束性の限界を逸脱し不当に拡張して適用するものと言わざるをえない。

３　更生計画の基本構造・内容と管財人の経営判断

(1)　更生計画が設定した削減目標・方法から逸脱した管財人の経営判断の誤り

ＪＡＬの更生計画は、経営破綻した事業の規模縮小にともなう適正な人員削減が必要として、削減目標としての人員体制（客室乗務員については四一二〇人、運航乗務員については二九七四人）を設定し、これを達成する方法として希望退職、出向、転籍、定年退職、任意退職等々により、全体としての総在籍人員（有効稼働数）を削減目標として設定した人員体制まで削減しようとするものであった。したがって、解雇の前提となる人員削減の必要性を判断するにあたっては、解雇時点において、更生計画が設定した削減目標としての人員体制に到達していたのか否かが問われていたのである。更生計画が設定したこうした基本的内容から遊離して、人員削減のひとつの方法である希望退職による削減目標未達の人員を余剰人員と決めてかかるのは、管財人が遵守しなければならない更生計画から逸脱するものであり、合理的な経営判断とすることはできない。

なぜなら希望退職による削減目標が未達であっても、希望退職以外のさまざまな理由にもとづく人員削減により更生計画が設定した削減目標を達成していることはいくらでもあり得るからである。

ところが、いずれの判決も、解雇を実施した側が、削減目標として更生計画において設定した人員体制を達成しているのか否かについてなんらの立証をしないにもかかわらず、これについてまともな判断をしない。他方で、被解雇者側が解雇時点においては総在籍人員が必要稼働数を下回っているとする事実の立証を、「不正確」（客乗二審判決）、「前提が変わった」（乗員二審判決）として、解雇時点における総在籍人員が必要稼働数を上回っているのか否かの判断を回避し、管財人が希望退職による削減目標未達の人員を余剰人員として解雇を実施した管財人の判断を合理的なものとした。こうした判断は、解雇の必要性についての立証責任を被解雇者に事実上転嫁する誤りをおかすものであるだけでなく、更生計画の基本的内容から逸脱しこれを無視した管財人の判断を合理的であるとする誤りをおかすものである。

(2) 更生手続の基本目的・構造と内容から逸脱した管財人の経営判断の誤り

事業の基本構造を変えずに事業再生をめざす再建型倒産処理としての更生手続の基本目的は、事業の再建・継続を図ることにある。その事業再建の目的を実現するために作成・認可された更生計画の基本構造と内容は、①固定費をはじめとする諸コスト削減のためのリストラ合理化諸施策の実施による費用構造の改善、②改善された費用構造と営業収入の拡大などによる収益性の増加および生産性の向上、③費用構造の改善と収益性・生産性の改善・向上による更生計画が定めた事業損益目標の実現、④事業損益目標の達成・確保による更生債権等に対する資金・弁済計画の達成、⑤こうした諸目標を達成することによって、事業再建・継続の目的を実現し事業を安定した軌道に回復させ、更生手続の目的を達成・実現させるというものである。費用構造、収益性・生産性の改善と事業損益目標との関係、事業損益目標と債務弁済計画との関係、債務弁済計画と事業再建・継続との相互の関係は、それぞれ「手段」と「目的」の関係にある。

ちなみにＪＡＬの更生計画は、「事業規模に応じた直接・間接人員数削減を実施し、総人件費を圧縮する」として、人員削減施策は、人件費削減などの費用削減策のひとつの手段として明確に位置づけていた。さらに事業規模縮小施策にともなう適正な規模の人員削減施策の目的は、「継続的に利益を出せる筋肉質な経営体質の実現」にあるとしていたのである。

こうした「目的」と「手段」の相互関係を切り離し、人員削減それ自体を「更生計画の目的」であるとして「自己目的」化し、希望退職による削減目標未達の余剰人員を抱えないことが更生手続のコンセプトであるとする管財人の経営判断に合理性を認め、これを解雇の正当化根拠・判断基準とすることによって、更生計画における目標利益そのほかの諸目標を超過して実現していても、それらの事情によって解雇の必要性は減殺されないとする判決は、更生計画の基本構造と内容から離れて解雇の有効性判断をするものである。

こうした判断基準と枠組の設定は、更生計画で定めているコスト削減による費用構造の改革、収益性・生産性の改善、事業損益目標の達成・確保、資金・弁済計画目標の達成による更生債権の確保など更生手続を進める際の基本目的に照らして、解雇がどれほど必要であったのか総合的に判断するものではなく、更生手続の基本目的から逸脱しこれを無視した、更生計画遵守義務違反の判断となるものである。

あとがき

最高裁に上告理由書、上告受理申立書を提出し、本稿を脱稿（二〇一四年九月二七日）してまもなく、客室乗務員に対して最高裁第二小法廷（裁判長鬼丸かおる、裁判官千葉勝美、同小貫芳治、同山本庸幸）は二〇一五年二月四日、運航乗務員に対して同第一小法廷（裁判長金築誠志、裁判官櫻井龍子、同白木勇、同山浦善樹、同池上政幸）は二月五日にそれぞれ、最高裁としての固有の判断をなにひとつ示すことなく、一字一句まったく同じ文面の上告棄却、上告不受理の決定により、本件整理解雇を有効とした高裁判決を支持し、この整理解雇の効力論争に終止符を打ってしまった（主任調査官はいずれの事件も須賀康太郎裁判官）。

これらの事件の訴訟記録を最高裁が受理してから「正月休み」をはさんで、前者は一二〇日後、後者はなんと八六日後に、異常ともいえる短期間のうちに行なわれた決定であった。運航乗務員事件を審理する第一小法廷の裁判長金築誠志は二〇一五年三月三一日、裁判官白木勇は同年二月一四日に、いずれも定年退官が予定されていた。これらの裁判官交代後、新たに任命される裁判官の参加のもとで、最終審としての最高裁の責務にふさわしい公正で落ち着いた審理を行ない、労働法規範と倒産法規範の交錯する更生手続下の整理解雇の効力について、その判断基準と判断枠組全般にわたる司法判断を定立し、更生手続下における整理解雇法理の適用のあり方について、更生計画遂行による企業収益確保を一方的に優先するのではなく、労働者の生活や権利を保護する労働法理を公正に適用する方向のもとに、積極的な判断を示すのではないかと期待し、高裁判決が取り消されなければならない理由・論点を精力的に最高裁に提起していた。

しかも、一、二審判決を批判する運動は国内外に拡がり、この国の司法がこうした整理解雇を許容するのか否かについて、国民注視の的となっていたのである。また、争議権を確立して本件解雇の回避措置を現実化するための労使交渉を求めようとした労働組合（客室乗務員の所属するCCU、運航乗務員の所属するJFU）に対して、解雇を強行するため管財人代理らによって行なわれた争議権確立に抑制を加える威迫的言動を不当労働行為とする判決、[15] 本件整理解雇は整理解雇法理が定立した四要件（要素）をすべて問題なくクリアし、その人選基準も合理的であるとしながらも、その人選基準の具体的な適用のあり方そのものに不合理性を認め、本件整理解雇の対象者に該当しないとして、この解雇を無効とする判決[16]が、下級審に相次いで登場するところとなっていた。

最高裁は、こうした事実の進展を慎重かつ公正に検討するのではなく、定年をまじかに迎える裁判官の任期中の司法判断を急ぎ、最終審としての固有の責務を放棄してしまった。「政治判断」が働いていたとしか思えない。

（1）一審乗員・客乗事件判決については、労旬一七七四号（二〇一二年）五七頁以下。二審客乗・乗員事件判決については同誌一八一九号（二〇一四年）三九頁以下。一審判決の基本的批判については、拙稿「更生手続下における整理解雇法理の適用のあり方」（同誌一七七四号）七頁以下、拙稿「更生計画と整理解雇の有効性判断との関係についての基本的検討」（同誌一八〇二号〈二〇一三年〉）六頁以下、二審判決の基本的批判については、今村幸次郎「JAL整理解雇（客室乗務員）事件東京高裁判決について」（同誌一八一九号）八頁以下、堀浩介「JAL整理解雇（運航乗務員）事件東京高裁判決について」（同誌一八一九号）一五頁以下。

（2）宮里邦雄「更生管財人による整理解雇と整理解雇法理」労旬一八一九号（二〇一四年）七頁。

（3）解雇権濫用法理は、日本食塩製造事件・最判昭和五〇年四月二五日（民集二九巻四号四五六頁）において定式化され、その基本的内容は、労契法一六条として立法化されている。整理解雇に対する解雇権濫用としての整理解雇法理としては、大村野上事件・長崎地大村支判昭和五〇年一二月二四日（判時八一三号九八頁）にはじまり、最近では、泉州学園事件・大阪高判平成二三年七月一五日（労判一〇三五号一二四頁）、同事件・最決平成二四年三月二一日、あさひ保育園事件・最判昭和五八年一〇月二七日（労判四二七号六三頁)。

(4) 池田悠「会社更生法下でなされた整理解雇の有効性」(ＮＢＬ一〇三二号〈二〇一四年〉)三二頁―三三頁。

(5) こうした判決の論理は、伊藤眞「事業再生手続における解雇の必要性の判断枠組」(東京弁護士会倒産法部会編『倒産法改正展望』商事法務、二〇一二年)の「解雇の意思表示時点においてその必要性がすでに十分に検討され客観的な正当性が確保されている」として、「(更生)計画策定時に存在した解雇の必要性が解雇の意思表示までの間に消滅したかどうかの判断が中心とされるべきである」(一一頁)としている論旨に依拠したものと思われる。

(6) 池田・前掲は、「判決のような理解をとる場合、人員削減の必要性は、更生計画の策定権限を有する更生管財人あるいは更生計画の可決権限を専権的に保持する(主要)債権者の意向によって左右されることになる」(三三頁)としている。

(7) 山田紡績事件・名古屋地判平成一七年二月二三日(労判八九二号四二頁)、名古屋高判平成一八年一月一七日(労判九〇九号五頁)、最決平成一九年三月六日(労判九三二号九八頁)は、人員削減の必要性、解雇回避努力が尽くされたこと、被解雇者の人選基準とその適用が合理的であることについての主張立証責任は、解雇を実施する側が負うものとしている。

(8) 池田・前掲三三頁。

(9) 伊藤眞『会社更生法』有斐閣、二〇一二年、六八七頁、池田・前掲二九―三〇頁、東京地裁会社更生実務研究会編『最新実務会社更生』金融財政事情研究会、二〇一一年、二八八頁。

(10) 清水直「会社更生手続における人員整理のあり方」(労旬一八〇二号〈二〇一三年〉)は、「更生計画のなかでも、権利変更に関する規定等の更生債権者の権利に直接関わる部分については必ず遂行する必要があるが、その他の規定については、権利変更に関する規定にもとづく更生債権の返済方法を支える事情」であるとして、「諸般の要因等を考慮して、当該施策の不実施を合理的裁量の範囲内で決定することができる場合もある」(三九頁)としている。人員削減に関する条項と「権利変更」条項とには、もとより更生計画としての拘束性に差異があり、前者は後者に比べて柔軟に設定され運用されているのである。

(11) 根本到「会社更生手続下の整理解雇の有効性判断」労旬一八〇二号(二〇一三年)二六頁。

(12) 池田・前掲は、「更生計画の変更にかかる乗員判決の理解が広範にすぎ、実質的に妥当性を有しないことを自ら認めているにすぎない」(三〇頁)と批判している。

(13) 清水・前掲「事業計画は、蓄積された経験や知見等をもとに、想定可能な範囲のあらゆる事象を考慮しつつ策定さるものの、時々刻々と変化する社会情勢や経済情勢を完全に予測することは不可能であるため、将来の事情の変動を考慮して、ある程度幅をもった記載がなされる」(三九頁)として柔軟に運用されるべきことを認めている。
(14) 細川良「企業倒産における整理解雇—日本航空(整理解雇)事件が示す課題」季労二三九号(二〇一二年)八二—八三頁。
(15) 東京地判平成二六年八月二八日。
(16) 大阪地判平成二七年一月二八日。

第11章　不合理な労働条件の禁止を定めた労働契約法二〇条訴訟のはじまり
――有期雇用労働者とユニオンとの団結、均等待遇を求める闘い

秦　一郎
（弁護士）

一　労働契約法二〇条にもとづく有期雇用労働者と所属ユニオンの闘いのはじまり

二〇一二年、民主党政権下において有期雇用労働者の雇用の安定と労働条件格差を是正するために労働契約法の大改正がなされ、二〇条が新設された。同条は、わが国の労働法制史上で初めて有期雇用労働者（非正規労働者）と無期雇用労働者（正規社員）との間の期間の定めを理由とする不合理な賃金その他のすべての労働条件の相違を禁止する画期的な規定である。これまで有期雇用と正規雇用との間にどんなに賃金その他の処遇の格差があろうとも、雇用形態による不利益取り扱いを禁止する法律がなく、やむをえないものとされてきた。判例も丸子警報器事件判決を除いて、処遇格差を違法としたものはなかった。しかし、労契法二〇条の立法により、日本の非正規労働者は歴史上初めて正規雇用との間の著しい労働条件格差を是正するための闘う手段（根拠法）を手にしたのである。

二〇一四年五月八日、ＪＰ（日本郵便株式会社）で働く三人の有期雇用労働者が労契法二〇条にもとづく手当等の労働条件格差の是正を求める裁判を東京地方裁判所に提起した（原告訴訟代理人は、日本労働弁護団の宮里邦雄、徳

住堅治、高木太郎、水口洋介、棗一郎、小川英郎、平井哲史、佐々木亮、梅田和尊、三枝充、小野山静の各弁護士）。三人の原告は郵政産業労働者ユニオン（以下「郵政ユニオン」）に加入している。続けて、関西でも同じユニオンに所属するＪＰの有期雇用労働者九人が同年六月三〇日、同様の訴訟を大阪地裁に提起した。

また、同年五月一日、株式会社メトロコマースで働く四人の女性契約社員が同様の訴訟を東京地裁に提起した（原告訴訟代理人は、滝沢香、青龍美和子、今野久子、井上幸夫、水口洋介、長谷川悠美の各弁護士、いずれも東京法律事務所）。

さらに、同年一〇月一六日、セメントタンク車の運転手で定年六〇歳を迎え高年齢者等の雇用の安定等に関する法律（以下「高年法」）により嘱託契約社員（期間一年）として継続雇用された労働者が、継続雇用後の運転業務は同一なのに賃金（基本給、職務給、能率給、役付手当、精勤手当、無事故手当、住宅手当、家族手当等）の相違があるのは不合理だとして東京地方裁判所に提訴した（原告訴訟代理人は、日本労働弁護団の宮里邦雄、只野靖、木下徹郎の各弁護士、いずれも東京共同法律事務所）。

これらの訴訟は、日本で初めて正面から正社員と非正規社員の賃金その他の労働条件格差の是正を求める裁判になる。東京地裁労働部も、ＪＰとメトロコマースの二つの訴訟が労契法二〇条裁判のリーディングケースになるとしている。日本の労働運動史において、非正規労働者とその組織ユニオン（労働組合）の存亡を懸けた闘いがはじまるのである。

二　本条施行前後の労働組合等の取り組みと報告されている実績

1　有期雇用見直しの実態

労働政策研究・研修機構（ＪＩＬＰＴ）が二〇一三年一一月一二日に発表した「高年齢社員や有期契約社員の法改正後の活用状況に関する調査」結果によると、フルタイムあるいはパートタイム契約労働者を供している企業に対し、二〇条に対応するため雇用管理上で何らかの見直しを行なったか尋ねたところ、「既に見直しを行った」という割合は二・七％、「今後の見直しを検討している」は七・九％にとどまり（両者合わせて一〇・六％）、「方針未定」が約半数（四九・二％）、「見直し予定はない（現状どおりで問題ない）」が三六・七％ということであった。

２　労働組合の取り組み

連合東京がまとめた資料によると、連合東京の調査に回答した約一二〇を超える傘下組織のうち、約六五％の労働組合が「有期労働契約者の労働条件を点検し、必要な是正を行っている」と回答し、約一二％の組合が「労使協議中である」と答えている。「通勤手当、食堂やロッカーの利用などの福利厚生は同一である」「災害時の備品の貸与などの安全管理は同一である」と答えた組合は九割以上に上る。「慶弔休暇などの休日・休暇制度は同一である」と答えた組合も半数以上に上る。

また、賞与についても、過半数の組合が有期労働契約者にも支給させているとしており、すべての組合が正社員と同一額でないにしても相当な成果を上げている。このように、労契法二〇条が制定・施行されたことにより、また、それ以前からも、正規・非正規労働者の格差是正に取り組んでいる労働組合が多いことがわかった。今後も、労契法二〇条を使ってますます有期労働者の待遇改善が進んでいくことが期待される。

三　ＪＰの労契法二〇条訴訟の概要と裁判の現状

１　ＪＰの非正規雇用と原告らの就労実態

日本郵便株式会社（ＪＰ）は、正社員が二〇万人、期間雇用社員が一九万二九〇〇人で、ほぼ拮抗した人数であり、職場の非正規率は四九％にもなる。郵便局の集配営業の現場で働く労働者は正社員も期間雇用社員も区別なく、同じ仕事を担う基幹的な労働者として働いている。期間雇用社員がいなければ、日本全国の郵便の仕事は回らないのである。

原告のＡさんやＵさんの勤続年数はそれぞれ六年から七年にもなり、「勤務指定表」により、集配営業課の正社員と同じ勤務シフトに組み込まれて同じ仕事をしている。原告のＦさんは勤続年数一一年にも及び「出勤簿」により、正社員と同じく深夜から早朝の時間帯にかけて毎日勤務している。

郵便集配の仕事は、年中無休で一日も休むことなく、国民から負託された膨大な量の郵便物を毎日毎日雨の日も風の日も、またゲリラ豪雨で雹が降る日も雪の日も、全国津々浦々まで誤配達することなく宛先に早く正確に配達しなければならない責任を負っており、これは郵便のプロとして正社員も期間雇用社員も関係がない。配達を担当する広範な地域の住居、所在企業、道路、地形や環境、住民や企業の移動などその一つひとつに精通しなければ早く正確に郵便物を届けることなどできない。まさに職人技が求められる仕事である。

原告のＡさんが所属する第二集配営業課の班では、二〇一四年度の班目標が「一致団結して、めざせ誤配ゼロ、クレームゼロ、交通事故ゼロ！」というスローガンが掲げられている。これはまさしく正規も非正規も関係なく郵便局の職員が一体となって同じようにプロの職員として責任と自覚をもって頑張ろうということである。

2　正社員と業務内容も責任も同じ

原告らは正社員と同じ仕事をして同じ責任を負っているにもかかわらず、ただ雇用形態が違うだけで賃金手当や労働条件に著しい違いがある。正社員には「郵便外務・内務の精通手当」が支給されているのに、原告ら期間雇用社員には一切支給されない。原告らは年末年始やお盆も関係なく働いているのに、「冬季休暇・夏季休暇」ももらえず、「年末年始手当」も出ない。早朝や祝日の勤務をしても正社員と比べて少ない手当しか支給されない。正社員と一丸となって努力して会社の業績を回復させたにもかかわらず、夏と年末の賞与を計算する基礎賃金は一律に七割もカットされて計算されている。Ｆさんの場合は、毎日深夜から早朝の勤務をしているにもかかわらず、正社員に支給されている「夜間特別勤務手当」が一切付かない。

日本郵便は、日通ペリカン便と小包事業統合のいきなりの失敗で赤字経営となったが、正社員、期間雇用社員の人員削減、効率化による業務量の増加等のなかで、全社員一丸となり黒字化を達成した。その間、期間雇用社員は、正社員の補助的な役割でなく、期間雇用社員が主体となる勤務指定を受け、分担役割で正社員と同様の責任を持って、時には正社員に意見を述べて班の営業にも関わっている。

3　非正規労働者を支えるユニオンの存在

原告らは、「郵政産業労働者ユニオン」の組合員である。ユニオンは、「郵政産業労働組合」と「郵政労働者ユニオン」が二〇一二年七月一日に組織統一して結成された。ユニオンは、郵政関連職場で働く労働者を組織し、日本郵政グループ内の組合員は約二五〇〇人で、期間雇用社員が組合員の約半数を占める。非正規労働者の組織化にも積極的に取り組んできた組合である。ユニオンは、組合員の労働条件改善と経済的・社会的地位の向上をめざして活動しているが、とくに期間雇用社員など非正規労働者の処遇改善は最重要課題として全国署名運動や最賃要求、春闘要求の中心として取り組んでいる。

原告のAさんは、第一回の裁判期日が行なわれた法廷で、提訴にいたる心情を次のように陳述した。

「この裁判を準備するなかで、正社員とまったく同一に働く期間雇用社員と正社員との待遇格差がこんなにあると気付いて愕然となった人がたくさんいる。しかし、期間雇用社員が会社に意見するということは次の契約更新がなくなるかもしれない、失職すると生活できない、なら今の労働条件で我慢して雇用の継続さえしてもらえたらとりあえずご飯は食べていけると考えがちになってしまって、未来にあろう幸せを諦めてしまう。各原告は幸いにも郵政産業労働者ユニオンの労働組合員であり、この裁判で会社は雇止めをしてくるかもしれないが、心強い組合の方々、弁護士の先生方がそんなことはさせないと背中を守ってくれている。頼りになる労働組合に所属する日本中いや世界中でも恵まれた原告の立場だからこそ、この裁判を提訴し、広く社会に実態を知っていただきたい、との思いで裁判の原告になった。」

この訴訟は、二〇一三年四月に労契法二〇条が施行されてから約一年かけて準備してきた。組合内部や当事者たちの間でさまざまな議論がなされたことと思われる。何よりも、原告本人が自分の勤める会社を被告として裁判に訴えるということは大きな勇気と決断がいる。本件の提訴は全面的にユニオンのバックアップがあるから、それに支えられて原告ら三人は裁判に踏み切ることができた。この裁判は非正規労働者だけの闘いではない。正社員もともに団結して闘わなければならない訴訟である。同じ職場で同じように仕事をしている仲間が、こんな酷い労働条件の格差があっていい道理がない。

4　裁判での原告の請求

この訴訟では、原告らは労契法二〇条を根拠に、①外部業務手当、②郵便外務・内務業務精通手当、③年末年始勤務手当、④早出勤務等手当、⑤祝日給、⑥夏季・年末手当（賞与）、⑦住居手当、⑧夏季・冬季休暇、⑨病気休暇、⑩夜間特別勤務手当（原告Fのみ）を請求している。①〜③と⑦・⑧は期間雇用社員にはまったく支給も付与もされていない。④〜⑥は期間雇用社員にも支給されているが、金額が相当少ない。⑨は正社員には有給で九〇日〜一年の病気休暇が付与されるのに、期間雇用社員には無休で一〇日のみである。

差額賃金については、過去分は労契法二〇条施行前は不法行為にもとづき、施行後は二〇条にもとづいて差額分を賃金として請求している。将来分については、原告らに正社員の就業規則の適用があることの地位確認を求めている。なお、予備的請求として、過去の賃金差額分については、不法行為にもとづく損害賠償請求もしている。

本件の係属部は、東京地裁民事第一九部であり、合議体による審理が行なわれている。

5　裁判の進行

第一回口頭弁論期日が二〇一四年七月三日にあり、法廷で原告それぞれ五分ずつ意見陳述を行ない、弁護団から一人、労契法二〇条とこの訴訟の意義、原告らの就労実態と請求の内容について弁論を行なった。原告代理人から被告に対して、次回の第二回期日までに、訴状請求原因に対する認否にとどまらず、原告らが請求する各手当などの労働条件ごとに、その労働条件の相違が合理的であるというのであれば、その根拠について積極的に具体的な主張を行なうことを求めた。これに対して、被告代理人は、積極的に主張・立証していくことを宣言し、次回までに具体的な反論をすることを約束した。

九月一一日の第二回期日までに被告から詳細な反論書面が出され、これに対し、原告の方で一一月二〇日の第三回期日までに具体的な再反論と立証方法を提出した。第四回期日は二〇一五年一月二六日に予定されており、被告の再々反論書面が出てくることになっている。これで攻撃・防御が一順することになるので、そろそろ裁判所から原告・被告双方に対して具体的な求釈明と争点整理がなされてもよい時期である。初めての本格的な二〇条訴訟にしては、早いペースで訴訟が進行している。

6　二〇条の法律解釈論に関する原告と被告の主張と反論―同条の補充的効力（規範的効力）の有無について

(1)　被告の主張

原告らが労契法二〇条にもとづき正社員の就業規則が期間雇用社員に適用されると主張していることに対して、被告は原告らに正社員就業規則等が適用されることはないと主張し、主に菅野和夫教授の説を根拠にして、次のように述べている。

すなわち、被告は、労契法二〇条は、①労働基準法一三条と同様の規定がないことから補充的効力を有しないこと、②「不合理と認められるものであってはならない」との文言であることを根拠として「法的に否認すべき程度に不公正に低いものであってはならない」という趣旨の行為規範としての性格が強いこと、③無期契約労働者と有期契約労働者の労働条件の相違は労使の集団的交渉に委ねるべきであるとして、労契法二〇条は補充的効力を有しないこと、④正社員就業規則等の一部のみを適用することは不合理であると主張している。

(2)　原告の主張・反論―同条の立法趣旨（立法者意思）

これに対し、まず、原告らは、上記被告の主張は労契法二〇条の立法趣旨・立法者意思に反する解釈であると反論している。すなわち、同条は、平成二四年第一八〇回通常国会に労契法の一部を改正する法律案として提案されたが、その改正提案理由として、小宮洋子厚生労働大臣は、「有期労働契約は、パート労働、派遣労働を始め、正社員以外の多くの労働形態に共通してみられる特徴になっていますが、有期労働契約の反復更新の下で生じる雇止めに対する不安を解消していくことや、期間の定めがあることによる不合理な労働条件を是正していくことが課題になっています。こうした課題に対処し、労働者が安心して働き続けることができる社会を実現するため、有期労働契約の適正な利用のためのルールを整備すること」としている。

そして、同条の法的効果について、政府は、同条違反で不合理な労働条件と認められ、無効となった場合に、損害賠償の責任が発生するのか、もしくは比較対象となった労働条件との差を補充する効果もあるのかという質問に対して、「新設される第二十条の規定は、民事的効力のある規定と考えます。具体的には、本条により不合理とされた労働条件の定めは無効となると解され、故意、過失による権利侵害、すなわち不法行為として損害賠償が認められ得るものと考えます。この規定により、不合理であり無効とされた労働条件がどうなるかについては、基本的には、無期契約労働者と同じ労働条件が認められるものと考えます。」〈第一八〇回国会の衆議院厚生労働委員会〈第一五号、平成二四年七月二五日〉における質疑答弁〉

このように、同条は、「期間の定めがあることによる不合理な労働条件を是正」するために「不合理な労働条件を禁止」し、同条の民事的効力により、これに反する定めを違法無効とし、不法行為として損害賠償が成立するだけでなく、さらに「無期契約労働者と同じ労働条件が認められるもの」（補充的効力あり）とするのが立法者意思である。つまり、同条の立法によって補充的効力が創設されたものである。

上記立法者意思にもとづいて、厚生労働省は、平成二四年八月一〇日付け基発〇八一〇第二号「労働契約法の施行について」（厚生労働省労働基準局長発）を発し、「法第二〇条は、民事的効力のある規定であること。法第二〇条により不合理とされた労働条件の定めは、無効となり故意・過失による権利侵害、すなわち不法行為として損害賠償が認められ得ると解されるものであること。また、法第二〇条により、無効とされた労働条件については、基本的には、無期契約労働者と同じ労働条件が認められると解されるものであること。」とした（同通達の「第5、6、(2)、カ」）。同通達は、たんなる行政通達ではなく、上記の国会審議をふまえた立法趣旨・立法者意思を確認して通達したものにほかならず、立法者である国会において、上記のとおり補充的効力があることを審議のうえ確認している以上、本件訴訟においても、この立法者意思に従って補充的効力を有すると解釈すべきである、と原告らは反論している。

(3) 被告の論拠に対する反論

① 労働基準法一三条との対比論について

また、労基法一三条のような規定が労契法にはないとの被告の主張に対しては、原告らは次のように反論している。すなわち、労基法一三条は、「この法律で定める基準に達しない労働条件を定める労働契約は、その部分については無効とする。この場合において、無効となった部分は、この法律で定める基準による。」と定める。同条前段は、労基法の強行規定を定め、後段が直律的・補充的効力を定めたものである。後段の規定の趣旨は、前段の強行規定で無効となった場合に、労基法が最低基準効を持つという基本的な性格から、違法無効の部分を労基法の定めた労働条件（基準）に従う趣旨であることを確認したものであり、労基法が強行規定であることからの当然のことを確認的に定めた規定というべきである。

他方、労契法二〇条は、文言上は無効とするとの規定はないが、上記国会の審議によって明らかにされた立法趣旨および立法者意思によって、民事的効力があり、同条に違反する定めが無効となることが明らかにされており、かつ、補充的効力があることも確認されたものである。したがって、上記立法者意思に従って同条に補充的効力が認められるべきである。

② 行為規範的性格について

被告が菅野説にもとづき、とくに、「不合理で認められるものであってはならない」との文言を根拠にして、「法的に否認すべき程度に不公正に低いものであってはならないという意味である」と主張する点は、国会審議の過程も法律の文言上からもとうてい成り立たない解釈である。

上記の衆議院厚生労働委員会において、政府は、「この条文につきましては、有期契約労働者の労働条件が不合理であると認められるか否かにつきましては、職務の内容や配置の変更の範囲等を考慮して判断される」と答弁しており、端的に「不合理な労働条件であるか否か」を問題にしているだけである。この趣旨は、労契法二〇条の表題が、「期間の定めのあることによる不合理な労働条件の禁止」としていることからも明らかである。

したがって、「法的に否認すべき程度に不公正に低いもの」が禁止されるという解釈は、法文にも立法者意思にも反するものであり、とうてい成り立ちえない解釈である。

③　労働条件の相違は労使交渉に委ねるべきとの主張について

被告は、会社の人事制度との整合性の考慮の必要性、限られた賃金原資をいかに配分すべきかという観点から、複雑な利害調整が必要であり、「まさしく、労使間における労働条件の適正な集団的規定という枠組みの中で決められるべきものであって、裁判所が企業に代わって代替労働条件を設定するような法解釈は、その旨の明文の法文がない限り、避けるべきである」と主張する。

しかし、労契法改正の趣旨は、従来、有期労働契約が濫用されて、有期契約労働者の処遇が不公正なものであった実態（立法事実）に鑑みて、これを改善するために労契法二〇条に民事的効力を付与し、「期間の定めがあることによる不合理な労働条件を禁止」したものである。つまり、労使間の集団的交渉に委ねていては、有期契約労働者の処遇の相違は改善されないという実態をふまえて改正されたものである。日本の雇用社会の正社員と非正規社員との賃金労働条件の格差は著しく、もはや法的に放置できないほど広がってしまったという立法事実にもとづき労契法二〇条が立法されたのである。

実際に、日本の職場においては、一般的には有期契約労働者の大多数は労働組合に組織されておらず、このような場合には正社員（無期契約労働者）を中心に組織された労働組合が労使交渉を行なっても有期契約労働者の労働条件の改善は進めることは困難であった。原告らは労働組合に加盟しているが、少数派労働組合であり、労使交渉による労働条件の改善には自ずから限界が存する。現に、原告らが所属する労働組合が被告に対し何度時給制契約社員の待遇改善を求めても被告はこれにまったく応えてこなかった。このような現実には使用者側が労働者に対して交渉上優越的な地位にあることを考慮し、労契法二〇条が民事的効力（強行規定・補充的効力）を持つものとして創設されたのである。

したがって、労働条件は労使間の労使交渉に委ねるべきとの解釈は、労契法二〇条の創設する立法趣旨を否定するに等しい解釈であり、とうてい採りえないというべきである。

④　正社員就業規則の一部適用は不合理との主張について

被告は、正社員と原告ら時給制契約社員の人事制度・賃金体系等はまったく別に設計されたものであるから、正社員の就業規則等の一部を選択的に時給制契約社員に適用することは不合理である旨を主張する。

しかし、上記のとおり労契法二〇条が補充的効力を有する以上、正社員および時給制契約社員について定められた就業規則は労契法二〇条の補充的効力に沿うように合理的に解釈するべきである。

年末年始手当を例にとれば、正社員就業規則等が年末年始手当の支給を定めているが、時給制契約社員の就業規則等がこれを定めず年末年始手当を支給しないとしている場合、この労働条件の相違が不合理であり違法無効となれば、正社員に限定するという正社員就業規則等の定めが無効となり、また時給制契約社員就業規則等の支給しないという趣旨も無効となることにより、時給制契約社員にも、正社員就業規則の当該年末年始手当支給条項が適用されると解釈することができる。労契法二〇条の補充的効力によって、正社員就業規則等および時給制契約社員就業規則等が合目的的に修正されると解釈すべきである。

四　メトロコマースの労契法二〇条訴訟の概要と裁判での攻防

1　事案の概要

この訴訟の四人の原告（全員女性）は全労協全国一般東京東部労組の組合員であり、メトロコマース支部を結成している。

被告は、東京地下鉄株式会社（東京メトロ）の一〇〇％子会社であり、東京メトロ駅構内における新聞、たばこ、飲食料品、酒類、雑貨類等の物品販売などの事業を行なっている。二〇一三年四月現在の従業員数は八三九人である。被告の経営する売店数は、二〇一四年四月現在、一一〇店舗あり、そのうち四八店舗は直営で、その他六二店舗は個人または他社に営業委託している。

原告Nさんは、「契約社員B」として期間一年以内の有期雇用契約を反復更新し、八年以上も東京メトロ駅構内の売店において販売業務に従事してきた。原告Hさんも契約社員Bとして同じ販売業務に従事し、勤続一〇年以上になる。原告Kさんも同様で、勤続一〇年になり、二〇一四年三月末日に定年退職している。原告Sさんも同じで、勤続九年以上になり、二〇一三年一一月に退職している。

被告の従業員には、正社員、契約社員A、契約社員Bという雇用形態があり、それぞれ異なる就業規則が定められている。提訴段階では、被告が団体交渉において正社員の労働条件の開示を拒んでいるため詳細は不明であるが、組合の調査では、正社員の月例賃金は、本給として年齢給および職務給が支給され、手当として、資格手当、住宅手当、家族手当、通勤手当、調整手当等が支給され、昇給および昇職制度がある。勤続二〇年以上の正社員で、本給二四万五〇〇〇円、住宅手当九二〇〇円の支給を受けている。

これに対し、契約社員Aは月給制で、月例賃金額は一六万五〇〇〇円であり、早番手当、早出残業手当、通勤手当他の諸手当が支給される。会社の業績および本人の勤務成績等による昇給制度が設けられている。一方、契約社員Bの賃金は時給制であり、原告らが入社した当時は、契約社員Bの賃金は一律時給一〇〇〇円で、何年勤務しても昇給することはなかった。その他、早出残業手当、通勤手当等の諸手当が支給されるが、住宅手当、家族手当は支給されない。

賞与については、正社員は、毎年六月、一二月、三月と年三回の賞与が支給され、六月と一二月に各約七〇万円、三月に約一〇万円、一年間約一五〇万円である。契約社員Aも年二回の賞与が支給され、年額五九万四〇〇〇円である。契約社員Bにも年三回の賞与が支給されるが、その金額は六月と一二月に各一二万円、三月に二万円である（ただし、三月は支給されない年もある）。また、契約社員には退職金はない。

以上のような賃金格差があることから、原告らは労契法二〇条にもとづき、不法行為および債務不履行による損害賠償請求として、①月例賃金の差額相当損害金（本給の差額分と住宅手当）、②賞与の正社員との差額相当損害金、③すでに退職した原告二人について、退職金三〇〇万円相当の損害金、④慰謝料、⑤弁護士費用の各支払いを請求している。

原告らの主張する債務不履行責任の構成は、労契法二〇条は、有期であることによる不合理な労働条件を禁止し、有期労働者と無期労働者の労働条件の相違が不合理と認められるものではあってはならないという立法趣旨から、使用者に対して、労働契約上の付随義務として「有期労働契約であることを理由とする不合理な労働条件を設けてはならない」という義務（有期を理由とする不合理な労働条件を設定しない義務）を課しているというものである。

本件訴訟がＪＰ訴訟と異なっているのは、本給（基本給）の賃金格差にも切り込み、退職金請求もしているところと、賃金等の差額請求権の法律構成を損害賠償請求に限っている点である。

２　原告らの就労実態

被告の経営する売店は、基本的に販売員二人一組で一店舗を運営している。一店舗二人の販売員は、一週間ごとに早番・遅番の当番を交替する。契約社員Ｂが二人で組まされることも、契約社員Ｂと正社員の組み合わせになることもあり、各店舗で行なっている販売業務は、正社員も契約社員Ａも同Ｂもすべて同じである。

また、店舗を担当する販売員が休暇、欠勤、休憩中など店舗を不在とする場合の交代要員として店舗に入り販売業務を行なう代務員の業務についても、正社員、契約社員Ａおよび同Ｂそれぞれに代務員の業務を専門として行なう者がおり、両者の間で違いはない。

被告は、「社員、契約社員Ａ、契約社員Ｂにおいては、その役割・責任が異なっており、賃金等の違いはそれに基づくもの」であると抽象的に説明するのみであるが、商品の発注・返品等の権限は同じであるし、売上の納金や金庫への保管業務、現金やカード利用額等の管理も正社員と同じく行なっている。さらに、業務上ミスをした時や客からクレームがあった時は始末書を作成して提出するのも同じである。したがって、業務にともなう責任の程度も同じである。

また、店舗間の異動についても正社員と契約社員Ｂは同じであり、就業規則上、勤務場所の変更を命ずる旨の規定がある。他部署への異動については、男性正社員が他部署へ異動している例があるが、東京メトロ駅の店舗販売員として配置された女性正社員が他部署へ異動する例はほとんどない。このように、職務内容・配置変更の範囲も同じである。

3　裁判の進行について

東部労組のホームページや代理人の話によれば、これまで五回の口頭弁論期日が行なわれたが、会社側の代理人は、賃金等の格差があることすら認否しようとしなかったようである。裁判長から被告に対して、原告側が指摘する格差の実態を認めるのか認めないのか明らかにするよう求められ、また、会社側がいまだ開示していない契約社員Ａの労働条件や登用のあり方なども開示するよう求められたということである。

第五回口頭弁論（二〇一四年一二月四日）においては、同じ売店で同じ仕事をしている販売員を正社員・契約社員Ａ・契約社員Ｂに分けている会社の制度設計やそれぞれの労働条件をどのように運用しているのかという原告側代理人や裁判長の質問に対して、被告代理人がしどろもどろの姿勢を見せてきちんと答えられずに、裁判長から雇用形態をめぐる制度のあり方とどのようにそれを運用しているのかという実態について次回以降の裁判で被告側の書面を提出することを求められ、渋々受け入れたということである。被告側の事件審理への消極的、非協力的な姿勢により、まだ実態解明に時間がかかりそうである。

おわりに

本稿の冒頭に紹介したように、ＪＰの裁判やメトロコマースの裁判の他にも、労契法二〇条を根拠とする格差是正の訴訟は続々と提訴されようとしている。いつ雇止めにされるか分からない雇用不安を抱えながら勇気をもって会社を訴えるのは、労働組合の支えがなければできないことである。今後さらに全国各地で、有期雇用労働者と労働組合が団結して、しっかりとした訴訟の準備と見通しに裏付けられた、労契法二〇条の訴訟が広がっていくことを期待したい。全国の有期雇用労働者が「こんな不合理な格差はおかしい！」と声を上げ、たたかいに立ち上がり、たたかいが燎原の火のごとく広がっていくことを願ってやまない。

第12章　労働審判制度の現状と改善課題

後藤潤一郎
（弁護士）

はじめに

二〇〇六年四月から施行された労働審判制度は一四年で八年目を迎え、労働審判法制定からは一〇年を迎えることになる。

もともと年間一五〇〇件程度の申立を想定して開始されたところ、近年は三五〇〇件前後の申立が常にある。しかも労働審判制度の開始は訴訟本案の申立件数も減少させることなく、むしろ増加させる勢いが見られる。労働審判制度は労働事件掘り起こしの効果も持ったと言えよう。

この制度の特徴は、審理回数を原則三回までと定めたこと、労使関係の知識経験がある二名の労働審判員と法律専門家である労働審判官の三名で構成されることを軸として、迅速かつ適切な解決に導くという画期的な仕組みを持つことである。おおよそ労働事件全体の年間申立件数は約七〇〇〇件である。そのうち約半数が労働審判であることは、押しも押されもしない労働事件に関する主流の手続きに成長したことを示していると言えよう。

労働審判手続きを利用することで案件の解決が早期に得られるため、ことに代理人となって相当数の件数を担当した弁護士は、現在担当する案件につき、労働審判ならば手続き進行や解決の姿をかなりの精度で予測することが可能となってくるであろう。ある種の「独特の解決観（念）」が備わると考えられる。

それは労働審判員にとっても同様である。単純に解雇の場合の金銭解決の金額水準が「見えてくる」であろうことにとまらず、解雇の有効無効の判断基準、残業代請求の判断および解決基準、ハラスメントの判断および解決基準など、種々の個別労働紛争がなぜ発生したのか、発生させないためには労使共に何が欠けていたのか、発生した以上はどのような解決が適切・妥当かの考察をも含む。

労働審判を豊富に経験した労働審判員が再び職場に戻ったとき、紛争の発生を防ぎ、あるいは発生した紛争を自主的に解決することが期待されている。いわば職場に生きたルール・オブ・ロウが根付く期待も込められた制度である。

一　労働審判は「良いことばかり」か

昨年、日弁連が主催して全国各地の労働審判の実態調査アンケート集約された。集約を担当した労働法制委員会の労働審判PTの一員として、集約したアンケートや委員会での議論をふまえると、各側面で論点が存在しており、これについて改善すべき点があるのではないかと感じるものである。これを、手続きの面と解決の面とに分けて次のように考察してみる。(1) なお異議後の第一審訴訟手続きに関しても議論はあるが、ここでは割愛する。

［手続き面］

1　申立書作成提出→主観的併合申立の可否
　→印紙代（付加金請求部分の取り扱い）

2　申立書審査
　→どこまで審査が及ぶか、どう対応するか

3　申立書の送付（送達）

4　書証の取り扱い→審判員用書証の提出の可否
　　→陳述書の取り扱い
5　第一回期日について「申立日から四〇日」ルールの励行
6　答弁書提出期限の励行具合
7　補充書面提出の可否
8　次回期日指定の実務
9　調停、審判、二四条終了→審判員は「活動」しているか
［内容面］
1　解雇の金銭解決「水準」
2　残業代請求の問題点
3　複合的申し立てについての解決方法
4　調停と審判、二四条終了の分岐点

二　手続きの各論

1　主観的併合申立の可否

たとえば労働組合のない、某会社に勤める数人が同時期に解雇されたというケースを想定しよう。それぞれ解雇理由書を持ち寄ってみると「会社経営不調により人員削減をせざるを得ない」と書いてあったとしよう。誰かが「これは整理解雇じゃないか。こんな解雇は許されない」と見解を述べたとしよう。「そうだ。ほかにも〇

さんも□さんも解雇されている。声をかけてみよう」ここまでくると基本的に、もう労働組合設立の動きにつながる労働運動と同視できる動きになる。ここからの一つの流れは争議団を結成し、団体として会社に対して団体交渉によって解雇撤回などを求める解決があろう。しかしなかなか思うように交渉が進展しないこともあろう。そこで誰かが「そうだ。労働審判という解決制度があると聞いた。早く解決できる制度らしいよ。弁護士に相談に行かないか」と声をあげた。私たちが複数人から相談を受ける労働案件というのは多かれ少なかれこのような経過をたどっていることが多い。その弁護士が「労働審判は、個別労働事件の解決手続きなので一人ずつの申し立てをすることになります。そして皆さんが一緒に裁判に参加することは保証できません。」と説明せざるをえないとしたら……。

このような問答が全国の弁護士事務所の相談の場で行なわれている、というのが一人一件申立主義ともいうべき、各地の地裁で行なわれている主観的併合申立の抑制傾向から派生している現実である。

労働審判法上、主観的併合申立が禁じられているわけではないことは明らかであるが[2]、裁判所に抑制傾向が強いのは労働審判が三回の期日しか予定されていないことを基礎としたものであることである。

確かに相手方が同一の会社で共通するとしても申立人Aは残業代を請求し、申立人Bはある時期の解雇の無効を訴え、申立人Cは別の時期の解雇の無効を訴えるものだとすると、その三件を併合審理することは三回期日では至難といえるだろう。その理屈で冒頭の事案についてまで二四条終了とされたら、早期解決という根本的な目的が減殺されることになりかねない。

だが冒頭の事案のような場合、数件の申立がすべて異なる労審判委員会に配点されて、期日指定およびその後の期日進行がバラバラになるとすればいかにも不合理である（この点、弁護士倫理ないし職務基本規定にまで論及して、申立人らの代理人として統一審理と統一解決の確信を持つべき事案への対処方針までも論じて裁判所との切り結びに対処する必要を論じたことがある[3]）。

筆者のこれまでの実務経験をふまえると、実務上は併合申立というよりも平行審理方式で処理しているようである。つまり事件としては一人一件ずつの申立として極力同一審判委員会に配点し、同一審判期日を指定するなどして審理の共通を図るということである。

筆者の経験例ではこれまで最大一〇名のいわゆる「派遣切り裁判」や、一〇名の全従業員一斉整理解雇事案をこの方式で解決した経験があり、三名、四名の複数人申立人事案もこのような形で解決している。

ただ、前述の日弁連の労働審判アンケート調査結果によれば、一九の単位会で主観的併合申立が許容されているとの回答があるとされているから、一九地裁ではそのような扱いでされていることになる。このような事実はきちんと理解しておく必要があると思われる。

2 審判員書証提出の可否

労働審判員用の書証（写し）の提出が許されるかの議論は制度開始前から論争されていたが、なんと言っても全国申立件数の三分の一を占める東京地裁が不要論の実務を続けている以上、問題性が常に議論されるのである。

労働審判においては権利判定機能が付与されており、裁判官である審判官と民間人である審判員二名の三名による合議で審理される手続きであって、訴訟手続きとドッキングされているから司法の機能があることをどこまで重視するかの問題である。権利判定のためには事実認定が必須であるから、そのために提出した証拠が審判員に届いていないとすると、当事者は労働審判に完全な信頼を持つであろうか、と考えてしまうのである。そして審判員に書証は不要との実務が定着してしまい、審判員もそのような実務運用のなかで経験を重ねていくと「特に書証がなくとも（支障はない）」との見解にいたるのではないかと恐れる次第である。

とはいえ、東京地裁以外の地裁のいくつかでは[4]審判員用の書証提出を双方に促す実務も定着しており、筆者が主要に中立をしている名古屋地裁では二〇〇七年一月以来、そのような実務とされている。

実際の実務としては、審判員には裁判所内に書証（写し）ファイルが備えられているから、審判員は審判廷にそのファイルを持参して臨むことができる。私の拙い経験であるが、残業代等請求時案で会社側が支払わない抗弁として「管理監督者」論を主張したときに、事案そのものはマクドナルド事件の様相があり、管理監督者論は届かない印象で進んでいたが、ある審判員が書証の中の給与明細から控除項目中に「組合費」とある項目を発見し、会社側に「この組合費とは何ですか？」と尋ねたところ、会社側は「労働組合の組合費です」と回答したことから一気に労働組合員であるような従業員が「管理監督者」だというのはまったくしっくりこないという審理の流れとなって、残業代支払い方向の調停になったという決定的・劇的な展開になった場面を経験したことがある。代理人として、残業代計算資料として提出しただけのつもりの給与明細であったが、審判員が証拠をよく見てくれていたことに、労働審判の醍醐味を感じたものである。

審判の場で解決ができる、という比類ないメリットを持つ労働審判であるから、生き生きとした審理の場が作られる必要がある。審判員用書証提出の問題は、審判委員会が全員事案解明に向けて精力的に取り組むためには是非必要だという観点で、引き続き裁判所に求めていく課題であると思われる。

おわりに

本稿では二つの事柄のみを指摘したに過ぎないが、「一」で掲げたように、労働審判実務に関して幾多の問題点、議論すべき点、改善点などが現在も存在している。従って、今後も制度疲労を起こさないように裁判所の動向に注意を払っていくことが必要であることを指摘しておきたいのである。

（1）なお詳しくは、拙稿「労働審判の現状と問題点」季労二二九号（二〇一〇夏）七九頁以下、および『労働審判を使いこなそう！』（共著）エイデル研究所、二〇一四年を参照。
（2）以下、詳細の議論は、前掲『労働審判を使いこなそう！』一一八頁以下に譲る。
（3）同前。
（4）前掲日弁連の最新のアンケートによれば、一九の単位会（したがって一九地裁）で審判員用にすべての書証の提出が求められる実務が定着しているとの結果が示されている。

第13章　不当労働行為救済制度をめぐる現下の問題点

田中　誠
（弁護士）

一　問題の所在と本稿の目的

現行法制のもとで不当労働行為救済制度の中心をなす労働委員会（以下「労委」）は、戦後改革のなかでも真っ先に成立したわが国初めての労働組合法（昭和二〇年制定）において設置された、歴史と伝統のある組織である。昭和二〇年労組法は、組合弾圧等に対しては刑事罰を科すという直罰主義をとっており、労委は、処罰請求をなす機関であった。その後、昭和二四年の労組法大改正により、現行の不当労働行為救済制度が成立し、労委は、労働組合に対する直接的な行政救済をなす機関と位置づけられた。労委制度は、労働組合の団結権侵害に対して、迅速な手続で、行政裁量による柔軟な現状回復の命令をなして労働組合を救済し、将来に向け安定した労使関係を維持確保するための制度とされ、この基本的枠組は現在にいたるまで変わっていない。

労委では、昭和五〇年代から六〇年代にかけて、少数組合や組合内少数派の差別事件などの困難事件が多く係属するなかで審査が著しく長期化・遅延し、到底迅速な救済とは言えないという問題が生じ、昭和六二年の国鉄分割民営化によって多くのＪＲ関連事件が係属したことで状況は一段と悪化した。また、ようやく命令が出されても行政訴訟での取消率が高いという問題もあった。これらにより、労委制度は機能不全状態とされた。

このため、平成一六年、主に、審査手続の迅速化（長期化・遅延の対策）、的確化（取消訴訟対策）を図るために、労委の審査手続を中心に労組法改正がなされ（平成一七年一月施行）、中労委サイドは、この改正によって迅速化・的確化に成果があり、労委は機能を回復したという見方をしている(1)。

本稿は、これに対し、労働組合側で実務を担当する弁護士の立場から、現下の労委制度において、その機能は「回復」しておらず、意義のある迅速化がなされたとは言い難いこと、的確化についてははなはだ不十分であって、これが現下の問題点であることについて概略述べるためのものである。

二　平成一六年改正と、中労委サイドの評価について

1　平成一六年改正

平成一六年の労組法改正で、迅速化・的確化を目的とする部分は、①公益委員の忌避・除斥、証人等の宣誓など、審問廷の秩序維持にかかる諸点、②審査の目標期間の設定と達成状況の公表、③個別事件ごとの審査計画の作成、④部会制・委員常勤制などの審査体制の改革、⑤証人等主張命令と物件提出命令の新設、⑥和解促進のための改正からなる。

これらのうち「①公益委員の忌避・除斥、証人等の宣誓など、審問廷の秩序維持にかかる諸点」については、これが的確化に益するという議論自体が形式論にすぎず、実務への影響はあまり無かった。「⑥和解の促進」にかかる改正も、実務を便利にしたとはいえるが、これが迅速化に影響したとはいえない。

中労委サイドが実務に大きく作用したと評価しているのは「②審査の目標期間の設定と達成状況の公表」「③個別

事件ごとの審査計画の作成」「④部会・委員常勤制などの審査体制の改革」の三点である。

まず改正労組法では、各労委ごとに審査の目標期間を定め、達成状況も公表することとされた（法二七条の一八）。初審各労委が当初公表していた目標期間（命令まで）は「一年六カ月」程度が多かったが、このように労委自らが、目標を公言し、達成状況も公表するということに手続促進効果があることは明白であった。

ただ、労働組合結成当初に組合が否認され組合中心人物が職場から排除されるというような事件では一年六カ月などというのは労働組合を壊滅させるのに十分であるし、地域ユニオン等に対する「言いがかり」の単純団交拒否事件では、一部労委が「単純な団交事件は六カ月」とする短縮期間でも長すぎるから、単に労委が設定した「目標期間」を達成したかどうかというだけで迅速化が達成できたか評価をすることはできない。

次いで、改正労組法では、個別事件について審問開始から命令発出までの審査計画を作成することとされ（法二七条の六）中労委サイドはこれを迅速化に大きく役立ったとしている。

また、改正労組法二四条の二により、公益委員の一部五名の合議体で審査等を行なえることとなり（部会制）、都道府県労委では全く用いられていないが、中労委は、改正後、原則として部会（第一～第三部会）で審査等を行なっている。

さらに、都道府県労委において公益委員を条例により常勤とすることができることになったが（法一九条の一二第六項）、実際に常勤公益委員を置いている都道府県労委はない。これに対し、中労委では、法改正より前から公益委員を常勤にできることになっていたが、法改正を機に、実際に常勤委員を置くこととなり、公益委員のうち二名が常勤委員（学者＋裁判官ＯＢ）となっている。

2　中労委サイドの評価について

中労委サイドは、審査計画の制度と、部会制による分業による命令発出件数の増大が長期滞留事件の一掃等の迅速化に有益だったととらえており、公益委員の常勤制とあいまって、迅速化に大きく貢献したとしている。

中労委サイドは、労委事件終結までの平均所要期間が、労組法改正前の平成一二年から一四年の平均では初審で七八七日、再審で一五六六日となり深刻な様相を呈していたのに、改正労組法施行（平成一七年一月）以降申立の事件については平成二三年までの七年間で初審の平均処理日数は三二三日、中労委についても四二四日と大幅な改善があったとし、また、初審・中労委ともに長期滞留事件が激減し、迅速化したという[2]。

しかし、これについては、「平成一七年以降の申立」と絞ったことで、従来からの少数組合・組合内少数派の差別事件の多くやＪＲ関連の長期未済事件がすべて集計から外れるので、数字上中労委・初審ともに処理期間が大幅に短縮するのは当然であること、長期滞留事件の激減についても、この時期ＪＲ関連事件の多数が和解解決していることから、いずれも平成一六年改正によるものではないとの指摘がありうる。

そして、中労委サイドが迅速化に役立ったとする「審査計画」を初審において見ると、実際にすべての事件で「審査計画」は作られているが、本来この「審査計画」は、使用者側が手許に隠している資料を出させ尽くすなど争点整理を尽くしたうえで、真実発見のために合理的かつ的確な審問を行なうための「計画」を作成するべきものなのに、実際の「審査計画」は、中労委の物件提出命令等についてのきわめて消極的な姿勢（後述）をも反映して、たんに「双方の証人の数と順序を紙に書くだけ」といった程度に矮小化してしまっており、このような「審査計画」は「五月雨式審理の若干の改善」というレベルの貢献はあっても、大きく迅速化に寄与したとはいえない。

また、平成一七年以降の時期は新規申立件数の減少や「ゼロワン県問題」が大きく取り上げられた時期であって、事件減少（または低位安定）で労委の負担は軽減され一件あたりの処理期間が短縮できるのは当然であり、さらに、この時期から比率的に目立つのは地域ユニオンや合同労組による、本質は個別紛争の案件についての団交拒否等についての、いわゆる「駆け込み訴え」の申立で、そこには労委として相対的に負担が軽い案件が多数含まれており、これも初審の処理期間の短縮に繋がったとみられる。

結局のところ、初審の期間短縮には、法改正の効果もあったであろうが、このような外部要因が大きく寄与していたとみるべきであり、初審に関していえば「平成一六年改正によって、迅速化し、滞留事件が減った」と手放しに評価できるものではない。

一方、中労委については、先の「平成一七年以降申立の事件に限る」という集計上の問題やＪＲ関連事件の解決による滞留事件減少という問題はあるにしても、この時期、「年間命令件数の増加」という動かぬ事実がある。これは部会制による分業によって、命令発出のための合議の開催回数を増やすことができ、次々と命令を出せたからということであり、中労委において、部会制が迅速化および滞留事件の消化に寄与していたことは、間違いがない。審査計画制度よりも、部会制の影響が大きかったと見るべきである。

これに加え、中労委は、平成一六年改正後、常勤公益委員の一人に東京高裁の裁判長だった裁判官ＯＢを迎えることが続いており、取消訴訟対策を重視する中労委の姿勢のもと、高位のキャリア裁判官の経歴を持つ委員が常勤委員であることの中労委実務への影響は大きいと見られる。そして、中労委は、公益委員に加えて、事務局にも、裁判所・検察庁からの出向者を複数受け入れており、中労委サイドは、これも命令の質を高めるのに役立ったと評価しており的確化に資したとしている(3)。

中労委サイドは、その結果として、行政訴訟の取消率も、平成三年から平成一二年までの一〇年間で地労委命令については全部・一部の取消率が二一％、中労委命令については三八％だったものが、現在は、中労委命令取消率は五

〜六%まで低下し、[4] そもそも不服申立率自体が大きく減少したという。

これらから、中労委サイドは、迅速化とともに的確化も果たせ、労委は機能を回復したとしているのである。

しかしながら、初審が「平成一六年改正で迅速化した」と単純にいえないことは前述したとおりであり、中労委については、確かに迅速化はしたが、以下述べるとおり、手続・命令水準の双方で、その真の意味の「的確化」ははなはだ不十分であり、「的確化をともなわない迅速化」は意義があるものとはいえない。

三　中労委による「証人等出頭命令」「物件提出命令」の冷遇

1　「証人等出頭命令」「物件提出命令」の本来の意義

平成一六年改正では、迅速化・的確化の双方を目的として、労委における証拠収集手段を充実することとし「証人等出頭命令」および「物件提出命令」の制度が新設され、改正法の目玉として受け取られた。

証人等出頭命令（法二七条の七第一項第一号）は、任意に出頭しない当事者または証人に出頭を強制し陳述させる制度、物件提出命令（同条同項第二号）は書証等の物件の提出を強制する制度である。

相手方が表に出したくない証人等に証言させたり、隠したい「不都合な真実を示す資料」を明るみに出させるという制度であるから、これによる真実発見の期待は大きかった。また、この制度は、的確な審査計画の作成とも重要な関連を有するものであった。すなわち、審査計画は、合理的かつ迅速に実体的真実発見を果たすための審査計画でなければならないが、不当労働行為事件においては、重要な資料・証拠、たとえば、査定に関する資料、労働組合所属別の昇進・昇格の実態の資料等の証拠が使用者側から出るか、任意に出さないなら強制的に提出させることができるかどうかで、その後合理的な審査計画が立てられるかどうかが大きく違ってくるからである。

2 物件提出命令・証人等出頭命令についての中労委の取扱と、その問題性

ところが、中労委は、まず、埼玉県労委が賃金差別が争点の「智香寺学園事件」において、平成一七年二月一七日、全国発の物件提出命令を発出し使用者手持ちの「人事考課の評定表」について提出を命じたのに対し、この命令を取り消してしまった（中労委決定平一七・九・二一別中労時一三一四号八七頁）。

労組法二七条の七第一項第二号は「当該物件によらなければ当該物件により認定すべき事実を認定することが困難となるおそれがあると認めるもの」であるとき提出を命じうるとするのであるが、中労委は「単に、他の証拠によるよりは当該物件によるほうがより的確な認定ができるという程度では足りず、もとより有効な証拠となる可能性があるというだけでは、この要件に当たらないというべきである。その意味で、当該物件が、要証事実の認定のために他に的確な方法を見出し難いものであるという意味での高度の必要性が認められる場合でなければならない」とし、法の単に「事実を認定するのが困難となるおそれ」という要件を「他に的確な方法を見出し難いものであるという意味での高度の必要性」に置き換え、法の明文よりも要件を著しく限定することを宣言し、物件提出命令を取り消した。そして、中労委は、当該争点については当該物件（書証）なしで証人尋問・本人尋問で進めよと述べた。

証人等出頭命令についても、中労委は、神奈川県労委が、同族経営の中小企業の不当労働行為事件において任意の出頭を拒否し続けた最高権力者である役員に対する証人出頭命令を発出したところ、これも取り消してしまった（高橋運輸事件・中労委決定平成一八・一一・一五別中労時（命令集）一三八四号六一七頁）[5]。

労組法二七条の七第一項第一号は、「事実の認定に必要な限度において、当事者又は証人に出頭を命じて陳述させること」とするが、中労委は「証人等出頭命令は、強制力を用いて証人等に出頭を求めその陳述を得ようとするものであるから、真に事実認定のために必要であるのか、他の証拠等によることはできないかなど、なお、その必要性に

ついて慎重かつ個別具体的な検討が必要であるといわなければならない。」とし、そのうえで、その他の証言や陳述書を含む多数の書証を検討すべきであると述べ、証人出頭命令を取り消したものである。

証人等出頭命令において、法は、物件提出命令の条文と比しても「事実の認定に必要な限度において」とゆるやかな要件を定めるだけであるのに、ここでも中労委は法文よりも、要件を著しく限定したものである。

このように中労委は、証人等出頭命令・物件提出命令について、法文にない高いハードルを設け、著しく使いにくいものとしてしまったものであるが、中労委には合理的かつ迅速な審理に不可欠の「重要な書証を確保し、それを軸として合理的な事実認定をしていく」とか「使用者側が囲いこんでいる真相を知る証人に直接尋ねるのが合理的な事実認定方法」という発想もなく、「時間をかけてでも手持ちの他の証拠でやりくりせよ」というのであった。これでは真実発見にも審理の促進にも資さない。

その後、物件提出命令が認められた例は、大阪府労委で一件があるだけで、中労委はその命令も取り消し（大阪京阪タクシー物件提出命令審査中立事件・中労委決定平二一・三・一八別中労時（重要命令判例）一三七三号六六頁）、その後は制度発足後一〇年になるのに初審でも中労委でも物件提出命令が認められた例はない。証人等出頭命令についても、その後中労委自身が証人等出頭命令を一件命じただけで、それ以外にはない。

その結果、中立自体が萎縮させられ、現在では物件提出命令も証人等出頭命令も「使えない制度」という評価が定着し、労働組合もほとんど申し立てず、都道府県労委も活用を検討しない有様となってしまった。改正労組法の、的確かつ合理的かつ迅速な審理のために、相手方（実際上は使用者）証拠を開示させるという、とくに労働組合側にとっての大きな武器を、中労委が葬り去ってしまったことになる。これで「的確化」とはいえない。

四　「的確化」と労委命令水準の低下

1　労委命令の的確化とは

そもそも、「的確化」というときに、立場によって意味合いの違いがある。

実体的真実と、労働組合の団結権擁護こそが重要であるという立場からは「実体的真実に則した、労働組合の団結権擁護のための労働組合法を正しく解釈適用し、かつ取り消されない命令」が出されてこその「的確化」である。

しかし、労委側、なかんづく中労委には、「的確化」をひたすら「行政訴訟で取消されないこと」だけに矮小化し、それを至上命令にしている向きがあるように見られる。むろん行政訴訟で取り消されないこと自体は重要であるが、そのために、労委命令の水準、すなわち団結権擁護の水準を切下げ、「手堅く労働組合の権利を切り下げた」命令を出し、もって行政訴訟でも取消されないようにしようという発想が透けて見え、その結果、現状では中労委命令の水準は全体的に低くなり、都道府県労委もそれに影響を受けている。

2　労組法上の使用者性をめぐる低水準な中労委命令

(1)　間接雇用の受入企業の労組法上の使用者性をめぐる中労委命令

経済環境と産業構造の変化などから雇用が流動化し、非正規雇用労働者が増大し、なかでも派遣等の間接雇用労働者が増大するなかで、労働契約上の雇用主と、実際に労働者に指揮命令を行ない、その雇用についても生殺与奪の権を握っている企業が異なることが増えている。

このような直接の労働契約関係にない実際の権力者に対して団体交渉等を求めるような場合に問題になる「労組法

上の使用者性」について、中労委命令の水準は低い。

近時、派遣法違反の派遣（常用代替禁止の潜脱）、偽装請負といった、「派遣先」にコンプライアンス違反のある就労形態において、派遣が打ち切られる等して労働者が職を失ったような場合に、派遣労働者等の労働組合が、派遣先・偽装請負受入企業に対し、直接雇用等を求める団交申し入れをなすという事案がしばしば現れるが、この派遣先・受入企業の使用者性を中労委はほとんど認めない。

中労委は、この類型の事件において、朝日放送事件（最三小判平七・二・二八労判六六八号一一頁）の定式すなわち派遣先・受入企業が「基本的な労働条件について、部分的とはいえ雇用主と同視できる程度に現実的に支配、決定することのできる地位にあると言える場合（労働契約に近似した関係にある場合）」かどうかという判断基準と、派遣先・受入企業に直接雇用申込義務や、直接雇用を勧奨する行政指導の存在が問題になるような場合の「当該労働者と近い将来において雇用関係の成立する可能性が現実的かつ具体的に存する場合（労働契約に隣接した関係にある場合）」の判断基準を併用しているが、実際には、中労委は、派遣先・受入企業の役割が事実上「全面的な現実的支配・決定」でなければ「部分的」使用者性も否定するなど「部分的使用者概念」を正解しないような判断を連発しており、「近い将来の雇用関係の成立可能性の現実的・具体的存在」についても、非常に厳しい判断を行なって使用者性を否定し続けている。(6) 中労委の姿勢が固まったので最近は初審もこれに追随するようになっている。

中労委には、増大する間接雇用のもとでの労働者およびその労働組合が、実際に労働者の就労を受け入れ、かつその生殺与奪の権を握っている者（派遣先等の間接雇用主）と、実効性のある団体交渉をしたいという現代的ニーズに応えて、労働組合の団体交渉権を充実させようという姿勢はまったく無い。

しかし、「たかだか労組法上の、団交を応諾するだけの使用者性」すら認めない労委に対して、裁判所での民事訴訟では、派遣法についての露骨な脱法行為を行なっていた大企業が派遣先・受入企業である事案で「パナソニックプラズマディスプレイ（パスコ）事件」（最二小判平二一・一二・一八労判九九三号五頁）の判断枠組に従いながらも、丹念な事実認定により派遣労働者らと派遣先の黙示の労働契約の存在を認めた裁判例（マツダ防府工場事件・山口地判平二五・四・一三・労判一〇七〇号六頁）[7]すら現れており、労委の立場が、時代に即したものかどうかが大きく問われている。

(2) 親子会社や譲渡先企業の労組法上の使用者性をめぐる中労委命令

また、経済環境と産業構造の変化に即した企業再編法制の整備が進み、合併・会社分割・事業譲渡・分社化・株式取得によるM＆Aなどの企業再編が繰り返されるなかで、現時点での雇用主だけ相手にしていても何の問題も解決しないという労使紛争が増えており、労働組合が、親会社や事業を実質的に支配している者、あるいは事業を承継する予定の者への団体交渉を求める場合も「労組法上の使用者性」が問題となるが、これについても中労委命令の水準は低い。

親子会社類型においても、中労委は、朝日放送事件最判の判断定式を用い「基本的な労働条件について、部分的とはいえ雇用主と同視できる程度に現実的に支配、決定することのできる地位にあると言える場合（労働契約に近似した関係にある場合）」かを判断基準とし、企業再編に翻弄された子会社従業員らの「基盤的労働条件」についての団交について、初審長野県労委が実態に即し親会社に労組法七条二号の使用者性を認めた命令を取り消している（高見澤電気製作所外事件・中労委決定平二〇・一一・一二別中労時（命令集）一三九六号三〇五頁）。

しかし、朝日放送事件最判は社外工受入企業の使用者性が争点であって、間接雇用型のような場合には適合性があっても、親子会社型に使うのは相応しくない。親子会社類型における親会社が、派遣等の間接雇用型のように、子会社労働者に直接指揮命令したり、事実上直接その労働条件を具体的に決めていることは通常無いから、朝日放送事件最判の判断定式に合致する事案は少ない。親子会社類型における親会社と子会社労働者との関係は、親会社は、子会社の経営方針への強固な支配を通じ、間接的であっても子会社労働者の雇用が継続されるかどうかといった基盤的な労働条件をきわめて強力に支配していることを直視し、そこに労組法上の使用者性を見いだすべきであって、朝日放送事件最判の判断基準ではこれを正当に評価できないというべきである。

また、事業を承継する企業への団交要求という類型では「近い将来における雇用関係成立の現実的・具体的可能性（労働関係に隣接した関係にある場合）」等が問題となるが、労働組合が、破綻したホテルを競落して事実上承継する企業への団体交渉を求めたのに対し承継予定企業は「従業員は継続雇用したいが、組合との交渉には応じない、組合は排除したい」とした事案で、初審熊本県労委が承継企業の労組法七条二号の使用者性を認めたのに対し、ここでも中労委は「近い将来における雇用関係成立の現実的・具体的可能性」を否定し初審命令を取り消している（ブリーズベイホテル事件・中労委決定平二四・五・九別中労時（重要命令判例）一四三一号三一頁）[8]。

このように、中労委には、企業再編が進む現代における労働者およびその労働組合が、実際に労働者の生殺与奪を握っている者（親会社や、事業承継人）と実効性のある団体交渉をしたいという現代的ニーズに応えて労働組合の団体交渉権を充実させようという姿勢もまったく無い。

(3) 不服申立率や行訴での取消率の内実

以上の事件のうち労働側が中労委で敗北し行政訴訟も提起せずに終了しているものがあり（前掲ブリーズベイホテル事件や注（6）のうち数件）、行政訴訟で中労委の判断が支持されているものもある（前掲高見澤電気製作所外事件）。

不服申立率や行訴での取消率を重視する中労委は、行政訴訟が提起されなかったり、行政訴訟で中労委の判断が支持されていることをもって、それは労委命令の的確化が進んでいるからであると言うかもしれない。

しかし、遺憾ながら労組が代理人もつけずに中労委で敗北したものの、組合に余力がないゆえにそこで終っているという残念な案件が複数ある。それを「不服申立がされなかったゆえに中労委が的確だった」とはいえない。

そして、中労委の（労働組合の権利を切り下げた）判断が行政訴訟で支持されているなどということも、それゆえに的確化が進んでいるなどとはいえない。そもそも、部分的使用者概念とか使用者概念の拡張などという現代的論点については、まずは労使関係の専門機関である労委が「労働組合の権利・役割を前向きに認めた命令」を出してこそ、それを裁判所でなんとか守って労働組合の権利を現代において発展させるということが可能なのであって、労委ですら認めない権利を裁判所で回復しようなどというのは事実上困難だからである。「労委が自らの越えるべきハードルを下げて、低水準の命令を出して」おいて、それが、裁判所で維持されたからといって的確化が進んでいるということは許されない。

3　労働組合の救済を拒否して、それを裁判所に取り消される深刻な事態

さらに深刻なことに、中労委が「不当労働行為でない」とした命令を裁判所に取り消される事件さえ現れている。「シオン学園事件」（東京地判平二五・五・二三別中労時（重要命令判例）一四四八号二四頁・東京高判平二六・四・二三判時二二四八号九一頁）がそれである[9]。

この事件は、過去にも労委命令を受けるなど不当労働行為体質の強い企業において、組合員に対する集団的一時金差別が争われたもので、神奈川県労委が、不当労働行為意思を認定して組合を救済した（神労委平二二・一・二〇別中労時（命令集）一四一四号一八一頁）のに対し、中労委は、会社の「稼働考課」「考課査定」の両査定制度が客観的・合理的であって、査定において差がある組合員・非組合員はそもそも同質性・均質性がないなどとして、不当労

働行為を否定したものである（中労委決定平二三・三・二三別中労時（重要命令判例）一四一六号一頁）。

組合が行政訴訟を提起したところ、一審東京地判（前掲）は中労委命令は誤りで不当労働行為が成立するとして中労委命令を取り消し、東京高判（前掲）も地裁判決を維持し中労委（国）の控訴を棄却した。

中労委命令は、両査定制度について、会社の主張する「建前」をそのまま認めるなど、きわめて表面的な内容であったが、東京地判・高判は、①格差の存在、②均質性・同質性、③反組合的労務姿勢について、手堅く認定評価し、これら間接事実から不当労働行為意思を推認したうえで、本件「稼働考課」と「考課査定」の存在と運用によっては推認を覆すことはできないとした。そして、東京地判・高判は、中労委が「客観的で合理的」とした「稼働考課」についても「一見すると、稼働時間という客観的な数値を一時金に反映させるものであるが、その制度設計において不合理な点があり、その運用にも会社の恣意を許す要素が多分に入っており、結局のところ、考課制度として公正なものであって十分に合理性を有するものとはいえない」としたのである。

裁判所は、会社の考課制度の「表面」や「建前」にとらわれず、本件労使関係の実態や歴史、考課制度の運用や実際の機能等に分け入り、「建前の裏に隠された真実」にアプローチしており、その姿勢は高く評価できるが、本来は、こういうアプローチこそが労委の領分だったはずであって、それができない労委の現状は深刻である。

五　不当労働行為救済制度をめぐる現下の問題点

以上見てきたとおり、初審については平成一六年の労組法改正による迅速化効果があったと単純にはいえない。中労委については迅速化効果はあったが、それが有意義な迅速化とはいえるかは疑問である。迅速かつ的確でなければ意味がないからである。

その「的確」の意味も問題となる。中労委のいう「的確化」はもっぱら「行政訴訟で維持される」ということを指しているようであり、そのために命令水準が低下している。そこには「命令水準を切下げて、行訴で維持されるように」という発想があり、それでは本末転倒である。物件提出命令・証人出頭命令の取消に見られるように、中労委には実体的真実発見に対する意欲も不十分である。そこには真の意味での的確化はない。さらには初審が不当労働行為とした事件を、不当労働行為でないとし、それを裁判所に取り消される事態まで生じている。

そもそも、中労委が自身のホームページに載せているように、労委は「労働者が団結することを擁護し、労働関係の公正な調整を図ることを目的として、労働組合法に基づき設置された機関」であり、労組法の目的「労使対等確保による労働者の地位向上、団結擁護」に尽くすための専門機関である。

したがって、基本的に近代法原理にもとづき民事上の権利義務によって紛争解決を行なっている裁判所より、労使関係においては専門機関として高い水準になければならず、かつ労働者の地位向上・団結擁護のため時代に即して進歩しなければならず、このような労委は、団結擁護のために最新の集団的労使関係法における理論や知見を駆使して労働組合を救済し、かつ裁判所にそれを覆されることのないように奮闘してそれを守り切らなければならない。そうあってこその的確化である（かような救済命令を結果として無理解な裁判所に覆されても、それは労委の責任ではない）。

しかるに、逆に労委が「不当労働行為でないから労働組合を救済しない」とし、それを裁判所に「いや、これは不当労働行為だ」として覆されるなどというのは、あってはならないことなのである。

労委は、団結権擁護のための専門機関として、平成一六年改正の諸制度も活用して迅速に審査等を行ない、実体的真実を反映し、労働者の団結権を擁護し、労働者・労働組合の権利を発展させる水準の高い命令を出し、それが行政訴訟で維持されるべく、労委の総力をあげて奮闘するというのが正当な発想である。それが実現して、はじめて的確化が果たせたといえる。

現在はこのような意味での的確化が進んでいるとは到底言えず、不当労働行為救済制度の現下の問題点は、このような立場に、労委（なかんづく中労委）を立ち返らせることである。

このほか、従来から積み残しになっている課題も存在する。従来から提案されていた、労委の専門性を重視し、労委の事実認定に裁判所への一定の拘束力を持たせるという提案（実質的証拠法則および新証拠提出制限）については、実は昭和二四年改正の過程でも検討されていたことが明らかになっており[10]、現実的な提案である。しかし、シオン学園事件などを見ると、このような制度改革には躊躇するところもある。

「五審制」を解消するための審級省略の問題もあるが、現状を前提とすると、中労委の再審査機能の廃止という見解を支持せざるをえない。

命令・判例の掲載誌の名称について
別中労時＝別冊中央労働時報　別中労時（命令集）＝別冊中央労働時報臨時増刊（不当労働行為命令集）
別中労時（重要命令判例）＝別冊中央労働時報最新不当労働行為事件重要命令・判例

（1）中央労働時報一一六七号「労働委員会の明日を見つめる」一〇頁など。
（2）同右七頁など。
（3）同右八頁など。
（4）同右九頁。
（5）「中労委、物件提出命令に続き、証人出頭命令も取り消す」月刊労委労協六一〇号二頁。
（6）中労委は、偽装請負が発覚し行政により直接雇用の勧奨が行なわれていた東海市事件・中労委決定平二五・一・二五（別中労時

〈重要命令判例〉一四四〇号一頁）において、偽装請負受入先に、直接雇用を求める団交についての使用者性を否定したばかりか、「雇用の安定措置に関する団交」についての使用者性すら否定している。その他の事件でも、中労委は、同様の判断により、派遣先・受入先事業者の使用者性を否定する命令を繰り返している。具体的には、中労委は、労働者派遣についてのショーワ事件・中労委決定平二四・九・一九（別中労時〈重要命令判例〉一四三六号一六頁）において埼玉県労委の却下を支持し、偽装請負についての中国・九州整備局事件・中労委決定平二四・一一・二一（別中労時〈重要命令判例〉一四三七号二一頁）で広島県労委の一部救済を取り消し、偽装請負および派遣についてのパナソニックホームアプライアンス事件・中労委決定平二五・二・六（別中労時〈重要命令判例〉一四五一号三七頁）で滋賀県労委の一部救済を取り消し、日本電気硝子事件・中労委決定平二五・七・三（別中労時〈重要命令判例〉一四五七号一頁）で滋賀県労委の救済命令を取り消している。その後、初審も中労委の判断に追随するようになってしまった。

（7）地裁判決後、控訴審で和解が成立した。

（8）「労委命令研究」月刊労委労協六八一号五二頁。

（9）「労委命令研究」月刊労委労協六九九号四三頁。

（10）労働組合法立法資料研究「条文資料編」「解題編」（労働政策研究・研修機構）参照。

第14章　官公労働者の労働基本権確立の取り組みと今後の課題

岡田　俊宏
（弁護士）

はじめに

かつて、官公労働者の労働基本権問題が、労働運動においても、労働法学会においても、主要な課題とされていた時期があった。しかし、労働基本権の制約を合憲とする一連の最高裁判決と、スト権ストの敗北により、この問題は過去のものになりつつあった。筆者も、スト権ストの後に生まれた世代であり、官公労働運動が高揚していた時代を直接には知らない。

しかし、二〇一二年に、これまで協約締結権の認められていなかった非現業公務員に協約締結権を付与する旨の「国家公務員の労働関係に関する法律案」が国会に提出され、結局廃案になったものの、これによって公務員の労働基本権をめぐる議論は再び盛り上がりをみせることとなった。公務員に争議権を含む労働基本権を認めることは、世界の常識となっており、日本でも、近い将来、公務員に労働基本権を回復させることが必要不可欠である。

そこで、本稿では、戦後直後から現在までの官公労働者の労働基本権回復闘争の歴史を振り返り、労働基本権の確立に向けた今後の課題について述べることとしたい。筆者のような若い世代が、今後この問題に取り組むにあたって、これまでの闘争の歴史を振り返っておくことには重要な意義があると考えたからである。なお、本来であれば、独自の視点から公務労使関係に関する詳細な立法構想を展開すべきところであるが、現時点での筆者の能力を超えているので、その点は他日を期することとしたい。

一　労働基本権制約立法と裁判闘争

1　立法による労働基本権の制約と労働側の対抗

(1)　労働基本権の制約立法ができる過程

戦後直後の一九四五年に制定された旧労働組合法では、警察官吏・消防職員・監獄職員につき労働組合の結成・加入が禁止されていたものの、その他の官公吏については争議権を含む労働基本権が保障されていた。その後、四六年に旧労働関係調整法が制定され、非現業公務員は争議行為を禁止されることとなったが、それ以外については民間労働者とほぼ同様の権利が保障されていた。

しかし、労働運動が高揚し、全逓三月闘争等で官公労働者が労働運動の中心的役割を担うなか、マッカーサーは、一九四八年七月二二日に芦田内閣に書簡を送り、公務員の争議行為禁止を示唆した（マッカーサー書簡）。これを命令と受け取った芦田内閣は、同年七月三一日に政令二〇一号を公布し、すべての公務員につき争議行為を禁止し、団体交渉権を厳しく制限した。これによって、三月闘争後再び盛り上がろうとしていた官公労働運動は、大きな打撃を受けることとなった。

その後、政令二〇一号を受けて、同年、国家公務員法が改定されたことを皮切りに、公共企業体労働関係法、地方公務員法および地方公営企業労働関係法が順次制定された。このようにして、占領軍による戦後民主化政策の転換を背景に、現在まで続く官公労働者の労働基本権制約法制（非現業公務員の協約締結権否認、争議行為の全面禁止等）

が完成した。

そして、最高裁も、当初、争議行為禁止につき、公共の福祉論や全体の奉仕者論により、安易に合憲とする立場をとっていた（国鉄弘前機関区事件・最大判昭二八・四・八刑集七巻四号七七五頁など）。

(2) 労使の攻防とＩＬＯへの提訴

このような状況のなか、一九五七年・五八年の春闘において、公共企業体等労働組合協議会（公労協）の組合員は順法闘争等による抵抗をみせたが、政府は組合責任者の解雇等によってこれに対抗した。

そこで、一九五八年四月に総評・機労が、次いで同年九月に総評・全逓がＩＬＯに提訴を行ない、その後も、日教組、国労、自治労など多数の労働組合が相次いで提訴を行なった。[1]

これを受け、ＩＬＯは結社の自由委員会で審理を行ない、日本政府に対し、関係法令中の問題点の指摘と八七号条約（結社の自由および団結権の保護に関する条約）の早期批准要請を繰り返し行なった。また、一九六五年一月にはＩＬＯより「実情調査調停委員会」（ドライヤー委員会）が来日して調査を行ない、八七号条約の早期批准を再度要請した。その結果、日本は国内法を整備したうえで同年六月に同条約を批准した。また、同年一一月にはドライヤー委員会から最終報告が出された。[2] 同報告書は、世界水準と日本との落差を示すものであり、以後の労働基本権回復運動にも大きな影響を与えることとなった。

2 労働基本権制約の合憲性をめぐる裁判

(1) 最高裁による限定解釈論

ＩＬＯ八七号条約批准およびドライヤー報告の翌年である一九六六年、最高裁は、全逓東京中郵事件判決（最大判昭四一・一〇・二六刑集二〇巻八号九〇一頁）において、従前の安易な合憲説を改め、限定解釈論を打ち出した。すなわち、争議行為の禁止は国民生活全体の利益のために必要やむをえない場合に必要最小限の範囲でなされ、かつ制約に見合う代償措置がある場合に限って合憲になる旨判示したのである。

また、一九六九年の東京都教組事件判決（最大判昭四四・四・二刑集二三巻五号三〇五頁）においても、地方公務員法の争議行為禁止規定および制裁規定について限定解釈を行ない、あおり行為が処罰されるのは争議行為自体が違法性の強いものであり、かつあおり行為も違法性の強いものであることを要し（二重のしぼり論）、争議行為に通常随伴するあおり行為は、処罰の対象とならない旨判示した。

このようにして、最高裁による合憲限定解釈論により、官公労働者の争議権は、事実上回復するかにみえた。

(2) 短期間での判例変更―新たな全面合憲論へ

しかし、最高裁がリベラルに傾いていることを懸念した当時の政府は、一九六九年一月、保守的傾向の強かった石田和外判事を最高裁長官に指名した。そして、石田長官は青法協に対する圧力を強め（ブルー・パージ）、その後の最高裁判事の任命に際しては自ら影響力を行使してリベラル派を排除し、最高裁を保守的な方向へと導いていった。[3]

その結果、最高裁は一九七三年の全農林警職法事件判決（最大判昭四八・四・二五刑集二七巻四号五四七頁）において、八対七の僅差により、従前の合憲限定解釈論を否定し、新たな全面合憲論を展開することとなった。そこで強調されたのは、①国民全体の共同利益や公務員の地位の特殊性・職務の公共性、②公務員の争議行為が、勤務条件法定主義や議会制民主主義に反し、市場の抑制力もはたらかないこと、③十分な代償措置が講じられていること等である。

全逓東京中郵事件判決からわずか六年半で、最高裁は再び全面合憲論へと逆戻りすることとなった。

二　スト権ストの敗北とその後の闘争

1　スト権ストとその敗北

しかし、全農林警職法事件判決にもかかわらず、官公労働運動は大きな前進を示していた。政府は、この運動に歯止めをかけるべく、またＩＬＯへの配慮から、一九七三年九月に第三次公務員制度審議会（公制審）答申を公表し、官公労働法改正の方向を打ち出した。しかし、その内容はどちらとも解される「玉虫色」のものであったため、官公労働者はこれに満足せず、スト権ストに向けての準備を進めた。

そして、一九七五年一一月二六日、スト権を奪還するため、公労協は国鉄の全面ストライキを決行した。しかし、公労協の予想に反し、生活物資の流通は完全にはストップせず、また連日のストライキに国民から不満の声があがるなどし、公労協の戦略は行き詰まりを見せた。

これに対し、当時の自民党の椎名悦三郎副総裁および中曽根康弘幹事長は最後まで強硬姿勢を崩さず、「条件付付与」派であった三木武夫総理も最終的にはこの大勢に乗り、スト六日目の一二月一日、公労協との妥協を拒否する旨の声明を出した。

結局、公労協はスト八日目の一二月三日、ストライキの中止を決定し、スト権ストは失敗に終わった。

これが戦後労働運動の分水嶺となったことは周知のとおりであり、この時期をピークに、争議行為の件数は大幅に減少していった(4)。

2　官公労働法体系の固定化と立法闘争

(1) 官公労働法体系の固定化

スト権ストを契機に、政府は、官公労働法の固定化と公共企業体の民営化の方向性を打ち出していった。スト権ストが始まった日の午後、公共企業体等関係閣僚協議会専門委員懇談会（専門懇）は、政府に意見書を提出した。その内容は、官公労働者の争議権を否定し、公共企業体を民営化しない限りスト権を承認しないという方向性を示すものであった。また、一九七八年六月に公表された公共企業体等基本問題会議意見書でも、同様の方向性が示された。

その間、最高裁も、一九七七年の全逓名古屋中郵事件判決（最大判昭五二・五・四刑集三一巻三号一八二頁）において、全農林警職法事件判決が示した財政民主主義論等の非現業国家公務員の労働基本権制約の論理を、公労法適用の三公社五現業職員にもそのまま適用し、官公労働者については、争議権のみならず団体交渉権も憲法上保障されていないとして、公労法の規定を全面的に合憲とする判決を下した。

(2) 立法闘争とその挫折

スト権ストの敗北を受け、一九七九年、公労協および公務員共闘は、官公労働法のあるべき姿を示し、政府に立法要求を行なうべく、それぞれ立法構想を提言した。また、労働法学者や行政法学者も、労働基本権に関する立法につき、さまざまな観点から提言を行なった[5]。

しかし、このときの労働基本権回復要求は、大きな広がりとはならず、同時期にマスコミを中心に地方公務員のヤミ給与批判が展開されたこともあって、結局、実現をみることはなかった。

3　人勧凍結をめぐる裁判闘争

人事院勧告制度は、全農林警職法事件判決において、労働基本権制約の代償措置の重要な柱とされていた。しかし、一九八二年八月、人事院が月例給の引き上げ勧告を行なったにもかかわらず、鈴木善幸内閣は財政難を理由に当該勧告の実施を見送った。

これに対し、公務員共闘など労働側は反発し、同年の秋季年末闘争において時限ストを行なうなどして対抗した。そして、当該ストを理由に懲戒処分が発令されたため、これが訴訟で争われることとなった。

全農林警職法事件判決では、岸盛一・天野武一両裁判官が「代償措置が迅速公平にその本来の機能をはたさず実際上画餅にひとしいとみられる事態が生じた場合には、公務員がこの制度の正常な運用を要求して相当と認められる範囲を逸脱しない手段態様で争議行為にでたとしても、それは、憲法上保障された争議行為である」との補足意見を述べていたことから、人勧凍結に抗議してなされた争議行為がこの要件をみたすかが争われた。しかし、最高裁は、代償措置が本来の機能を果たしていなかったとはいえないとして、当該争議行為を違法と判断した（全農林〈八二秋季年末闘争〉事件・最二小判平一二・三・一七労判七八〇号六頁）。

三　公務の民営化と労働基本権

先に述べたとおり、専門懇意見書および基本問題会議意見書は公共企業体の民営化の方向性を示していたが、一九八一年に第二次臨時行政調査会（臨調）が発足し、改めて公共企業体（三公社）の民営化が提言された。そして、臨調行革路線のもと、中曽根内閣によって、この提言が実現されていった。具体的には、専売公社および電電公社が一九八五年に、国鉄が一九八七年に民営化された。この民営化が、官公労働運動に対する攻撃と表裏一体のものとして行なわれたことは周知のとおりである[6]。なお、三公社の民営化により、一九八六年、公共企業体等労働関係法（公労法）は国営企業労働関係法（国企労法）に改称された。

その後、国営企業（五現業）も相次いで民営化ないし独立行政法人化され、国企労法は二〇〇二年に「特定独立行政法人等の労働関係に関する法律」に改称された。さらに、二〇一三年には国有林野事業が一般会計事業化され、非現業となったことから、同法の適用対象は特定独立行政法人のみとなり、同法は「特定独立行政法人の労働関係に関する法律」に改称された。そして、二〇一四年の独立行政法人制度改革により、現在は「行政執行法人の労働関係に関する法律」となっている。

公務の民営化の流れは、現在も続いている。この間、労働基本権を制約する官公労働法自体には変化がなかったが、民営化・独立行政法人化等によって労働基本権の制約を受ける官公労働者の範囲は大幅に縮小されてきた。このことは、公務の特殊性（国民・住民への影響）を理由とした労働基本権制約の論理に大きな疑問を投げかけるものである[7]。

四　「自律的労使関係制度」の法案化

1　公務員制度改革をめぐる議論

一九八〇年代以降、公務員組合による労働基本権回復運動は下火になり、また、この問題に関する本格的な研究も少なくなっていった。その後、一九九六年に橋本内閣が発足し、公務員制度改革の議論が始まったが[8]、公務員の労働基本権問題については、長きにわたって進展がなかった。

二〇〇一年一二月に小泉内閣が閣議決定した「公務員制度改革大綱」では、内閣および各府省が主体的に人事行政に取り組むことが謳われ、労働基本権制約の代償措置とされている人事院勧告制度にも影響が及ぶ内容であったが、「公務の安定的・継続的な運営の確保の観点、国民生活へ与える影響の観点などを総合的に勘案し、公務員の労働基本権の制約については、今後もこれに代わる相応の措置を確保しつつ、現行の制約を維持する」とされた。

この大綱に対し、二〇〇二年に、連合および全労連らが相次いでＩＬＯに提訴を行ない、同年一一月にＩＬＯ結社の自由委員会から日本政府に対して勧告が出された（結社の自由委員会第三二九次報告）。その内容は、消防職員・監獄職員への団結権の付与、国家の運営に直接関与しない公務員への団体交渉権・ストライキ権の付与、ストライキに対する刑事罰からの解放等を明記したものであった。

日本労働弁護団も、二〇〇三年一一月に「公務員制度の改革を求める決議」を行ない、「公務員制度改革大綱」の見直しを求め、さらに二〇〇四年二月には「公務員制度の改革に関する意見書」を公表し、真に国民本位の行政の実現を図る公務員制度改革を行なうには、憲法およびＩＬＯ条約が保障する公務員労働者の労働基本権を回復する必要がある旨を指摘した。

その後、自民党政権のもとで公務員制度改革の議論が続けられたが、そこでは公務員人件費削減や市場化テストなど「小さな政府」を目指す新自由主義的改革が議論の中心であった。他方で、公務員の労働条件を引き下げるために、公務員に労働基本権を付与すべきとの議論も生じた。

２　協約締結権を付与すべきとの議論

そのようななか、二〇〇七年一〇月に行政改革推進本部専門調査会が「公務員の労働基本権のあり方について（報告）」を取りまとめ、一定の非現業公務員に対し協約締結権を付与すること等を提言した。また、二〇〇八年六月には「国家公務員制度改革基本法」が成立し、その一二条で「政府は、協約締結権を付与する職員の範囲の拡大に伴う便益及び費用を含む全体像を国民に提示し、その理解のもとに、国民に開かれた自律的労使関係制度を措置するものとする」とされた。

そして、これにもとづき国家公務員制度改革推進本部に労使関係制度検討委員会が設置され、政権交代後の二〇〇九年一二月、「自律的労使関係制度の措置に向けて」と題する報告書が公表された。これは、非現業職員に協約締結権を付与するに当たっての制度構想がまとめられたものである。これによって、長年の懸案であった公務員の労働基本権問題は、新たな局面を迎えることとなった。

3 国公労法案の概要

その後、国家公務員制度改革推進本部は、報告書をもとに議論を重ね、二〇一一年四月、「国家公務員制度改革基本法等に基づく改革の『全体像』について」を公表した。そして、同年六月、「国家公務員の労働関係に関する法律案」(国公労法案)が閣議決定され、国会に提出された。

国公労法案は、一定の非現業国家公務員(「認証された労働組合」)に対し、「団体協約」の締結権を認め、中労委の紛争調整手続きへの参加を可能にし、不当労働行為救済申立資格を与えるなど、注目すべき内容を含んでいた(なお、それにともない、人事院は廃止されることとされた[9])。もちろん、その内容は完璧なものではなく、とりわけ①同法案が適用される「職員」から刑事施設職員等が除外されていること、②団体交渉の対象事項につき管理運営事項を除外する旨の規定が引き続き設けられていること、③団体協約に規範的効力を認めず、当局に一定の実施義務を負わせるのみであること、④争議権の保障が先送りされていること等についてはきわめて不十分な内容といわざるをえない[10]。しかし、同法案は、公務員の労働基本権回復への第一歩となりうるものであり、その意味では一定の評価ができるものであった。

しかし、二〇一二年一一月一六日に衆議院が解散となり、同法案は廃案となった[11]。そして、再度の政権交代により自民党が政権与党に復帰し、その後、公務員の労働基本権回復に関する議論はまったく進展していない。

なお、その間、二〇一二年二月に、国公労法案とともに国会に提出された「国家公務員の給与の改定及び臨時特例に関する法律」が成立した。これは、「我が国の厳しい財政状況及び東日本大震災に対処する必要性に鑑み、一層の歳出削減が不可欠である」との理由から、人事院勧告によらずに、国家公務員の給与を二年間にわたって平均七・八％下げるというものであった。国公労連は、これが憲法違反であるとして、現在、裁判闘争を行なっている。

五　労働基本権確立に向けた今後の課題

マッカーサー書簡から七〇年近くが経過した現在も、公務員の労働基本権は制約されたままである。この間、労働側は、裁判闘争・スト権スト・立法闘争・ＩＬＯに対する提訴など、労働基本権の回復に向けてさまざまな取り組みを行なってきたが、いずれも今日まで成功を収めていない。

スト権スト以降、公務員組合の関心は人勧の完全実施に移り、労働基本権（とりわけ争議権）の回復要求はしだいに弱まってきた。二〇〇〇年代以降の協約締結権付与の動きも、公務員制度改革の議論から生じたものであって、労働側の要求が直接の契機となったものではない。

しかし、国際労働基準や各国の官公労働法制をみれば、公務員にも原則として争議権を含む労働基本権を認めることが国際的な常識となっている。我々は、このことを再認識したうえで、改めて公務員の労働基本権確立の意義を十分に理解し、手を携えて要求を強めていくことが重要となろう。

その際、どのようにして国民や住民の理解を得ていくのかを考える必要がある。国民や住民の理解や支持がなければ、この要求が実現しえないことは、スト権ストの敗北などの過去の歴史を振り返れば明らかである。近時、マスコミ等により厳しい公務員バッシングが続けられ、また、各地で公務員組合を敵視する首長も現れているが、これに対する対応も引き続き行なっていかなければならないだろう。

さらに、ここ二十数年の間、公務員の労働基本権に関するまとまった研究成果はごくわずかしか現れていない[12]。したがって、今後、この問題に関する理論的検討を本格的に行なっていく必要があると思われる。とくに、かつての立法構想論では、争議権の回復に焦点があてられていたため、団体交渉のあり方や、労働協約の効力、労働基本権と勤務条件法定主義との調整のあり方（労使自治と議会との関係）などについて、十分に検討が尽くされていない部分がある。また、公務の民営化により、かつての議論の前提が変化した部分もある。改めて、制度設計の前提となる基本的な考え方と、それにもとづく詳細な立法構想が求められているといえよう。その際、団体交渉や労働協約のあり方だけでなく、争議権保障のあり方についても併せて検討されなければならないことはいうまでもない。自律的労使関係制度を確立するためには、交渉が行き詰まった場合の争議行為を認めることが必要不可欠だからである。

筆者としても、今後、公務員の労働基本権確立に向けた理論構築と運動の前進に微力を尽くす所存である。

（1）ＩＬＯへの提訴を契機として、ＩＬＯについての研究も進んだ。たとえば、中山和久『ＩＬＯと労働基本権』日本評論新社、一九六三年など。
（2）同報告書の全文訳として、片岡曻・中山和久訳『ドライヤー報告』労働旬報社、一九六六年がある。
（3）ダニエル・Ｈ・フット（溜箭将之訳）『名もない顔もない司法―日本の裁判は変わるのか』ＮＴＴ出版、二〇〇七年、九五頁。
（4）総争議件数は、ピーク時の一九七四年が一万四六二件（うち、争議行為を伴うものが九五八一件）だったのに対し、二〇一三年はわずか五〇七件（うち、争議行為を伴うものが七一件）となっている（厚生労働省労働争議統計調査）。

（5）籾井常喜『「スト権」立法闘争論』労働旬報社、一九七九年、青木宗也ほか『公務員の労働基本権』総合労働研究所、一九七九年など。

（6）国鉄民営化を批判するものとして、佐藤昭夫『国家的不当労働行為論』早稲田大学出版部、一九九〇年など。

（7）西谷敏「民間労働関係の動態と公務労働」西谷敏ほか編『公務の民間化と公務労働』大月書店、二〇〇四年、四九頁、清水敏「公務員法制の変化と労働基本権」角田邦重ほか編『労働法の争点（第三版）』有斐閣、二〇〇四年、一二頁など。

（8）公務員制度改革の経緯については、毛塚勝利「公務労使関係システムの構築に関する議論の現在と問題点」季労二三〇号（二〇一〇年）七三頁参照。

（9）国公労法案の内容とその問題点については、清水敏「公務における自律的労使関係制度と議会統制」日本労働法学会誌一二二号（二〇一三年）五九頁、および拙稿「公務員の労働基本権と勤務条件法定主義との調整のあり方」同六八頁などを参照。

（10）日本労働弁護団も、二〇一一年四月二八日、国公労法案のもとになった「国家公務員制度改革基本法にもとづく公務員制度改革の『全体像』について」に対し、詳細な意見を公表している。

（11）地方公務員についても、二〇一二年一一月一五日に「地方公務員の労働関係に関する法律案」が閣議決定され、国会に提出されたが、国公労法案と同じく廃案になった。

（12）公務員の労働基本権を、政府や自治体の勤務条件決定権限に対する手続的制約という観点から再構成する近時の研究として、渡辺賢『公務員労働基本権の再構築』北海道大学出版会、二〇〇六年がある。

第15章 「労働者権」確立

――最高裁三判決からさらなる前進を目指して

木下　徹郎
（弁護士）

はじめに

労働組合法上の労働者性が問題となった事例は、古くから存在する。昭和三〇年代には、サンダルを加工する家内労働者の労組法上の労働者性が問題になった事案で、中労委はこれを、「賃金、給料その他これに準ずる収入によって生活する者」たる労組法上の労働者と認めた。

その後も、ＣＢＣ管弦楽団事件（最判昭五一・五・六労判二五二号二七頁）を代表的なケースとして、労組法上の労働者性について判断する労働委員会命令・裁判例が積み重ねられたが、とくに近年、労組法上の労働者性が実務的に注目を浴びるようになったのは、①新国立劇場運営財団事件、②ＩＮＡＸメンテナンス事件、③ビクターエンジニアリングサービス事件（以下①ないし③事件を合わせて「三事件」と呼ぶことがある）の救済命令取消訴訟においてである。

本稿では、上記三事件の最高裁判決が、労組法上の労働者の判断基準定立に向けて有する意義について述べ、これら最高裁三判決からさらに踏み込んだ労組法上の労働者の外縁を拡げる動きにつき紹介し、私見を述べる。

一　東京高裁三判決と、その問題点

1　東京高裁三判決を契機とした議論・運動の活性化

上記三事件では、いずれも業務請負型・委託型の契約形式の就労者が労組法上の労働者にあたるか否かが問題になったが、労働委員会レベルでは、いずれも労働者性を認められていたのにもかかわらず、救済命令取消訴訟において、東京高裁所は、いずれの事件の就労者についても、労組法上の労働者には当たらないと断じた。

これらの東京高裁三判決に対しては、多くの批判が向けられるとともに、これらの判決が立て続けに出されたことを契機として（①新国立劇場運営財団事件は二〇〇九年三月二五日〈労判九八一号一三頁〉、②ＩＮＡＸメンテナンス事件は二〇〇九年九月一六日〈労判九八九号一二頁〉、③ビクターエンジニアリングサービス事件は二〇一〇年八月二六日〈労判一〇一二号八六頁〉）、労組法上の労働者性に関する議論が一気に熱を帯びるようになった。三事件について、国側はいずれも上告をし、二〇一〇年一一月には、厚労省内に労使関係法研究会が発足し、労組法上の労働者性について検討し、二〇一一年七月に、「労働組合法上の労働者性の判断基準について」と題する意見書を発表した。

2　東京高裁三判決の問題点

⑴　従来の判断枠組みの問題—労働者概念の「借用」

労働基準法九条は、同法における「労働者」を、「職業の種類を問わず、事業又は事務所……に使用される者で、賃金を支払われる者」としている。

これに対し、労働組合法三条にいう労働者は、「職業の種類を問わず、賃金、給料その他これに準ずる収入によって生活する者」である。

労組法上の労働者は、文言上「使用される者」であることを要求されておらず、「賃金、給料」のみならず、「その他これに準ずる収入によって生活する者」も含まれる。このように、文言上、労組法上の労働者の範囲は、労基法上の労働者概念よりも広いものである。

労基法と労組法は、その立法目的・趣旨が異なるものであるから、互いに労働者概念が異なるのは当然のことである。

すなわち労基法の趣旨は、職場における労働条件の最低基準を画し、もってその職場で働く労働者の労働条件を保護することにある。それゆえ、労基法上の労働者は「使用される者」でなければならない。

他方、労組法の趣旨は、憲法上保障されている労働者の団結権の保護を具体化することにある。したがって、同法の適用対象となるべき労働者は、労働者の地位の維持・向上を図る前提として必要な労使対等を実現するために団結し、団体交渉・団体行動を行なうべき立場にある者を指す。団結することによって、交渉力格差を埋める要請は、何も「使用される者」に限られるものではない。

ところが、東京高裁三判決にいたるまでの、従来の裁判例や命令においては、一九八五年の労働基準法研究会報告(「労働基準法上の『労働者』の判断基準について」)で示された労基法上の労働者性の判断基準が「借用」され、労組法上の労働者性判断の基準として使用されてきた。それによって、労務遂行過程における事実上の「使用従属関係」(具体的には、業務指示等に対する諾否の自由、指揮監督の有無、時間的・場所的拘束の有無・程度等)の有無により、労働者性が判断されてきた。

(2) 東京高裁三判決の傾向──法的指揮命令関係の偏重

東京高裁三判決も、使用従属関係にかかる上記各要素を検討し、結果として、労組法上の労働者性を否定した。これら三判決は、判決文のうえでは、労基法上の労働者性と労組法上の労働者性が異なる旨述べるが、実際の判断においては、労基法上の労働者性判断と同様、使用従属関係を基礎づける要素として諾否の自由や時間的・場所的拘束の有無や、報酬の業務対価性を挙げ、判断している。このような労基法上の労働者性の判断枠組みの借用が、東京高裁三判決の結論に影響したと考えられる。

しかも、東京高裁三判決は、一様に「法的」な使用従属関係を強調し、労務提供の実態の考慮に欠けた判断を行なった。たとえば、①新国立劇場運営財団事件については、オペラ公演に出演する合唱団員が、出演の基本契約を締結したとしても、財団と個別公演出演契約を結んで講演に出演するか否かを自由に決定することができ、個別講演への不出演によって法的責任の追及を受けたことがないことなどを理由に労組法上の労働者性を否定した。②ＩＮＡＸメンテナンス事件も、カスタマーエンジニアが個別の修理補修業務にかかる業務委託契約の締結を拒んだとしても、それが基本的業務委託契約上、債務不履行とはとらえられていないことなどに言及する。③ビクターエンジニアリングサービス事件も、個人代行店が、契約上定められた営業時間数や受注可能件数を超えては、出張修理業務を拒否しても、債務不履行にならないことなどを強調する。

これら「法的」な使用従属性を強調した東京高裁三判決は、ＣＢＣ管弦楽団最高裁判決の調査官解説の影響を受けたと考えられる。しかし、同解説が先例として紹介した事案は、労基法上の労働者性が問題になった事件であるが、同解説は、それらの先例が「専ら法的従属性……によって判断されているようである」と述べ、東京高裁三判決は、この記載に影響されているように思われる。ここにも、労基法上の労働者性の判断枠組みを借用する弊害が表れている。

二　最高裁三判決

①新国立劇場運営財団事件、②ＩＮＡＸメンテナンス事件は二〇一一年四月一二日、③ビクターエンジニアリングサービス事件は二〇一二年二月二一日に、いずれも就労者の労組法上の労働者性を否定した東京高裁三判決を破棄する最高裁判決が出されるにいたった。以下、最高裁三判決の判旨を極簡単に紹介する。

1　新国立劇場運営財団事件

①　契約メンバーは、各公演の実施に不可欠な歌唱労働力として、財団の組織に組み入れられている。

②　契約メンバーが個別公演への出演を辞退した例は、出産、育児や他の講演への出演等を理由とする僅少なものにとどまっていたことにも鑑みると、各当事者の認識や契約の実際の運用においては、契約メンバーは、基本的に財団からの個別公演出演の申込みに応ずべき関係にあった。

③　契約メンバーと財団との間で締結されていた契約の内容は、財団により一方的に決定され、契約メンバーの側に交渉の余地があったということはできない。

④　契約メンバーは、財団により決定された公演日程に従い、各公演およびその稽古につき、財団に指定する日時・場所において、歌唱の労務を提供していたのであり、財団の選定する合唱指揮者等の指揮を受け、稽古への参加状況について財団の監督を受けていたというべきであり、契約メンバーは、財団の指揮監督のもとにおいて歌唱の労務を提供し、時間的にも場所的にも一定の拘束を受けていた。

⑤　契約メンバーは、出演基本契約書に掲げる計算方法にもとづいて算定された報酬の支払を受けており、その報

酬は、歌唱の労務の提供それた自体の対価であるとみるのが相当である。

2　INAXメンテナンス事件

① カスタマーエンジニア（以下「CE」という。）は、会社の住宅設備機器の修理補修事業の遂行に不可欠な労働力として、その恒常的な確保のために会社の組織に組み入れられていた。

② 会社がCEとの間の契約内容を一方的に決定していた。

③ CEの報酬は、会社が決定した顧客等に対する請求金額に、会社が決定したCEの級に応じた一定率を乗じ、時間外手当等に相当する金額を加算する方法で支払われており、労務の提供の対価としての性質を有する。

④ 原則的な業務依頼方法により依頼をされた場合、CEが拒否する割合は一%以下であったこと等から、各当事者の認識や契約の実際の運用においては、CEは、基本的に会社による個別の修理補修等の依頼に応ずべき関係にあったというのが相当である。

⑤ CEは、会社の指定する業務遂行方法に従い、その指揮監督のもとに労務の提供を行なっており、かつその業務について場所的にも時間的にも一定の拘束を受けていた。

⑥ なお、CEが自ら営業主体となって修理補修を行なっていた例はほとんど存在していなかったことがうかがわれ、そのような例外的な事象を重視することは相当ではない。

3　ビクターエンジニアリングサービス事件

① 個人代行店は、会社の出張修理業務の遂行に必要な労働力として、基本的にその恒常的な確保のために会社の組織に組み込まれていた。

② 本件契約の内容は、会社が一方的に契約内容を一方的に決定している。
③ 修理工料等が修理する機器や修理内容に応じて著しく異なることからこれを専ら仕事完成に対する対価とみざるをえないといった事情が特段うかがわれないので、実質的には労務提供の対価としての性質を有する。
④ 個人代行店は、特別な事情のないかぎり会社によって割り振られた業務を全て受注すべきものとされ、会社の申出があれば契約更新されないことに照らすと、各当事者の認識や契約の実際の運用においては、個人代行店は、基本的に会社による業務の依頼に応ずべき関係にあるとみるのが相当である。
⑤ 個人代行店は、基本的に、会社の指定する業務遂行方法に従い、その指揮監督のもとに労務提供を行なっており、かつその業務について相応の時間的・場所的拘束を受けている。
⑥ なお、ビクターエンジニアリングサービス事件は、上記事情にかかわらず、なお独立の事業者としての実態を備えていると認めるべき特段の事情がないかぎり、労組法上の労働者として認めるべきと判示し、個人代行店が自らの独立した経営判断にもとづいてその業務内容を差配して収益管理を行なう機会が実態として確保されているか否か等、上記特段の事情の有無を判断するため、高裁に差し戻しをした。

三 最高裁三判決の意義

上記最高裁三判決は、いずれも法的な使用従属性を偏重し、労働者性を否定した東京高裁三判決の判断を否定した。東京高裁三判決が維持されていれば、それは労組法により団結権を保護されるべき労働者の範囲を不当に狭め、労働運動全体に対する大きな打撃となる恐れがあった。これら東京高裁三判決の判断が否定された意義は大きい。

また、最高裁三判決は、いずれも各契約の形式や文言、そこに表れる法的な権利義務関係に拘泥することなく、契約メンバーやCE、個人代行店の労務提供の実態や、会社・財団との実際の力関係に即した判断を行なっている。最高裁三判決は、労組法上の労働者性判断に関する一般的な枠組を示していない事例判断ではあるが、このような労務提供の実態に即した判断手法は、労組法上の労働者を、同法の趣旨に即して広くとらえる途を示すものであるといえる。

前記のとおり、最高裁三判決は事例判断である。しかしながら、三判決の内容から、検討されている共通の要素は浮かび上がってくる。それは、①労働力としての組織への組入れの有無、②契約内容決定の一方性・定型性、③報酬と労務提供との関係、④業務の依頼に応ずべき関係の有無、⑤業務遂行上の指揮監督や、一定・相応な時間的・場所的拘束の有無、⑥独立事業者性の有無、である。これらの要素の軽重や関係については、なお明らかでない部分は多いものの、従前広く行なわれ、労組法上の労働者性の独自性を曖昧にしていた、労基法上の労働者性の判断枠組みの借用からの脱却を示すものである。

なお、前記「労働組合法上の労働者性の判断基準について」は、事業組織への組入れ、契約内容の一方的・定型的決定、報酬の労務対価性を主要な要素とし、業務に応ずべき関係、広い意味での指揮監督下の労務提供や一定の時間的場所的拘束を補充的要素、そして顕著な事業者性を消極的要素と整理している。

四　労働者概念の前進へ――フランチャイズ加盟者の労働者性

1　セブン‐イレブン・ジャパン事件

上記東京高裁三判決が相次ぐ最中、二〇一〇年三月二四日に、コンビニエンス・ストアフランチャイズの加盟者で組織するコンビニ加盟店ユニオンが、フランチャイズ本部であるセブン‐イレブン・ジャパンを相手に、団交拒否の不当労働行為救済命令申立を、岡山県労委に行なった（以下「セブン-イレブン・ジャパン事件」という）。フランチャイズ形態の契約につき、加盟者の労組法上の労働者性が問題とされた事案としては初めてのものである。加盟者は、フランチャイズ契約書面上、独立した事業者と明示されていた。また、加盟者のすべてが、店舗運営を行なうために、不可避的にアルバイトスタッフを自ら雇用するという点も、労組法上の労働者性が問題となったそれまでの事案では、類を見ない特徴であった。

かかる事件につき、二〇一四年三月二六日、県労委は、フランチャイズ加盟者たる組合員の労組法上の労働者性を認める命令を発した。労組法上の労働者の外縁を、さらに一歩拡げるものである。

同命令はまず、労組法上の労働者は、事業者であっても相手方との個別の交渉においては交渉力に格差が生じ、労働組合を組織し集団的な交渉による保護が図られるべき者が幅広く含まれるとした。そしてこれを前提としつつ、労組法上の労働者性につき判断がされた最高裁三判決および、労使関係法研究会報告書にそって、以下の諸要素を検討した。

⑴　事業組織への組入れ

会社が加盟店にコンピューター機器等を貸与し、これにより商品の販売状況等加盟店の店舗運営に関するさまざまな情報を一手に把握・管理していること、加盟店発注の商品を仕入代行し、会社管理の共同配送センターから加盟店舗に届けていること、会社が仕入代金やロイヤリティー等さまざまな加盟店舗との金銭処理を統一的に行なう会計システムを採用していること、会社の収入の大半は、加盟店舗から支払われるロイヤリティーが占めていること、加盟者による店舗運営なしにこの仕組みは機能しないことなどから、会社がセブン-イレブン・チェーン本部として、加盟店舗全体の運用・統括を行なっており、店舗運営は、会社が統括する業務の枢要な部分として組織内に確保されているとした。

(2) 契約の一方的・定型的決定

契約上の条項のうち、店舗の所在地を除いては、会社が用意した契約書にもとづく契約をしなければならず、営業時間、報酬に関わる事項、業務内容などが交渉によって変更されることはありえないこと、店舗運営の方法について説明したシステムマニュアルが任意に会社により改訂されることから、契約内容を会社が一方的に決定していることを認めた。

(3) 報酬の労務対価性

命令は、労務と報酬との関係が厳密な意味で比例している必要まではなく、ある程度比例ないし強い関連性があれば、報酬の労務対償性を認めてよいとした。

そのうえで、加盟者が売上金を毎日会社に送金しなければならず、これを自由に処分することができないこと、現実問題として、加盟者やその家族が相当時間、接客等の店舗の直接的な運営に従事せざるをえず、会社に対し一定の労務を提供する立場に置かれていること、加盟者が店舗運営に関する責任を負わなければならないこと、店舗売上は加盟者の店舗運営の成果そのものであり、その運営のためには加盟者の労務が不可欠であることなどを認め、加盟者の労務と収入の関連性が強いと評価することができるとした。

(4) 業務の依頼に応ずべき関係

加盟者が、商品の発注・陳列・販売方法等について会社作成のマニュアルにもとづいて処理しなければならないこと、会社がセブン-イレブン・イメージを構成する重要な要素と認めた商品・サービスの導入を強く指導し、加盟者がそれを拒絶することが著しく困難であること、加盟者の商品発注の裁量は限定された選択肢の範囲内でしか存在しないことなどから、加盟者は会社からの要請に応じなければならないのが実情であることを認めた。また、会社による契約更新拒絶権は、加盟店舗の運営を子細に把握され、他の生計の手段を持たない加盟者にとっては常に脅威となり、会社の指導に対して従順にならざるを得ない立場に立たされるとして、業務の依頼に応ずべき関係があると認めた。

(5) 広い意味での指揮監督下の労務提供、一定の時間的場所的拘束

契約上、加盟者は店舗を年中無休で二四時間営業とすることが義務づけられていることから、加盟者は、場所的・時間的に相当程度拘束されているとした。また、加盟者はシステムマニュアルに従って店舗運営をしなければならず、会社従業員が週に二回店舗巡回をして店舗運営に関するアドバイスを行なうが、加盟者は契約違反行為の指摘等のおそれからそのアドバイスに従順にならざるをえないこと等から、加盟者は広い意味で会社の指揮監督下で労務を提供していると評価できるとした。

(6) 顕著な事業者性

加盟者は店舗を保有しているが、それを、自由に独自性をもって使用・利用することができず、その運営上の裁量はきわめて限定され、オリジナリティや才覚を発揮して独自色を出すことが事実上不可能であること、加盟者が従業員を雇用しているのは、年中無休・二四時間営業という契約上の義務を果たすためには他人労働力の導入が不可避だからであること、収入を事業所得として申告しているのは、会計処理上の問題であり、事業者性とは別個の問題であること、最低保証制度の導入により、会社は加盟者の総収入が一定額を下回らないようにしていることなどから、顕著な事業者性があるとまではいえないとした。

以上を総合考慮し、加盟者が労組法上の労働者に該当すると判断した。

2　ファミリーマート事件

セブン-イレブン・ジャパン事件に続き、二〇一二年一二月四日、ファミリーマート加盟者を組織するファミリーマート加盟店ユニオンは、ファミリーマート株式会社が団交拒否をしたことが不当労働行為にあたるとして、東京都労働委員会に救済申立を行なった。

ファミリーマート店舗運営のシステムは、セブン-イレブン・システムと同様のものであり、店舗内のストア・コンピューターを通じて発注や商品の管理等がなされ、それらはすべて会社に把握される。商品は会社が仕入を代行し、これらは共同配送センターから「ファミリーマート」のロゴ入りのトラックで配送される。加盟者は毎日売上金を会社に送金し、売上金を自由に差配することはできず、毎月二五日に引出金名下に三〇万円程度の金銭を会社から支払われる。店舗には週に二回会社からスーパーバイザーが巡回し、店舗の様子を確認し、商品の陳列方法や清掃状況に問題があれば指導を行なう。人件費等の営業費が嵩んでくれば、それを是正するように指導も行なう。

何よりも、加盟者は、二四時間店舗を営業し、かつ営業費を抑えて利益を出すためには、どうしても自らが店頭に立って、接客・品出し・清掃等、アルバイトスタッフが行なっている業務とまったく同様の業務を行なわざるをえない。任意の一週間につき、組合員の稼働状況を記録すると、週五〇時間から八〇時間超も稼働している。一週間に一日も休みがない状況である。加盟者は店舗を管理しているだけではなく、まさに一店員として汗水流しているのである。本件は、二〇一五年春頃に、都労委の命令が出される見込みである。

3　セブン-イレブン・ジャパン事件、ファミリーマート事件と、労組法上の労働者の今後

前記したとおり、セブン-イレブン・ジャパン事件やファミリーマート事件は、フランチャイズ契約形態の加盟者の労組法上の労働者性が初めて問題になった事案である。重要なのは契約の形式や契約書内の文言ではなく、加盟者の労務提供の実態であることは、最高裁三判決の示すところである。しかし、加盟者が、店舗の二四時間営業を行なうため、アルバイト従業員を不可避的に雇用し、使用しているという点で、独立の事業者という側面も併有している点などに新規性があり、またどのような事情から、加盟者の得る収入が、労務提供の対価（あるいはこれに準ずるもの）ということができるのかという点についても、労働委員会の判断が注目されるところである。

最高裁三判決の事案に見られるような、業務委託形式や請負形式での契約のもとで稼働している者は今日多数おり、本来保障されているはずの労組法上の権利の存在が曖昧にされているという問題は広く見られる。同様のことは、フランチャイズ形態の契約のもと稼働している加盟者についてもいえる。コンビニチェーンの採用する店舗運営や店舗会計、物流システムは共通しており、セブン-イレブンやファミリーマートの加盟者以外のチェーンの加盟者も、同様に実態においては労働者として稼働しているにもかかわらず、独立事業者として取り扱われるという問題に直面していることは、想像に難くない。コンビニチェーンにかぎらず、フランチャイズ形態の契約は、飲食業界をはじめとして、多くのブランドで見受けられる。たとえば、多くのファストフードチェーンは、フランチャイズ店舗を多数有しており、今後さらに直営店からフランチャイズ店へのシフトを推進する計画を示しているものも見られる。これらのファストフードチェーンも、いつ、どこの店舗に行っても、変わらぬサービスを受けられるというところに特徴があり、そのことから、店舗運営のあり方は、直営店とフランチャイズ店舗とで、選ぶところがないのも容易に想像できるところである。

ともすれば、フランチャイズ・システムは、企業側が本来負担するリスクを、労働者を「独立事業者」とラベリングすることで、それらの者に押しつけるツールになりかねない。セブン-イレブン・ジャパン事件、ファミリーマート事件は、このような多くのフランチャイズ加盟者の労組法上の権利の帰趨に影響を及ぼすケースであり、労働者の権利に対する新しい挑戦を跳ね返すための、重要な闘いである。

第16章　日本の労働者の権利とＩＬＯの活用

牛久保秀樹
（弁護士）

一　ＩＬＯの創設と理念

ＩＬＯ（国際労働機関）は一九一九年に創立されて、スイスのジュネーブに本部を置いている。加盟国は一八三カ国で、本部には事務局が置かれ、事務局員は、一五〇カ国から派遣された二七〇〇人が業務にあたり、外部専門スタッフとして二九〇〇人が協力している。

一九一九年六月二八日に署名されたベルサイユ平和条約に、「第一三編労働」の章で、「結社の自由、労働生活条件、八時間労働制、週休制、児童労働の禁止、同一労働同一賃金の原則、労働監督制度の確立」が宣言され、そして国際的な条約や勧告を採択することを目的とした、常設の国際労働機関を設置することを定めた。

ＩＬＯは一九一九年、第一回総会を開催して、八時間労働制を規定した「工業的企業における労働時間を一日八時間かつ一週間四八時間に制限する条約」の第一号条約を採択した。

現在のＩＬＯ憲章前文は、ＩＬＯ結成にいたる経過から「世界の永続する平和は、社会正義を基礎としてのみ確立することができる」と記載されている。ＩＬＯは、国際的な労働運動の高まりと平和を望む国際世論のなかで、戦争の反省と平和への願いを込めて結成されている。

二　ＩＬＯ条約の批准の必要性

日本の労働者の雇用、生活向上、健康を守るなど、労働条件のさまざまな課題を改善するためには、ＩＬＯ条約を批准して、労働条件の国際基準を確立することが必要とされる。ＩＬＯ条約は全体で一八九の条約があり、そのうち日本が批准しているのは四九条約（ＯＥＣＤ諸国の平均批准数七三）、未批准が一四〇条約となる。このように、日本は、ＩＬＯ条約の七五％を批准せず、このことを、私たちは、七五％の空白と呼んでいる。日本の労働者の権利向上のためには、この空白を埋めることが必要とされる。

未批准のうち、とりわけ重要なことは、ＩＬＯの労働の基本原則の中核条約としてある一一一号の差別禁止条約が批准されていないことである。

労働時間に関する一八条約が一つも批准されていない。たとえば、一七一号条約の夜業に関する条約の批准は夜間労働に従事する労働者、医師、看護師のきびしい深夜労働の問題に関連する。また一七五号パート労働条約が未批准のまま、非正規雇用者の労働条件が放置されてきて、非正規労働者の労働条件がきわめて低い水準にどとまり貧困化をもたらしている。

さらに一五一号公務労働条約の未批准は、公務員制度改革と密接な関係にあり、また、建設産業で取り組まれている公契約の九四号条約は、建設労働者の生活と賃金を改善するうえで重要な役割を果たす。

有効な、解雇規制を持たない日本で、リストラという人減らしが横行している。この解雇規制のためには、「使用者の発意による労働契約の終了に関する一五八号条約解雇規制条約」の批准が必要である。この条約は、使用者による不当な解雇をなくすとともに、雇用調整の場合、労働者への影響を最小限のものとする努力を企業に求めている。日本の労働者にとって、ILOの国際労働基準の確立は、労働環境を大きく改善することに結びつくことになる。

三　ILOの条約違反について

ILOには条約の適用を監視する監視機構がある。結社の自由委員会と条約勧告適用専門家委員会、そして総会基準適用委員会、ILO憲章二四条申立がある。なかでも、活用しやすいのが、結社の自由委員会と条約勧告適用専門家委員会である。

1　結社の自由委員会

結社の自由委員会には、八七号条約（団結権）、九八号条約（団体交渉権）に違反する場合、是正を申し立てることができる。結社の自由委員会は申立を受けた場合、直ちに審理し、政府に是正勧告をすることができる。また、緊急を要する事案については、条約の批准・未批准を問わずに結社の自由委員会への申立が認められている。結社の自由委員会は、「直接接触」として、各国への調査団を派遣することも行なう。

直近では日本航空整理解雇事件で、日本航空乗員組合と日本航空キャビンクルーユニオンとが、結社の自由委員会に二〇一一年三月に申し立てた。また社会保険庁分限免職問題でも、全厚生労働組合が二〇一三年一一月に申立をした。

結社の自由委員会の場合、審査報告書に、「是正勧告に与えられた効果」という項目があって、是正勧告後の状況が検討されるシステムとなっている。たとえば、国労ケースでは、一度の基本勧告がなされたあと七回、この是正勧告の遵守状況が検討されている。結果として、解決に向けた九次の勧告がなされている。

2　条約勧告適用専門家委員会

ＩＬＯでは、批准された条約の違反について、機関として条約勧告適用専門家委員会が構成されて、審議している。委員会は、毎年一一月に開催され、その結論は、翌年三月に、「ビッグ・ブック」といわれる大部の報告書により、全世界に公表される。

ＩＬＯは、これまでも、条約・勧告適用専門家委員会において、継続的に懸案事項を取り扱い、日本についても女性差別、朝鮮人強制労働、従軍慰安婦問題等について、数回にわたって是正勧告を出している。

直近では、日本の非正規雇用について、労働市場の二重性を指摘して、若者に被害が集中していると批判している。

3　フォローアップ手続き

さらにＩＬＯでは、この是正勧告が尊重されて事態の解決がなされているかどうか、情報の提供を受けて検討している。その手続きをフォローアップといい、理事会が担っている。これらの手続きを通じて、国際法は、実際に働く人々の権利向上に活用されていくことになる。とくに日本では、国際労働基準から見て、多くの基準未達成があるために、ＩＬＯの監視機構の活用が求められている。

4　労働者活動局の協力

ＩＬＯの特徴として、労働側、使用者側双方について、それぞれ、サポートする局が構成されていることがある。労働者側の機関は労働者活動局で、アクトラーブといわれて、ＩＬＯ内でも重視されている。ＩＬＯは、国連機関のなかで唯一労働者代表が構成員となっているため、労働者活動局が、機関全体のシステムに生かされている。労働者活動局は四〇名のメンバーがいて、専門職全員が、労働組合経験をもっている。

労働者活動局は次の三つの役割を担っていると説明される。

① ＩＬＯの決定事項・計画が一体となってすすむよう、ＩＬＯ自体を監視する。

② ＩＬＯの決定が各国で、実務行動とつながるよう把握する。このために条約の批准が重要であり、労働者活動局は条約批准推進キャンペーンをすすめている。

③ 組合の能力の強化が決定的に重要であり、これに尽力する。

そして、ＩＬＯの活動について、労働者活動局は、加盟国の個々の労働者を含む労働者の相談にのって、援助をし、ＩＬＯ条約の膨大な体系について、その理解の援助をしている。日本では、郵政労働者、医療労働者、教員、公務労働者らが実際にＩＬＯ本部で条約と活動のブリーフィングを受け、ＩＬＯの活用に役立てている。

四　ＪＡＬ不当解雇問題でＩＬＯ結社の自由委員会が勧告

現在、重要な懸案事項が、ＪＡＬの整理解雇問題である。その経過に触れるが、他の事案に取り組む際、参照していただきたい。

1　ＩＬＯへの申立

二〇一〇年一月に破綻した日本航空では大幅な人員削減策が職場に提案されるとともに、希望退職の募集が行なわれた。そして同年九月末には解雇基準が唐突に職場に提示された。客室乗務員の組合である日本航空キャビンクルーユニオン（ＣＣＵ）と、機長らを含む日本航空乗員組合（ＪＦＵ）は、解雇撤回にむけて団体交渉を要求した。しかし、会社更生法適用下にあった会社（政府五〇％出資の企業再生支援機構、会社更生管財人、日本航空）は、まともな交渉を行なわないまま、二〇一〇年一二月三一日、客室乗務員八四名、運航乗務員八一名の整理解雇を強行した。

被解雇者は、原告団を構成して、東京地方裁判所に解雇無効の提訴を行ない、解決にむけて運動を強化した。裁判で闘うとともに、国際問題としても提起し、具体的には、八七号条約（結社の自由条約）と九八号条約（団体交渉促進条約）に違反するとしてＩＬＯ結社の自由委員会に、二〇一一年三月二四日、申し立てた。

日航事件は、これまでの、結社の自由員会が明らかにした基準にそって、審議される。結社の自由委員会の先例は、次のように、基準を明らかにしている。

「七九五項　反労働組合差別行為は経済的必要性をもとにした解雇という名目で許可されるべきではない。

七九六項　人員削減計画の実施は反労働組合差別行為を行なうために利用してはならない。

七九七項　企業再編は直接的あるいは間接的に組織労働者とその組織を脅かすものであるべきではない。」

「八〇四項（結社の自由）委員会は、労働組合役員の保護を保障する一つの方法は、これらの役員を、深刻な違法行為を行なった場合を除いて、在任期間中にあるいは退任後一定の期間内に解雇をしてはならないことを定めることであると指摘してきた。」

２　国際労働運動の協力

このＩＬＯ中立を軸にして、国際的な労働運動の支援が具体化されてきている。ＣＣＵが加盟するＩＴＦ（国際運輸労連　四五〇万人）は、二〇一一年三月二二日付で、ＩＬＯ中立を支持する表明を行なった。

「本件が結社の自由委員会に付託された場合、上述の論点についてＩＴＦは当申し立てを支持することを希望いたします。当該の整理解雇から発生した喫緊の問題と、このことが日本の結社の自由の状況に及ぼす影響に対処するため、ＩＴＦとしては、ＩＬＯが日本政府に早急に連絡を取り、解雇通知の撤回と、人員削減プロセスを関係者の合意に基づいて決定するための労使交渉の実施を担保することを要請します。」

ＪＦＵが加盟し、世界で一〇万人のパイロットが加入するＩＦＡＬＰＡ（国際定期航空操縦士協会連合会）は、当初から日航の機長等運航乗務員の解雇について、ＩＬＯ条約にもとづく解雇回避の協議が持たれたとの報告がなされていないとして、解決を要望していた。そのうえで、ＩＬＯ中立についても、明確に支持を表明している。

結社の自由委員会の中立とともに、原告団は、二〇一一年五月、ＩＬＯへの要請行動を行なった。この要請に対し、ダン・クニア労働者活動局長は、急遽シンガポールから帰国して、冒頭、「裁判との関係は重要な問題である。ＩＬＯはインターナショナル・ロー（国際法）にもとづいて判断する。裁判官は国内法による。その見解で相違が出る場合、ＩＬＯは、国内法体制を批判することになる。かつて、日本の郵政のストライキについて、日本の国内法を、国際法の立場から批判した。ＩＬＯの結論については、皆さんにフォローアップをしっかりとしていただいて、実現するまで取り組んでほしい。」と発言している。

３　条約上の問題

日航の整理解雇は、他のＩＬＯ条約についても関係する問題である。

一一一号条約（「雇用及び職業についての差別待遇に関する条約」、日本未批准）は、「条約の適用を受ける加盟国は、雇用及び職業についての差別待遇を除去するために、国内の事情および慣行に適した方法により、雇用についての待遇の均等を促進することを目的とする国家の方針を明らかにし、かつこれに従うことを約束すること」を求めている。日航の整理解雇基準は、雇用の継続について年齢による差別待遇を行なうものであることが明らかである。この一一一号条約は、日本は未批准であるが、ＩＬＯにおける中核条約として、加盟国は未批准でも遵守する義務があるとされる条約である。

また、一二二号条約（「雇用政策に関する条約」、日本批准）は、「自己に適する職業に必要な技能を習得しならびにその職業において自己の技能を活用するための可能な最大限度の機会を有することを確保することを目的」とするとしている。

航空機に乗務する運航乗務員ならびに客室乗務員は、安全確保とサービス提供という任務を遂行するうえで、その業務経験が重視される職種である。しかし日航の整理解雇は、熟練労働者を年齢を基準にして、いわば優先的に整理解雇の対象としている。運航乗務員や客室乗務員について、それらの者が長年の労働を通じて獲得した技能および才能を活用するための可能な機会を最大限保障する施策を取っていないことが明らかである。

さらに、リストラの際には、労働者への悪影響を最小限のものとする努力を企業に求めている一五八号条約解雇規制条約の問題がある。日本は、未批准であるが、後記するとおり、国際慣習法としての効力が認められるべきであり、少なくとも、九八号団交促進条約の対象として、その内容は、団体交渉の場で十分に協議されなければならないこととなる。

4　基本勧告とフォローアップ手続き

結社の自由委員会への中立に対し、ＩＬＯ理事会は二〇一二年六月、日本政府に対し、日本航空の整理解雇について、誠意をもった協議を尽くし解決を図るように勧告した。この勧告は、基本勧告として出され、今後、その実施状況が、フォローアップ手続きにより監視されることになる。

①　委員会は、従業員の人員削減の過程において、労働組合と労働者の継続する代表者が役割を果たせるように、

関連する当事者間で協議が実施されることを確実に保障するよう、日本政府に要請する。
② 整理解雇された労働者一四八人が、二〇一一年一月に会社を相手取り、東京地裁に提訴し、労使間に法的拘束力のある雇用契約が存在していることを認めるよう、裁判所に要求していることに注目し、委員会は、当該の裁判の結果に関する情報を提供するよう、日本政府に要請する。
③ 再建計画を策定する場合、そのような性質の計画が労働者に及ぼす悪影響を可能なかぎり最小限にとどめるうえで、労働組合は主要な役割を担うため、委員会は、労働組合と十分かつ率直な協議を行なうことの重要性を強調する。委員会は、日本政府がこの原則が、十分に尊重されることを確実に保障するよう、期待する。
④ 委員会は、「企業再生支援機構の不当労働行為」について東京都労働委員会が二〇一一年八月三日に交付した救済命令の破棄を求め、二〇一一年九月一日に会社が東京地方裁判所に提訴した訴訟の結果に関する情報を提供するよう、日本政府に要請する。
一次勧告に続いて、ＩＬＯ第三一七理事会は、二〇一三年一〇月日本航空整理解雇事件に関する申立事件に関して、フォローアップ手続きによる見解（第二次勧告）を公表した。二次勧告は、五項目（六二〜六六項）で構成されている。そのなかの六五項は、整理解雇事件について、判決の報告を求めるとともに、判決にもとづいて、解決に向けてどのような措置がとられたかを報告するように求めている。国際機関として、婉曲な表現がとられているが、東京高裁判決について、解決に資する内容となることの期待を表明したとみうるものになっている。

また、不当労働行為事件については、判決だけでなく、いかなる状況についても報告することを求めている。労働組合への介入は許されないとする、結社の自由条約の立場から、不当労働行為事件については、強い関心を有していることが表明されている。

二次勧告は、「さらに」と、追加して項目を記載して、整理解雇の解決を具体的にうながしている。日本航空で従業員の新規採用が実施されているもとで、経済的理由で解雇された労働者を職場復帰させるために、今後の採用計画についてては、すべての労働組合と完全かつ率直な協議がなされ、了解しあうことを求めている。それは、「再建計画を策定する場合、そのような性質の計画が労働者に及ぼす悪影響を可能な限り最小限に止めるもの」として協議の実施を求めた基本勧告の内容を、現在求められていることとして具体化した見解として公表されたことになる。

5　ＩＬＯの強い位置づけ

日本航空案件について、ＩＬＯは重大な関心を持っている。一つは、「国労案件が解決したというのに、日本政府は何をしているのか」、とみることができる。もう一つは、日航案件が、世界の航空労働者全体に関わるという認識である。ＩＬＯは、世界的に大きな影響のある事案について、中立があれば、十分に調査し、是正勧告し、時には、その国を訪問して専門家としての援助を行なっている。ＩＬＯは、日航案件を通じて、世界の航空の合理化について、あるべき基準を明らかにしようとしている。

そのＩＬＯは、解雇された労働者について、職場復帰に向けた協議を求めた。「率直かつ完全な協議」という言葉は、英文で、「包み隠さず、心ゆくまでの協議」という言葉が使われている。この点で、かつての国労案件が、「当事者の満足する解決」という内容であったことからみると、前進したものとなっていることがわかる。その理由は、日本航空が、新規採用を行ないながら、一五八号条約が求める、解雇された労働者の優先的再雇用権を認めなかったことを強く批判したとみられる。ＩＬＯは、日本航空経営者は、パイロット、スチュワーデスの新規採用の前に、経験豊かな労働者の職場復帰をまず、実現するべきであるとしているのである。

以上のようにＩＬＯは日本航空の整理解雇について、日本政府と日本航空に対し、解決をうながす二つの勧告を示している。これらのＩＬＯ勧告を日本政府が真摯に受け止め、解決を図ることがのぞまれ、日本航空案件は、国際的にも、日本という国の在り方を問う事案になっている。

五　ＩＬＯ基準の規範力

条約遵守義務は当然のことあり、批准された国際条約は、直接、法的効力を有するとされる。戦後、団藤重光、石井照久、田中二郎氏ら東京大学の各分野の法学部の研究者が東京大学憲法研究会として公表した法学協会編集『註解日本国憲法』は、

「条約及び国際法規が国内法上拘束力をもつということからして、当然にその義務の主体は、国家機関及び個人であるということになる。従って裁判所も条約と国際法を適用しなければならない。」（下巻一四八二頁）

として、条約が裁判規範となることを承認している。

批准された国際条約は、それ自体において国内法として効力を有するものであり、裁判規範としても当然機能するものとなる。問題とされるべきことは、このような条約の法的効力について、消極的になろうとする裁判所の姿勢であり、その変更が求められる。

次に、未批准である条約の効力である。日本では、憲法九八条第二項が、「日本国が締結した条約及び確立された国際法規は、これを誠実に遵守することを必要とする」と規定している。「確立した国際法規」は、法規範性が承認されている。「確立された国際法規」とは、「国際団体に属する国家の支配的多数により、かつ支配的諸国家により、拘束力のあるものと認められている国際法規である」（橋本公旦『註解日本国憲法』六三二頁）とされている。同様のことは、『注解日本国憲法』では、「確立された国際法規」とは、条約と区別された国際慣習法を指すとして「大多数の国によって承認された場合」（一四八一頁）であるとしている。この要件からみても、未批准であっても、国際

機関で採用された条約は、確立された国際法規とされるべきこととなる。ＩＬＯ条約は、二度にわたる総会で審議され、その三分の二の賛成ではじめて採択されるものであり、「大多数の国によって承認された場合」に該当している。批准条約による直接効力が認められないものとしても、少なくとも、信義則等が活用されながら、「確立した国際法規」としての効力が検討されなければならない。

従来日本においては、裁判所は、条約、国際人権法をはじめとする国際法の適用について冷淡であり、当事者からの条約違反の主張に対しても、これを無視する状況が続いている。しかしながら近年になって、このような状況は改善される動きが出はじめ、正面から事案に国際人権法の適用を認める裁判が続いている。最近の例では、非嫡出子の遺産相続について、最高裁大法廷（平成二五年九月四日決定）は、「市民的及び政治的権利に関する国際規約」、「児童の権利に関する条約」を引用して、国際人権規約委員会が法改正の勧告を繰り返したことを理由として記載して、非嫡出子の相続分が嫡出子の二分の一と定める民法九〇〇条四号但書は、憲法一四条に違反すると、判示している。

六　ディーセントワークと労働の基本原則の確立

ＩＬＯは三つの時代で画期を作ってきた。第一の時期は、一九一九年のＩＬＯの創設、一号八時間労働条約の策定、ＩＬＯ憲章の制定の時期であり、第二の時期は、第二次世界大戦の終結後の世界の労働基準の基本を定めた一九四四年のフィラデルフィア宣言の時期であり、結社の自由を強く求めていくことになる。そして第三の時期が、二一世紀の初頭にあたっての戦略であるディーセントワーク（Decent Work 働きがいのある人間らしい仕事）の実現と、労働の基本的原則の確立の時期である。いま、日本でも、ディーセントワークが人間らしい労働への確立のためのスローガンになっている。ディーセントワークとは、「人間としての尊厳、自由、均等、安全の条件で、男女が生産的な好ましい仕事を得る社会を推進すること」とＩＬＯで定義づけられている。

このディーセントワークでは、労働時間の問題について、ＩＬＯは「ディーセントワーキングタイム」（人間らしい労働時間）を提唱している。その内容は次の五つである。

① 労働者の健康によい労働時間
② 家族に友好的な労働時間
③ 男女平等を進める労働時間
④ それらのことを通じて、生産的な労働時間
⑤ 労働者の選択と決定が認められる労働時間

この「ディーセントワーキングタイム」（人間らしい労働時間）の提唱をうけて、一層、ディーセントワークの重要性を知ることができる。そこには、健康、男女平等、生産性、選択権にあわせて、家族のことが提起されている。ディーセントワークとは、家族がその未来を託せる仕事・労動であること、このことにこそ日本の非正規労働に最も大きな問題があることが見て取れる。

いま、日本の労働者の安全と健康は深刻な状況にある。こうした現状を打開するために、このＩＬＯの二一世紀戦略のディーセントワークが、日本の労働者にとって重要な目標となっている。ディーセントワークの目標を日本の労働者が学び、豊かな生活の実現に向かって前進することが期待される。
※ 宮里弁護士には、国労案件、日航案件で、ＩＬＯ活動について、励ましをいただいてきた。あらためて、感謝をお伝えしたい。

第17章　公務員の政治活動禁止との闘い
――国公法弾圧事件・最高裁判決の意義

加藤　健次
（弁護士）

はじめに

社会保険庁職員（当時）の堀越明男氏（堀越事件）は二〇〇三年の総選挙の際に、厚生労働省職員（当時）の宇治橋眞一氏（世田谷事件）は二〇〇五年の総選挙の際に、いずれも日本共産党の機関紙「しんぶん赤旗」号外を配布したことが国家公務員法に違反するとして起訴された。

東京高裁では、堀越事件が無罪、世田谷事件が有罪と対照的な判決が出された。二〇一二年一二月七日、最高裁判所第二小法廷は、堀越事件と世田谷事件について、いずれも上告を棄却する判決を言い渡した。これによって、堀越氏の無罪と宇治橋氏の有罪（罰金一〇万円）が確定した。堀越事件は四人の裁判官の全員一致、世田谷事件は四人のうち須藤裁判官が無罪とすべきとする反対意見を述べている。

最高裁は、国公法・人事院規則の適用範囲を限定して堀越氏を無罪とした。このことは、猿払最高裁判決を実質的に変更し、公務員の政治活動の自由の範囲を拡大したという重要な意義を持っている。判決後、各報道機関は、結論に好意的かどうかは別として、「政治活動　制限を緩和」「政治活動一部容認」などと報じた。

本稿では、堀越事件を中心に、約九年にわたる闘いを振り返り、最高裁判決の意義といくつかの教訓を述べることにする。

一　事件の背景と獲得目標

国家公務員法一〇二条一項、一一〇条一項一九号と人事院規則一四—七は、勤務時間の内外等の事情を考慮することなく国家公務員の政治的行為を刑罰をもって一律・全面的に禁止している。この規定は一九四八年に公務員労働者の運動を抑圧するためにアメリカ占領軍の圧力で作られた憲法違反の法律であり、本来、占領の終了とともに廃止されるべきものであった。

一九六〇年代に国公法違反事件で起訴された事件では、表現の自由や政治活動の自由を尊重する立場から下級審で相次いで無罪判決が言い渡された。ところが、最高裁は一九七四年一一月、猿払事件で、国家公務員の政治的行為の一律・全面禁止を合憲とし、無罪判決を覆して有罪の判決を言い渡した（以下「猿払最高裁判決」という）。猿払最高裁判決は、国家公務員の争議行為の全面的な禁止を合憲とした一九七三年の全農林判決などとともに、憲法を尊重しようとする方向への流れを押し止める反動的な役割を果たしてきた。

この猿払最高裁判決に対しては、基本的人権を軽視するものとして、憲法学界はもとより、社会的にも大きな批判がなされた。そのため、合憲判決が出されたにもかかわらず、判決後は、国公法の政治的行為の禁止規定違反による起訴はなされなかった。

堀越氏の起訴は、猿払事件（一九六七年）から実に三七年ぶりのことであった。なぜこの時期に国公法違反事件を立件したのか。当時、小泉純一郎内閣のもとで自衛隊のイラク派兵が強行され、明文改憲に向けた動きが強まり、これに反対する運動も高まっていた。そのような情勢のなかで、憲法と平和を守る運動、とりわけ公務員労働者の活動を抑圧するために、公安警察が国公法を再び「使える」手段にしようとしたのが、堀越事件であった。

弁護団は、このような討議をふまえて、国公法を弾圧の武器として二度と使えないようにすること、そのために猿払最高裁判決の変更と違憲無罪判決をかちとることを獲得目標として確認し、最高裁まで闘ってきた。

二　猿払最高裁判決の「壁」を打ち破る闘い

1　猿払最高裁判決の本質と批判の焦点

猿払最高裁判決は、国公法・人事院規則の合憲性判断に際して、「禁止の目的、この目的と禁止される政治的行為との関連性、政治的行為を禁止することにより得られる利益と禁止することにより失われる利益との均衡の三点から検討する」という、いわゆる「合理的関連性」の基準を示した。この基準に対して、憲法二一条が保障する政治活動の自由に対する制約の違憲審査基準としては緩やかすぎるという批判がなされてきた。

この基準にもとづき、猿払最高裁判決は、公務員の政治的行為禁止の目的は「行政の中立的運営とこれに対する国民の信頼」であるとしたうえで、政治的行為の禁止が「公務員の職種・職務権限、勤務時間の内外、国の施設の利用の有無等を区別することなく、あるいは行政の中立的運営を直接、具体的に損なう行為のみに限定されていないとしても、その合理的な関連性を失うものではない」として、一律・全面禁止を容認した。

これは、具体的事実を前提にして、政治的行為の禁止規定が適用される範囲を限定しようとする下級審判決の問題意識を全面的に否定するものであり、猿払最高裁判決の「核心」ともいうべき部分である。これによって、「合理的関連性の基準」は、「厳格な審査かどうか」というレベルの問題にとどまらず、具体的事実にもとづく違憲性の審査そのものを封殺するという基準になってしまうのである。換言すれば、違憲の主張に対して、裁判官に「思考停止」を求める判決といってよい。

弁護団は、猿払最高裁判決のこの「核心」部分に批判を集中し、裁判官に対して具体的事実を踏まえた判断を求めることを一貫して追求してきた。

2　二事件での地裁有罪判決

堀越事件の東京地裁判決（毛利晴光裁判長・二〇〇六年六月二九日）は、堀越氏の配布行為は、「勤務時間外の休日に、職場と離れた自宅周辺の場所において、その職務や職場組織等と関係なく行なった行為であり、被告人の本件各行為によってその職場に何らかの悪影響が及んだことはなく、その他弁護人が主張するように、その行為は直ちに行政の中立性とこれに対する国民の信頼を侵害したり、侵害する具体的な危険を発生させたりするものではなかった。」と認定した。しかし、猿払最高裁判決を維持するために、「波及的効果が累積された場合に生じる弊害」を考慮しなければならないとか、「予防的規制」も認められるなどという詭弁を重ねて無理やり有罪の結論を導いた。「罰金一〇万円、執行猶予二年」という異例の判決主文は、事実と判例の板挟みになった裁判官の苦悩を象徴していた。

他方、世田谷事件の東京地裁判決（小池勝雅裁判長・二〇〇八年九月一九日）は、猿払最高裁判決について、「下級審裁判所である当裁判所としては、公平性、法秩序の安定性等の観点からも、同判決を尊重することが、その採るべき基本的立場であるといわなければならない。」と述べて、罰金一〇万円の有罪判決を言い渡した。

二つの地裁判決は、猿払最高裁判決がいかに裁判官を「呪縛」しているかをあらためて示すものであった。とはいえ、堀越事件で裁判官に「具体的な危険はない」と認定させたことは、後の無罪判決につながる大きな意味を持った。

3　対照的な二つの高裁判決

東京高裁では、猿払事件最高裁判決を先例として援用しながら、まったく相反する判決が出された。

堀越事件の高裁判決（第五刑事部・中山隆夫裁判長・二〇一〇年三月二九日）は、表現の自由の重要性に鑑み、規制目的との関連で当該行為の禁止が「必要やむを得ない限度にとどまるかどうか」を実質的に判断し、堀越氏のビラ配布行為には、常識的に見て、「行政の中立的運営とこれに対する国民の信頼」を損なう抽象的危険性すらないと判断した。そして、そのような行為を罰則で禁止することは、憲法二一条一項、三一条に違反するとして、無罪を言い渡した。

これに対し、世田谷事件高裁判決（第六刑事部・出田孝一裁判長・二〇一〇年五月一三日）は、宇治橋氏の文書配布行為によってどのような危険が発生したかどうかに関係なく、「行為のうちに抽象的危険が擬制されている」として、当該行為を禁止することが「必要やむを得ない限度にとどまるかどうか」の判断を避けた。そして、これを正当化するために、国公法・人事院規則による政治的行為の禁止は、「予防的制度的措置」だとまで断言した。

猿払最高裁判決は、政治的行為の禁止目的を「行政の中立的運営とこれに対する国民の信頼」の確保にあるとする。これを文字どおり解釈すれば、公務員の職務とまったく無関係な休日のビラ配布行為を刑罰で禁止することは、合理的関連性を欠くことになるはずである。ところが、猿払最高裁判決は、「公務員の政治的中立性」という概念を滑り込ませることによって、一律・全面禁止を正当化した。「公務員の政治的中立性」を強調することは、公務員の思想統制にも結びつく危険を持っている。

二つの高裁判決は、猿払最高裁判決のある意味での「二面性」を明らかにするものであった。すなわち、中山判決は、「行政の中立的運営とこれに対する国民の信頼」の確保という規制目的から、職務との関係を重視して、禁止される政治的行為の範囲を限定しようとした。これに対し、出田判決は、「公務員の政治的中立性」をことさらに強調して、職務との具体的関係による適用範囲の限定を否定したのである。

4　最高裁での闘い──あくまで判例変更と違憲無罪判決を求める

中山判決は、猿払最高裁判決をいわば「換骨奪胎」して適用違憲、無罪の結論を導いた画期的なものであった。ただし、中山判決は、一律全面禁止を正当化した猿払最高裁判決の「核心」部分を実質的に否定しながら、猿払最高裁判決を判例として尊重するという問題を抱えていた。実際、検察官は、上告理由書において、猿払最高裁判決の「核心」部分を全面的に援用して、中山判決は判例違反であると主張した。

また、表現の自由、政治活動の自由に対する萎縮効果から、法令自体の違憲無効の判断を求めた弁護人の主張に対して、中山判決は、どこまでが許される政治的行為なのかは、「事例の集積を待って判断すべきものとである」として、法令自体は合憲であると結論づけるという限界も持っていた。

他方、出田判決は、思想統制にまで及びかねないという、猿払最高裁判決の持つ危険性を明らかにしたものであった。

弁護団は、以上のような問題意識にもとづいて議論を深め、中山判決を守るだけでは最高裁での勝利はかちとれないという認識にいたった。そこで、あくまで二事件について大法廷に回付し、判例変更と違憲無罪判決を求めるという方針を再確認して最高裁での審理に臨んだのである。

四　最高裁判決の画期的な意義

1　猿払最高裁判決の実質的変更——一律全面禁止から実質的限定へ

最高裁は二つの事件を小法廷限りで審理し、それぞれの高裁判決（無罪と有罪）を確定させるという方式で判断した。このため、最高裁判決を評価するにあたっては、さまざまな切り口がありうる。

そのことを前提にしたうえで、今回の判決の最大の意義は、冒頭で述べたとおり、具体的事情を考慮したうえで禁止される政治的行為を限定し、公務員の政治活動の事由の範囲を広げた点にあるといえる。

今回の判決は、国公法・人事院規則で禁止される政治的行為は「公務員の職務の遂行の政治的中立性を損なうおそれが、観念的なものにとどまらず、現実的に起こりうるもの」に限られるとした。そのうえで、堀越事件については、堀越氏の配布行為が「管理職的地位になく、その職務の内容や権限に裁量の余地のない公務員によって、職務と全く無関係に、公務員により組織される団体の活動としての性格もなく行なわれたものであり、公務員による行為と認識しうる態様で行なわれたものでないから、公務員の職務の遂行の政治的中立性を損なうおそれが実質的に認められるものとはいえない」として、構成要件に該当せず無罪であるとした。

この点で、判決は、一律全面禁止を正当化する猿払最高裁判決を実質的に変更したものにほかならない。二つの高裁判決との関係では、明らかに出田判決の論理を退け、中山判決と同様の問題意識に立ったものといえる。

また、「公務員の政治的中立性」という言葉は判決のなかにはいっさい登場しない。それは、判決が、禁止目的を「公務員の職務の遂行の政治的中立性を保持することによって行政の中立的運営を確保し、これに対する国民の信頼を維持することにある」として、「職務の遂行」との関連を重視したことの結果である。この点でも、猿払最高裁判決とは質的な違いがある。

2　最高裁判決の不徹底さ

(1)　判例変更を避け猿払最高裁判決を「事例判決」に

猿払最高裁判決は、政治的行為の禁止が「公務員の職種・職務権限、勤務時間の内外、国の施設の利用の有無等を区別することなく、あるいは行政の中立的運営を直接、具体的に損なう行為のみに限定されていないとしても、その合理的な関連性を失うものではない。」として、一律・全面禁止を容認した。この点こそ猿払最高裁判決の「核心」である。この認識を前提に、弁護団は無罪の結論を出すために猿払最高裁判決の変更を求め、逆に、検察官は中山判決は判例違反であると論難した。

これに対し、判決は、判例違反という検察官の主張に対して、本件とは「事案を異にする」として、判例違反というの検察官の主張を斥けた。すなわち、上述した猿払最高裁判決の判示部分は、あくまで猿払事件の具体的事実を前提にした判断にすぎないというのである。

判例変更を求めた立場からは「拍子抜け」というほかない。しかしながら、最高裁が「事例判決」と評価したことで、猿払最高裁判決の先例性は実質的に失われたといってよい。

(2)　宇治橋氏を有罪とした判断基準のあいまいさ

世田谷事件判決の多数意見は、職務との関連を重視して、禁止される政治行為を「公務員の職務の遂行の政治的中立性を損なうおそれが実質的に認められる行為」に限定しておきながら、その具体的適用においては、「当該公務員の地位、その職務の内容や権限、当該公務員がした行為の性質、態様、目的、内容等の諸般の事情を総合して判断するのが相当である」*として、職務の遂行とは関係のない要件を設定した。その結果、宇治橋氏については、「管理職的地位」にあったというだけの理由で有罪にするという不当な結論を導き出したのである。

これに対し、須藤裁判官は、「職務内か、職務外か」という基準により判断すべきとする明確な見解を示している。

＊判決は、「諸般の事情」の具体的要素として、「(A) 当該公務員につき、①指揮命令や指導監督等を通じて他の職員の職務の遂行に一定の影響を及ぼし得る地位（管理職的地位）の有無、②職務の内容や権限における裁量の有無、(B) 当該行為につき、①勤務時間の内外、②国ないし職場の施設の利用の有無、③公務員の地位の利用の有無、④公務員により組織される団体の活動としての性格の有無、⑤公務員による行為と直接認識され得る態様の有無、⑥行政の中立的運営と直接相反する目的や内容の有無等が考慮の対象となるものと解される。」という基準を設定した（引用中の記号、番号は便宜上筆者が付けたもの）。

3　判決文には現れていない重要な成果

(1)　公安警察の違法な活動を断罪

堀越事件では、裁判所に提出された「盗撮ビデオ」や「行動確認結果一覧表」等の証拠によって、公安警察が周到な準備を行ない、尾行、盗撮などの手段を駆使して堀越氏を文字どおり二四時間にわたって監視し、そのプライバシーを侵害した実態が明らかとなった。起訴の対象となった二〇〇三年一一月の総選挙の時期に限っても、二九日間にわたって、捜査員延べ一七一人、少なくとも四台の車両と六台のビデオカメラが使用されたことがわかっている。

「盗撮」ビデオをみれば、堀越氏の配布行為がいかに仕事と関係ないかということは一目瞭然である。他方、同じビデオには、堀越氏の行為を犯罪に仕立て上げるために、公安警察がよってたかって堀越さんのプライバシーを侵害している状況がリアルに映し出されている。一体どちらの行為が問題とされるべきなのか。国公法・人事院規則を悪用した公安警察の違法な活動を許してよいのか。弁護団は、このことを一貫して問いかけてきた。

判決では公安警察の活動について直接触れる箇所はない。しかし、堀越事件の無罪が確定したことは、国公法・人事院規則を悪用した公安警察の違法な活動が断罪されたことを意味している。最高裁が、禁止の対象を限定したことによって、公安警察がこれまでのように「捜査」の名のもとに二四時間の監視という違法な活動を行なう口実は失われたのである。

(2) 国際的な水準からかけ離れた政治的行為の禁止規定

猿払事件当時から、わが国のように公務員の政治的行為を罰則で一律・全面的に禁止している国は存在しないことが指摘されていた。その後日本が一九七九年に批准した国際人権規約（B規約）やILO一五一号条約に見られる公務員の市民的政治的自由をめぐる議論の到達点、さらには各国の公務員制度の現状と比べて、わが国の公務員の政治的行為の禁止規定は、ますます国際的な水準とかけ離れたものとなっている。

本件では、学者の全面的な協力を得て、国公法の母法といわれる米国のハッチ法をはじめ、英、仏、独の公務員の政治活動規制の実情を示して、わが国の規制がいかに国際的な水準からみて異常であるかを明らかにした。

また、二〇〇八年一〇月には、国連人権規約委員会が、わが国で相次ぐビラ配布弾圧事件について重大な懸念を示すとともに、「締結国は、規約第一九条及び第二五条の下で保護されている政治活動及び他の活動を、警察、検察官及び裁判所が過度に制約しないように、表現の自由と参政権にたいして課されたいかなる非合理的な法律上の制約をも廃止すべきである」という踏み込んだ勧告がなされるにいたった。

堀越事件の中山判決は、「国民の法意識」を考える重要な要素として、「世界標準」の重要性を認めた。これに対し、判決では、須藤裁判官が、個別意見のなかで「欧米諸国でも調査し得る範囲では刑罰規定は見受けられない」と指摘しているにとどまり、人権の国際水準に触れた箇所は見当たらない。しかし、国際的な視点からの批判が判決に影響を与えたことは間違いない。

五　弁護団活動のいくつかの教訓

1　学者との共同

二つの事件をあわせて延べ一九名の学者証人の尋問を行なった。最高裁までに提出した意見書は二四通、さまざまな協力をいただいた学者は、憲法、行政法、刑事法、労働法、国際法など多彩な分野から優に数十名にのぼっている。共通して感じたのは、「猿払最高裁判決を変えたい！」という学者の方々の強烈な熱意である。弁護団からは、この事件で明らかになった事実と資料を提示することによって、考察をより深めてもらえたのではないかと考えている。具体的な事件を通じての弁護団と学者が共通の土俵で議論し、それぞれの認識を深めていったことは、大きな財産となった。今後のさまざまな裁判闘争にもぜひ生かして生きたいと考えている。

2　事実立証へのこだわり

本件は、憲法が正面から問われた刑事裁判である。憲法をはじめとする法解釈論争はもちろん大きな意義を持つ。しかし、裁判官の認識を変えていくには、やはり事実にもとづく説得が必要不可欠である。このような認識にもとづいて、できるだけ証拠調べを行なって事実の立証を行なうことを重視した。

堀越事件では、堀越氏の地元の議員、住民の証人尋問を行ない、ビラ配布の持つ重要性を立証することに努力した。

また、本件のビラ配布が職務にはまったく影響がないことを示すために、上司の証人尋問を行なうとともに、労働組合の幹部の証言で、公務員が政治活動を行なうことと職務の政治的中立性を確保することは、まったく矛盾しないことを明らかにした。

また、憲法論と結びつけて、公安警察の違法な活動の実態を明らかにすることを一貫して重視してきた。とりわけ、堀越事件の一審では、一二名の公安警察官の尋問を行なうなかで、国公法・人事院規則がいかに悪用される危険のある法律なのかを浮き彫りにしていった。

このような事実の積み重ねが、禁止行為の実質的な限定という最高裁の判断につながったことは間違いないであろう。

3　法廷内外での闘いの結合――「盗撮」ビデオの活用をめぐって

堀越事件では、検察官から開示された九本の「盗撮」ビデオをマスコミに提供するとともに、集会等で上映した。「盗撮」ビデオの活用は、事件への関心を広め、国公法・人事院規則の違憲性を理解してもらうことに大きな役割を発揮した。

こうした活動は、「開示証拠の目的外使用の禁止規定」（刑訴法二八一条の四）に抵触するというのが、検察官と裁判所の解釈である。しかし、無罪判決をかちとるために証拠を公表することは、弁護人として当然の活動であり、目的外使用にはあたらないと解すべきである。もし「盗撮」ビデオのマスコミへの提供等が禁止規定にあたるとすれば、被告人の弁護権（憲法三七条）、報道の自由（憲法二一条）、裁判の公開原則（憲法八二条）に反することになる。弁護団はこのような考え方にもとづいて「盗撮」ビデオを活用した。

裁判で明らかになった事実と証拠を広く伝えていくことは、裁判で勝利するための不可欠の条件である。この点については、今後も弁護人として毅然とした対応が求められる。

4　言論・表現の自由を守る共同のたたかい

本件と同じ時期にビラ配布に対する弾圧事件が相次いだ。東京では、二〇〇四年二月の立川自衛隊官舎ビラ配布弾圧事件、同年一二月の葛飾ビラ配布弾圧事件がある。この二つの事件は、一審で無罪とされながら、いずれも東京高裁で逆転有罪となり、最高裁第二小法廷が有罪判決を維持する不当判決を言い渡した。本件も先行する二つの事件と同じ第二小法廷に係属した。

この第二小法廷が堀越氏に対して無罪の判断をしたことは、最高裁がまともな論証抜きに言論弾圧を正当化することがもはや許されなくなったことを意味している。

裁判闘争を闘うなかで、言論表現の自由を守るための共同の運動が進められてきた。今回の判決は、立川事件、葛飾事件を含めた言論表現の自由を守る運動の一つの到達点と評価することができる。

さらに進んで最高裁を言論表現の自由を保障する立場に立たせることは、今後の大きな課題である。

最後に二事件の九年近くにわたる闘いを全国津々浦々で多くの方々に粘り強く支えていただいた。この力がなければ今回の判決の到達点は勝ち取れなかった。この場を借りてお礼申し上げたい。

第18章　原発労働者の闘いと被曝労働改善の展望

――「原発労働者弁護団」の活動を通じて見えてきた課題

海渡　雄一
（弁護士・原発労働者弁護団協同代表）

はじめに

私は、一九八一年に弁護士登録してから、三三年間所属する東京共同法律事務所で宮里先生からの薫陶を受けることができた。国鉄分割民営化をめぐる事件では労働者の団結を守ることの大切さを学んだ。宮里先生の弁護活動五〇周年の論集に寄稿をすることが認められたことに心から感謝する。テーマは原発被曝労働者の問題である。

私は、過去に原発被曝労働者の白血病死が労災として認められたケースと肺ガンが労災と認められなかったケースを担当した[1]。また、二〇一二年の日本労働弁護団の総会記念講演で三・一一後の原発被曝労働を概観して、その改善のための提言をまとめた[2]。

その後、私は福島県いわき市で被曝労働者の事件の発掘のため、地道な活動に取り組んでいる広田次男弁護士らと共同で「原発労働者弁護団」を立ち上げ、危険で不必要な被曝労働に対する損害賠償請求事件、危険手当の違法なピンハネの責任を問う事件などの弁護を担当している。

本稿においては、事故後約四年を経過した現時点で、これらの事件を通じて見えてきた原発被曝労働、とりわけ原発事故収束労働のための課題を整理して提示することとしたい。

一 原発被曝労働と原発事故収束労働の実態

1 被曝労働の種類

日常の原発運営のもとでは、総被曝量の九六％が電力会社の社員を除く下請け労働者に対する被曝となっていた。日本では、被曝は下請けに集中しており、被曝量低減のための抜本的な措置が構造的に取られてこなかった。この点は原発労働が電力会社の社員主体に取り組まれているドイツやスウェーデンなどの国々とも異なる点である。三・一一後の被曝労働には次の三種類の労働があると思われる。

①　これまでの原発内の通常の被曝労働
②　東京電力福島第一原発における事故後の事故収束にかかわる被曝労働
③　広範囲に広がる放射性物質による汚染地域の除染にかかわる被曝労働

この三種類の労働を独立の労働とすることには異論はないところであろうが、②を①と別に扱うことの理由は説明が必要であろう。事故収束にかかわる労働は、定型的な定期検査などの被曝労働とはかなり異なる性格を帯びている。現実に生起する事態に即応し、放射性物質の漏えい・汚染を最小限にとどめるための闘いといってよく、作業内容も定型的なものではない。被曝線量も、これまでの原発労働よりもかなり高い。これを一般の原発労働とは別個に論ずる必要があると考える。

2 重層下請けこそ原発労働の本質

上記の被曝労働はいずれも、多重下請け構造となっている。

原発労働の場合、電力会社から東芝プラントシステム、日立プラントテクノロジーなどのメーカー関連の会社を介して一次業者として認定された業者に作業が発注される。そして、それが下請けに発注されていく。これが、原発労働の大きな問題点であり、今闘われている原発労働者訴訟もこのような重層下請け構造をどのようにしたら変えていけるかを問うための政策形式訴訟として位置づけている。

除染労働の場合は、政府が発注者であり、ゼネコンが元請けである。除染労働においても、当初は危険手当のピンハネが存在したが、労働者自らの交渉により、環境省の発注仕様書に危険手当は全額労働者に支払うべきことが明記され、一応解決している。この程度の改善も、東京電力が発注する原発事故収束労働では実現していない。

3　原発被曝労働の実状

一つの検査工事に五〇人の作業員が必要だとすると、一次業者から五人程度で残りは下請けである。一次下請けが下に発注するときの一人当たりの日給が二万五〇〇〇円程度で、実際に作業員が受け取るのは八〇〇〇円から一万三〇〇〇円くらいだということである[3]。実際にお金の流れはどうなっているのかを、客観的に調べて公表されているデータはほとんどない。このことを明らかにすることも目的として危険手当のピンハネを告発する訴訟を提起した。

4　事故直後の被曝労働者の被曝線量統計

二〇一一年三月の事故発生から同年九月までの期間の福島原発事故後の被曝線量は東京電力によって公表されている。これを見ると、三月は、平均にして東京電力の社員は三九ミリシーベルト、下請けが二四ミリシーベルトで、実は東京電力の社員のほうが高い。これは、非常に高い被曝である。四月になると、東京電力が五・九ミリシーベルトに対して下請けが一〇・三四ミリシーベルト、五月が四・五ミリシーベルトに対して七・三ミリシーベルト、六月が一・九二ミリシーベルトに対して五・四一ミリシーベルト、七月が〇・三六ミリシーベルトに対して四・九九ミリシーベルト、八月が〇・三五ミリシーベルトに対して三・三一ミリシーベルト、九月になると〇・一九ミリシーベルトに対して一・八四ミリシーベルトであった。事故直後の被曝線量は、これまでの通常運転時と比較してもきわめて高い。

東京電力福島第一原発で事故後三年間に働いた約三万人のうち、約一万五〇〇〇人が五ミリシーベルト超の被曝をしていたことが報じられている。作業員の被曝は徐々に減ってきていたが、汚染水問題が発覚した二〇一三年夏以降に再び増加している。(4) このような高い被曝をしている労働者の今後の健康管理、疾病対策はきわめて重大な政策課題である。

二　低線量被曝の健康被害リスクについてどう考えるか

低線量被曝の健康被害リスクをどのように評価するかという問題は労働者被曝の危険性について考える時の前提課題である。しかし、この問題について詳細に論ずる紙数はない。簡単に基本的な事項だけを確認しておく。この点は専門家の間でも大きく意見が分かれている。累積して約一〇〇ミリシーベルト程度までの低線量域での被曝については危険性が無視できるという見解と、これ以下であればがんなどが発生しないというしきい値は存在せず、一定の確率（この確率にもさまざまな意見がある）で健康被害は発生しうるという見解（ＬＮＴ仮説）が併存し、科学的にも決着が付いていない。

二〇一二年六月に「原発事故子ども・被災者支援法」が国会の全会派一致で制定された。この法律には、事故により放出された放射性物質による放射線が人の健康に及ぼす危険について科学的に十分に解明されていないことが明記されている（第一条）。今後のこの問題に関する施策は、この認識を基に立てられるべきである。

原爆症の認定をめぐっては、低線量被曝の危険性を低く見る政府の審査方針にもとづいて判断した裁判例も少なくないが、東京高裁二〇〇九年五月二八日判決のように、国の「審査の方針」について「原爆症認定の判断基準として相当とは言えない」という判断をしているものもある。

三　生命の危険もある緊急事故対応は誰が担うのか
―国民全体を危険に陥れる可能性がある事態のなかでの事故対応

1　三月一五日には原子炉の管理はいったん放棄された

東京電力福島第一原発の吉田昌郎元所長について政府事故調がまとめた吉田調書をめぐって朝日新聞が報じた「所長命令に違反　原発撤退」の事実が存在したかどうかが争われている。

問題の本質は、一五日の午前中の一Ｆは、二号機の格納容器の損傷に起因すると考えられる著しい線量の上昇にともない、所長以下の約七〇名の作業員だけを残し、六五〇名が所長の指示に反して二Ｆに撤退してしまい、事故対応のために不可欠なデータもとれない、絶望的な状況に陥っていたということである。吉田所長の「死を覚悟した、東日本全体は壊滅だ」というイメージこそ、国民的に共有しなければならないメッセージなのである。

2　冷却が再開できたことは幸運

午前九時には一一九三〇マイクロシーベルト／ｈに達していた線量は当日の午後一時五〇分には九六九マイクロシ

ーベルト／hまで下がり、その後必要不可欠な要員を徐々にではあるが、呼び戻すことができた。東京消防庁、警察、自衛隊などの協力により、必死の冷却作業が再開され、最悪の事態が避けられた。

もし線量の上昇が継続していれば、他の作業員も戻ることはできず、二号機以外の原子炉も次々に最悪の事態を迎え、四号機の使用済み燃料プールも冷却不能によって燃え出していただろう。

3 重大事故時の決死的な作業についての制度的枠組みは不在

このような事態を収束するための労働は、誰がどのような条件で担うことができるのか、労働法の分野を超える課題であるが、原発の再稼働が現実のものとなる現状では、真剣に考えておく必要がある。

電離放射線障害防止規則四二条によれば、放射性物質が大量に漏れ、事故による実効線量が一五ミリシーベルトを超えるおそれがあるときは、直ちに労働者を退避させなければならないこととなっている。また、同規則の七条には「放射線による労働者の健康障害を防止するための応急作業」については、年間五〇ミリシーベルトの限度を超えて、累積で一〇〇ミリシーベルトまでの被曝労働を実施できることとされている。

事故直後の二〇一一年三月一四日には、この緊急時一〇〇ミリシーベルトの枠をはずして二五〇ミリシーベルトまで被曝させてもよいという、異常に高い被曝基準が作られた。この緊急基準は、二〇一一年一〇月には廃止されている。

ＩＣＲＰ Pub96は、緊急時作業は十分な情報を提供したうえで、志願者による前提で、五〇〇―一〇〇〇ミリシーベルトの被曝限度を設定し、さらに救命のためには線量無制限とする基準を示している。しかし、このような志願労働の制度枠組みは、福島の危機を経た今も検討は進んでいない。

四　原発事故収束労働と原発労働改善のための課題

1　下請け構造をそのまま維持していくのか

原発事故が確実に収束できるかは、きわめて重要な国家的課題である。その一方、原発の事故収束作業は、必然的に被曝をともなう、きわめて過酷な作業である。その高度な公共性・公益性からすれば、原発事故収束作業は、国家的プロジェクトとして、本来、公務員ないしそれに準ずる制度（東京電力による直接雇用を含めた公的制度）にもとづき、行なわれるべきであると考える。少なくとも、このような作業が確実に遂行されるためには、モチベーションの高い労働者による質の高い的確な労働が提供されることが絶対不可欠である。そのためには、このような高線量の被曝労働を行なっている労働者に対して社会的な敬意が払われ、そのような敬意に見合った経済的な条件が提供されなければならない。

チェルノブイリ原発事故では、原発職員だけでなく、消防士、警察官、軍人をはじめとした多くの者が事故収束作業にあたった。「チェルノブイリ原発事故被災者の状況とその社会的保護に関する法」（「チェルノブイリ法」）は、チェルノブイリ原発事故により被災した市民の憲法上の権利の実現、および被災者の生命と健康の保護、放射能汚染の結果発生した医療問題と社会問題の解決を目的として、ソ連末期の一九九一年に制定された。チェルノブイリ法は、その後、ロシア、ベラルーシおよびウクライナに引き継がれた。

ウクライナの例でいえば、チェルノブイリ法における対象被災者は、合計二一三万二二五七人、そのうち、直接事故処理従事者は二四万三四五六人にのぼっている。その多くが放射線障害によって亡くなった。この法律は、事故収束のために、体を張った原発労働者について、国がその救済を図るための法律であり、原発の事故収束作業者に対す

る敬意が、その根底にあるのである

文化学園大学助教で社会思想の専門家である白井聡氏は、原発事故収束労働が多重下請の労務構造によって担われていることを旧態依然たる「無責任の体系」（丸山眞男）であると痛罵している。[5]

二〇一二年一一月二七日に原子力委員会によって『東京電力（株）福島第一原子力発電所の廃止措置に向けた中長期にわたる取組の推進について（見解）』が公表されているが、ここでは「作業者の確保や技術レベルの維持が重要課題であることにかんがみ、（国及び東京電力（株）は、）上記のような取組を長く進めていくに当たって、今後とも、二次、三次の下請けといった従来型の雇用形態で作業者を確保することが適切かどうかも含めて検討し、雇用形態の在り方に関して新しいビジョンを定め、その実現に向けて取り組んでいくべきである」と提言している。多重下請け構造自身にメスを入れていくべきだという政府内の見解がありながら、まったく手が付けられていない。この点こそが、最大の難題である。

2　被曝労働の管理責任は誰にあるのか

被曝による健康被害を未然に防止するため、被曝を低減し、無用な被曝をさせないことは電力会社の義務であることを確認する必要がある。

二〇一四年五月原発事故直後に事故対応で一回の労働で約二〇ミリシーベルトという大量の被曝をした下請け労働者が下請け会社、元請け会社と東京電力を相手として、不必要な危険労働によって大量の被曝をし、放射線被曝に起因する発がんリスクや、非がん性疾患発症リスクなどのさまざまな健康不安に現実にさらされることとなったことに対する慰謝料を求めて福島地裁いわき支部に提訴した。

事件は二〇一一年三月二四日に福島第一原発三号機のタービン建屋内で発生した。地下の作業で湯気が立っているような水がたまっている場所で二〇ミリシーベルトに設定されていたアラームが鳴るなかで、ケーブルの敷設の作業が強行された。現場には東京電力の社員も来たが、毎時四〇〇ミリシーベルトという超高線量であることを確認して直ちに引き上げているが、原告ら下請け作業員には退避の指示がなされなかった。

この訴訟で、我々は、東京電力には事故を引き起こし、危険な労働現場を作り、自社の構内で困難な事故収束作業を下請け会社従業員に担当させているのであるから、真に必要な労働を細心の注意をもって遂行し、大量被曝の危険があれば、直ちに退避させる義務があるのにこれを怠ったと主張している。

二〇一二年八月一〇日労働基準局安全衛生部労働衛生課は通達を発し原子力施設での緊急作業に備えた安全衛生管理対策の指導を強化した。

指導を強化するポイントは、

「1　緊急作業に備えた事前準備等は、原子力施設のみならず、本店、元方事業者も対象とします。

2　緊急作業に備えた事前準備として、以下の項目の自主点検の実施を原子力施設等に求めるとともに、直ちに実施することが困難な事項については、計画的に実施を図るよう継続的に指導します。

(1) 被ばく線量管理関係（略）
(2) 保護具、保護衣関係（略）
(3) 安全衛生教育関係（略）
(4) 健康管理・医療体制関係（略）
(5) 作業計画、その他関係作業計画作成体制の構築、適切な作業計画の作成、請負実態の把握、適切な宿泊施設と食事の確保など

3　緊急作業が発生した場合に、関係都道府県労働局が原子力施設等に対して指導すべき事項を明確にします。」

とされている。

この通達は被曝労働において、必要最低限遵守されなければならないことがらをまとめたものである。「作業計画作成体制の構築、適切な作業計画の作成、請負実態の把握」などがなされていなかったことが、今回の被曝事故の原因となっている。

確かに、本件被曝事故は、このような通達が出される前に発生した。しかし、本件事故の発生した時点においても、東京電力とその下請会社には、同様の施策を講じ、健康被害リスクを極力低減する責任があった。労働者の労働安全環境を整えて、できるかぎり被曝を低減させ、無用な被曝をさせない義務が、労働安全衛生法とその関連法規によって事業者には課されている(6)。

3　雇用の保障が必要である

被曝労働者の生々しい声を集めた資料がある。国会の事故調査委員会報告書の付録のなかの収束労働に従事した被曝労働者のアンケートである。二四一五人からの回答が寄せられている。このなかには、APD(警報付きポケット線量計)を装着しないで作業したケース、APDが一個しかなくてそれを何人かで共有したケースも報告されている。

二〇一二年七月二一日朝日新聞の報道によって、東京電力が発注した福島第一原発事故の収束作業で、下請け会社の役員が作業員に対し、APD(警報付きポケット線量計)に鉛のカバーをつけ作業させていたことが報道された。この下請け会社は福島県の中堅建設会社「ビルドアップ」で、二〇一一年一一月、東京電力がグループ企業「東京エネシス」に発注した工事の下請けに入った。二〇一一年一二月に実施された一~四号機の近くに設置された汚染水処理システムの配管・ホースが凍結しないように保温材を取り付ける作業で、一一月下旬にビルド社のチームが爆発で飛び散ったがれきが残る現場を下見したとき、あまりの線量の高さに驚き、同社の五〇代の役員が被曝「低減」の措置を思いついたという。被曝線量を低減するのではなく、測定器を遮蔽して測定値をごまかそうとしたのである。

累積被曝線量が高くなった役員が、遮蔽効果が高いとされる鉛でAPDをカバーして被曝線量を偽装し、また一人だけ極端に線量が低くなって偽装が発覚するのをおそれ、いっしょに作業する九人にも強要したというのである。この「被曝隠し」は、一下請け企業の問題では片付けられない、被曝管理のあり方が根底から問われる事件であった。

このような事態は、一定の被曝量に達した人は何の雇用保障もなしに契約止めにしているために発生している現象であり、構造的な問題が集約されている。

4 危険手当の直接支払いが必要である

福島第一原発事故の事故処理にあたっては、東京電力から、下請け企業に対して、危険手当が支払われている。この危険手当は、まさに原発事故収束という目的のために健康に害を及ぼす危険のある比較的高い線量の被曝労働を遂行する労働者に対して、社会的な敬意を払い、経済的な条件を保障するためのものである。

しかしながら、現実には、この危険手当は、原告らのような末端の労働者には行き届いておらず、中間搾取が放置されている。このような状態を放置すれば、現場作業者の士気は落ち、また、人材の流出を招き、引いては福島第一原発の廃炉作業などおぼつかなくなることは、火を見るより明らかである。

しかしながら、原発事故収束作業は、多重下請け労働のもとで、徹底的に中間搾取された労働者の手に委ねられている。

危険手当訴訟は、収束労働を担う労働者を原告として、東京電力と元請け、下請け会社を共同不法行為、不当利得構成で、危険手当の支払いを求めた訴訟であり、二〇一四年九月三日、福島第一原発の事故処理作業に当たっている作業員二人と元作業員二人が東京電力とその協力企業を相手として提訴した。この訴訟では、危険手当の不払いの状況を、不当利得構成だけでなく、東京電力とその協力企業の共同不法行為ととらえる理論構成とした。被告らの答弁を通じて、中間搾取の構造が少しずつ明らかになってきている。重層下請けにおけるピンハネの構造そのものを明らかにし、少なくとも、危険手当の全額が末端の労働者にも支払われることを確保することを目的とした、政策形成訴訟として取り組んでいきたい。

5　事故直後の混乱状態における記録再現を含む正確な被曝量の記録の徹底

正確な被曝量を記録していくことはすべての改善の基本である。事故以前の日常的な労働についてはこのことは簡単だったかもしれないが、事故の直後の混乱状態のなかでは、この点がきちっとされていない。また、二ミリシーベルト以下の内部被曝が記録されず、無視されてしまっているということも、きわめて深刻な事態である。本人が累積線量のデータに常にアクセスできる状態にしていくことも線量の的確な管理のために必要不可欠である。

6　被曝労働者の継続的な健康診断と前駆的な症状からのケアの保障

厚労省は、二〇一一年一〇月「東京電力福島第一原子力発電所における緊急作業従事者等の健康の保持増進のための指針」を発表している。長期健康管理の内容は、「1 事業場の規模に応じた事業場内管理体制を確立し、健康診断を適切に実施する。／2 緊急作業に従事した間の被ばく線量（実効線量）が、・五〇mSvを超える者に対して、一年に一回、白内障の検査を実施する。・一〇〇mSvを超える者に対して、一年に一回、がん検診等を実施する。／3 緊急作業従事者等の全員に対して、保健指導等を実施する。」となっている。

五〇ミリシーベルトを超えるものについては手帳の交付を受けられるが、がんの検診は一〇〇ミリシーベルトを基準にしている。私は、白血病の基準である五ミリシーベルト以上の被曝をした人は、がんの検診を無料にすべきであると考える。

7　ガンなどについても労災認定の線量基準を五ミリシーベルトに統一すべき

(1)　白血病の労災認定基準は年間五ミリシーベルト

これまでに、労災認定されたケースは一九七六年以降一〇人が報告されている。うち六人が白血病であり、多発性骨髄腫と悪性リンパ腫がそれぞれ二人となっている。

政府の定めた被曝労働の労災基準としては一九七六年基発八一〇号「電離放射線に係る疾病の業務上外の認定基準について」がある。この通達では、放射線被曝労働に起因して発生すると考えられる疾病として急性放射線症、急性放射線皮膚障害、その他の急性局所放射線障害、慢性放射線皮膚障害、放射線造血器障害、白血病、皮膚がん、甲状腺がん、骨の悪性新生物、肺がん、肝及び胆道等の悪性新生物、白内障、再生不良性貧血、骨壊疽、骨粗霧症、その他の身体局所に生じた繊維症等を列挙したうえで、白血病を含む六疾病についてのみ認定基準を定めている。白血病等の認定基準は、

①　相当量の電離放射線に被曝した事実があること。なお、相当量の被曝とは五ミリシーベルト×(電離放射線被曝を受ける業務に従事した年数)以上であること。

②　被爆開始後少なくとも一年を超える期間を経た後に発生した疾病であること。

③　骨随性白血病またはリンパ性白血病であること。

とされている。

二〇一〇年に上記の③に該当する症状がいくつか追加された。二〇一〇年の労働基準法施行規則三五条別表第一の二「第七号一〇」が改正され、認定の対象は白血病、肺がん、皮膚がん、骨肉腫、甲状腺がん、多発性骨髄腫、悪性

リンパ腫（ヒホジキンリンパ腫）となった。

認定されているケースで、最も被曝量が少ないもので五・二ミリシーベルト、最も多いもので一二九・八ミリシーベルトであり、大半は四〇―八〇ミリシーベルトである。

このような労災認定結果からも、一〇〇ミリシーベルト以下で健康障害は起きないなどという説明がいかに実態とかけ離れているかがわかっていただけるものと思う。

(2) 胃がんなどの労災認定は一〇〇ミリシーベルトを基準にする

ところが、二〇一二年九月二八日厚生労働省は放射線業務従事者に発症した胃がん・食道がん・結腸がんの労災補償に当たっては、当面、「電離放射線障害の業務上外に関する検討会」のまとめた報告書にもとづき、以下の三項目を総合的に判断するとの方針を公表した。

① 被曝線量

胃がん・食道がん・結腸がんは、被曝線量が一〇〇ミリシーベルト以上から放射線被曝とがん発症との関連がうかがわれ、被曝線量の増加とともに、がん発症との関連が強まること。

② 潜伏期間

放射線被曝からがん発症までの期間が、少なくとも五年以上であること。

③ リスクファクター

放射線被曝以外の要因についても考慮する必要があること。

そして、判断に当たっては、上記検討会で個別事案ごとに検討するとしている。

(3) 胃がんなどの労災基準の撤回を求める

本来、一般人の被曝限度である一ミリシーベルトを超える被曝をした市民全体の特定疾患についての国費による診療の保障こそが求められ、二〇一二年に制定された子ども被災者支援法は、このような施策を実行可能なものとしたはずであった。

すくなくとも、胃がんなどについても、白血病などと同一の五ミリシーベルトでの認定基準の設定こそが求められていた。私が二〇一一年に書いた岩波新書『原発訴訟』(二一四頁)においても、このことを強く求めておいたところである。にもかかわらず、事故収束労働により、大量の労働者被曝が強いられ、今後労災の多発が予測される事態のなかで、胃がんなどについて、一挙に一〇〇ミリシーベルトという基準値が示されたことは、驚くべき暴挙である。私は、この撤回を強く求めたい。このような基準値では、ほとんど認定はなされないであろう。むしろ労災の切り捨てのための基準であると言わざるをいない。

(1) 海渡雄一『原発訴訟』岩波新書、二〇一一年。
(2) 海渡雄一「原発被曝労働の実情と被曝労働改善のための提言」日本労働弁護団『季刊労働者の権利』二〇一二年冬号所収。
(3) 日弁連『検証原発労働』岩波ブックレット、二〇一二年。
(4) 二〇一四年一一月一七日付朝日新聞報道。
(5) 白井聡『永続的敗戦論』太田出版、二〇一三年、九一―一〇頁。
(6) この点に関して、萬井隆令氏と西野方庸氏の間で論争が展開されている(萬井隆令「原発被曝労働と電力会社の労働者保護責任」季労二四五号一二一頁以下と西野方庸「経験のない線量に被曝し続ける作業員たち」職場の人権七五号四〇頁など参照)。原発が行政解釈のもとで、「電気業」として位置づけられ、「製造業」でないことは西野氏の指摘のとおりであるが、原発事故収束労働が重層的な構造のもとで、危険情報などは東京電力が独占的に把握しているのであるから、労働者の混在した状況のもとでの就労にともなう危険を除去する義務が東京電力にあり、労働安全衛生法三〇条の二における「製造業」類似の義務が課されるべきであると考える。結論において、萬井氏の見解に賛成である。

第19章　官僚裁判官制度と労働裁判改革の課題・試論

鵜飼　良昭
（弁護士）

はじめに

労働裁判改革の検討には、日本の裁判所の現状や問題点の把握がその前提となる。労働裁判は、社会の基盤をなす雇用労使関係から生じる重要な紛争を対象とするが、労使の非対等性や情報の格差等にもとづく特別な法理や手続上の配慮が求められるため、その国の司法・裁判所の力量や健全性が問われる訴訟類型である。ところが日本の裁判所については、「小さな司法」「消極性」「閉鎖性」「中央集権性」が特徴とされ、その構造的要因として官僚裁判官制度（以下「キャリア制度」という）が指摘されてきた。このような裁判所のままでは、労働紛争の適正迅速な解決という社会のニーズには応えられない。今次司法制度改革でも同様の問題意識による議論がなされ一定の改革が行なわれたが、今その実効性についての検証が求められている。

本稿では、まず現在の労働裁判を規定している日本の裁判所の問題状況、とくにキャリア制度について、歴史的経過をたどって検討したうえで、労働裁判改革の課題を考える。記述の便宜上三つの時期に分けたが、とくに「司法の危機」（第Ⅰ期）と「司法制度改革」（第Ⅲ期）に挟まれた時期（第Ⅱ期）は、日本特有のキャリア制度が完成した時期として重要である。また第Ⅰ期は、その渦中で弁護士・修習生であった世代が徐々に現役を退き、大半の弁護士にとって歴史的事実となりつつあるため、情報の共有化のためにできるだけ客観的事実を記すように努めた。本稿が日本の裁判所が抱えている課題や問題点をともに考え、労働裁判の改善・改革に結びつける実践的な議論や取り組みの進む契機になることを期待したい。

一 新憲法制定から「司法の危機」――第Ⅰ期（一九五〇～七〇年代）

1 「司法の危機」とは

「司法の危機」とは、一九六九年八月の「平賀書簡問題」に始まり、司法の独立や公正に対する国民の信頼が大きく揺らいだ事態を指す。

平賀書簡問題とは、札幌地裁平賀健太所長が、自衛隊ナイキ基地建設にかかる行訴事件を担当していた福島重雄裁判官に、その地位を利用して影響力を行使しようとした問題である。これは憲法で保障された裁判官の独立を侵すとして、札幌地裁裁判官会議は厳重注意の決議を行ない、マスコミも一斉に報道した。ところが飯盛重任鹿児島地裁所長は、自民党外郭団体の機関誌に「事件を作り上げたのは、反体制派集団である青法協加入の裁判官と弁護士集団」との所見を発表したが、最高裁はこれを不問に付す一方で、青法協会員である事務総局付判事補（一五名中一〇名）に対する脱会の働きかけを開始した。その結果、翌年一月一四日付で全員が脱会届を提出し、これが先駆けとなり全国で三五〇名を超えていた青法協会員裁判官が一年後には二〇〇名台に減少した。七〇年に入ると、石田和外最高裁長官が年頭所感で裁判官の青法協加入を問題視し、四月には、裁判官の政治的中立性を強調し「政治的色彩を帯びる団体に加入することは慎むべき」との岸盛一事務総長談話が発表された。これを受けて一〇月には国会の裁判官訴追委員会が、福島裁判官を「平賀書簡等の公表は裁判官会議非公開に反する」「青法協加入は裁判官の中立性を疑わせる」との理由で訴追猶予とし、札幌高裁は福島裁判官を注意処分に付した（これに対し平賀裁判官は不訴追）。さらに訴追委員会は、訴追中立をされていた青法協会員二一三名の裁判官に青法協加入の有無確認の照会状を発し、委員長は回答がなければ会員と見なすと広言した。その後も青法協攻撃は続き、三月末には二三期の七名が裁判官任官を拒否され、うち六名が青法協会員であった。これに抗して当該七名と任官内定者四〇余名が最高裁に行って拒否理由の説明を求めたが、最高裁は明らかにする必要なしとはねつけた。そこで、四月一二日の修習終了式でクラス委員長阪口徳雄修習生が任官不採用者の発言を要望したところ、事務局長は直ちに終了式の終了を宣言し、同日最高裁は緊急裁判官会議を開き阪口修習生の罷免を決定した。さらに最高裁は、一三期の青法協会員宮本康昭判事補の再任を拒否した。これに対して所長を除く熊本地裁の裁判官全員が再任要求の要望書を最高裁に提出、全国の裁判官から最高裁宛に要望書が集中し最終的には全裁判官の三分の一である六〇〇名に上った。

この一連の事態は、マスコミでも大きく報道され、国民の間に司法の独立や公正に対する不安や危機感が高まった。そして一九七一年六月には、我妻榮他一五四名の著名人連名の「司法の危機に際して国民に訴える―司法の独立と民主主義を守るために―」との声明が発表され、司法の独立を求める国民運動が巻き起こった。全国各地に「司法の独立を守る県民会議」等が組織され、東京では市民・学生を中心とする「裁判の独立を守る全都連絡会」が活発な活動を展開した。この頃は司法といえばどんなことでも記事になるほど、国民の中に「司法はどうなっているのか」との疑問・怒りが渦巻き、全国各地の集会も人が溢れた。このような運動のなかから、九月に全国組織「司法の独立と民主主義を守る国民連絡会議」が結成された。これは、学者・文化人の呼びかけで労働団体、市民組織、政党等が司法反動阻止という一点で共闘する全国組織であった。

2 「司法の危機」の背景と裁判所をめぐる状況

(1) 新憲法の制定と憲法に逆行する政治の動き

一九四六年五月に国民主権、平和主義、基本的人権の尊重を基本原理とする新憲法が施行され、連合軍総司令部(GHQ)は、農地改革や財閥解体など一連の民主化政策を打ち出し法体系が整備された。ところがその後のGHQによる占領政策の転換にともない、四七年のマッカーサー書簡と政令二〇一号による官公労働者の団交権否認、争議行為の禁止、レッドパージ、破防法(五二年)・自衛隊法(五四年)制定など、憲法に逆行する政治の流れが続いた。これに抗して憲法擁護の国民的運動が組織され、青年法律家協会も、五四年四月、憲法擁護を旗印に若手学者や弁護士が中心となり設立された。

(2) 憲法裁判の前進と裁判介入

このような憲法に逆行する政治の動きに対してさまざまな闘いが巻き起こり、それらが裁判所に持ち込まれた。この時期の裁判所は、新憲法世代の裁判官と旧憲法の担い手であった裁判官の間に思想・意識の面で大きな断層が存在し、判決は上級審に行けば行くほど憲法の価値基準から遠ざかる、と指摘されていた。確かに、一九五九年砂川事件東京地裁判決(「伊達判決」)を嚆矢として、憲法九条、一九条、二三条、二五条、二八条等が争点となった憲法裁判において、憲法実現の息吹にあふれた下級審判決が次々と出されたが、いずれも上級審や最高裁で否定された。

このような状況は、官公労働者の労働基本権の裁判でも同様であった。官公労働者の争議禁止法制は、その経緯からも合憲性に疑義が指摘され学説でも違憲の見解が支配的であり、下級審では数々の違憲判決が出されたが、最高裁は一貫して全面合憲の立場を取ってきた。しかしこのような最高裁判決のもとでも、争議権回復のための官公労働者のねばり強い闘いが続けられ、下級審では争議禁止を違憲又は疑問視する判決が積み重ねられた。そして遂に最高裁も、六六年の全逓中郵事件大法廷判決で、憲法二八条をもとに争議禁止を例外として、公労法一七条の争議禁止規定について規制の範囲と制裁に関する限定解釈論を採用した。そして六九年には東京都教組事件、全司法仙台安保事件における大法廷判決で、この限定解釈論を地方公務員と国家公務員にも及ぼした。これにより法律の禁止規定にかかわらず、官公労働者の争議権は事実上大幅に回復されることになった。

このように六〇年代後半には最高裁も憲法の基本原理に立った判決を出すようになり、これに呼応するように、六七年の国会周辺でのデモの許可条件を違法としてその執行を停止した東京地裁杉本決定や六九年の東京・京都などにおける公安条例違反無罪判決が相次いだ。

このような裁判所の動向、とくに憲法の労働基本権保障に立った最高裁判決の出現は、憲法に逆行する政策を推進する自民党政権にとって容認できないと受け止められ、上述のとおり六〇年後半以降から青法協および会員裁判官に対する偏向判決批判が集中することになった。これが、「司法の危機」をもたらした政治的・外的要因である。

攻撃は先ず右翼ジャーナリズムの青法協協攻撃から始まった。一九六七年には、右翼の月刊誌『全貌』一〇月号が特集「裁判所の共産党員」で青法協を容共団体とし会員裁判官のリストを掲載した。次いで『経済往来』が労働事件・公安事件についての下級審判決を取り上げ「偏向判決」と批判した。六九年九月には『日経連タイムズ』が、青法協を左翼法曹人の養成機関であり「偏向判決」と無関係ではない、と論評した。また六八年八月自民党機関誌『自由新報』は「偏向裁判は行われている？　青法協があやつる公安労働事件」の記事を載せた。

これを受け最高裁は、一九六九年一月横田正俊長官が「新年のことば」で「部外からの真面目な批判には正しく答えるべき」旨述べ、一月一一日石田和外新長官が就任挨拶で「裁判所は自らの姿勢を正して、激流の中に毅然として突き立つ巌の様な姿勢を堅持し（なければならない）」旨述べた。さらに最高裁は、『全貌』一〇月号を一七〇部購入し全国の裁判所に配布した。次いで六九年三月には西郷吉之助法務大臣が、三月二二日東京都公安条例違反事件の東京地裁無罪判決を怒り、記者会見で「あそこ（裁判所）だけは手が出せないが、もはや何らかの歯止めが必要になった。国会では面倒を見ているのだから、たまにはお返しがあってもいいんじゃないか」等と述べ、五月には自由民主党内に「司法制度調査会」が設置され、その後の国会訴追委員会への訴追や裁判官人事への公安資料の利用など、政治からの攻撃はますますエスカレートしていった。

3 「司法の危機」と最高裁事務総局支配の形成

(1) 田中耕太郎最高裁長官と最高裁裁判官人事

外部からどのような攻撃があっても、裁判官の独立と三権分立が確立され国民的基盤が盤石であれば、「司法の危機」は無かったであろう。しかし最高裁は、憲法の要請に反し積極的に外部からの攻撃を受容した。

そのような最高裁を象徴するのが田中耕太郎長官である。安保条約を違憲とする伊達判決は日米両国政府を震撼させたが、機密解除となった米公文書によれば、伊達判決直後に藤山愛一郎外相がマッカーサー在日大使に飛躍上告を約束し、上告審を担当した田中長官は、同大使等に判決の時期や裁判官全員一致で原判決破棄とする見通しを伝えていた。これは、最高裁長官自らが憲法上の司法権の独立を否定する、日本の司法史上の汚点ともいうべき事実である。

その後佐藤栄作政権は、一九六九年に治安維持法下で刑事裁判官であった石田和外を最高裁長官に指名し、石田長官に近く政府よりの最高裁判事を次々と任命した。その結果、公安条例や戸別訪問処罰規定を違憲とする下級審判決はことごとく破棄され、官公労働者のスト権禁止規定の限定解釈についても全農林警職法事件および全逓名古屋中郵事件の最高裁判決で変更された。また、最高裁事務総局を掌握した石田長官と岸事務総長は、高裁長官、地裁所長等を通じて、青法協会員裁判官に対する脱会工作、再任・新任拒否、差別人事などを進めた。

このように、新憲法で違憲立法審査権を付与され憲法擁護の使命を課された裁判所が、自ら裁判官の独立や裁判官の思想信条の自由、結社の自由等を自ら侵したのが「司法の危機」の実相というべきである。

(2) 最高裁事務総局を頂点とするキャリア制度の形成

憲法上裁判官の独立が保障された裁判所で、それに反する事態が生じた要因は、時の政権にそう最高裁裁判官人事に加えて、裁判官に対する人事行政上の権限を最高裁事務総局に集中させたキャリア制度にある。これが「司法の危機」の内的要因である。

新憲法下で制定された裁判所法では、裁判官の人事・予算等の司法行政上の権限は裁判所の自治に委ねられ、司法行政権の主体を裁判官で構成される裁判官会議とした。裁判官は、独立の保障とともに司法行政の担い手になることで裁判の独立を全うする制度的保障を得た。しかしドイツ等とは異なり、制度は変わっても裁判官は戦争責任を問われず追放者も出さず、旧司法省のキャリア制度がそのまま維持された。戦前の裁判官は、旧憲法意識のまま戦後の裁判所の担い手となり、その中心であった旧司法省官僚が、最高裁設立に際してそのまま事務総局を構成した。その構造は、五〇年代から六〇年代にかけてほとんど変わらず、司法民主化の目玉であった裁判官会議は、その権限が次々と高裁長官や所長等に委譲され形骸化された。その結果、司法行政は、最高裁長官と事務総長・事務総局、高裁長官、地・家裁所長のラインで決められるようになった。

そして、ともに旧憲法・治安維持法体制下で刑事裁判官を務めた石田長官と岸事務総長が、青法協裁判官の脱会工作や再任・新任拒否等を推し進めたのである。そのイデオロギーは、石田長官に代表される旧憲法世代の国家中心主義であった。この頃、旧世代が去り新憲法世代が中枢を占めるようになったら、裁判所は変わるかもしれないとの期待もあったが、他方でキャリア制度の構造が変わらない限り楽観視できない、との危惧も指摘されていた（潮見俊隆

『法律家』)。

二　「司法の危機」から司法制度改革までの裁判所――第Ⅱ期(一九七〇年代後半〜九〇年代)

「司法の危機」により裁判所に対する国民の信頼が大きく揺らぎ、司法の独立と民主主義擁護を求める国民運動がかつてなく盛り上がった。これに対し最高裁は、国民の声に応えて憲法の理念に立ち返るのではなく、裁判官に対する官僚的統制を通じて組織維持を優先する路線を推進した。その背景としては、政権交代が無く裁判官の任命権を有する自民党一党独裁政権が続くという政治状況があった、と思われる。

1　裁判官に対する管理統制の推進

(1)　青法協会員の排除と差別人事

第Ⅰ期における青法協裁判官に対する脱退工作や新・再任拒否は、その後も維持された。新任については、青法協会員は一人も任官させないという路線が進められ、二七期から会員の任官はゼロとなり、三二期以降は裁判官志望者に会員は皆無となった。最高裁は任官の基準を「総合的人格評価」として、修習生には「規律保持」「心得」等が示された。教官や事務局長から任官には「女性は困難」「三五歳まで」「強い性格」等の意図的な発言が行なわれた。修習生は最高裁の顔色をうかがい極度の自己規制を行なうようになり、従来からあった「自主的研究活動」も見られなくなった。二八期修習生のアンケート調査では、任官希望者のほぼ全員である八一名が、「自分の任官について不安を抱いている」と答えている。このような最高裁の路線は任官希望者に強い圧力となって、ひたすら自分の言動と態度を最高裁に迎合させようとする傾向を生み出していった。

一方、青法協会員や裁判官懇話会の裁判官に対しては、人事処遇上の差別が進められた。その内容は、昇給・昇格の停止・遅延、中枢ポスト（事務総局・司法研修所・東京地高裁等）からの排除、部総括裁判官からの排除、長期あるいは連続した乙号支部・家裁等への配置、等々である。また、従来のABC方式（一〇年単位で大・中・小の裁判所を一巡させる）を悪平等として、裁判官の人事評価により大小に振り分ける適材適所方式へと転換した結果、青法協会員ら最高裁の路線に適合しない裁判官を大裁判所に配置しないことが合理化された。また差別の対象は、最高裁判決や政府の政策に反する判決、たとえば戸別訪問処罰規定を違憲とする判決、をした裁判官にも及んだ。他方で、後述する「望ましい裁判官」像に一致し訴訟促進・効率的処理を率先する裁判官は、一般の評価がどんなに悪くても優遇された（たとえば、女性蔑視、品性のない修習生心得を批判された裁判官が最高裁民事局長に栄転）。

(2) 裁判官の生活規制と指導体制

裁判官に対する管理の強化は、宅調の廃止、休暇届・旅行届けの義務づけから、居酒屋、パチンコ等への立ち入りの注意など私生活にまで及んだ。大学講師就任や講演会講師等への参加も、職務専念義務のうえから問題ありと規制の対象とされた。また総括裁判官による判事補等の生活指導が研修のテーマとなった（たとえば一九八七年七月司法研修所での「総括裁判官研究会」では、陪席裁判官の育成と裁判官の在り方・心構えが研修対象となり、職務外の生活指導について裁判官不祥事をモデルにしたケーススタディが行なわれた）。総括裁判官と陪席裁判官との関係は、指導被指導の関係となり、合議体で同等の評決権を有する同僚裁判官としての平等な関係ではなくなった。

なお、八〇年代には、万引き事件、ニセ電話事件、酩酊運転事件、女性被告人との情交事件、梓ゴルフ場事件等、毎年のように裁判官の不祥事が公になった。裁判官に対する管理の強化は、そのような事態への対処であるとともにその原因でもある、と指摘されている。

2 「望ましい裁判官」づくりの研修体制の拡充

(1) 司法研修所での修習生教育

司法研修所の研修対象は裁判官と修習生であるが、今や裁判官研修が拡充される一方、後者は修習期間の短縮などにより、裁判官任官のリクルートに特化しつつある。修習生のなかでは、任官基準は成績中位者以上といった教官の発言により裁判官優秀論が唱えられ、これに比して弁護士志望者の「卑下意識」が生まれている、と指摘されている。修習生数の増大やロースクールの誕生にともない、かつては二年間であった修習期間が順次短縮され、二〇〇六年一一月からは一年となり研修所での研修期間もわずか二カ月に短縮された。判事補の研修体制はさらに拡充されているため、判・検・弁志望者が公正・平等に修習を受けるという統一修習が、実質上の分離修習へと変質することが危惧される事態となっている。

二回試験は、臨司意見書公表後である一八期から落第者が出始めたが、二八期になり追試制度が導入され大量落第が定着した。最高裁は、二回試験は卒業試験ではなく国家試験で資格試験である、と説明している。その結果、修習生は落第の不安を訴え、後期修習は二回試験の予備校化し落第者が多いといわれる民裁を中心に要件事実勉強会などが開かれ、研修所内の自由闊達さが失われた。また二回試験は、限られた時間内で要領よく起案する能力が求められるものとなっている。授業でも、教官は法の自律性や法的安定性を唱え、「情に流されない」「無駄を省き合理的に処理すること」を強調し、それにそった起案を求める。これは効率的事件処理の優先であり、労働紛争のような非対等で情報・証拠の遍在する事件は切り捨てられることになる。

(2) 裁判官研修体制の強化拡充

新任判事補は、一九七二年頃から統一的な研修が始まり、全国各地裁へ補職された判事補は、新任一年目に四カ月東京で研修を受けるようになった。これが八二年の抜本改定で、東京、大阪等の一二庁（その後縮小）の大都市地裁に二年間補職となり、当初六カ月は基礎研鑽期間として集中研鑽が行なわれるようになった。司法研修所の連絡調整のもと、各庁で「研鑽の実施要領」が策定され実施される。そして「補職庁の所長協議会」「関係総括裁判官会議」等が開かれ全体の統一性がはかられた。基礎研鑽期間が終わったら司法研修所に全員を集め二週間の新任判事補実務研究が行なわれた。取り上げられるテーマは「合議及び陪席の役割」「裁判官の在り方及び司法の将来について」等であった（この研究で判事補に、取り扱った事件ごとに「特に問題となった事項」「事件処理に当たっての所感」、「特に苦労した点」「工夫をした点」「先輩裁判官に教えられた点、」「反省した点」等の記載を求めている。この研鑽での判事補の位置づけは、参加した判事補が「自分に対する取扱いが、司法修習時代と異なることがないことを嘆いた」というように、独立した裁判官の地位が疑われるものとなっている）。結局この研鑽で育成しようとする裁判官も、憲法上の独立した裁判官というより効率的事件処理技術に長けた職人である。

さらに服部高顯最高裁長官（一九七九年四月〜八二年九月）時代から、新任裁判官研修とともに、判事補・判事の裁判官研修の充実が唱えられた。裁判官生涯教育システムが作られ、三年目（簡裁判事資格直前）、五年目（特例直前）、一〇年目（再任直前）の判事補研修、「総括裁判官研修」「所長研修」等、各地位の節目ごとの研修が実施されるようになった。また八二年四月から司法研修所に、司法修習生の教育とはまったく別個の裁判官研修の専門部門が創設された。第一回の総括裁判官研究会のテーマは、「陪席裁判官の育成」「部の運営」「部の代表者としての意見具申と伝達」等であった。それ以外にも、「職務外の接触の工夫」「職員団体問題への関心と対処」等があり、総括裁判官が、合議の主催者にとまらず、所長・代行者のもとでの中間管理職として位置づけられたことが明確となった。

3　報告制度の導入と裁判官評価制度

(1)　各種報告制度の導入

石田和外を引き継いだ村上朝一最高裁長官は、一九七三年六月、全国の高裁長官、地家裁所長会同で、「迅速な裁判を実現するには各裁判所における適切な司法行政が極めて重要。そのため各裁判所の裁判事務の状況を正確に把握し必要な施策を策定実施（する）」旨訓示した。これを受けて同年から長期未済事件報告制度が、七六年から処理事件報告制度が導入された。後者は、全国の裁判官の毎月の事件処理件数を最高裁に報告するものであった。これによって、裁判官ごとの事件処理の状況が裁判所内で明らかにされることになり、否応なしに各裁判官は毎月の事件処理件数を意識せざるをえなくなった。裁判所内では、事件処理が早い裁判官が、「できる（優秀な）」裁判官だという評価基準が事実上作り出され、これが上述した研修所教育、二回試験、裁判官研修等を通じて、「望ましい裁判官像」づくりへとつながっていった。

(2)　裁判官評価制度

裁判官人事の権限は、裁判官会議の形骸化により最高裁長官・事務総局、高裁長官、地家裁所長のラインに集中された。評価は人事に付きものであるが、これまで最高裁は、裁判官評価制度の存在をはじめ、基準、評価者、評価方法・評価資料等を内外に（評価される当該裁判官にも）明らかにしなかった。それが、裁判官の異動、昇給・昇格などについて、裁判官に人事の適正性と公平性に対する疑念を抱かせ萎縮効果を与えてきた。人事制度が客観性・透明性・公正性を備えていなければ、法的にも問題が生じることは周知の事実である。自らが裁判所内で不透明・不公平な人事のもとに置かれている裁判官に、裁判において基本的人権擁護と民主的な価値の実現を期待することはそもそも無理である。司法制度改革でもこの点が問題とされ、第二一回審議会（二〇〇〇年六月二日）でやっと事務総局人事局作成の資料が提出された。

それによると、最高裁人事局は毎年裁判官から勤務地と担当事務について希望を出してもらい、地家裁所長や高裁長官から意見を聴いて毎年の異動計画を立てている。その際、高裁長官らから裁判官の仕事ぶりや力量、人物、健康状態等についての情報がもたらされる。その情報は、その後提出された資料によると、一九九八年度まで（奇しくも審議会がスタートする直前である！）は一定の項目を示した書式により行なわれた（項目は、Ⅰ執務能力　一事件処理能力①正確性②速度③法廷の処理　二指導能力①職員に対する指導②部の総括者としての適否　三法律知識及び教養　Ⅱ健康　Ⅲ人物性格の特徴　Ⅳ総合判定であった）。この勤務評価が、裁判官の異動や昇給・昇格等の人事のベースになっていたことが、やっと明らかになったのである。

三　司法制度改革とキャリア制度──第Ⅲ期（一九九九年以降）

1　司法制度改革と最高裁の対応

⑴　司法制度改革のスタート

一九九〇年代末頃から政治・経済の各分野において、司法制度改革への具体的提言が相次いだ。たとえば、自民党は九七年六月に「司法制度特別調査会」を発足させ、同年一一月に「司法制度改革の基本方針」、九八年六月には「二一世紀の司法の確かな指針」を発表し、経団連も、九八年五月に「司法制度改革についての意見」を発表した。また、日弁連は九〇年代はじめに三回にわたり「司法改革に関する宣言」を行ない、九八年一一月には「司法改革ビジョン」を発表した。

これらの提言は、力点の置き方に違いはあるが、行政改革や規制緩和にともない日本の社会が事前規制型から事後救済型に転換するという見通しに立って、事後救済の重要な役割を担う司法の機能強化を主張するものであった。このような流れを受けて、九九年七月に司法制度改革審議会が内閣のもとに設置され、約二年間にわたって合計六三回に及ぶ審議を行ない、二〇〇一年六月一二日付で意見書が提出された。

(2) 司法制度改革審議会と最高裁のスタンス

審議会では「裁判官制度の改革」が重要なテーマとなった。これに対する最高裁の姿勢は、日本の司法の特徴として全国的に統一された制度下で等質のサービスを提供する「統一性と等質性」、法論理・事実認定の精密さと真実の発見を求める「精密司法」をあげ、これを実現してきたキャリア制度を基本としつつ、その枠内での改革・改善を提言する、というものであった。具体的には、キャリア制度を揺るがしかねない法曹一元や陪審制には終始消極的であり、他方で専門参審制（ただし評決権を持たない）や裁判官推薦委員会への国民参加については容認する、とした（「二一世紀の司法制度を考える」第八回審議会、九九・一二・八泉事務総長報告等）。

審議会は二〇〇〇年一一月二〇日に中間報告を発表して三点の裁判官改革の課題を提起した（①裁判官給源の多様化、②裁判官任命への国民の意思の反映等に関する工夫、③人事制度の透明性・客観性の付与）。最高裁は、その後の審議で弁護士任官の推進と判事補の経験の多様化（留学・企業研修、行政庁出向、法律事務所派遣）および最高裁に設置される「裁判官指名諮問委員会」の設置を提案したが、委員から指摘された特例判事補の廃止には難色を示し、「裁判官の人事評価」は検討中とするなど、キャリア制度堅持の基本姿勢に変化はなかった。

2 キャリア制度の改革と進行状況

審議会意見書は、裁判官の給源、任用と人事および裁判所の運営に対する改革項目を示し、その後法曹制度検討会を経て以下の項目が実施・推進されることになった。

(1) 裁判官の給源の多様化と現状

〔判事補の弁護士職務等の経験制度〕 多様で豊富な知識・経験を備えた判事を確保するため、原則すべての判事補に身分を離れて弁護士等の多様な法律家の経験を積ませる制度である。期間は原則二年間、その間は裁判所事務官の身分となり、弁護士登録を受け法律事務所に入り弁護士業務に従事する。これによって、国を相手とする行政事件や国選弁護・当番弁護、法律扶助事件等の幅広い職務の経験が期待された。

しかしこの間の実績では、弁護士職務経験は二〇〇五年四月の開始時から毎年八〜一〇名程度に止まっており、しかも受入先は大規模な法律事務所がほとんどである。中小法律事務所にとって待遇（給与等）の負担が重いことに加え、運用で派遣者数の三倍の応募事務所を用意しなければならないことが足かせになっていると指摘され、このままでは制度の形骸化が危惧されている。

〔非常勤裁判官制度〕 弁護士が、非常勤で民事調停では調停主任、または家事調停では家事審判官となり、裁判官と同等の立場で民事調停事件を主宰する制度である。これは弁護士任官の促進と調停手続活性化が目的であるが、これまで任官者累計が四二二名、二〇一四年四月現在で実働一一九名であるが、常勤裁判官への任官は一三名にとどまっている。

〔弁護士任官の推進〕 審議会の提言を受け日弁連と最高裁の合意にもとづき、二〇〇二年秋までに全国八カ所で「弁護士任官適格者選考委員会」が設けられた。下級裁判所裁判官指名諮問委員会が設置された後の〇四年から〇八年までの弁護士任官を見ると、採用二六名、不採用一四名、取下げ六名となっている。結局この間の実績は、採用者は毎年五名前後、採用率は五割程度にとどまっており、所期の目標を大きく下回っている。

(2) 下級裁判官指名諮問委員会（以下「指名諮問委員会」）

指名諮問委員会および裁判官評価制度（後述）は、キャリア制度維持のための強力な手段である裁判官人事に透明性と外部からのチェックを働かせようとするものである。その仕組みは、最高裁に設置する中央の委員会と高裁ごとに八つの地域委員会が置かれ、最高裁は中央の委員会へすべての任官希望者の適否について諮問、中央の委員会は最高裁と地域委員会から提供される資料・情報にもとづき指名適否の判断をし最高裁に理由をつけた意見を述べ、最高裁は中央の委員会と意見を異にした場合は理由を同委員会へ通知し、指名を非とした任官希望者には理由を明らかにするものである。なお、地域委員会は中央の求めがない場合にも任官希望者に関する情報を収集する権限があり、各地域の裁判所内外の情報を収集し中央委員会に意見を付して報告する。中央の委員会の構成は法曹五対非法曹六で最高裁が任命する、ことになった。

この制度の成果として、①国民参加による裁判官指名過程の透明化がはかられた、②適否の判断基準から思想信条等を排除することで不当な新・再任拒否が困難となった、③温情処遇の排除等で質の確保がはかられた、④最高裁の人事評価が審議資料となることで裁判官人事評価の透明化や外部資料による国民の評価の反映が期待される、等が上げられている。他方でこの制度は、第四八回審議会での最高裁人事局長の提案にそって制度設計されたものであり、委員の任命も事務局も最高裁となっている。現に、①議事録要旨公開の不十分性（ホームページ公開が数カ月後で遅く、内容も不十分で匿名であること等）、②任官拒否者に対する具体的理由の説明がなく面接や弁明の機会すら付与されないという適正手続の欠如、③外部情報、とくに弁護士会経由の外部情報に対する最高裁・指名諮問委員会の規制（詳細は後述）等である。この間の実績の特徴は、制度発足前に比し新任・再任の拒否者数が増加し、とくに弁護士任官は四割程度が不採用となっていることである。

(3) 裁判官評価制度の整備

前述のとおり最高裁は、裁判官評価について、評価者、目的、基準、資料等について、内外ともに明らかにしてこなかった。そのため審議会意見書は、「裁判官の人事評価について、評価権者及び評価基準を明確化・透明化し、評価のための判断資料を充実・明確化し、評価内容の本人開示と不服申立の手続きを設けるなどの仕組みを整備すべき」旨提言した。これを受けて最高裁は内部に研究会を設け二〇〇二年に報告書を出したが、外部評価を否定する等不十分なものであったため日弁連等から批判が起こり法曹制度検討会でも成案にいたらなかった。その後、〇三年に最高裁の一般規則制定諮問委員会を経て、同年一二月に「裁判官の人事評価に関する規則」案が確定した。これが、最高裁判官会議の議を経て〇四年四月から施行された。

その概要は次のとおりである。①目的は、裁判官の公正な人事の基礎資料および裁判官の自己研鑽に資すること。②第一次評価者は地・家裁所長と高裁長官。③評価項目は、事件処理能力、部などの運営能力ならびに裁判官としての資質・能力。④評価権者は、多角的かつ多面的な人事評価情報の把握につとめ、外部からの評価情報も受け入れる。⑤評価権者は、あらかじめ裁判官からの自己評価の提出を受け、面接の上評価する。⑥裁判官は、人事評価の開示請求をすることができ、不服があれば評価権者に不服を申し出て、修正を求めることができる。

裁判官評価規則が外部情報の取り入れを認めたことは大きな前進であった。外部情報は、裁判官の昇給・昇格、任地・異動等のための人事評価だけでなく、判事への任用・再任等の当否の判断資料に使われるものである。適正妥当な裁判官評価には、弁護士の外部情報がきわめて重要となる。裁判官の事件処理能力や資質・人間性が如実に表れるのは法廷、弁論準備・和解という当事者と直接相対する場であり、判決の当否もその過程をふまえてはじめて正確な評価ができるのであり、そのような裁判官のリアルな情報を最も知りうるのは弁護士だからである。したがって、弁護士会では〇四年以来、会員に対し毎年六月中に外部情報を裁判所に直接又は弁護士会を経由して提出することを呼びかけている。その際、マイナス情報だけではなくプラス情報をも積極的に提供するよう求めている。

ところが現在、弁護士会経由の外部情報に最高裁や指名諮問委員会から厳しいクレームがつけられている。その理由として、裁判官のプライバシーの侵害、裁判官の独立の侵害、情報の信用性に対する疑義等がいわれている。しかし、弁護士の外部情報は裁判官の職務遂行の過程における言動でありおよそ秘匿されるべきプライバシーとはいえないし、弁護士会経由ということで裁判官の独立を云々するとはその見識を疑わざるをえない。信用性の疑義は他の情報とつきあわせて総合的に判断すればよいことである。総じて最高裁や最高裁が任命する委員は、審議会意見書や外部情報の意義を理解せずむしろ外部からの批判を回避しようとする傾向にある。たとえば、いくつかの弁護士会で米国の事例を参考にして行なった裁判官に対する段階式評価アンケートに激しい批判を浴びせ、指名諮問委員会では裁判官の独立を侵害するから相当ではない、との取りまとめをした。しかしこのアンケートは、会員弁護士が裁判官評価について評価項目ごとに五ないし三段階の評点をつけて、大まかな弁護士の裁判官評価を示すものである。回答者数が増えれば増えるほど、一定の傾向性と信頼性が増加するもので裁判官評価の貴重な資料となりうる。これを一方的に遮断しようとする最高裁には旧来の閉鎖性と批判を受けつけない体質が看取される。審議会発足を契機に行なわれている民事裁判や労働審判利用者調査（裁判官に関する質問もある）の意義について、最高裁はどのように考えているのであろうか。

なお評価制度の運用について具体的情報は明らかにされていないが、不服申立をした裁判官の報告では、示されたのは積極評価だけで格差の理由についての具体的な説明や資料の提示はなかった、という。日暮れて道遠し、の感がある。

3　その他の課題の行方

(1)　キャリア制度改革の課題

キャリア制度のうち、意見書にあった特例判事補の計画的段階的解消、裁判官報酬の段階の簡素化など報酬制度の在り方、最高裁判所裁判官の任命手続の透明化・客観化の課題は、いずれも制度化されなかった。また、中央集権的な司法行政の改革や裁判官人事のうち、配置・異動や総括裁判官・所長・長官指名など人事の中枢部分の改革については、最高裁が、「司法権の独立」「司法の自律」を錦の御旗として最高裁内での検討を求めたため、実質的な議論は行なわれなかった。そのため推進本部では、「最高裁の検討状況を踏まえた上で検討」として丸投げしており、最高裁事務総局支配は従来のままである。

(2)　小さな司法の課題

審議会意見書は、司法の機能の拡充・強化とそれを支える法曹人口（裁判官を含む）の大幅な増加を求めた。しかし、最高裁の司法政策は依然として「小さな司法」にとどまっている。たとえば、司法制度改革後の裁判所予算は、額および予算総額の比率を見ても、二〇〇〇年三一八六億円（〇・三八％）、二〇一〇年三二三一億円（〇・三五％）、二〇一四年三一一〇億円（〇・三二％）とほとんど変わらないか微減している。また裁判官数（簡裁判事を除く）も、二〇〇〇年二二一三名、二〇一〇年二八〇五名、二〇一三年二八八〇名と微増にとどまっている。他方で、弁護士数は、二〇〇〇年一七一二六名、二〇一三年三三六二四名と大幅に増加している。

このように最高裁は、審議会意見書に示された司法機能の拡充・強化に十分に応えようとしていない。利用者である国民は、裁判官が個々の事件を丁寧にゆとりを持って審理してくれることを願っているが、現実は逆方向に進んでいる。どうも最高裁は、多数の事件を迅速・効率的に処理する裁判官を「望ましい裁判官」として、「小さな司法」路線を堅持しているようにすら見える。その方が、キャリア制度の維持にとって都合がよい、と判断しているとすれば本末転倒というほかはない。

4 小括

第I期で、最高裁は、政府の反憲法的政策への転換を受容しその障害となる最高裁判例等の変更と青法協裁判官の排除・孤立化を強引に進めた。そしてこれを牽引したのが、旧司法省官僚制度を引き継いだ最高裁長官・事務総局主導の体制（キャリア体制）であった。この司法政策は第II期にも踏襲され、裁判官会議などの自治的チェック機能を形骸化させ、最高裁長官・事務総局、高裁長官、地・家裁所長のラインを確立させた。個々の裁判官を統制する手段は、裁判官に対する絶対的な人事権であり、それとリンクした「望ましい裁判官」づくりのための教育・研修制度の拡充であった。最高裁事務総局に集中した人事権は、裁判官の任用・再任から、昇給・昇格、配置・異動、総括裁判官や中枢ポストへの登用など、裁判官人生を左右する包括的なものであった。ところが人事権行使の前提となる評価制度は、内容等はもちろんその存在すら司法制度改革の審議まで明らかにされなかった。このように第II期において、最高裁長官・事務総局をヒエラルキーの頂点とするキャリア制度が確立し、日本の裁判所の「小さな司法」「消極主義」「閉鎖性」「中央集権性」という特徴が形成された。そして政治権力との軋轢を回避して「小さな司法」政策が維持され、報告制度と人事権を通じた裁判官統制により、迅速効率的な事件処理が最優先事項となり、それが最高裁の「望ましい裁判官」に収れんしていった。個々の裁判官は、裁判所内外での自由な言論が抑制され（寺西判事補事件）、萎縮状態となり、不祥事が続発し、精神疾患等に罹る裁判官も珍しくなくなった（「ミスター司法行政」といわれた矢口長官が行なった、国内研修・留学制度の拡充、弁護士任官の整備、陪・参審制度調査等は、このようなキャリア制度の弊害の除去を目的としたものであろう)。

本来今次司法制度改革の核心は、このようなキャリア制度の改革にあったはずであるが、その現状を見ると、改めてキャリア制度の牙城の強固さに思い知らされる。司法制度改革から一〇年を経て、改革課題についての中間的総括が必要であろう。何が変わり何が変わっていないのか、改革につながる芽は育っているのか。とくに、弁護士任官や判事補の弁護士経験が進んでいない理由を、我々自身の課題として検証する必要がある。現状の傍観や放任は、裁判官にとっても不幸であるばかりか、最も被害を受けるのは利用者である国民であり、とくに弱い立場にある労働者、住民、消費者であることを銘記しなければならない。

四　労働裁判改革の課題・試論

1　労働裁判の動向

ここでは、キャリア制度と関連づけて戦後の労働裁判の動向を概観するが、当然のことながら筆者の試論(デッサン)にすぎないことをお断りしておく。

(1)　第Ⅰ期から第Ⅱ期前半(八〇年代)

第Ⅰ期の前半では、労働裁判において政府の反憲法政策への転換に抗して果敢に裁判闘争が取り組まれ、次のような大きな成果を上げた。①官公労の争議権保障を基本的に認める最高裁判決(六六年全逓中郵判決、七〇年都教組事件判決)で憲法的限定解釈論を採用、官公労働者の争議権を事実上大幅に回復。②受忍限度論による広範な組合活動の自由の容認による職場活動権の確立。③配転について労働契約にもとづく個人の同意を基本とする判例による規制。

④解雇権濫用法理や整理解雇法理による解雇規制。⑤労働仮処分による権利保全。⑥刑事弾圧での可罰的違法性論の採用。

しかし第Ⅰ期の後半から「司法の危機」を経た第Ⅱ期では、上記最高裁判決が次々と変更され、労働者・労働組合の権利を制約する判例法理が形成されていった。①官公労働者の争議権全面禁止合憲（全農林警職法事件・最判昭和四八・四・二五、全逓名古屋中郵事件・最判昭和五二・五・四）。②施設管理権万能論（国労札幌地本事件・最判昭和五四・一〇・三〇）。③精神的・肉体的職務専念義務論（ホテルオークラ事件・最判昭和五七・四・一三）。④配転・出向についての包括的合意説（東亜ペイント事件・最判昭和六一・七・一四）。⑤仮処分での保全の必要性の厳格化・地位保全の否定。⑥労働委員会命令の見直しと緊急命令の厳格審査。⑦可罰的違法性論の不採用。

この時期の特徴は、これらの判例理論が、裁判官会同・協議会を通じて下級審の判決に及んでいったことである。

(2) 第Ⅱ期後半（九〇年代）

この時期は、集団的紛争が激減し、労働裁判では、企業内少数組合・少数派の事件、女性・非正規労働者の事件、解雇等の個別労働紛争や過労死等の労災訴訟が大半を占めるようになった。初期には、東京地裁における労働委員会命令取消や緊急命令棄却等が相次ぎ、日本労働弁護団では争議団も加えて「東京地裁労働部を糺す」という討論集会等で取り組みを強化した（季刊労働者の権利一八六号）。他方この時期には重要な労働者勝訴も相次いだ（過労死の分野では、労働省（当時）の認定基準の欠陥を明らかにし基準改訂をうながした行訴判決や電通過労自殺損害賠償勝訴の画期的な東京地裁判決（平成八・三・二八）、非正規女性差別の分野では、丸子警報器事件・長野地裁上田支部判決（平成八・三・一五）、芝信用金庫事件・東京地裁判決（平成八・一一・二七）、職場での組合活動については「特別の事情」「権利濫用論」で施設管理権万能論に一定の歯止めをかける倉田学園事件・最高裁判決（平成六・一二・二〇）、国産自動車交通事件・最高裁判決（平成六・六・七）、思想差別の分野では関西電力事件・最高裁判決（平成七・九・五）、セクハラでは福岡地裁判決（平成四・四・一六）等がある。これらの裁判の動向を分析して、「司法反動期が終わりを告げた。労働裁判に新たな流れが生じている今日、われわれは労働裁判を通じての労働者の権利確立に、より努力と英知を傾けることが極めて肝要である。」との指摘もされた（日本労働弁護団『現代企業社会と労働者の権利』六頁）。

しかし他方で、この時期には、日立武蔵残業拒否解雇事件・最高裁判決（平成三・一一・二八）があり、二〇〇〇年代であるがＪＲ採用差別事件・最高裁判決（平成一五・一二・二二）、後述する東京地裁による整理解雇法理の要件緩和の一連の決定判決がある。これらを見ると、企業支配や労働政策の中核部分を法的に追認する姿勢に変わりはなく、むしろ解雇権濫用法理・整理解雇法理の規制緩和を企図する動きすら現れ始めていた。勝訴しているのは、主に労働政策の周辺部分または市民法の基準すら逸脱した病理現象の分野である。

どうも九〇年代から第Ⅲ期は、旧来の司法反動期ではない新しい局面に入ったのではないか、したがってそれに対応する理論的実践的課題を究明することが肝要ではないか、これが私の問題意識である。

(3) 整理解雇法理の要件緩和を企図した一連の東京地裁の判断（第Ⅲ期初頭）

一九九九年秋から二〇〇〇年春にかけて、東京地裁労働部は、経営上の理由による解雇・雇止めの八事件について、労働者敗訴の仮処分決定や判決を立て続けに出した（季刊労働者の権利二三五号）。①東洋印刷事件仮処分決定（平成一一・一〇・四）、②日本ヒルトン事件仮処分決定（平成一一・一一・二四）、③角川文化振興財団事件仮処分決定（平成一一・一一・二九）、④明治書院事件仮処分決定（平成一二・一・一二）、⑤ナショナルウエストミンスター銀行事件仮処分決定（平成一二・一・二一）、⑥東京魚商協同組合事件判決（平成一二・一・三一）、⑦廣川書店事件仮処分決定（平成一二・二・二九）、⑧カンタス航空事件判決（平成一二・三・三〇）である。これはたんに労働者敗訴が続いたというのではなく、その判断内容から、東京地裁労働部が従来の解雇権濫用法理や整理解雇法理の要件を緩和・変質させようとした重大な事態であった。

敗訴した争議団や労働組合は、東京地裁前でのビラ配布・宣伝活動、申し入れ、東京地裁を包囲する「ヒューマンチェーン」行動、一五〇〇名以上が集まった請願行動等を取り組んだ。また日本労働弁護団も、アピール「東京地裁労働部を糺す」を出し社会に訴え、東京地裁の解雇規制緩和論の誤りを理論的に明らかにした「整理解雇事件に関する申入書」を作成し、東京地裁の各裁判官に交付した（季刊労働者の権利二三四号）。

このような労働側の取り組みもあり、その後東京地裁労働部の整理解雇に関する判断は、従来の判例実務の内容に回帰し他の裁判所に波及することもなかった。しかしこの東京地裁労働部の一連の判断は、当時の政府の規制緩和政策、米国からの解雇規制緩和要求、規制緩和論者の整理解雇法理批判などに裁判所内部から呼応する動きのはしりであった。現在の経済危機の深さとアベノミクスによる強引な労働法制緩和の動きから見ても、これがいつ復活しないとも限らない、と警戒すべきであろう（日本労働弁護団『現代労働裁判の理論と実践』六六八頁）。

(4)　司法制度改革後の労働裁判の現状（第Ⅲ期）

司法制度改革により創設された労働審判制度は二〇〇六年から施行されたが、これを契機に労働裁判（通常訴訟・労働審判・労働仮処分）件数は年間七〇〇〇件台へと増加した。しかしそのほとんどが個別労働紛争であり、この時期の最高裁判例も、主として個別労働紛争における法的ルールの精緻化に当てられたといえよう。ただ、一一年の新国立劇場運営財団事件とＩＮＡＸメンテナンス事件に対する最高裁判決は、形式論で労働者性を否定して労委命令を取り消しした下級審判決を覆して労働者性を認めた。これは法貫徹主義と称し労委命令の見直しを続けてきた下級審判決を労働法学の通説の線に引戻そうとしたものと評価できる。他方で、〇九年の松下PDP最高裁判決は、非正規労働問題が深刻な社会問題となり、新たな法解釈が求められていたにもかかわらず、これに応えようとした高裁判決を破棄した。これは、かねてから指摘されてきた最高裁の司法消極主義・実定法主義の体質を改めて明らかにし、法創造の役割を放棄したものであり、その限界を示した。

では下級審の動向はどうであろうか。日本労働弁護団では、二〇一三年に労働裁判改革PTを発足させ、全国の会員に労働裁判の現状報告を求めたが、ほとんど報告がなかった。しかし以下のとおり、横浜地裁第七民事部の動向は、とくに阿部正幸裁判長になってから、労働者の権利にとって看過できない状況となっている。

① 神奈川フィル解雇事件は二人の楽団員の解雇事件であるが、横浜地裁新谷裁判官は解雇有効の仮処分決定（平成二四年一二月二〇日）を出した。その特徴は、技量不足等の解雇事由の認定がきわめて杜撰、合理性・相当性の判断基準がきわめて緩やかな点である。

② 東芝ライテック事件判決（平成二五年四月二五日・労判一〇七六一号、阿部正幸裁判長）は、平成四年に有期契約でY社に入り、平成一二年に配属先事業所が同じ同一企業グループZ社への譲渡にともない同社と有期契約を結んだ労働者Xが、同事業所の閉鎖を理由に平成二三年一〇月一日雇止めを受けた事案である。一九年間で七六回の契約更新を繰り返し、その間基幹的業務に従事しZ本社やグループ企業にも出向するなど、正社員と同等以上の働きをしていたXに対して、解雇権濫用法理の類推適用は認めたものの、有期契約という理由で企業側に解雇回避努力義務を認めず本件雇止めを有効とした。

③ 辻堂交通事件判決（平成二五年六月二七日、阿部裁判長）は、タクシー会社における残業代と付加金請求の事案である。会社が所定休憩の二時間を超える「超過休憩時間」の存在と残業代からの減額を主張したが、それを裏付けるタコメーターなどの検証もしないまま会社主張をそのまま認め、付加金も棄却した。

④　横浜福祉サービス協会事件判決（平成二五年九月二六日、阿部裁判長）は、ケアマネージャーであった労働者が、長時間労働による脳内出血で重度の後遺障害が残ったとして損害賠償を請求した事案である（労基署長の業務上の認定あり）。本件では、裁判所が結審前に双方代理人に新たな主張立証の有無について確認し、原告代理人が因果関係に関する裁判所の心証開示を求めたところ、阿部裁判長および清水亜紀裁判官は平成二四年一二月の和解期日で双方代理人に因果関係が認められるとの明確な心証を開示し、翌年一月以降因果関係の存在を前提とする金額の和解案が出され数回和解期日が重ねられた。ところが裁判所は、結審後判決期日の三週間前である平成二五年九月五日に原告代理人を呼び出し、心証が変化し因果関係を否定する判決を予定していると告げた。そこで原告代理人は、同月一七日付で意見書を提出し、因果関係を認める旨の心証開示がなければ提出を予定していた多数の介護記録を提出するとして弁論再開を求めたが、裁判所はこれに応じることなく因果関係を否定する判決を出した。

⑤　日産自動車事件判決（平成二六年三月二五日、阿部裁判長）は、日産自動車にデザイナーとして就労していた二名の労働者（A）および日産自動車や日産車体で就労していた一名の労働者（B）が、日産自動車との間で黙示の労働契約の成立を主張して地位確認等を請求し、日産車体で就労していた二名の労働者（C）が雇止めの無効を主張して地位確認等を請求した事案である。Aでは、派遣先が、事前面接で派遣労働者の採用に関与していたこと、派遣労働者の給与等の額や労働条件を事実上決定していたこと等の事実関係が立証できることから、松下PDP最高裁判決によっても派遣先との労働契約の成立が十分に認められると考えられた。ところが判決は、「黙示の労働契約の成立には、明示の意思表示を欠いていることが前提であるから、原被告間でそれぞれ労働契約を成立させる意思の合致があったことを推認させるに足りる事情があることが必要」として、派遣元との間で派遣労働契約を結び更新手続も行なっていたこと、派遣元から賃金等の支払いを受けていたこと、派遣労働契約終了は派遣元から告知を受けたこと等を上げて、これらは原被告間に直接の雇用関係がないことを明確に認識していたことを示す事情であるとして、各

当事者の認識に反して黙示の労働契約の成立を認定するのはそもそも困難、と結論づけている。すなわち、いくら派遣先が採用に関与し賃金等を事実上決定していたとしても、派遣元と労働契約が存在する以上ダメだというのであり、上記最高裁判決以上の硬直した形式論で労働者の請求を退けた。Bについては、派遣労働と有期労働の地位を転々とさせられた事案であり、判決でも日産側の派遣期間制限違反や有期契約雇止め法理の適用回避の意図を推認しながら、当時の労働者派遣法違反とはいえないと判示した（黙示の労働契約についてはAと同じ）。Cについては、期間労働者の雇用継続の期待は、受注量の増減によって必要な労働人員が左右されることを前提とするものにすぎない、として、一三六億円強の経常利益や一一九四億円強の利益準備金があっても、また日産自動車から従業員を受け入れていたとしても、雇止めの必要性は否定されないとした。有期契約の労働者は景気の安全弁にすぎない、とここまで明言した判決も少ないであろう。

⑥　白鳳女子学院事件判決（平成二六年三月二七日、阿部裁判長）は、私学の女子校に教師として採用された原告が、採用時に設定された一年の期間が満了し契約の更新がされなかったことについて地位確認等を求めた事案である。本件は、神戸弘陵学園事件・最高裁判決（平成二・六・五）と同様に一年の期間は教師としての適性等を評価・判断するための期間と解すべき事案であるにもかかわらず、判決はこの点をまったく考慮しなかった。また、原告が校長から高い評価を受けていたこと、学級担任として部活動の副顧問など複数の業務を精力的にこなしていたこと等、原告に有利な事情はまったく斟酌することなく、被告の主張する雇止めの理由を表面的・形式的に認め雇止め有効と判断した。弁護団はこの判決に対し、はじめに結論ありきの判決であると強く抗議している。

⑦　資生堂・アンフィニ事件判決（平成二六年七月一〇日、阿部裁判長）は、資生堂鎌倉工場で就労していた派遣労働者が、資生堂から減産通告を受けて派遣元から解雇や雇止めを受けたため、派遣先と派遣元に地位確認等を請求した事案である。この事案でも、⑤と同様に派遣先が派遣労働者の採用に関与し、その給与等の額や労働条件を事実

上決定していた事実が立証可能であったため、松下ＰＤＰ最高裁判決によっても十分に派遣先との黙示の労働契約が認められると考えられたが、これまた⑤の判決と同じ論理で敗訴となった。ただ派遣元との関係では地位確認を認めたが、原告らが時給制であり受注量・仕事量の減少を理由に、認容した賃金額は請求の五割にとどめている。上記以外にも、事案の本質を見ず形式論に終始した臨海セミナー事件判決（平成二五年六月七日）、無効の懲戒解雇に先行する自宅待機命令を有効とする等労働者の主張の多くを根拠無く切捨てたサントス事件判決（平成二六年五月二九日）、重要な争点に係る証人を採用せず書面尋問も認めず結審しようとしたため忌避申立にいたった厚木労基署労災給付処分取消訴訟等がある。

神奈川労働弁護団では、毎月の幹事会で新件・既済の事件報告と討議を行なっているため、横浜地裁の動向はほぼ把握できている。しかしこのような体制が取れていない地域における労働裁判の状況は明らかではないが、横浜地裁だけが突出しているとも考えがたい。現に、大阪の中西基弁護士他の二〇一三年一一月八日付「労働事件判決問題事例報告」の五事例、一四年権利白書の各地報告のうち栃木・群馬・静岡・北越の報告および東京三会と東京地裁との協議で報告された審判官の問題事例など、いずれも問題のある裁判官の判断や訴訟指揮等が報告されており、潜在的にはかなりの広がりが予測されるのであり、警戒を怠るべきではない現状といえよう（大阪民法協による二〇一一年夏以降の労働審判事件集約によると、地位確認等について金銭解決した事例のうち、調停成立時までのバックペイを超えた解決金の事例はない、とのことである〈民主法律二九六号一二三頁〉。これは、解雇無効の心証の場合、バックペイ＋六～一二か月の解決金を当然のことと考えてきた筆者にとって驚愕の事態である〈拙著『事例で知る労働審判制度の実際』労働新聞社、参照〉。各地の状況をも含め、早急にその要因分析と克服のための議論を巻き起こすべきであろう）。

2　キャリア制度と労働裁判改革の課題

(1)　労働裁判の現代的問題性

「小さな司法」のもとで多数の事件を抱えた裁判官は、事件報告制度による人事評価や判事補・判事研修の拡充等を通じて、「望ましい裁判官像」へと誘導されている。その内容は①迅速・効率的事件処理と②実定法・判例重視の実務姿勢であり、それらは適正手続の遵守や真実の発見・正義の実現に優先される（その典型が上記阿部コート④の事例）。これだけでも具体的事実の探求とそれをふまえた法解釈が求められる労働裁判には相当ではないが、さらに労働事件は、その裁判規範の中心を規範的条項が占めており、裁判官の価値観や世界観により判断が左右される事件類型である。現在、冷戦構造の崩壊とグローバル化を背景として企業活動の自由や競争至上主義の情報・イデオロギーが社会を席巻しており、公正・平等（基本的人権の尊重）という憲法の価値観とが鋭く対峙している。しかし閉鎖的なヒエラルキー社会で少数エリートとして育てられたキャリア裁判官は、労働者の権利・生活実態に触れる機会がほとんどない一方で、政府・財界やマスコミが流す情報に触れその価値観を受容しやすい環境に置かれている。

したがって、上記①②の実務姿勢に、このような企業利益重視の価値観が加われば、これに対抗できる強靱な労働裁判闘争が存在しないかぎり、労働裁判の結果は悲惨なものとなろう（上記横浜地裁阿部コートの各事例）。第Ⅰ期と第Ⅱ期前半が、明示的なイデオロギー統制による「司法反動期」であったとすれば、第Ⅲ期は労働裁判にとって新たな状況に入った、と考えるべきであろう。それは、誰しも否定できない迅速・効率的な事件処理に隠れて、労働規範の緩和・変質がさしたる反発もないままに粛々と進行するという事態である。このような事態に対応するための実践上の課題は何か、さらにはキャリア制度の改革の展望等についての議論が今こそ必要とされている。

(2) 実践上の課題

第Ⅲ期における労働裁判は、次のような点でそれ以前と様相を異にしている。第一は、事件数の増大と弁護士の増加により「労働弁護士」が担当する事件数の割合が小さくなっていること、第二は、個別労働紛争が主流となり、弁護団・争議団・支援共闘などで取り組む事件が減少していること、第三は、「官僚の作文」と称される「新様式判決」ではそれ自体は簡潔で整合性がとれているため、第三者が外から事件の真相を把握しその問題点を検証することが困難になっていること（淀川海運事件・東京高判平成二五・四・二五は官僚作文を逸脱し裁判官の本音を吐露した異例の判決といえる）、第四は、労働裁判の半数を占める労働審判手続が非公開となっていること、である。これらの点が相まって問題のある判決等が公になりにくく、また当事者が声を上げ批判活動を行なう事例も激減しており、不当な敗訴判決等が闇から闇へ葬り去られる危険性が増大している（日本労働弁護団でそれまで毎年のように取り組まれてきた労働裁判討論集会等も開かれなくなった）。このような状況を受けて、実践上の課題として以下の点が考えられよう。

① 事例収集による現状の把握である。神奈川労働弁護団をも参考としつつ、各地で労働裁判の監視と事例収集の体制を整備することがきわめて肝要である。

② 問題のある判決等が出たら先ず時を置かずに担当弁護士が情報を発信すること、そしてその内容・問題点を論文等にまとめ発表することである。国民的基盤が弱いキャリア制度のもとではとくにこのような裁判批判活動が不可欠であり、それは労働弁護士の責務でもある（最近、個別紛争が多数を占め、依頼者との信頼関係や懲戒問題を危惧する声もあるが、これは経験や智恵を集めれば必ず必ず克服できる問題である）。また、評価できる勝訴判決については、その成果を共有化し定着・発展させるために、担当弁護士は必ず論文等で公表すべきである。

③ 裁判官人事評価制度の活用である。収集した情報を外部情報として直接又は弁護士会経由で最高裁や対応する

地裁・高裁に届ける。それはネガティブ情報だけでなく、ポジティブ情報もであり、それが孤立した裁判官にエールを送ることにもなる。

④　日本労働弁護団にとどまらない、労働者・争議団・労働組合等との共同の取り組みである。「司法の危機」から東京地裁八連敗にいたる歴史をふまえつつ、新しい事態に対応した運動を創意工夫する必要がある。これは、せっかく増えはじめた労働裁判を労働者・労働組合の権利意識の確立、労働裁判改革へとつなげるルートとしても重要である。

⑤　労働弁護士としての力量アップである。ここでは争点整理と証拠整理の重要性を指摘したい。現在の労働裁判では、具体的な事実関係と証拠構造のもとで、適用されるべき法規範は何か、争いのある重要な間接事実は何か、を明らかにすることでその事件の帰趨は半ば決まるといっても過言ではない（たとえば上記阿部コート②の事例は、「東芝柳町工場」型と考えられるが的確な主張や争点整理がされた形跡が無くそれが「雇用継続に対する期待利益の合理性の程度は高くない」との判示となった可能性が高い）。労働弁護士にとって、第一回期日で争点整理と証拠調を集中的に行なう労働審判手続きは、その格好の修練の場である。ここで主導権を取れるような準備と力量が求められる。また口頭主義によるやり取りを通じて、裁判官の労働事件への精通度や価値観が分かり、キャリア裁判官の問題性を浮き彫りにすることも可能となる。

(3)　労働裁判改革の課題

労働裁判改革の課題は、上記のような実践等を通じて提起されなければリアリティのあるものとはならない。また、労働裁判改革は、ハード（制度）だけでなくソフト（裁判闘争）の両面からのアプローチが必要である。

〔制度面について〕　キャリア制度の弊害の克服とそれと表裏の関係にある「小さな司法」からの脱却が現実的な課

題であろう（アプリオリに法曹一元、労働参審制を唱えても現実味がない。まったく欠陥のない制度はないのであり、現在メリットセレクションが世界的潮流となっていることにも注目すべきである）。改革の方向性としては、一つは弁護士任官の促進であり、他の一つは労働参審制である。

前者は、現状では実績が上がっているとは言い難いが、労働審判手続における労働専門弁護士の非常勤裁判官への任官は現実的可能性がある。労働審判手続きは、審判官と労使二名の審判員との協働により三回以内の期日で集中審理を行ない、権利関係の判断をふまえた実効性のある解決を図る手続きである。したがって、審判官には少なくとも一〇年以上の法曹の経験と労働法等の専門性が求められることについては、あまり異論はないであろう（たとえばＥＴでのチェアマンは弁護士から非常勤裁判官を経て常勤裁判官となる）。この点に関して、東京簡裁における労使の労働専門弁護士が調停員となって行なう労働専門調停の実績や前述した東京地裁労働部との協議等（前述した各地報告でも経験の少ない若手裁判官の問題性が明らかとなっている）からもコンセンサスは十分に可能である。問題はどのようにして実現させるかであろう。現状の問題点について労働審判を経験した弁護士や労働審判員の声を集めるとともに（審判員からは「裁判官が忙しすぎて評議の時間が取れない」「十分に記録を読まず調停を押しつける」等の声が上がっている）、日弁連、日本労働弁護団、経営法曹間で法制度上の問題や候補者の確保等を検討する、そのうえで日弁連と最高裁協議のテーマとする等のプロセスが考えられる。これは財務省の壁を理由に裁判官増員に消極的な最高裁の抵抗も比較的少なく、裁判官がゆとりを持って事件の審理に専念できる体制や判事補の漸次的縮小という審議会意見書の方向にも合致するであろう。

もう一つは、労働審判で実現した労使の参加を通常訴訟へ広げる、労働参審制の実現である。労使の参加の成果は、すでに労働審判制度の一定の成功により実証済み（利用者調査等）であるが、これを通常訴訟へも導入すべきとする根拠を明確にする必要があろう。ここでも実現に当たり予算やリソースが障壁であり、最高裁と経団連の説得が難関であるが、より根源的な問題は、労働運動や世論は勿論、弁護士会や労働弁護団からも労働参審を求める声が上がってこない現状であろう。昨年一二月に日弁連で労働審判制度創設一〇周年記念シンポが行なわれ、司法制度改革の中間的総括が求められる時期である。労働弁護団には労働参審制を発信し推進する強力なプロモーター役が求められている（これ以外に、①労働審判利用の促進、②労働審判員の声を指名諮問委員会の外部情報にする、③労働審判員協議会の発足等の重要課題があるが詳細は省く）。

〔労働裁判闘争の課題〕　第Ⅰ期の後半から第Ⅱ期に取組まれた大衆的裁判闘争には普遍的真理が含まれており、今後も追求すべき課題である。しかし多くの個別労働紛争では実際上無理でもある。では、その精神を生かし一人でも取り組める労働裁判闘争はあるのか。それは、個々の労働弁護士が実践のなかで労働者とともに模索し創造していくものであろう（マタハラ最高裁判決を勝ち取った裁判闘争等）。そのためのヒントはある。「絶望の裁判所」で希望の判決が出される謎について、新しくは「感性の共鳴」（石塚章夫「当事者を訴訟記録のただの記号とは感じない、事実と真向かう、他人事として処理できない、そのような（裁判官の）感性」を引き出す）、古くは「裁判官の飛躍」（宇賀神直）が語られている。そのどちらでも、先ずは訴える側の「感性」「飛躍」が問われていることに注目したい。労働審判利用者調査によれば、労働者の申立の動機・期待で、非経済的利益（「真実を明らかにし正否をはっきりさせたい」「議論の対象にしたい」「名誉・自尊心、自由、権利実現」の各因子）が経済的利益を上回っていることが実証された。労働者にとって、労働審判の申立は権利のための闘争なのである（イエーリング）。先ず直視し内省すべきは我々のなかにもある「最後は金目でしょ」（石原元環境相発言）という感性からの決別であろう。

創設以来、日本労働弁護団では、常に労働裁判の現状と課題について討論集会等で熱い議論を続けてきたが、第Ⅲ期に入り行なわれなくなって久しい。実定法・判例重視、効率的事件処理の壁を乗り越え、労働者の権利実現・前進のために今何が必要か、個別事件で人としての感性に裏打ちされ血の通った事実の主張と法律論を展開し切れているのか、等現在にふさわしい労働裁判の議論を期待したい。第Ⅲ期に入りそれ以前に比し法令違憲・適用違憲の最高裁判決が増えこのような最高裁の変化を支えている下級審判決の健闘が見られるとの指摘もある。今改めて第Ⅰ期にあった憲法の精神・理念に立ち返った事実論と法律論が求められているように思う。何といっても現憲法は二〇世紀の二度に亘る戦争の惨禍から生み出された人類の英知が凝縮された根本規範なのだから。

【参考・引用文献】


潮見俊隆『法律家』岩波新書、一九七〇年。

東京弁護士会編『あるべき司法を求めて』日本評論社、一九八三年。

萩屋昌志編著『日本の裁判所』晃洋書房、二〇〇四年。

瀬木比呂志『絶望の裁判所』講談社現代新書、二〇一四年。

日本裁判官ネットワーク『裁判官は訴える！』講談社、一九九九年。

日弁連司法制度改革実現本部編『司法改革』日本評論社、二〇〇五年。

飯孝行「メリットセレクションの視点から見た下級裁判所裁判官指定諮問委員会」自由と正義二〇〇九年一〇月号一〇頁以下等。

大野正男『弁護士から裁判官へ』岩波書店、二〇〇〇年。

泉徳治『私の最高裁判所論』日本評論社、二〇一三年。

総評弁護団『資料労働争訟の課題と実践』労働教育センター、一九七七年。

総評弁護団『現代労働運動と権利闘争』労働教育センター、一九八七年。

日本労働弁護団『現代企業社会と労働者の権利』。

石塚章夫「『絶望の裁判所』で希望のある判決が生まれる謎」法と民主主義二〇一四年一二月。

宇賀神直『人権と裁判闘争』かもがわ出版、一九九三年。

菅野和夫編『労働審判制度の利用者調査』有斐閣、二〇一三年等。

第Ⅱ部

重要判例の形成にかかわって

――判例形成の過程と判決の意義と評価

第1章　全逓東京中郵事件・最高裁大法廷昭和四一年一〇月二六日判決

——日本の労働運動の歴史を変えた象徴的事件

山本　博
（弁護士）

一　事件の社会的経済的背景

ニワトリがアヒルになったと世に評されるようになった総評は、春闘と呼ばれた運動方針で、全国津々浦々の大小さまざまな労働組合を一斉に賃上げ要求に並ばせる戦術によって、その組織力を強化していった。それは全国の労働者をいやがおうでも労働組合という組織活動に関心を持たせ、使用者のみならず一般市民も固唾をのんでその結果を見守るという毎年の社会的大行事になった。こうした春闘は、世界の労働運動に例を見ない日本特有の労働運動であった。新聞、ラジオ（まだテレビは始まったばかりだった）を始めとするマスコミは、その動向を大きく報道して、人々の耳目を攫い、その活気ある雰囲気は、今日の人々が想像できないものであった。いわば日本の総資本と総労働との対決だった。こうした動向・潮流に危機感を持った使用者と政府はこれを鎮圧する機会を虎視眈々とねらっていた。全逓東京中郵事件は、こうした社会情勢のなかで発生したものであり、今日考えるとまさに起るべくして起きた事件であった。日本の労働運動の歴史のなかで——日産労働争議と並ぶ——労働界のその流れを変えさせたひとつの象徴的事件であった。

二　全逓労組の闘争体勢

当時の春闘の中心勢力は官公労働組合であり、その先端を切ってリードを担っていたのが国鉄労働組合だった。政府としては、まずなにをおいても国鉄労働組合を攻撃する必要があった。国鉄労働組合は「順法闘争」（諸法令を遵守することによる業務遂行の停滞）、「職場団交」（各職場の個別要求を団体交渉の形で行なう職制の権限強化に対する抑制）を始めとするさまざまな方法の戦術を取っていたが、こうした闘争を理由に組合の三役を解雇し、違法幹部を含む労働組合とは協約を締結できないという口実での団交拒否を強行した。もちろん、組合側はこうした解雇と団交拒否を争う法廷闘争を組んだが、組合にとっての打撃だったのは、団交拒否そのものでなく、三六協定拒否だった。これによって残業ができなくなり、残業が賃金収入で大きなウェイトを占めていた組合員の心理を動揺させたのである（このこと自体は後の藤林斡旋案で解決した）。

一九五七（昭和三二）年まで春闘の中核になっていた国鉄労働組合が、来年の春闘では難しいということになると代わってその重責を担う組合がなくてはならない。五八（昭和三三）年の春闘では官公労組のなかで有力だった全逓信労働組合（以下、全逓）になった。

全逓は、総評のなかでも組織力を誇る非現業の日教組と自治労と並ぶ大手で、現業労組のなかで国労に次ぐ有力な組合だった（国家公務員法でなく、三公社五現業として公労法の適用を受ける）。使命を受けた全逓は大会、中央執行委員会のなかで論議を重ね、一部に危惧する意見がないわけでなかったが、一九五八（昭和三三）年の春闘で「全国統括局（各県に一局）において時間内食いこみの二時間職場大会」の闘争方針を決定した。

三　全逓の闘争方法と刑事弾圧

全逓の闘争は、早朝出勤時間の前に、局外で（午前八時半から一〇時半まで）組合支部大会を行ない、その集会が勤務時間に喰いこむというものであり、実質はストライキであった。大会に参加しないで出勤しようとする職員に対しては、各県県評が局の前にピケを張り大会参加を説得する。局内に前夜から残留している宿直職員は幹部役員が説得して局外に連行するという方法だった。

これを知った郵政当局の阻止対策は強烈なもので、各局で「違法ストの参加を禁止し、違反者は厳重に処罰する」旨を記載したポスターを貼ると同時に、全職制を動員して大会参加を断念するように説得する活動を大々的に行なった。全逓側は本部・地区役員を総動員して各職場で大会参加のオルグを行なった。当局の違法呼ばわりに対しては各県の弁護士に依頼して職場での講演・説得を行なった。私も東京郵便局に張りつけになり職場での説得活動に参加した。

こうしたなかで郵政省の取った違法論は特異なものだった。三公社五現業の公務員に適用される公労法には、争議行為を刑罰で処罰する規定はない。そのため郵便法のなかの郵便業務阻止の処罰規定を利用しようと考えたのである。この郵便法七九条の規定は、一九四八（昭和二三）年の改正当時、国会で労働組合の争議行為に適用しないことが確認されていたもので、そのため制定以後全逓の諸闘争に適用されることはまったくなかった。まさに「埃をかぶっていた郵便法の悪用」だったのである。

こうした諸事情があった関係で、全国四六局のなかで、東京、大阪、名古屋、横浜だけが起訴の対象になったが、大阪と名古屋は宿直職員の局外連行が強制的であったという理由で公務執行妨害罪の適用とセットした起訴であった。

郵便法違反単独で起訴されたのは東京中央郵便局だけであり、まさに公務員の争議行為に刑事罰をもって処罰されるか否かが、訴訟の中心、焦点になったのである。なお横浜中郵事件は特殊で、局前にピケを張った郵便局と関係のない労働者のなかから県評職員、しかも共産党員だけを選んで国家公務員法違反で起訴した露骨な弾圧事件だった。

四　東京中央郵便局の事実関係

東京中央郵便局は、東京駅丸の内口の前に位置し、日本全国郵便局の代表的存在である（日本の近代的建築の象徴だった建物は、旧丸ビルと並んで現在高層ビルの底部外側に残されている）。職員は約一〇〇〇名の大局である。

一九五八（昭和三三）年三月二〇日の当日、局の玄関前に総評の幹部も含めた約一〇〇〇名が厚いピケを張った。数名の総評の幹部が逮捕されたトラブルを除けば、ほとんどの職員が大手町公園、人民広場、日比谷公園で開催された職場大会に参加し、脱落してピケ破りを企てる職員はまったくなく、むしろ予想外な平穏だった。職場大会が終了した午前一〇時半頃に違法ストと呼ばれた大会にあえて参加した組合員約三〇〇名が組合旗を先頭に整然と列を組んで入局するのをピケ隊員が熱烈な大拍手をして迎えたのは感動的シーンであった。

問題は、前日夜からの宿直職員であった。三階建の広大な局内作業室で約四〇〇名の職員が散在して仕事に従事していたのである。これら職員中全逓の組合員は朝の六時頃から仕事の区切りをみて順次局外へ出て組合大会に参加するように指令してあった。ところが深夜午前一時頃、突然郵政省は局内にあった組合事務所に待機していた組合役員は即刻局外退去すべしとの命令を出し、もし応じなければ警察を導入するとおどかした。これを受けた役員たちは激論の末、組合員の局外退去の時間を繰り上げることを決議した。そして各役員は各作業所に赴き、それぞれ組合に即刻局外へ出て大会に参加することを呼びかけた。これを受けた宿直組合員（約四〇〇名）のほとんど全員が一〇分足らずのうちに指令どおり局外へ出て、本郷の旅館等で大会開始まで待機したのである。これが後述のように起訴の形式を決定したし、第一審判決が説示したように無罪判決の契機になったのである。つまり退出組合員全員が自発的に局外に出たことが団結意思の象徴だったのである。

こうした情況になるには前提があった。当局の厳罰攻勢に組合員にまったく動揺がなかったわけでない。組合役員のなかに全逓に残って職場大会に参加するが、役員は辞任したいという者も出てきた。しかし本部役員の危惧に反して組合員の大会参加意思は強烈で、憤激した組合員から役員が突き上げられるような状況だった。そのため一部役職の辞任は認め、本部・地区役員を加えた臨時闘争委員会を結成し、大会実施を、責任を持って行なうことにしたのである（この臨時執行部役員が起訴の対象になった）。

五　起訴前の強制捜査

職場大会が実施された一九五八年三月二〇日から二か月近くたった五月一〇日、職場大会を実施した三統括局（東京、大阪、名古屋、神田の四局）の組合事務所に一斉捜査が行なわれると同時にそれぞれ大会実施役員が逮捕された。東京の場合は大沢三郎外八名である。これは総選挙の真最中であり、選挙活動に熱心だった全逓に対する大型強制捜査には選挙弾圧の意図も含まれていた。これを重視した弁護団は、黙秘権の説明、出頭拒否、接見拒否排除等の弾圧対策を講じるとともに、東京地方裁判所刑事部に勾留請求却下の申入れを行なった。この申入れについては全逓弁護団だけでなく、官公労事件を担当している各弁護士に参加要請を行ない、佐伯静雄、竹沢哲夫、小島成一、小田成光、彦坂敏尚、藤本正を含む約二〇名の弁護士が東京地裁勾留部につめかけ夜を徹して結果を待ちうけた。朝になって全員勾留請求却下の判断が出されたのである。この前代未聞の大量勾留却下はマスコミにも大きく取上げられ、検察側の威信に動揺を与えただけでなく、後の都教組弾圧事件の勾留の場合にも生かされ、その集団的行動が総評弁護団の結成につながったのである。

それだけでなく、大会に参加した個々の組合員の取調べを任意出頭で行なわなければならなくなり、後の公判進行について大打撃を与えたのである。

六　第一審査公判

このようにこの事件は全逓の労働運動を違法呼ばわりすることによって組織攻撃を企図するものであったが、そのねらいに反しかえって組合の強化を結果してしまったのである。起訴にあたっても、検察当局は苦労したらしい。非現業を対象とする国家公務員法は争議行為を禁止しているが、争議行為に参加した一般組合員は刑事制裁の対象にならず、教唆煽動した者だけを処罰することになっている。これを考慮してか、争議参加の全組合員を直接起訴の対象にせず、宿泊職員の勤務中止を郵便法違反とし、その教唆犯として共闘役員（本部、地区本部、支部）を起訴したのである。

第一審公判は弁護団の無罪主張と起訴状訴因の釈明を求めることから始まった。当初、江崎裁判長は、公然と違法行為をしていながら無罪の主張をするのかと戸惑った態度であった。しかし、公判が進み個々の組合員の証人尋問が行なわれるようになると、態度が変ってきた。違法行為を行なったはずの組合員に罪の意識がないという事実をどう考えたらよいかと迷い出したようだった。

最終弁論になり、郵便法の適用が憲法違反になるという中核的な主張は東城守一主任弁護人が担当し、副主任の山本は教唆犯について担当することになった。被教唆組合員について数多くの供述調書が提出された（組合は組合員の取調請求に出頭を拒否する方針を決議したが、実際は困難であった）。この調書を丹念に読むと面白い点に気がついた。それはそれぞれ当日の行動を詳しく供述した後の末尾に、決まって判で押したように「今までは正しいと思って行動したが、検事さんのお話を聞くと自分が間違っていたことに気がつき反省している」という文がつけられていたのである。最終弁論ではこの点を整理して「捜査当局の多数の組合員の供述調書を作成する都合上、一定の模範文を用意し、担当取調官がそれを使って供述調書を作成したのである。本件本犯の心理状況を記載した調書の内容は作為的なものであり、客観的真実とは離れたものである。」と主張した。東城弁護士との長い弁護士生活のなかで誉められたのはこの時だけである。

七　第一審判決

一九六二（昭和三七）年五月三〇日、江崎太郎裁判長の出した判決は「無罪」だった。この当時、公務員の労働基本権についてのいくつかの最高裁判決を始めとする判決は、ほとんどがネガティブのものであったから、労働基本権について真っ向からいどんだこの判決は労働界に大きな衝撃を与えたし、マスコミでも大きく報道された。

同判決は国公法、公労法、郵便法などを詳細に検討し、全逓の闘争は形式上郵便法違反に該当するが、それだけをもって直ちに処罰できないとし、「単純な同盟罷業等、争議行為が遡上されていない一般私企業の勤労者が行う場合は正当なものとされるような行為は、それが形式上には他の処罰法規に触れる場合においてもなお労組法第一条二項、刑法第三五条の適用があり、違法性を阻却する結果処罰出来ない」と判断したのである。また違法な争議行為と可罰性との関係についても、世界の争議権保護法令の沿革にもふれて憲法の勤労者の争議権の保障の趣旨を解明し、「公共の福祉で制限されることはあり得るが、労働契約上債務の集団的不履行に対し刑罰をもってのぞむことが許されるのは、単なる禁止や民事上の制裁に比べてより一層高度の真にやむを得ない公益上の必要性が認められる場合に限られる」ことを明確にしたのである。さらに「単純な労務不提供であっても、他の刑事法規に該当する場合は、これによって処罰する趣旨であると解するならば、かかる解釈は憲法の精神に違反する疑いなしとしない」とまで断定したのである。

こうした認定の背景には、同判決が事実認定をしたように「既に役員の指示があれば何時でも職場を離れる心構えをしていた大多数の組合員は、右指示を受けるや直ちに職場離脱の行動を開始し……同局にいた殆ど全組合三百数十名が職場を離脱して局外に退出し、東京駅前丸の内前に集合し」という事実関係の認定、団結意思の確認があったのである。このことが後の最高裁判決をも出させるようになった原動力でもあった。

この第一審の無罪判決は検察側が控訴し、東京高等裁判所は、控訴趣意書と答弁書の提出だけで実質的審理を行なうことなく、一九六三（昭和三八）年一一月、原判決破棄、地裁差戻しの判決を出した。東京地裁が東京中郵事件で無罪の判決を出したものの、たまたま当時最高裁に係属していた国鉄檜山丸事件と全逓松江局事件について、第二小法廷は、まったく審理なしで検察官の上告棄却の判決を出したが、その傍論のわずか数行のなかで、公務員の争議は違法でその禁止の合憲性は当然とする説示があった。いわゆる「三・一五」判決である。最高裁の判例といえるかどうかは疑義のあるものであったが、東京高裁は安易にこれを援用したのである。当然弁護人側は上告、舞台は最高裁に移る。

八　最高裁の審理と判決

最高裁では、一部裁判官の回避勧告等の中立等の手続きを行なうなかで大法廷弁論を開かせることに成功する。この弁論は一九六五（昭和四〇）年四月七日に行なわれたが、海野普吉団長を始めとして東城守一、大野正男、尾山宏、新月章、佐伯千仭、雪入益見、山本博、六川常夫、小林直人、内藤功、伊達秋雄弁護士が論陣をはった。まさに日本の労働弁護士が結集した世紀の大弁論であった。翌六六（昭和四一）年一〇月二六日最高裁大法廷判決が出された。判旨は原判決破棄、原審差戻しの勝利であった。

最高裁判決をめぐって多くの論説が出されているが、本稿ではこれに触れない。ただ、この大法廷判決が三・一五判決のように、たんに関係法条の小手先的解釈をするのでなく、労働基本権が国際的歴史的性格を持っていることにまで言及し、その保障を明確にした点でまさに憲法の番人とも言える最高裁にふさわしいものであったこと、この論説の手法が下級審裁判官や法曹関係者に与えた影響は多大なものであったこと、また抽象的違憲論とそれに対する三行半的な判決に終始していた従来の憲法訴訟に終止符をうち、憲法裁判へのアプローチに新しい指標を打ち立てた点でも画期的だったことは記しておきたい。

九　名古屋中郵事件

もともと無理があったうえ、捜査の端緒でつまずいた検察当局は、公判の維持にかなり苦しんだらしい。結局郵便法違反、つまり、時間内職場大会というストライキそのものを起訴するということができたのは、東京中郵だけだった。東京神田は不起訴、大阪局は公務執行妨害（ストにさいして発生した個別行為をとらえて）で起訴しただけだった。職場大会を郵便法違反で起訴するのは不安だったのだろう、名古屋は組合員の連行行為をとらえて公務執行妨害罪とし、抱き合わせ的な起訴をした。しかしこれも無罪になってしまうのである。

名古屋中郵事件が、最高裁に係属したのは一九六九（昭和四四）年一一月であり、この年の二月には、都教組事件の四・二判決が出されていた。検察官は、四・二判決を受けて、当時係属の関連日教組関係事件はすべて終了させる態度をとった。しかし、最高裁は名古屋中郵事件について、公務執行妨害罪があるという口実でそのような措置をとらなかったし、調査官の形式的審理が始まるのも七〇（昭和四五）年に入ってからであった。ところが、この四・二判決が出されて相次ぐ最高裁の労働基本権判例に衝撃を受けた自民党政府は、最高裁対策を本格的に取り組み出すようになった。

右翼雑誌『全貌』や『日経連タイムス』が偏向判決・偏向裁判官のキャンペーンを切っておとしたのは、じつにこの一九六九（昭和四四）年の九月からだったのである。いわゆる「司法反動」が始まり、ハト派裁判官の退職をもってタカ派裁判官を最高裁へ送りこむという自民党の長期かつ執拗な陰謀が取り組まれる。

名古屋中郵事件が係属した第三小法廷は、当初飯村義美、その後任は天野武一が主任であった。今となって考えてみると、両名の裁判官は、自民党の意を体し、最高裁の裁判官のメンバーの過半数がタカ派に変わるまで、この事件を眠らすつもりだったらしい。公務執行妨害があり、事実関係が東京中郵事件と必ずしも同一でないというのが表向きの口実であった。やがて一九七二（昭和四七）年の全農林警職法事件の四・二五判決、七四（昭和四九）年の全逓猿払事件判決、そして七六（昭和五一）年五月二一日の岩手県教組学テ事件と経て行くなかで、最高裁の裁判官の顔ぶれは完全にタカ派一色になり、公労協関係のスト権そのものを対象にした刑事事件としては、名古屋中郵事件だけが唯一係属するものとなった。第三小法廷は、この間じつに九年間（大法廷回付は一九七四年九月二五日）、この名古屋中郵事件を握りつぶし続けたのである。そして、ついに七七（昭和五二）年五月四日にいたり、最高裁は、じつに一〇年がかりで自らの出した判決理論を逆転させようという暴挙に出たのである。

同事件の口頭弁論にあたって、総評弁護団としては、当時の情勢と裁判官の顔ぶれから結果は予想されていたものの、最後まであきらめないという方針のもとに大弁護団を結成し、これに臨んだ。野村平爾早大教授を特別弁護人とし、地元の伊藤公、花田啓一に加えて、伊達秋雄、佐伯静治、大野正男、東城守一、後藤昌次郎、山本博、秋山泰雄、斉藤暁、金子光邦、中村巌の各弁護士が弁論をくりひろげた。しかし大法廷判決は、一三名の多数意見（団藤重光裁判官と環昌一裁判官が反対の少数意見）で東京中郵事件判決理論を覆したのである。

第2章　三菱樹脂事件・最高裁大法廷昭和四八年一二月一二日判決

——採用の自由をめぐる闘い

塙　悟
（弁護士）

三菱樹脂本採用拒否事件は、機会を与えられていろいろと書かせていただいた。いまさら経過を長々と連ねてみても、毎度お古いところで御免を蒙りますということになる。そこでとりあえず、何か思いついたことをいくつか並べてみることにする。ただし順不同で別段整理もしないで、適当に書いただけである。それに年寄りの昔話や繰り言はうっとうしいものだから、書いていて自分でも嫌になったら、やめることにする。

一　労働者が裁判で自分たちが満足できる判決を取るなどということは、一人や二人の骨折りでできることではない。弁護士の役割はとかく目立ちやすいけれど、知れたものだ。この事件も収まるまで、どれだけの人の力添えがあったか見当もつかない。当時腐っても鯛といわれた総評というユニオン・センターがあった。学生も関心を寄せたし、もろもろの団体も動いてくれた。「守る会」と称する勝手連よりもう少し統制のとれた集団が毎朝会社の前でビラをまいた。会社の人間が邪魔するかと思っていたら、ビラをよく受けとって読んでいたというから、世の中わからないことが起きるものだ。会社が雇った東大の威光をきらめかした学者の意見書が出てきたけれど、読んでみたら憲法一四条を引用したつもりが二四条と書いてあったりして（民法の権威と祭り上げられた人のご真筆のよう）、中身が大したことがなかったので、いろいろな大学の先生がたくさん反論書を作成してくれた。どの方も親切で支援の人たちともよく和んで応対も丁寧であった。磯田進先生などは、のちのちまで守る会の残党が催す集りに出て来られて、みんなと騒いでほろ酔いで東京駅まで来て、そこでまた一杯やってご機嫌で茅ヶ崎まで帰られたことがある。

二　言いたかったのは、労働組合の力である。大勢の人を束ねていて何かというときに動かして、目には見えなくても世間様の気持ちを心持こっち側に引っ張ってくるくらいの手腕を発揮することができるのである。漱石も講演で、薪雑ぽうだって束になれば一本でいるよりは強いんだと言っている。当時、国労だの全逓、日教祖、全農林なんという、私なんぞが行ってお辞儀の一つもしたって、会ってくれそうもない大単産が抱えていた裁判の隅っこに三菱樹脂の事件を滑り込ましてくれた人がいる。東条守一さんや総評の書記をしていた籾井さんたちだ。東条さんは、何やら偉そうでとっつきにくく、こちらが挨拶すると「おう」といって後ろにそっくり返るような人だったが、事柄を私たちよりも上前方から重層的に見ているという感じであった。ただ少々考えが世間の動きより先に進みすぎていたのか、猿払事件や全逓中郵事件などの結末に接して東条さんとしては断腸の思いであっただろう。それにしてもいま労働者は何を考えているんだか、特定秘密法案の審議中や集団的自衛権で安倍がいい気になっているとき組合は何をしていたのか。デモひとつ無しでは、お天道様にまともに顔向けもできなかろう。

三　事件の推移は、担当裁判官の人柄でずいぶん違ってくる。事件にも運の良し悪しがある。ずいぶん以前東京地裁の一九部に園部秀信という判事がいた。生理的に好きと嫌いで審理に当たるようで、事件がこんな人の手にかかったらついてないと思わなければいけない。とくにお気に召さなかったのは労働者だったようで、仮処分の審尋で組合のオルグが立ち会っていたら、こんなのがいると部屋の空気が汚れるの何のといって追い出そうとしたから、早速忌避した。いろいろ騒ぎを起こして忌避が続いた末に、やっと一九部からどこかに代わったようだが、送り出した先が迷惑をこうむったかもしれない。もっともいまどきの、いやにメガネを光らして賢そうなポーズを取りながら、できるだけ早く事件を上げて、最高裁から目をかけてもらおうとする裁判官よりは、嫌なら嫌ではっきりした態度で臨んでくるからまだましだ。

その点からいうと、この事件では良い裁判官に恵まれた。地裁の橘喬さん、高裁の近藤莞爾さんなどという人たちは、願ったって出会えるものではない。最高裁で多少風向きが変わったが、判決を読むかぎり、最高裁の裁判官たちがどんなことを話し合った結果こうなったのか、何か一つの方向を指し示したものなのか、一口吸ってみていろいろな食材が混ざっていることは何となく感ずるけれど、味が良くつかめない薄味のスープの如きもので、もらった方はいささか持て余し気味であった。結局あんまりこだわらずに、差戻し審では好きにやるしかないじゃないかということになった。

差戻し審の裁判長は、吉岡進判事である。右陪席には、昔馴染みの園部判事が控えておられると聞いて、何もそんなところで健在でいてくれなくてもよいのにと恨みがましく思ったが、とりあえず吉岡さんに園部判事にまつわる昔噺を一席ご披露申し上げることにして判事室に向かった。入ってみたら吉岡さんと左陪席の人だけで、ご本尊はお留守であった。本人不在の場で当人が何やかや聞いたら気を悪くするに決まっている告げ口をするのはあまりいい趣味ではないけれど、この際だからといろいろ悪態をついて一五分ぐらいたったとき、ドアが開いて当の本人が懐かしい顔で入室あそばされた。吉岡さんは一向に平気で話をやめろとも言われなかったので、そのあと一〇分ぐらい話を続けて、そろそろ話のネタも尽きかけたころ、それまで何の反応も示されなかった吉岡さんの口からぽつんと、「大丈夫ですよ」という言葉が漏れたので、これ以上長居は無用と一同お辞儀をして帰ってきた。差戻し審のあいだ、園部判事はまったく口を利くことなく、和解の席にも姿を現さなかったのは見事であった。主任は左陪席の裁判官だったが、この人は和解成立と決まったとき、何を思ったのかこれも「これで三菱も明るくなりますね」と感想とも何ともつかぬ一言を洩らされた。霞が関の方から眺めた丸の内界隈は、多少薄暗かったのかも知れない。

四　私は画期的という言葉が嫌いである。勝てばそういいたくなるのはわかるけれど、なにもそれで新紀元が開けたわけでも時代が目覚ましく変わったわけでもない。むろん心血を注いだ末にいい判決がとれれば喜ばしいことで、とった人にケチをつける気は毛頭ないから、怒らないでほしい。金利を取り過ぎたのならその分返せと断を下したのや、ハンセン病について国民の蒙を開いてくれた判決、原発止めろ裁判などはそれこそ画期的というものだろうと思う。

高野達男は確かに復職した。だからといって、同じように差別され人格を傷つけられた人は数え切れないし、いまの世にますます増えている。裁判がいったいどういう役に立ったのか、役立てるためにあとあとまで何をしたというのか、スズメの涙ほどのことでも何かやったというのがなければ、あの事件を私がやりましたなんてことは口幅ったくて言えるものじゃない。ここまでたどり着いていささか恥ずかしいのでもうやめることにする。

最後になってしまって悪いけれど総評弁護団（現日本労働弁護団）を荷ない支えてくれたたくさんの人、その代表を務めてくれた宮里さんに深謝の意を表したい。

第3章　東芝臨時工事件・最高裁第一小法廷昭和四九年七月二二日判決

――臨時工の「雇止め」をはねのけた最高裁勝利判決

中村洋二郎
（弁護士）

一　東芝臨時工制度に対する闘いの背景

一九六〇年の安保闘争の高まりのなかで、オンチコーラス活動をやっていた前田多津子さんら臨時工が次々と二か月契約の期間満了を理由に雇止め解雇された。当時、東芝全体では本工約三万三〇〇〇人に対し臨時工は約一万七〇〇〇人、前田さんたちが所属していた柳町工場では本工三四九九人、臨時工三三八七人で、ほぼ半数を占めていた。

これらの臨時工は、臨時工であることを知られず、知らされても「まじめに働いていれば首になることはない」「結婚してからも働くつもりで長く働くよう」「東芝という大船にのったつもりで安心して働け」などと言われ、二か月の期間を定めた雇用契約書にサインさせられた。その後契約更新を繰り返し、何年も経過して突然に「更新拒絶・期間満了」を理由に雇止め解雇を言い渡されたのである。

その契約更新手続も形式的で、期間が過ぎてから契約書が作成されたり、押印もなかったり、作成されなかったりしたものもあった。

仕事の実態は基幹作業部門に繰り込まれて本工と同じ作業に従事し、本工労働組合がストライキに入っても臨時工だけでも通常の生産を維持できた。その反面、臨時工の賃金は本工の約六割と差別され、本工とは従業員バッヂの色もタイムカードの色も違い、文化祭でのチケットの色も出るお菓子も違い、恋愛や結婚は本工になれないと言われて人に隠し、人を蹴落としても本工になりたいという惨めな気持ちのまま必死に働くという徹底的な差別と分断の過酷な状況におかれた。

東芝は、本工に対しては「不況時には臨時工が先に整理されて本工にとっては安全弁だ」と宣伝し、本工と臨時工の対立をあおった。堀川町工場で臨時工労働組合の結成の準備があったが、東芝はこれを察知し四三名の臨時工を「契約期間満了」の口実で解雇して動きを封じた。東芝は臨時工が本工と近づくのを嫌悪し、臨時工の間でもコーラス、演劇等の自主的なサークル活動の動きに眼を光らせていた。

こうしたなか、一九六一年九月、長年勤務してきた男性臨時工が「この一〇月に首になるという情報をつかみ、その先手として死の抗議をします」と遺書を残して長野県黒姫山の山頂で睡眠薬一二〇錠を飲んで自殺するという事件がおきた。「雇止めの解雇通告はさせない。その前に先手として死の抗議をする」という悲しい、しかし怒りの抗議自殺であった。

東芝独占による労働者差別と分断による搾取の構造、人権蹂躙の臨時工制度は拡大・強化されていた。

二　不当な仮処分決定とその論理

一九六〇年にあい次いで雇止め通告を受けた前田ほか二名は、六一年一月に横浜地方裁判所に雇用契約の確認を求めて仮処分申請に踏み切った。はじめての東芝臨時工制度に対する闘争宣言であった。

雇用契約時において長期の雇用を前提とした合意であったこと、二か月の契約期間の契約書は形式的なもので実質は期間の定めなき雇用契約であること、自主的なコーラス活動を嫌悪してなされた雇止め解雇であり権利の濫用であること、等を理由とするものであった。

当時、本訴と同じように審理する仮処分の本案化のもとで、約二年間の審理を経ての結審をしても半年近く経っても決定がくだされず、代理人と当事者二名が裁判官に面会して早期決定を強く要請した。

現在では信じられないが、裁判長は代理人と当事者を裁判官室に招じ入れて紅茶までふるまい、「長い間大変だったでしょう。ご苦労さまでした。もうすぐに判断をくだしますから待っていてください」とねぎらった。

私らは、勝利まちがいなしと飛び跳ねるように小躍りしながら帰途についた。

それからまもなくの一九六三年四月二四日、だされた仮処分決定は眼を疑うものであった。

（二か月という短期間の労働契約をなした場合）「当該契約を更新する等の方法により雇用が長期間にわたり継続することを予想していたとしても、そのことから直ちに当事者者明示の意思にもかかわらず当然に二ヶ月という期間の約定が法律上無意味なもので、当該労働契約は期間の定めのないものであると解すべき法的根拠は何ら存在しない」「本件労働契約は本来労働者の側の事情に基づく労働力の短期間の供給利用することを目的とするもの」であり、（配置換えの努力や他の従業員との勤務成績等の慎重かつ厳密な比較検討を行なうことは望ましいが）「期間満了による雇止めないし更新拒絶の認められている臨時従業員の場合には正規従業員の場合とは異なり、仮りに右の点についての努力に欠けるところがあったとしても、この点のみで更新拒絶を権利濫用に該当するものとは解しがたい」とするものであった（別冊労旬四九五号）。

要するに、「二ヶ月契約は二ヶ月契約」で絶対であり、その契約期間は「労働者側の事情で求めたもの」で、本工の場合とは異なり、臨時工については雇止めにあたって慎重・厳密な検討義務等は欠けても仕方がないとするものであって、実態をまったく無視した臨時工制度擁護のための判決である。
弁護士になって三年程度の私は、裁判長に面会した時のねぎらいの言葉ぶりから勝訴しか考えていなかったために、この「裏切り」「嘲笑」としかみられない仮処分決定で、その後、何十年もの間、裁判官不信のPTSDに苦しんだ。

三　本訴での逆転勝利判決まで

仮処分決定後、しばらくショックで打ちひしがれていた臨時工たちは怒りと口惜しさをもって再び立ち上がった。その頃東芝による臨時工の不当解雇が続いていた。新たな解雇者を含めて前田さんたちは原告を三名から七名に増やし、不当な決定を下した裁判所が自ら誤った判断を正すべきであるとして、一九六三年七月、同じ横浜地方裁判所に雇用関係確認の本訴を提起した。臨時工制度を本格的に争うために身構えて本訴としたものである。原告は男性臨時工二人、女性臨時工五名である。

本訴審理のあり方についても真剣に議論した。その結果、仮処分事件では臨時工制度の本質や二か月契約の更新という形式的な実態が裁判官に充分に伝わらなかったとして、毎回の口頭弁論に二時間程度の弁論時間を確保させ、毎回、原告みずから準備書面を手書きで書いて口頭陳述をして訴えることにした。B級戦犯を裁いたという横浜地裁の特号法廷を毎回傍聴人で一杯にし、原告臨時工七名から血のにじむような陳述がなされた。この原告陳述の陳述方式も、現在の訴訟では厳しく制限されているが、後年になって担当した陪席裁判官のもらしたところによると、裁判長が制限しようとしたとき、その陪席裁判官が当事者が準備書面を書いて陳述しようとするのは訴訟法上の権利ではないかと主張して認めることになったのだと教えてくれた。

また、証人尋問でも、相手方代理人への抗議でも、裁判長の不当な訴訟指揮に対しても、原告当事者が手を上げて発言を求め厳しく追及した。印象的だったのは、私の隣に座っていた女性原告が抱き抱えていた乳児に大きな乳房をふくませながら立ち上がって裁判長に抗議していた場面である。これには裁判長だけでなく原告代理人の私も圧倒された。

「裁判長！　正当な判決を出してください。心からの叫びです。私たちが証言するときウソの証言はしないことを宣誓します。裁判長も判決をくだすとき良心に誓って正しい判決をするのだということを心に誓ってください！」。

それは悲痛な叫びであり、訴えであった。私ら代理人弁護士も原告らを先頭とする大衆的裁判闘争を擁護し、裁判長から「もっとベテランの弁護士を連れてこい」などと暴言をうけて抗議活動を展開しながらも原告らの生きた裁判闘争の維持に努力した。

裁判の中身においては、職場における臨時工の実態だけではなく、東芝独占会社らの臨時工制度のまやかし、本質に迫る問題点についても暴露することに心がけた。そこでの臨時工は「臨時工ならざる臨時工」であり、「差別された本工」の問題であると。

法廷の外では「不当首切り犠牲者を守る会」（のち「東芝争議団」）が結成され、全国的な支援のもとに運動が急速に拡がりを持っていった。

こうして五年にわたる法廷闘争の結果、一九六八年八月一九日、仮処分決定を逆転する中身の勝利判決がくだされた。それは七人中五人の勝利判決であったが、その判決理由は、原告らの主張する契約書作成の実態を認定し、二か月の契約期間を絶対視する仮処分決定の理由を否定した。すなわち、「契約更新を繰り返すうちに臨時性を失い本件雇止めの当時にはすでに存続期間の定めのない労働契約（本工契約ではない）に転移した」から「更新拒絶の意思表示は法律上解雇の意思表示とみるべき」で、就業規則の「契約期間が満了したときは解雇する」旨の規定は適用できないものと断じた（別冊労旬六八四号）。

不充分ではあるものの、それは二か月契約を絶対視する臨時工制度の法的根拠を否定するものであった。ついに臨時工制度の基本を否定する判決にたどりついたものであった。

四　高裁判決から最高裁判決へ

勝利を確信していた東芝側は、地裁判決に驚いて慌てて東京高裁に控訴した。勤務成績不良を理由として請求を棄却された原告二人も控訴し、舞台は東京高裁へと移った。

そこで地裁判決を攻撃した東芝の理屈は独占資本の原則論丸出しであった。「現行法制は資本主義機構のもとに自由競争を基幹とする」ところ「各企業は激甚な競争に対処し、景気の変動に即応するため商品の需要に応じた生産体制を組む必要があり、人員計画もこのような経済の変動に耐えられるよう正規従業員を根幹とし、流動的な生産体制に対処するため臨時従業員の労働力を利用し、景気の後退時にはそれら臨時従業員の雇止めによって雇用量の調整を行なっているが、それは現行経済機構の下にあっては企業にとって避けられない措置である」と主張する。

まさに、臨時工制度による「雇用量の調整」は資本主義経済における必須のものであり、裁判所はこれを否定するのかという恫喝じみた主張であった。しかし、東芝は、不況の時でも従業員数、生産高ともに飛躍的な増加をあげてきた。臨時工の数をみれば、一九五七年から五六年の「不況」という時期をとっても、減少するどころか逆に六〇〇〇人から八〇〇〇人へ、六二年の「不況」の時には新しく四〇〇〇人を、六四年から六五年の「不況」の時でも一〇〇〇人の基幹臨時工を新しく採用しているのである。東芝にとっては「不況」に備えて臨時工が必要なのではなく、「不況」の時ほど、むしろ、低賃金で懸命に働く臨時工を採用し利用したことが明らかなのである。

こうした東芝のまやかしの主張も暴露され、一九七〇年九月三〇日に言いわたされた東京高裁判決は「その間の景気変動は臨時工の雇用量変動には必ずしも明確な影響を与えている様子はなく、むしろ、景気変動と関係なく右のような（臨時工数の）増加の一途を辿った傾向がある」と東芝側の「景気変動即応論」の欺瞞的主張を排斥した。

そして高裁判決は原告（被控訴人）側の、「実質的に期間の定め無き契約」であるとの主張を基本的に受け入れ、雇止めの意思表示は、実質的に解雇の意思表示にあたるとし、地裁で棄却された一人の原告も含めて七人中六人につき解雇を無効とし六人の請求を認めた（別冊労旬七五五号）。

東芝は最高裁に上告して、さらに「景気変動即応論」にたちながら「（臨時工問題は）各企業の労使関係において自主的に解決せらるべき問題であって、裁判所が安易に介入し現行法制上の大原則をまげてまで一方の利益を偏重すべき問題ではない」と主張した。「裁判所は口を出すな」というものである。

そして、高裁判決は「いつから期限の定めなき契約に転じたのか曖昧だ」と噛みついた。

しかし、最高裁第一小法廷は、一九七四年七月二二日、高裁判決を容認した（判時七五二号）。

「本件労働契約は、期間満了ごとに当然更新を重ねて実質上期間の定めのない契約と異ならない状態にあった」とし、諸般の事実関係から当事者双方ともに労働契約関係が存続維持されることを期待・信頼していたものと判断した。そのような状況にあっては、「やむを得ないと認められる特段の事情の存しない限り、期間満了を理由として雇止めをすることは、信義則上からも許されない」と断じた。

五　本工として復職―臨時工制度の撤廃へ

最高裁勝利判決を受けた原告ら労働者は、約三〇〇人の支援者とともに東芝本社に押しかけ「最高裁判決にしたがえ」と抗議活動を行なった。東芝は当初、「臨時工で戻す」かのような曖昧な言い方をしていたが、「期間の定めなき雇用契約」と判決されたのになぜ臨時工なのかと詰めよられてその言い方を撤回せざるをえなかった。

それより三回ほどの団体交渉を経て、東芝は遂に屈伏し、一九七四年一〇月七日、原告らとの協定書に調印した。そこには、東芝は「臨時工制度の適用による解雇が、当を得ない措置であったことを認め、当事者ならびにその家族に対し、精神的、肉体的、経済的に多大の迷惑を与えたことについて、遺憾の意を表する」としたうえで、①六名を本工（正規従業員）として復職させる。その正規従業員となった日は六名が入社した二年後（協定日より約一二年前）に遡る、②解決金を支払う、③自殺した「臨時工」の八木さんの遺族方にあらためて弔問する、などが定められた。

そのうえ東芝は、「現時点の臨時工でいた約二万五千人の労働者の勤続年数を臨時工期間を含めて通算し、昇給、昇格、その他全ての差別待遇を改善する」旨を発表した。これは、期間の定めのない労働者として扱うことにして臨時工制度を撤廃したことに等しい。

こうして、前田さんたち「臨時工」の一四年にわたる苦闘は大きな成果を上げた。しかし、独占大会社はしぶとい。準社員、パート、アルバイトなどの形を代えた差別労働者を作りだし、さらに国をも動かして「派遣労働者」制度をもうけ、低賃金で、いつでも解雇できる過酷な雇用制度を進めてきているのが遺憾な実情である。東芝臨時工の闘いが、この風潮を打破するうえで少しでも参考になればと期待したい。

第４章　大村野上事件・長崎地裁大村支部昭和五〇年一二月二四日判決
――人員整理解雇の四要件をめぐる判決を思う

熊谷　悟郎
（弁護士）

人員整理解雇の四要件を示した判決は、長崎地方裁判所大村支部で一九七五（昭和五〇）年一二月二四日に言渡された。大阪に本社がある縫製会社の子会社「大村野上」で、一九七四（昭和四九）年頃に始まった繊維業界の不況を契機として行なわれた人員整理（二九名）に関するものである。故横山茂樹弁護士の事務所で「イソ弁」をしていた時、横山弁護士と共同で担当した事件で、今から約四〇年前の判決である。

判決の内容は、皆さんおおむね御存知のとおりだと思う。この判決が出る前に、すでに先輩の努力の結果である四要件の一部を採用した判決があった。それらをいわば集大成して「四要件」とした点に、この判決の特徴があると言える。

私自身は、人員整理解雇が、労働者に帰責すべき性格の解雇でない以上、懲戒解雇、普通解雇以上に、その正当化のためには厳しい要件が必要だと考えていた。

この「四要件判決」は、成立後間がない時期から、使用者だけでなく裁判所からもさまざまな攻撃にさらされてきたことは、御承知のとおりです。最高裁判所がこれを人員整理解雇の基準として容認したことにより、一時期安定したかのようにみえたが、最近の「日本航空不当解雇」事件にみられるとおり、「更生計画を上回る営業利益を計上したことが人員削減の必要性を減殺する理由とはならない。」などというトンチンカンな理由で、ズタズタに切り裂かれている。

『絶望の裁判所』(瀬木比呂志著、講談社現代新書)を地で行くようなことが行なわれているとしか思えない。

同じような経験をしたことを思い出す。中学校教員免許で高等学校の教員と同じ教育活動を認める「臨時免許状」(有効期間三年)をもって、高等学校で教壇に立っていた教員が、組合活動を理由に解雇されるという事件があった。

無い知恵を絞って、「自動車運転免許は同じ三年間の有効期間が定められているが、運転手は自分だけでその更新ができる。」しかし、「教員の臨時免許状の更新には学校長の『人物証明』がないと出来ない。」とすれば、「使用者は『解雇を正当化するような特別な事情』がない限り、『臨時免許状の更新に協力する労働契約の信義則上の義務がある。』と言うべきだ」というものであった。

仮処分・本案訴訟の一審では、これが認められ、高裁で和解した。

その後何年かして、福岡で九州管内の裁判官会同が開催され、長崎地裁から上記事件が討議資料として提出されたことを知った。

各地の裁判所の裁判官の意見のあと、最高裁の立場が説明された。驚くべき内容であった。要するに「解雇によって教員の立場はなくなったのだから、その余の判断をするまでもない。」というものだったと記憶している。

以来、同種事件の判決・決定は、おそらくこの最高裁の説明によって統一されたものと思われる。

「人員整理解雇の四要件」の判決も、同じこととなるのだろうか。最近の裁判所は真面目に紛争の解決を図ろうとせず、「あらかじめ決めた判決を出して処理」する手続きをする役所と化している。

古い事件なので、この程度にします。

第5章　吉野石膏事件・東京高裁昭和五四年八月九日決定

——緊急命令却下との闘い

上条　貞夫
（弁護士）

はじめに

まさかの敗訴。それも、こちらの不備の隙を突かれて敗訴したときの辛さは、たとえようもない。若い頃から何回も、そういう体験をした。そのとき、周りから「誰でも間違う。大切なことは同じ間違いを繰り返さないことだ、とレーニンは言った」と言われて、一応は納得しながら納得しかねる思いが残った。もし、それが誰にでも可能なら、とっくに世の中は変わっているはずだ。要求が正しくても、相手が悪くて裁判所が悪ければ簡単に勝てない。問題は、こちらに隙があって敗訴したら、その口惜しさと恥ずかしさを忘れないで全力で巻き返すこと。それが男の道なのだ、と。

今から三〇年も前の、吉野石膏事件・緊急命令却下（東京地決昭和五四・二・一）と、その巻き返しの三年間。理化電機事件・緊急命令認容決定（東京地決昭和五六・六・一二）を経て、オリエンタルモーター事件・緊急命令逆転認容決定（東京高決昭和五七・一・二〇）までのドラマチックな経過には、現在の労働裁判にも共通する大切な教訓が刻まれていることを思う。そのなかのひとこま、あまり知られていない吉野石膏事件・東京高決昭和五四・八・

九に注目して、前後の経過を総覧したい。

〈緊急命令とは、労働委員会の不当労働行為救済命令に対し使用者が取消を求める行訴を提起すると、本案判決確定まで不当労働行為が事実上放置されることを防ぐため、受訴裁判所は労委の申立により、使用者に救済命令の履行を命じる緊急命令を出すことができるという制度である〈労組法二七条の一〇〉。その違反には罰則があるため〈労組法三二条〉、緊急命令によって使用者は労委救済命令に従わざるをえない。救済命令の実効性確保のため、決定的に重要な制度。〉

一　最初の出会い

組合潰しの配転・解雇。典型的な吉野石膏・不当労働行為事件は、東京都労委も中労委も、パーフェクトの組合勝訴。それが行訴に移って中労委の緊急命令申立に対し、東京地裁は何か月も決定を出さない。たまたま同僚の担当弁護士から、どうしたことかと相談を受けて、それは変だと思い、この段階から行訴・補助参加人労組の訴訟代理人に加わった。当時までの自分の経験では、緊急命令は、行訴提起後、労委の申立があれば早々と出る。その制度の趣旨、裁判実務の実績など、かなり詳しく書き連ねた準備書面を提出したうえで、担当部の部長判事に面会して早期命令を要請した。そのとき、にこやかな対応で、よく分かりましたと言われたので、つい、その気になってしまい、組合関係者に、ようやく緊急命令が近く出る見通しだと伝えた。その直後、全面却下の決定が出た。

驚いた、ではすまされない。勝つと思って敗けた時の、労働運動のショックは本当に大きかった。上部団体・全国一般の倉持書記長から「先生は、情勢が身体で分かっていなかったんだ」と、厳しく批判されて返す言葉もなかった。〈その倉持さんが、打ち合わせを終えて一緒にエレベーターで一階に降りた別れ際に「先生、身体を大事にしてね」

と、さりげない一言。その心の優しさが身に染みた）。

自分が折角、弁護団に加わって何の役にも立たなかった、その痛恨の思いに駆られて私は、当面する高裁抗告審を目指して、あらゆる機会に訴え、率先して書きまくった。

二　高裁決定まで半年間の勝負

言わば労働委員会制度の瞳を奪う東京地裁労働部の暴挙に対して、たちどころに、総評、東京地評、総評弁護団、当該単産・全国一般による「吉野石膏緊急命令却下対策会議」が結成され、総評は全国百万人の要請署名を呼びかけた。半年も経たない間に一四万筆を超える全国の個人署名が東京高裁に集中した。

いち早く、労旬の特集も組まれた。「研究座談会／緊急命令却下の問題点―東京地裁労働部の失態とわれわれの課題―労働委員会制度の擁護と改革をめざして」（労旬九七八号一三頁）。宮里さんの参加された、この研究座談会が、高裁段階の理論武装に決定的な力を発揮したことは言うまでもない。

実は、東京地裁の吉野石膏事件・緊急命令却下まで直近の数年間の間に、東京地裁労働部に、緊急命令の申立を受けてから何年も凍結して命令を出さない異常なケースが、何件も現れていたことを私たちは知らなかった。これより先、東京地裁が、東京印刷紙器事件で緊急命令申立を三年間凍結したうえ、本案判決（労委命令取り消し）の後に緊急命令を却下したケース（東京地決昭和五〇・一二・九）は、当時問題になって知っていたけれども、東京地裁が、中労委の緊急命令申立について、商大自動車教習所事件では三年、福井放送事件でも三年、山口放送事件では二年、マックスファクター事件では一年、凍結が続いていたことを知らなかった。吉野石膏・緊急命令申立の直前に、池上通信機事件で、緊急命令が凍結後却下されたことも（東京地決昭和五三・五・二四）、気に留めていなかった。

相手が、構えに構えていたところに、それを知らず無防備のまま、その直近の数年よりも以前の長期にわたる前例を挙げて論じても、鼻であしらわれるだけ。こちらの備えの不備の隙を突かれた結末であった。

ただ、吉野石膏事件・東京地裁却下決定の理由は、ものの道理に照らして、一見明白に、ひど過ぎた。曰く、この配転は一応合理性が認められるから不当労働行為を云々する余地はない。中労委の救済命令には疑義があるから緊急命令は出せない、と。

都労委、中労委が審理を尽くして当該配転・解雇の不当労働行為を認定し、行訴提起に対し中労委から緊急命令の申立がなされた。その時点で行訴の審理は始まったばかり。その段階で、中労委命令取り消しの行訴本案判決の先取りに等しい判断を先行させて緊急命令を却下するとは、いったい何事か。中労委は早速、東京高裁に抗告した。前記のとおり、全国レベルの大々的な労働運動が盛り上がり、社会的批判が急速に高まったのは当然である。東京地裁の却下決定から半年後、東京高裁は抗告を棄却した。しかし、この最初の半年間の、巻き返しの総力戦が、後から思うと、その後に続く緊急命令制度の防衛戦の基礎を築いたことは間違いない。

三　高裁決定の意味

東京地裁の却下決定から半年後、東京高裁は抗告を棄却した（東京高決昭和五四・八・九）。高裁決定の理由は、一見すると地裁決定と同じように見える。しかし、実践の観点からとらえると、そこには確かな変化があった。労働者は、そこを見逃さなかった。

「先生、今度の高裁決定は、緊急命令の制度は、あるんだよ、と。ただこの配転は特別だから緊急命令は出せない、と言っている。それなら今後、一つ一つのたたかいで、事実を追及して緊急命令を取れる。これで、いいんです」

と倉持書記長は語った。

「制度は、あるんだよ」というのは、地裁決定が制度自体を無視するに等しい論法で緊急命令を却下したことと対比して、高裁決定が、地裁決定の書かなかった緊急命令制度の原則論を、冒頭に書いたことを指している。すなわち、緊急命令の目的は「団結権の侵害を防止すること」にあり、裁判所は、労働委員会の救済命令の認定判断に「重大な疑義」がないかぎり緊急命令を発すべきである、と。このように制度の趣旨を定式化したうえで、ただ本件の配転を不当労働行為と認めるには重大な疑義があるから本件については緊急命令は出せない、とした。それなら、「重大な疑義」というのは余程の例外だから、今後のケースごとに、しっかり追及していけば緊急命令は獲得できる。それが、地裁の緊急命令却下に対する総反撃の半年間をたたかい抜いた労働運動指導部の、確信であった。

実践の観点に立って見ると、この高裁決定は、緊急命令制度の原則論は否定できず、個別事件の事実認定のレベルで処理した。この配転は特別だと言って「逃げた」、それが私の実感でもあった（「中労委の抗告を棄却した東京高裁決定の意味するもの」労旬九八四号四頁、上条執筆）。

地裁の却下のときと異なり、高裁で抗告棄却されても、労働運動の側には、いささかの動揺も生じなかった。弁護団も、敗北感はまったくなかった。行訴と争議は、したたかに持続した。

四　さらなる追求

吉野石膏・緊急命令却下東京地裁決定に対する総反撃の運動が高まるなかで、東京地裁は、ある事件では緊急命令の認容決定を出し始めたが（済生会中央病院事件・東京地決昭和五四・五・四、冨里商事事件・東京地決昭和五五・一〇・三一）、他の事件では相変わらず緊急命令却下を繰り返した（森産業・微生研事件・東京地決昭和五五・一・

一七、オリエンタルモーター事件・東京地決昭和五五・六・一〇）。
そして東京高裁は、緊急命令却下に対する抗告棄却を頑なに繰り返した（森産業・微生研事件・東京高決昭和五六・五・一一）。

ちょうどその時期に、日本労働法学会・第六一回学術総会が開催された（一九八一年五月一八日）。テーマは『労委命令と司法審査の限界』。そのシンポジウムでは、宮崎鎮雄教授の論述される「緊急命令の申立に対する司法審査の限界」と討論が、当時、私たち弁護士にとって、とりわけ貴重であった（学会誌五八号）。この場で事実を訴え討論に学ぶ絶好の機会と思い、私も参加した。ただ、参加すると決めたとき、学者の研究討論の場で、どういう発言をしたらよいか迷い悩んで宮里さんに相談したところ、なによりも過去何十年にわたる緊急命令の慣行と、その深い意味を、正確に語ることだとアドヴァイスを受けた。抽象的な理論より前に、事実と道理を徹底追求するのが弁護士の本領だと納得して、一生懸命に準備して発言した（学会誌五八号一九三～一九四頁に収録）。私の発言が終わったとき、期せずして周りから一斉に拍手が起こった。我々の実践の追求と研究者の理論の追求が噛み合った、したたかな実感を覚えたことを思い出す。

吉野石膏事件・東京高裁抗告棄却決定（昭和五四・八・九）を経て、緊急命令を追求する労働運動は、裁判所で敗れても敗れても、ますます大規模に発展した。そのなかで労働法学会も、したたかな理論的指針を提起した。ここまで来ると、さしもの東京地裁・東京高裁も、吉野石膏事件の却下の論理を維持することはできなくなった。ついに転機が訪れた。

五　理化電機事件・東京地裁緊急命令認容決定とオリエンタルモーター事件・東京高裁緊急命令（逆転）認容決定

一九七五年（昭和五〇年）、春闘争議中のピケットを理由に全国一般理化電機工業労組の三役五名が懲戒解雇された。東京都労委も中労委も、詳細な事実認定のもとに、解雇を不当労働行為と判断した。会社は中労委命令（昭和五六・一）に対して行訴を提起、中労委は労組の要請を受けて緊急命令を申し立てた（昭和五六年三月二三日）。

典型的な不当労働行為。今度こそは、何がなんでも緊急命令を獲得する。ここに、全国一般東京地本、神奈川地本、総評、総評弁護団・自由法曹団の総力戦が、東京地裁に集中した。四月の行訴第一回口頭弁論には一一〇余名、五月の第二回口頭弁論には四二〇名もの支援傍聴が法廷前の廊下にまで溢れた。六月二日には裁判所前で七五〇〇枚のビラまき、六月一一日昼休みには東京地裁に対する大要請行動。そしてついに、東京地裁は申立から二か月半で、ストレートに緊急命令を出した（東京地決昭和五六・六・一二）。

それは決して、偶然の出来事ではない。吉野石膏・東京地裁緊急命令却下から東京高裁抗告棄却を経て、単産レベル、全国レベルの不撓不屈の労働運動の成果であった。

理化電機事件で緊急命令を取りに行くとき、とりわけ全国一般東京地本、神奈川地本の、深い情勢分析と決断（ここで勝負をかける）、宮里さんも参加された弁護団との緊密な連携が、裁判所に対する権利主張を貫く決定的なエネルギーとなった。そして緊急命令が出た二か月後、会社は被解雇者五名全員の職場復帰を認めた。

こうして、ようやく緊急命令制度は、本来の姿に戻った。現に、理化電機事件の緊急命令の翌月、東京地裁はマイクロ精機事件で緊急命令認容決定を出した（東京地決昭和五六・七・一）。

それればかりではない。それまで吉野石膏事件・抗告棄却に続いて森産業・微生研事件でも抗告棄却を繰り返していた東京高裁も、ここにいたって、オリエンタルモーター事件では、東京地裁の緊急命令却下決定に対する中労委の抗告を容れて、東京地裁の却下決定を取り消し、緊急命令認容決定を出すにいたった（東京高決昭和五七・一・二〇。労判三七八号三四頁）。

この東京高裁決定は、中労委が従来から一貫して主張していた「緊急命令の適否は、労委命令の内容の当否ではなく、緊急命令の必要性・緊急性の判断で足りる」という論理（かつて歴代の東京地裁労働部の見解）を、ストレートに受け容れたものである。

おわりに

司法の誤りは、どれほど根が深くても、労働者・国民の不撓不屈の総力戦で正すことができる。要求の質が深ければ、それに見合った運動の幅が大きく広がるとき、誤判を超えて要求は達成できる。その節目、節目の、労働運動の正確な情勢分析と決断が、勝敗を左右する。反撃は、とりわけ最初の一歩が決定的。

以上、吉野石膏事件・東京地裁緊急命令却下決定から、理化電機事件・東京地裁緊急命令認容決定までの、詳細な総括と関係資料は、「緊急命令をめぐる激動の三年」（労旬一〇五六号四頁、上条執筆）。続くオリエンタルモーター事件・東京高裁緊急命令認容決定の意義については、「緊急命令論争に終止符か―全金オリエンタルモーター土浦分会緊急命令抗告審で逆転勝利の決定」（労旬一〇四四号一三頁、徳住堅治執筆）に詳しい。

（付記）

吉野石膏争議は、一九八二年（昭和五七年）六月三〇日、被解雇者七名中一名の復職をもって終結した。勝てなかった口惜しさは残る。しかし吉野石膏争議は、非常な困難を抱えながら死力を尽くし、後々まで続く労働運動のために貴重な礎石を残した実績は消えない。記念に労組から贈られた、小さな石膏造りのアフロディテ（ギリシャ神話・美の女神）の胸像が、以来三〇余年、今も私の書斎の机の傍らにある。仕事に疲れたとき、ふと眺めると、どこか爽やかなエネルギーが伝わってくる。

第6章　東亜ペイント事件・最高裁第二小法廷昭和六一年七月一四日判決
――単身赴任命令を認めた最高裁判決の意味とそれを乗り越えた原動力

関戸　一考
（弁護士）

はじめに――この論稿の目的は何か

一九八六年（昭和六一）年七月一四日、最高裁第二小法廷は、東亜ペイント株式会社で働いていた吉田暢氏が、年老いた母（七一歳）と二歳の乳幼児をかかえた妻を残して単身赴任に応じられないとして配転を拒否した事件で、吉田氏に対する懲戒解雇を無効とした大阪高裁判決を破棄して、差し戻しを命じた。[1]

この事件は、吉田氏が主張していた単身赴任拒否の理由について、この程度の不利益は「労働者が通常甘受すべき程度のもの」と最高裁で初めて配転に関する基準として示されたもので、社会的にも大きな注目を浴びた判決だった。当時、サラリーマンの単身赴任が社会的にも問題視されていた時だっただけに、「単身赴任を拒否すれば解雇」というお墨付きを企業に与えてしまった点につき、この事件の弁護団として大変気になったことは言うまでもない。

他方で、この最高裁判決をきっかけに、「単身赴任に拒否権を」という運動が、東亜ペイント争議団を中心に関西でわき起こり、結果的に力量を増した運動体が、悪しきこの東亜ペイント最高裁判決を乗り越えて、当時配転拒否解雇を闘っていた吉田氏と藤原篤樹氏の両名（二人で東亜ペイント争議団として裁判闘争に取り組んだ）とも、解雇から一八年かかったものの、解雇を撤回させて遂に職場復帰したことは、画期的なことでもあった⑵。

この論稿では、悪しき東亜ペイント最高裁判決を乗り越えた原動力は何であったのかを含めて、改めてこの最高裁判決の意味を弁護団の一員として振り返ってみたいと思う。

一　東亜ペイント事件の発端と最高裁判決にいたるまで

1　東亜ペイント事件の発端は何か

まず最初に、この事件の背景と、発端となった出来事を振り返っておこう。東亜ペイント株式会社は、古河機械金属の資本系列の会社で、東証一部上場のペイント業界第三位の会社だった。

会社内には、労使協調路線を是とする全化同盟の指導を受けた東亜ペイント労働組合があり、会社との間でユニオンショップ条項が結ばれていた。ユニオンショップといえば、労働運動の高揚期には団結強制の契機として大きな意義をもっていたが、それは必然的に組合内部に路線対立を生み出す原因を内包していた。

東亜ペイント労組内にも労使協調路線支持の多数派と、労使協調路線批判の少数派が存在し、両グループの対立が潜在的に存在していたのである。

そのなかで、この事件の当事者となった二人とも大卒の労働者で、労使協調路線には批判的なグループのメンバーとして、吉田氏は大阪事務所の営業マンとして大阪事務所支部の職場委員となり、藤原氏は大阪工場での化学専攻の技術者として大阪工場支部の執行委員となっていた。

その二人が配転を拒否をして解雇されるに及ぶきっかけとなる事件があった。それは、大阪工場爆発事故である。一九七三（昭和四八）年一月に発生し、一〇〇名以上の労働者が重傷を負う大惨事であった。その根本的な原因は、会社の売上アップをめざした生産第一主義によるもので、当時の会社には安全軽視の姿勢が顕著であった。これに事実上協力する体制をとってきたのが組合の多数派（中央）であったのである。

それに対し、労使協調路線批判グループは、爆発事故の原因の究明を求めると同時に、安全体制の確立を求めた。それは、大阪工場で消防検査がある度に危険な薬品を車で移動させるなどして検査をクリアしていた会社の姿勢を、厳しく批判することにつながっていたからである。

そして、爆発事故後に実施された大阪工場支部（組合内の最大の支部だった）の役員選挙で、ついに批判グループが勝利するという結果となった。この事実に危機感をもったのが多数派の組合中央というより会社だった。会社から批判グループの中心メンバーであった吉田氏と藤原氏らに対し、大阪工場支部の労働者から切り離すため、次々と配転攻撃がかけられたのである。

吉田氏は、命じられた名古屋営業所への配転に対し、「年老いた母（七一歳）、幼子（二歳）をかかえた妻を残して単身赴任に応じられない」として拒否し、藤原氏は静岡営業所への配転に対し「技術者である自分に営業は勤まらない」として拒否した。それに対し会社から吉田氏は一九七四（昭和四九）年一月二二日に、藤原氏は七五（昭和五〇）年八月二〇日に、各々懲戒解雇され、同時に二つの配転解雇事件が大阪地方裁判所で争われることとなった[3]。

そのため二人は、東亜ペイント争議団を作り、裁判所の近くに争議団事務所を借り、解雇撤回闘争に立ち向かうこととなっていったのである。

以上が、この事件の発生にいたる経過である。

2　二つの事件の流れ

ここで簡単に二つの事件の裁判の流れを示しておこう。

吉田事件は、一九七七年八月二四日人事権の濫用を理由に仮処分勝訴、八二年一〇月二五日人事権の濫用を理由に大阪地裁勝訴、八四年八月二一日人事権の濫用を理由に大阪高裁勝訴と順調に勝利した。しかしその後、八六年七月一四日に最高裁で破棄差戻しとなる。

これに対し藤原事件は一九七九年一一月一四日に不当労働行為を理由に仮処分で勝訴したものの、本案の大阪地裁で勝訴したのは最高裁判決後の八七年五月七日で約八年もかかっている[4]。それは、不当労働行為意思の立証のため、多くの不当労働行為にかかる事実を積み重ねる必要があったからである。

二つの事件は法廷闘争として最高裁の判決が出るまでは吉田事件が先行して引っ張り、その後は藤原事件が支える体制で進んだ。そして一九九〇（平成二）年五月三〇日に藤原事件において大阪高裁で不当労働行為を理由に勝訴したことによって、再び会社を最高裁への上告へと追い込んだのである。

二　最高裁判決と争議解決に至るまで

1　突然の最高裁からの口頭弁論の通知

ところで吉田事件の高裁判決が出てから、会社は最高裁へ上告していたものの、事件解決に向けて当事者間で自主的な交渉が持たれるにいたった。会社とすれば、最高裁で敗訴してからでは和解による解決は困難と考えていたのだろう。しかし、会社側から出された和解のための解決内容は、金銭和解の内容だった。

ところが突然、最高裁から口頭弁論の通知が届いた途端、交渉はストップした。

他方、我々弁護団は、事前にこの事件の担当の調査官に面談に行った折、気になる言葉が投げかけられていた。調査官は「最高では転勤と人事権の濫用についての基準がないからネェー」とつぶやいていたからである。

我々弁護団は、最高裁からの口頭弁論の通知に驚くと同時に、「もし最高裁で配転に関する悪い一般的基準を作られては大変だ」と考え、最高裁での弁論に備えて、東京の弁護士にも応援を頼んだ。同時に東亜ペイント争議団としても、いかに最高裁判決に向けての運動を取り組むかが議論されることとなった。

争議団は東京の金属反合闘争委員会に支援を求めて、ビラ撒き等の運動に取り組んだのだった。

しかし最高裁第二小法廷は、一九八六年七月一四日、大阪高裁の判決を破棄し、「単身赴任は通常労働者が甘受すべきものとし、その余の無効事由を審理せよ」との判決を下した。

その結果、再度大阪高裁で、その余の無効事由として①労働組合との事前協議違反と②不当労働行為等についての審理が行なわれることになったのである。

2　最高裁判決の内容とその批判

さて、ここで最高裁から示された判断内容とその問題点を簡単に示しておこう(5)。

最高裁は、転勤についての「業務上の必要性」について、次のとおり述べている。

「当該転勤先への異動で余人をもって容易に替え難いといった高度の必要性に限定することは相当ではなく、労働力の適正配置、業務の能率増進、労働者の能力開発、勤労意欲の高揚、業務運営の円滑化など、企業の合理的運営に寄与する点が認められる限りは、業務上の必要性の存在を肯定すべきである」というものである。

そのうえで転勤命令が権利の濫用となる場合として、次の三つを挙げている。一つ目は「業務上の必要性が存しない場合」、二つ目は「他の不当な動機・目的をもってなされたものであるとき」、三つ目は「労働者に対し通常甘受すべき程度を著しく超える不利益を負わせるものであるとき」、というものである。

しかしながらこの判決は、配転事件を闘う労働者にとって、極めて問題の多い判決であった。具体的に説明するここととしよう。

まず第一に、業務の必要性に関して、「企業の合理的運営に寄与する点が認められる限り」という、極めてあいまいかつ抽象的概念でくくられている。これでは、本来全国的規模の会社ならば、極端に言えば、どこでもそれなりの必要性はあるといえるもので、ましてや企業は、業務に関する情報はすべて自己の管理下に置き、いつでもあとから作り出せる立場である。それを後日裁判でチェックしていくことは、事実上不可能となった。

次いで第二に、業務上の必要性を判断するにあたって、従来幾多の下級審の裁判例は、「人選の合理性」という観点から、当該労働者を選定した理由につき、当該業務との関連で具体的に論じてきた。ところが今回の判決では、「余人をもっては容易に替え難いという高度の必要性に限定をすることは相当でない」として、「人選の合理性」についての判断を欠落させている。その結果、「人選の合理性」は「不当な動機・目的」の問題、つまり、「不当労働行為意思ないし差別的な意思」の問題へと追いやられてしまったのである。これでは労働者の側が「人選の不合理性」を立証しなければならなくなることを意味している。

そして第三に、労働者に対して「通常甘受すべき程度を著しく超える不利益を負わせる」場合には権利の濫用となるとは言いつつ、「年老いた母（七一歳）幼子（二歳）をかかえた妻がいるため単身赴任となっても通常甘受すべきもの」とする。そうであるとすれば、ほとんどの場合、著しい不利益を負わせるケースはありえないことになる。おそらく病気の親や妻をかかえるなど、極めて限られた場合といえようか。

以上見たとおり、この判決は、今後配転を争う労働者にとって極めて厳しい判決となってしまったことは疑いようもない。我々は弁護団として調査官の言葉をはね返すことはできなかったのは残念でしようがなかった。

3　争議解決の契機となった最高裁判決

ところで大阪高裁での差戻し審では、その余の無効事由として、主として「不当労働行為意思による配転であったこと」が正面から争われることとなった。

しかし吉田事件では、人事権の濫用論で勝ってきたため、不当労働行為論の主張・立証は十分ではなかった。それは、吉田氏が大阪事務所支部の職場委員にすぎず、労使協調路線批判グループとして大阪工場支部の執行委員であった藤原氏と比べ、批判グループの組合活動の点を立証することが極めて困難であったからである。

しかし、幸いなことに、この時藤原事件ではまだ一審段階で不当労働行為の立証の最中だった。我々弁護団は、藤原氏への会社と組合中央からのさまざまな攻撃が、少数派である労使協調路線批判グループへの攻撃の一環と位置づけ、その活動を吉田氏と一緒に担ってきたことに力点を置いて立証した。その結果、藤原事件の本案の一審でも、不当労働行為によるものとの認定を勝ち取ると同時に、それは「批判グループの大阪工場爆発事故後の活動を嫌悪したものである」との認定を勝ち取ることに成功したのである。これによって二つの事件は完全に一つになった。

会社は、この認定にショックを受け、同時に吉田事件の差戻し審における不当労働行為論の審理に大きなはずみがついたことは間違いない。

さて、ここで勝利の全面解決に向けてもう一つ大きな力となったものとして、東亜ペイント争議団を中心とする運動体の力量の増加を挙げなければならない。

最高裁判決以後、東亜ペイント争議が全国的に有名となり、争議を支援する運動の輪が大きく広がった。とくに大阪での各種の運動体のなかで、「単身赴任に拒否権を」というスローガンのもとに支援する運動にはずみがついた。

この時、会社に役員を送っていた背景資本の第一勧銀に対して、大阪中の支店を争議団によって三巡する闘いが組まれるにいたったことは重要だった。

この運動に関して、争議が解決してから東亜ペイントの社長が吉田氏に語ったことがある。「会社に何度抗議に来られても何ともなかったが、第一勧銀に行かれて会社は本当に困った」と言うのだ。大阪の多くの争議団が生み出した「背景資本攻め」が争議解決に効果があったことを実証していたのである。

本件の争議が解決に向かうためのもう一つ大きなポイントがあった。それは、大阪市から工場の用地の提供を受けて稼動していた大阪工場の全面移転問題が間近に迫っていたことだった。

東亜ペイント争議団が大きな力をつけてきた状況下で、大阪工場の移転にともなう大量の従業員の配転をかかえているなかで、もし争議団がこれまで以上のエネルギーを発揮することになったらどうなることかと、会社側が考えたのも無理はない。

そのなかで会社側は、労務専門の役員の反対意見を排斥して、この事件の全面解決の道を選んだ。

一九九二（平成四）年二月一七日、差戻し審のあった大阪高裁で、吉田・藤原両氏の職場復帰を含めて、すべての不利益取扱いをなくす内容の和解が成立して全面解決した。吉田氏の解雇から一八年、藤原氏の解雇から一六年半の後の解決であった。

藤原氏が勝利の記者会見で、「会社が不毛の闘いであることに気がつくのに一八年かかったということです」と語った言葉が印象的だった。そして、吉田氏が「七一歳の年老いた母を置いて単身赴任に応じられない」と主張していたお母さんが、争議の解決を知ってからお亡くなりになった。八九歳だった。

悪しき最高裁判決を運動が乗り越えたのである。その後会社に戻った吉田氏は本社の営業部長に、藤原氏は岡山工場の品質管理の最高責任者となり、定年退職をした[6]。

むすびにかえて

最後に東亜ペイント事件を担当した弁護士として、最高裁判決に対する批判的な思いを述べてむすびとしたい。

東亜ペイント事件は、私が弁護士となった時に最初に担当した労働事件である。一九八〇年、私は大阪で労働者側の立場で事件を扱う関西合同法律事務所で労働弁護士としてのスタートを切った。そして途中からは、東亜ペイント弁護団の事務局長となり、最後まで、この事件を見届けたことは思い出深い。

この間、労働運動や労働裁判は集団的労使関係をめぐる争いから、個別的労使関係をめぐる争いに変化をし、私は、国労の大阪弁護団のメンバーとして担当した採用拒否事件を最後に、労働事件そのものを卒業している。

私は関西合同法律事務所を退所して、「労働弁護士」から「税金弁護士」となり、そしてロースクール発足時には関西学院大学のロースクールの実務家教員として税務争訟法を中心に、実務系の課目を教えることとなった。そのなかに「現代人権論」という課目がある。この課目は実務家である複数の弁護士が自分の担当する事件を題材にして人権課題をとりあげ、学生たちに将来の実務家像を考えてもらう契機とするための授業である。そのためこの授業は、法解釈を教えることを目的とするものではなく、学生たちのモチベーションを昂めることを目的とした授業となっている点に特徴がある。

そのなかで私は「家族と共に暮らす権利」として東亜ペイントの配転解雇事件を題材として取り挙げている。この授業ではあらかじめ、先の最高裁判決と、私が当時労働法律旬報に書いた最高裁判決批判の小論文[7]を学生たちに読ませ、議論をさせながら、この判決の表面にあらわれた部分だけではなく、その背景にまで迫って事件の本質を考えさせることにしている。

法解釈の観点からの批判というより、法社会学の観点から「裁判官を配転させる最高裁は、裁きをする第三者ではなく当事者である」と批判した私の論文は、言葉遊びのように法解釈を勉強しようとする学生たちに強い警鐘を与えることとなったことは疑いようもない。

それ以外にも吉田氏をゲストスピーカーとして授業に呼び、一八年間頑張り抜いた当事者の本音を語ってもらったこともある。これは、「いかなる価値を実現するために法解釈をするのか」という法解釈の本質に迫ることでもある。

吉田氏は、会社のなかで単身赴任を重ね、ついに沖縄の営業所で家族にも見放されて自殺した同僚のことを話しながら、「自分がここまで頑張ってこれたのは、最後まで支えてくれた弁護士の先生方がいたからです。皆さんも是非このような労働者を守る弁護士となって下さい」と最後の言葉を結んでいる。

私は毎回この授業の最後にこの言葉を学生に伝えながら、単身赴任を当然とする日本社会において、「東亜ペイント最高裁判決がもたらしたマイナスの遺産をどのようにして批判・克服して行くべきか」という課題を学生たちと共に考える授業を続けている。

（1）労旬一一五二号五七頁以下に最高裁判所第二小法廷判決が引用されている
（2）片岡昇・萬井隆令・西谷敏編『労使紛争と法』有斐閣、一九九五年、二九頁以下に日本的労使関係における紛争解決の実例として東亜ペイント事件が取り上げられている
（3）藤原氏に対する配転は組合との事前協議条項違反を回避するため形式上は長期出張命令に切り替えられている。
（4）拙稿「組合内少数派活動家に対する長期出張命令の不当労働行為性」（労旬一一七〇号）で藤原事件の立場から東亜ペイント事件を取り上げている。
（5）拙稿「配転（単身赴任）命令拒否と懲戒解雇」（労旬一一五二号）で東亜ペイント最高裁判決批判を行なっている。
（6）弁護団執筆「東亜ペイント争議一八年の闘いの軌跡」（労旬一二八八号）において東亜ペイント事件の総括がなされている。
（7）注5論文。

第7章　日立製作所武蔵工場解雇事件・最高裁第一小法廷平成三年一一月二八日判決

——残業義務を認めた最高裁判決の意味と長時間労働を許さないたたかい

吉田　健一
（弁護士）

はじめに

日立製作所武蔵工場（東京都小平市）で発生した解雇事件について、一九九一（平成三）年一一月二八日、最高裁第一小法廷は、労働者の残業義務を肯定し、解雇を有効とする判決を言い渡した（最判民集四五巻八号一二七〇頁、労判五九四号七頁）。残業を規制している労働時間法制からみても、きわめて問題の多い判決である。

本稿では、最高裁判決が判断した残業拒否、そして解雇事件というのはどのようなものであったか、最高裁判決にいたる経過や訴訟の取り組みとともに、判断内容やその意味についても検討することとする。

なお、本件は残業拒否解雇と紹介されることが多いが、残業拒否そのものに対しては出勤停止処分がされており、残業拒否そのものが解雇理由とされているわけではない。

一　本件残業拒否の経緯と解雇

Ｔ氏は、工業高校を卒業して、一九六〇年四月に日立製作所に入社し、東京都小平市にある同社武蔵工場において、製造部低周波製作課の特性管理係の仕事をしていた。トランジスターを検査して品質を管理し、製品化するうえでの歩留まり（良品率）を向上させる仕事に従事していたのである。

一九六七年九月六日、Ｔ氏は、終業時間の一五分前（ただし、判決では三〇分前と認定）になって、歩留まりが低下し欠陥品のでる確率が高くなっているので、残業して原因を究明し、その推定値を算出し直すように上司から命じられた。しかし、Ｔ氏は、その日は、一時間残業して、あとは友達との約束があるので帰った。

これが残業拒否の経緯であるが、Ｔ氏は翌日に午後九時まで残業して仕事をやりあげた。製品の納期までそれで十分間に合う仕事だった。

ところが、会社は、残業を拒否したことを理由にＴ氏から仕事を取りあげ、翌一〇月六日、Ｔ氏を出勤停止一四日の懲戒処分にした。そして、会社は、Ｔ氏に対し、執拗に反省を迫った。Ｔ氏は、今後は残業に協力する姿勢を示し、反省文や始末書を提出したが、会社の求めるどおりの始末書の提出には応じなかった。そこで、会社は、Ｔ氏に対し、一〇月三一日、「しばしば懲戒・訓戒を受けたにもかかわらず、なお悔悟の見込みがない」として、解雇を通告したのである。

二　訴訟の経緯と本訴高裁での逆転敗訴

1　訴訟の経緯

本件解雇に対して、一九六七年に立川市で設立されたばかりの三多摩法律事務所の弁護士が対応することとなり、地位保全、賃金仮払いを求める仮処分を申請した。一九九一年の最高裁判決まで二五年にも及ぶ裁判闘争が開始されたのである。

仮処分事件では、東京地裁八王子支部（当時）が一九六九年一〇月二日に申請を却下した（労民集二二巻一号二八頁）が、七一年一月二六日、東京高裁で解雇を無効とする逆転勝訴を勝ち取る。同年から本訴のたたかいが始まり、七八年五月二二日に東京地裁八王子支部で本件の残業義務を否定し、解雇を無効とする判決（労判三〇一号四五頁）が言い渡された。

ところが、一九八六年三月二七日の東京高裁判決では逆転敗訴判決（労判四七二号二八頁）となり、最高裁判決でも解雇が認容されることとなった。

2　高裁裁判長の忌避申立と逆転敗訴

本訴東京高裁の審理では、弁論を終結して判決へという最終段階となった時点で、蕪山《かぶやま》裁判長は会社に新たな職務怠慢行為を主張させ、解雇理由の補充を求める「釈明準備命令」を出した。以前から会社はT氏の「手抜き作業」を問題としていたが、本訴高裁で会社側の証人にたったT氏の直属の上司でさえ、会社が「手抜き作業」を主張している事実を知らず、当時から問題になったことさえ聞いていないと証言した。しかも、会社が残業拒否後にT氏に反省を求めた際にも、この「手抜き」はまったく問題にされず、話題にすらされていない。蕪山裁判長は、解雇を有効とするには、この「手抜き」だけでは不十分と見て、T氏の新たな「職務怠慢」を会社に主張させようと釈明したものにほかならない。

きわめて不公正な釈明・訴訟指揮に対して、弁護団は、討議を重ねた結果、裁判の流れを打開するには、忌避申立しかないとの結論に達し、一九八二年四月二二日の法廷において、蕪山裁判長に対する忌避を申し立てた。

忌避申立を契機に、蕪山裁判長を追放しようという運動が急速に取り組まれた。結局、同年一二月、蕪山裁判長は、静岡地裁へ転勤となり、追放を求めるたたかいは実質的な勝利で幕を閉じた。

後任の裁判長もとでは、解雇撤回・職場復帰の実現を求めて、ねばり強い和解交渉が続けられた。裁判所も日立の社長に対し、和解期日への出頭命令を出して説得を試みるなど職場復帰の検討を会社に迫った。しかし、会社は、あくまで職場復帰を拒否し、結局、和解は決裂した。

ところが、いざ判決となるや、東京高裁は、一九八六年三月二七日、残業義務を肯定し、解雇を有効とした逆転敗訴判決を言い渡したのである。

三　最高裁でのたたかい

1　残業義務―長時間労働を許さないたたかい

弁護団は、上告理由書に加えて補充書を次々と提出して高裁判決の問題点を徹底的に批判した。書面提出の都度、担当調査官に面会して説明し、高裁判決の見直しを求めた。

残業義務を肯定した高裁判決に対する理論的批判はもとより、本件残業が現実に必要でなかったことを重ねて強調した。問題とされていた歩留（良品率）の「低下」や「誤差」は会社の生産計画には影響がないこと、その後T氏が説明したとおり歩留まりが向上したこと、すなわち「残業をしてまでその日のうちに算定のやり直しをしなければならない程の緊急の必要性」が存在しないことを明らかにした。実際、T氏は、翌日に夜九時まで残業して職務を全うし、それ以上の問題はなかったのである。

本件で残業義務を肯定した高裁判決の問題は、日立製作所とT氏の関係にとどまらない。当時、過労死は跡を絶たず、日本の長時間労働に対する海外からの批判も強まっていた。政府も一九九二年三月までには年間総労働時間を一八〇〇時間にするとの計画を発表し、それを実現するための重要な課題として「残業労働時間の削減」を掲げていた（一九八八年六月時短推進計画）。他方では、一九八七年九月に成立した労働基準法「改正」により、労働時間の弾力化が進められようとしていた。

弁護団は、さまざまな資料をも提出し、本件で残業義務が認められるようなことになれば、ますます長時間労働が横行し、労働基準法の時間規制がないがしろにされる危険性を指摘し、高裁判決の見直しを求めたのである。

2　裁判官会同の議論と上告棄却の判決

一九九一年に入り、弁護団は、日本労働弁護団から入手した裁判官会同の記録に、労働者に残業義務を認め残業拒否に対する懲戒処分を有効であるとする議論が掲載されていることを発見した。

そこでは、残業義務の根拠となる労働者の同意について、「包括的な事前の同意であっても差し支えない」とし、労働者が入社時に時間外労働はやらないと明言しないかぎり、時間外労働について包括的に同意しているとみて、労働義務が発生し、「懲戒規定の適用において、時間内と時間外とを区別すべき理由はない」と結論づけていた。

この裁判官会同が、最高裁の指導のもとに広島高裁で開かれたのは本件高裁判決の出される前年であり、その結論が本訴高裁の逆転敗訴判決に大きく影響していることは明らかであった。しかも、最高裁でT氏解雇事件の審理を担当していた四谷巌裁判官は、当時、この「裁判官会同」が開かれた広島高裁の長官であった。そこで、弁護団は、とり急ぎ裁判官会同の議論に反論する上告理由補充書を最高裁に提出した。

ところが、まもなくして、一九九一年一一月二八日、最高裁判決は、T氏側の主張を退ける上告棄却の判決を言い渡した。この最高裁判決を言い渡した裁判官の筆頭に記載されているのが、問題の四谷巌裁判官であった。最高裁を頂点とする裁判所ぐるみで逆転敗訴が仕組まれていたと言っても過言ではない。

四　どのような場合に残業義務が認められるのか

1　問題の所在

労働基準法三二条の定める八時間労働を超える労働（残業）は、変形時間制などで認められる場合を除いて、労働基準法三六条で定める労使の協定（三六協定）がなければ、刑事処罰の対象とされる。ただし、三六協定が存在するだけでは、労働者に残業を義務づけることはできない。三六協定は刑事免責の効果しかないのである。

それでは、残業義務はどのような場合に認められるのか、その根拠はどこに求められるのか、この問題について裁判例や学説の議論は分かれるところであった。本件判決以前には、労働者が個別に同意しなければ残業させることはできないとする裁判例も存在した。

本件の最高裁判決は、民間企業の職場における労働者の残業義務について、最高裁として初めての判断となったのである。

2　最高裁の判断

本件では、会社の就業規則には、業務上の都合によりやむをえない場合には、労働組合との協定により一日八時間の実働時間を延長することがある旨定められていた。

最高裁判決は、就業規則において「当該三六協定の範囲内で一定の業務上の事由があれば労働契約に定める労働時間を延長して労働者を労働させることができる旨定めているときは、当該就業規則の規定の内容が合理的なものである限り、それが具体的労働契約の内容をなすから、右就業規則の規定の適用を受ける労働者は、その定めるところに従い、労働契約に定める労働時間を超えて労働をする義務を負うものと解するを相当とする」と判断した。

そして、本件では、業務上の都合によりやむをえない場合に残業させることを定める上記就業規則にもとづき、会社工場の労働者の過半数で組織する組合と会社の間において、一九六七（昭和四二）年一月二一日、下記の場合には、月四〇時間を超えない範囲で実労働時間を延長することが協定され（三六協定）、所轄労働基準監督署長に届け出られていた。

① 納期に完納しないと重大な支障を起すおそれのある場合
② 賃金締切の切迫による賃金計算又は棚卸し、検収・支払等に関する業務ならびにこれに関する業務
③ 配管、配線工事等のため所定時間内に作業することが困難な場合
④ 設備機械類の移動、設置、修理等のため作業を急ぐ場合
⑤ 生産目標達成のため必要ある場合
⑥ 業務の内容によりやむを得ない場合
⑦ その他前各号に準ずる理由のある場合

最高裁判決は、時間外労働の具体的な内容は本件三六協定によって定められているが、本件三六協定は、会社が労働者に時間外労働を命ずるについて、「その時間を限定し、かつ、前記①ないし⑦所定の事由を必要としているのであるから、結局、本件就業規則の規定は合理的なものというべきである」と結論づけたのである。

ただし、本件でT氏が命じられた残業は、生産目標達成のため必要ある場合（⑤）とか、業務の内容によりやむを得ない場合（⑥）ないしこれらに準じる場合（⑦）であるとされている。これらの規定については、最高裁判決は、「いささか概括的、網羅的であることは否定できない」として問題のあることを指摘した。しかし、結局は、「企業が需給関係に即応した生産計画を適正かつ円滑に実施する必要性は同法三六条の予定するところと解される」としたう

え、会社の「事業の内容、上告人ら労働者の担当する業務、具体的な作業の手順ないし経過等にかんがみると」相当性を欠くということはできないと判断し、本件の残業義務を肯定したのである。

けれども、T氏は翌日に午後九時まで残業して仕事をやりあげており、製品の納期までそれで十分間に合う仕事だったのである。本件の残業が生産目標のために本当に必要なのか、やむをえない場合といえるのか、最高裁判決では説明されていない。

3 残業義務が認められる場合

残業というのは、そもそも八時間労働の例外であり、それが労働者に義務づけられうるとしても、業務上の必要性ないしは緊急性がある場合でなければならない。本件本訴一審判決は、三六協定の要件を厳格に解し、本件の協定の内容が一般的抽象的であり、「労働者がいかなる場合にいかなる残業をなすべきか具体的に予測することは困難であって、結局残業の必要性の有無あるいは残業の内容が使用者の判断にゆだねられているような場合には労働基準法の趣旨に照らし」、残業義務を肯定できないとした。常識的な判断ではないかと思う。

この一審判決が覆されたのはきわめて残念であるが、最高裁判決の立場においても、法的に有効な就業規則や三六協定が存在することが前提となるうえ、いかなる場合でも残業義務が認められるというわけではない。

まず第一に就業規定の内容に合理性が認められることが残業義務を認める前提となる。第二に、実質的に残業の必要性が認められることも必要となる。第三に、労働者側において残業を拒否しうる事情も検討されなければならない。たとえば、育児や介護、自らの健康上の理由、夜学生などの事情も尊重されなければならない（平成三年度最判解説五〇四頁参照）。

これらの一つでも問題となる場合には、残業義務を負わないと考えることが十分できるのではないかと思うのである。

五　解雇理由と本件残業拒否

1　本件の解雇理由と最高裁判決

会社は、本件の解雇理由を「しばしば懲戒・訓戒を受けたにもかかわらず、なお悔悟の見込みがない」としており、残業拒否は直接解雇理由とされていない。

しかし、会社は、解雇にいたるまで、残業を拒否したことを理由にT氏から仕事を取りあげて停職処分にするとともに、T氏にひたすら反省を迫った。T氏は、残業に協力する旨の反省書・始末書を書いて数度提出したが、会社は、「残業拒否が就業規則違反であることを認め、今後残業拒否をしないことを誓い、違反したときはいかなる処分を受けてもよい」という内容までT氏に認めさせようとした。

これに応じないT氏に「悔悟の見込みがない」という理由で解雇したのである。これは残業拒否を理由とする解雇でないので二重の処分に該当しないという。それでは残業についての考え方そのもの変えないことを理由とする解雇となるのではないか、思想良心の自由等に反するのではないかと弁護団は争った。しかし、最高裁は、この点について何ら判断せずに、解雇を容認した。

結局、最高裁判決は、「残業命令を発したのは上告人のした手抜作業の結果を追完・補正するためであったこと」等をあげて、解雇が権利濫用に該当しないと判断し解雇を容認したのである。最高裁判決は、本訴高裁裁判長の不当な訴訟指揮により誘導されて会社が主張した新たな「職務怠慢」すら認定こそしなかったものの、すでに完全に破綻した「手抜き作業」をむしかえして解雇容認に結びつけたのである。

しかし、仮に「手抜き作業」が問題になるとしても、それは出勤停止処分ですでに処理済みとなるはずである。残業拒否を理由にした解雇ではないはずなのに、最高裁がなにゆえに残業命令と解雇とを結びつけて説明したのか不可解である。

2 無視された本件解雇のねらい

当時、T氏の解雇に先立って、日立武蔵で解雇された三名の労働者の裁判闘争が取り組まれていたが、T氏は、この解雇争議を支援し、積極的に労働組合活動にも取り組んでいた。そのことで会社から目の敵にされ、ささいなことで処分を受けていた。

しかも、残業拒否で一四日間の出勤停止処分にされた翌日には、T氏が支援していた解雇事件の裁判の法廷でT氏自ら証言にたつことが予定されていた。T氏は、処分に屈することなく証言台に立ち、長時間残業の実態や会社の組合活動に対する干渉、臨時職員等への退職強要などの事実を法廷で明らかにした。また、自宅待機中の一〇月二一日には、先行する解雇事件の二周年記念集会が開かれたが、T氏は議長をつとめて集会を成功させた。

会社が、このような争議支援の活動をT氏に止めさせ、あるいは活動を抑圧しようとしていたことは明らかである。残業拒否について会社がT氏に提出を求めた始末書も、「いかなる処分を受けてもよい」とするものであり、いわばT氏に会社の言いなりになることを認めさせるものであって、T氏にとっては、とうてい応じることのできないものであった。本件解雇の本当のねらいも、このようなT氏を会社から排除することは明らかであった。

弁護団は、本件解雇がT氏の争議支援活動など労働組合活動を嫌悪した不当労働行為であり、解雇が無効であることを主張したが、裁判所で受け入れられるところとはならなかった。

六　長時間過密労働を告発するたたかいとオール日立での解決

Ｔ氏も、支援の労働者も、この最高裁敗訴判決に屈することはとうていできなかった。Ｔ氏解雇事件は、日本の長時間過密労働とのたたかいの象徴となっていたのである。

長時間労働に反対する国内での運動はもとより、国連人権委員会等海外に向けた国際的な運動も取り組まれ、海外から学者、研究者、労組幹部など最高裁判所あてに八三六名にもおよぶ多数の特別署名が寄せられた。解雇無効を求める国内外の世論は着実に広がっていったのである。

他方、日立製作所では、本件解雇争議を支援する活動などに取り組む職場の労働者に対して、激しい賃金・昇格差別が行なわれていた。一九八六年からは東京都国分寺市にある日立中央研究所の労働者が賃金差別の是正を求めて東京都労働委員会に救済申し立てを行なったのを皮切りに、東京本社、茨城、愛知、横浜などでも、同様な取り組みが進められていった。さらには女性差別の是正を求める訴訟も提起され、これらの差別是正を求める運動がオール日立の職場に広がっていった。この運動は、すでに最高裁で結論が出されている本件解雇争議とも共同して会社に解決を迫った。全国的な規模での中央支援連絡会も結成され、解決交渉が粘り強く取り組まれた。

そして、二〇〇〇年一〇月、差別争議と本件解雇を含む争議に決着をつける解決が実現した。最高裁判決後にも取り組まれてきたＴ氏の解雇争議も終結となったのである。

第８章　朝日放送事件・最高裁第三小法廷平成七年二月二八日判決
――労組法七条の「使用者」性をどこまで拡張できるのか

森　信雄
（弁護士）

一　忘れられない思い出

朝日放送事件最高裁判決（最三小判平成七・二・二八労判六六八号一一頁。以下「本件判決」という）が出される一か月ほど前のことである。私は、宮里邦雄弁護士を含む弁護団の一員として、最高裁第三小法廷に立っていた。最高裁の建物内に入るのは、修習前の健康診断以来のことであった。

東京高裁判決は労働組合側敗訴であったが、最高裁で口頭弁論が開かれるのは、通常、高裁判決が見直される場合である。また、最高裁で口頭弁論できる機会はそうあるものではない。貴重な体験に私は高揚していた。

ただ、人は些細なことを記憶しているもので、私がコートを無造作に椅子にかけていたところ、廷吏から「判事の目に触れない場所に置くように」との注意があり、「実に細かい。これが最高裁か」と半ばあきれたことを鮮明に覚えている。

記録の大半は廃棄したが、口頭弁論の原稿は今も手元にある。それによれば、宮里弁護士は「不当労働行為における使用者性の判断基準と本件における使用者性判断に必要な基本的視点」という題の弁論を行なった。労働弁護士の大先輩と最高裁での弁論をともにできたことは感慨深い思い出である。

二　事案の概要

朝日放送（以下「会社」という。）は、照明、音響効果等の業務について、独立した事業体である下請会社との間で「業務請負契約」を締結し、下請会社はその雇用労働者を会社の番組制作現場に派遣していた。

会社が下請会社に交付する編成日程表には番組名、作業時間、作業場所等が記載されていた。下請会社はそれにもとづき番組制作連絡書を作成していたが、派遣される労働者はほぼ固定されていた。

制作現場で下請労働者が提供する労務の内容は、会社が作成する台本、制作進行表等によって定まり、下請労働者は会社から貸与される機材を使用し、会社の作業秩序に組み込まれ、会社ディレクターの指揮命令下で、会社正社員とともに業務に従事していた。また、残業等作業時間の変更は会社ディレクターの判断により指示されていた。

下請労働者で組織される民放労連近畿地区労組（以下「組合」という）は一九七四年九月以降、賃上げ、一時金支給、社員化要求、組合員の配転撤回、休憩室の設置等を含む労働条件の改善等を議題として、会社に対し団交申入れをしたが、会社は使用者でないことを理由に拒否した。

また、会社職制による組合脱退工作、組合抗議行動時における組合員に対する暴行事件があり、組合は支配介入と位置づけた。

そして、組合は大阪府労委に不当労働行為救済申立をした。

大阪府労委（昭和五三・五・二六）は、要求事項のうち「組合員らの勤務内容等会社の関与する事項」（配転撤回、社員化要求はこれに当たらない）について会社に団交を命じるとともに、会社職制による脱退工作および暴行事件が支配介入に当たるとして、会社に謝罪文の手交を命じた。

中労委（昭和六一・九・一七）は、「番組制作業務に関する勤務の割り付けなど就労に係る諸条件」について会社に団交を命じるとともに、謝罪文の手交を命じた。なお、府労委命令で認められていた賃上げ、一時金支給に関する件は、「就労に係る諸条件」に含まれず、会社が団交応諾義務を負う議題は府労委命令より減縮されたことになる。

会社はこれを不服として、東京地裁に中労委命令取消訴訟を提起し、組合は補助参加人として訴訟に参加することになった。

三　問題の所在

労組法七条は、どのような者が「使用者」に当たるのか何ら定めていない。

労働契約上の雇用主が労組法七条の「使用者」に当たることは明らかであるが、不当労働行為制度は契約責任を追及するものではないから制度の目的等に照らして考察すべきであるとして、労組法七条の「使用者」が労働契約上の雇用主よりも広い概念（使用者の拡張）であることは一般的に承認されていた。

そして、労働委員会レベルでは、労働者の労働関係上の諸利益に実質的に影響力や支配力を及ぼしうる者と解する立場（「支配力説」）がおおむね定着していたが、これでは外延が広がりすぎるとして、労働契約関係ないしはそれに近似ないし隣接する関係を基盤として成立する団体的労使関係上の一方当事者と解する立場（「労働契約基準説」）とも言われた）等が唱えられていた。

また、労組法七条の「使用者」をめぐる最高裁判決として、①油研工業事件（最一小判昭和五一・五・六労判二五二号二〇頁）、②阪神観光事件（最一小判昭和六二・二・二六労判四九二号六頁）があった。このうち①事件は、本件と同様の「派遣型」（社外工受入型）の事案であったが、下請会社に事業体としての実体がない事案であり、具体的事実関係に照らし、発注企業と派遣労働者との間に「労働組合法の適用を受けるべき雇用関係が成立していた」と判断されたものであり、労組法七条の「使用者」の一般的判断基準を明らかにしたものではなかった。これに対し、本件は、下請会社に事業体としての実体があり、下請労働者と下請会社との間で団交が持たれていた事案であり、労働者派遣法（以下「派遣法」という。）制定前の事案とはいえ、就労実態は派遣法が想定する派遣であった。

このような事案において、下請会社が労組法七条の「使用者」に当たることは当然として、会社が労組法七条の「使用者」に当たるのか、労組法七条の「使用者」性はどこまで拡張できるのかが正面から問われたのである。

四　特異な見解に立った東京高裁判決

会社は、①労組法七条二号の使用者に当たるには、雇用契約またはそれと同視しうる実態が必要であるところ、本件ではそのような実態はない、②中労委のいう「就労に係る諸条件」は内容が不明確であるなどとして争ったが、東京地判平成二年七月一九日（労判五六六号一七頁）は、不当労働行為制度の趣旨に触れたうえで、「同法七条二号の『使用者』を労働契約の一方当事者である雇主に限定するのは正当でなく、右に述べた不当労働行為制度の趣旨、目的のほか、労組法一条に定める同法の目的及び『使用者』とされることによって課される法律上の義務等をも総合的に考慮して、これを決定すべきである。」との一般論を述べた後、認定した事実関係を前提として、会社は、勤務時間の割り振り、休憩、作業環境等を実質的に決定し、直接支配しているから、このような事項については会社は労組法七条二号の「使用者」に当たると判示した。また、労組法七条三号の「使用者」性を別個に検討することなく、会社による脱退工作や暴行事件は支配介入に当たると判示し、中労委命令は適法であるとした。

ところが、東京高判平成四年九月一六日（労判六二四号六四頁）は、東京地裁判決を破棄して中労委命令取消しを命じた。

同判決は、不当労行為制度の趣旨に照らして労組法七条の「使用者」を決定する必要があることを認め、「労働者の労働関係上の諸利益への影響力ないし支配力という面から実質的判断を加えるべきもの」としてあたかも「支配力説」に立つかのように判示しつつ、「このことは、雇用契約の有無という形式をはじめから無視してよいことまで意味するものではない。物事を形式的に把えるだけではなく、実質的に把えるべきであるといっても、労働関係の一方の当事者となるべき『使用者』はどのような者をいうかを決定する判断の基準となるべきものであるから、客観的な基準としてできるだけ判り易いものであること（多くの人が常識で判断できるようなものであること）が望ましい。……雇用主以外の者がこうした基本的な労働条件の決定自体に直接の影響力ないし支配力を及ぼしていると常識で判断できるような場合に、はじめてその者を使用者と認めることができる。」とした。

そして、①会社ディレクターが下請労働者に対して行なう作業指示は、労務の提供自体を指揮命令するものではなく、番組制作という目的を達成するために提供される労務の内容を統合する作用である、②下請会社の下請労働者に対する就業命令は、会社ディレクターの指揮監督のもとに労務を提供すべき命令を含んでいるから、下請労働者の労務の提供につき直接の支配力を有しているのは下請会社であるなどと判示し、会社の「使用者」性を否定した。

このうち、右記①の点については、「ディレクターはオーケストラにおける指揮者のような存在」という会社主張に影響されたものと思われる。

五　本件判決の内容

本件判決は、東京高裁判決を取り消し、東京高裁に差し戻した。

まず、労組法七条の「使用者」につき、「一般に使用者とは労働契約上の雇用主をいうものであるが、同条が団結権の侵害に当たる一定の行為を不当労働行為として排除、是正して正常な労使関係を回復することを目的としていることにかんがみると、雇用主以外の事業主であっても、雇用主から労働者の派遣を受けて自己の業務に従事させ、その労働者の基本的な労働条件等について、雇用主と部分的とはいえ同視できる程度に現実的かつ具体的に支配、決定することができる地位にある場合には、その限りにおいて、右事業主は同条の『使用者』に当たる。」との立場を明らかにした。

そのうえで、会社は、下請会社から派遣される従業員の勤務時間の割り振り、労務提供の態様、作業環境等を実質的に決定していたのであり、同従業員の基本的労働条件等について、雇用主である下請会社と部分的とはいえ同視できる程度に現実的かつ具体的に支配、決定することができる地位にあったものといえるとして、そのかぎりにおいて、労組法七条の「使用者」に当たると判示した。

そして、会社が自ら決定することのできる労働条件（中労委命令中の「番組制作業務に関する勤務の割り付けなど就労に係る諸条件」はこれに含まれる）の改善を求める部分については、会社は正当な理由なく団体交渉を拒否できず、これを拒否した会社の行為は労組法七条二号の不当労働行為に当たるとした。

さらに、中労委命令が会社職制による脱退工作および暴行事件につき労組法七条三号（支配介入）に該当する行為であることを前提として会社に謝罪文の手交を命じた部分につき、会社が「使用者」に当たることを前提にさらに不当労働行為の成否の審理をすべきであるとして東京高裁に差し戻した。

六　本件判決の意義

1　労組法七条の「使用者」の基準定立

本件判決の意義は、労組法七条の「使用者」の一般的な判断基準を初めて明らかにした点にあり、従来の油研工業事件等と区別される特質である。

また、本件判決は、労組法七条の各号を通じた「使用者」性概念についての基準を明らかにした。この点は、団交拒否のみならず、支配介入レベルにおいても「使用者」であることを前提に判断すべきであるとして審理差戻しを命じたことから明らかである。

2「部分的使用者」概念の肯定

もう一つの意義は、「部分的使用者」概念を認めることにより、「重畳的使用者」を認める立場に立ったことである。本件判決が「支配力説」と「労働契約基準説」のいずれの立場に立ったのかについての評価には争いがあり、また、「重畳的」に認めたのではなく、要求事項に応じた「分有」を認めたものであると評価する立場もある。

しかし、本件判決は、下請会社が「使用者」であることを前提に、一定の要件を充足する場合には、それ以外の者であっても「使用者」となりうることを肯定したのであり、素直に解釈すれば、「使用者」性は重畳的に認められうることを明らかにしたと解するべきである。

七　本件判決のその後

本件判決は、その後の団体的労使関係をめぐる紛争（多くは団交拒否事案）においてしばしば引用され、当該事件に適用することが相当かどうか、いわば本件判決の射程範囲が議論の対象となった。

最大の問題は、「派遣型」でなく、「親子会社型」においてそのまま適用できるかという点にあった。

この点につき、その後の裁判実務では、「親子会社型」の事案であっても、本件判決の基準を援用し、多くの事例で、親会社が子会社労働者の労働条件を現実的かつ具体的に決定していないことを理由に「使用者」性が否定されることが多かった。しかし、「派遣型」と「親子会社型」とでは労働条件に対する支配の構造が異なっているのであり、前者についての判断である本件判決を後者に機械的に適用することが相当であるとは思われない。

また、この点を措くとしても、「雇用主と部分的とはいえ同視できる程度」や「現実的かつ具体的に決定」という要件は評価を含んだ概念であり、あまりにこれらの要件を厳密に解すれば、労働契約上の雇用主以外で労組法七条の「使用者」と認められる者はかなり限定されてしまう。

もう一つの問題は、本件事案は派遣法制定前のものであるところ、その構造は派遣法が想定する派遣そのものであり、労働者派遣法上の派遣に本件判決の基準が適用されるかどうかであった。

派遣法四〇条で派遣先の苦情処理手続きが定められたこととの関係で、派遣労働者のさまざまな問題は苦情処理手続で処理されるべきというのが法の立場であり、派遣先が団交応諾義務を負うことはないとの見解も見られた。しかし、苦情処理手続による問題解決と団交による問題解決は両立しうるものであり、要求事項の制約はありうるにしても、本件判決の基準は派遣法上の派遣労働にも適用されるものと解するべきである。

おわりに

当初画期的と思われた本件判決がその後の事件ではかえって「使用者」性を否定する根拠として活用され、労働側にとって厳しい判断がなされる例が多くあったが、労組法七条の「使用者」性概念を明らかにした点でその意義が失われることはない。

もっとも、時代は常に動いている。最高裁判決が実務をリードすることは否定できないからそれを意識した主張を展開する必要はあるにせよ、労働側は、事案の実態と本質に即した主張を積極的に展開し、必要とあれば新たな最高裁判決を切り拓くべく闘いを進めていく必要があることはいうまでもない。

今後、労組法七条の「使用者」性をめぐる議論がさらに発展することを願ってやまない。

（大阪弁護団は豊川義明、津留崎直美、斉藤浩、飯高輝各弁護士と筆者。最高裁係属後は宮里邦雄、岡田和樹、中野麻美各弁護士が加わった。）

第9章　関西電力事件・最高裁第三小法廷平成七年九月五日判決

——労働者の人格的価値を確立するための闘い

豊川　義明
（弁護士・関西学院大学名誉教授）

はじめに——判例とは何か

本判決は、企業間における労働者の人格の目的を認めた重要な判決として種々の判例解釈や学説においても取り上げられているので、本稿においてはこの判例の内容の解説にとどまらず判例とは何なのか、その判決の持つ他の事案判決との相互関連（それは射程というものではない）も含め、そしてこの判例を形成した時代と要件（素）、雇用社会への影響力について私の責任において論述したい。いうまでもなく本事案についても兵庫を軸に関西レベルで弁護団を結成しており、この判決を獲得した力はその団結力（当事者・支援者）に依るものである。

それは、この当時の社会においては、現在よりも強い、反共風土が存在していたなかでの原告団らの裁判による挑戦でもあった。

判例とは何か、について私としてはすでに他の論稿で整理したことがある[1]。このことを要約的に述べれば、判例とは特定の事案（場）における事実と法規範の統合であって、事実だけではなく、また法規範だけでもではない。そして判決（判断）としての形式においては、事実に法規範を適用するものとなっているが、判決への過程は、事実と法規範の間において相互の媒介作用が存在する。概念法学や裁判官の一部がいう法的三段論法による判例のとらまえ方、評価は誤りを犯している。

それゆえに本件事案においても一審、控訴審、最高裁、それぞれの判断において「認定された事実」と「選択された法規範」が全体として判例（評価）となる。

しかし本稿においては、こうした意味での判例評価と分析をすべて行なうのではなく、電力業界における労務方針（施策）と労働者の人格の自由のあり方を、本件裁判事案を素材にして、市民社会、雇用社会からみて本件判例の投げかけたものをも提示しようと思う。

一　本件事案の概要

一審（神戸地判）を紹介した『判例時報』のリードは、「電力会社が七〇年安保改訂時の騒乱状態を予測し、企業防衛の立場から共産党員等の従業員を監視し、孤立化させるなどした行為が不法行為を認められた事例」とある。

会社による共産党員である原告Ｘ１〜Ｘ４らに対する監視、孤立化等が存在したのか、存在したとしてそれは七〇年安保改定にむけての電力会社の企業防衛等として正当、相当なものといえるのか、が大きな枠組みの争点であった。具体的には会社が、一九六五（昭和四〇）年頃から社内の共産党員ないし、その同調者らのグループを「不健全分子」として調査、監視し、職場での孤立化方針のもと、六八（昭和四三）年にはいくつかの営業所において管理者を集めた労務管理懇談会を開催し、調査、監視、孤立化施策の実施状況を報告し、Ｘ１らへの監視、孤立化等を進めた。具体的な行為としては、原告らに対し、職場の内外での監視、尾行、同僚へ接触しないよう、との指示、Ｘ３には上司が私物の入ったロッカーを無断で開け、Ｘ３の上着ポケットから民青手帳を取り出して、内容を撮影した。Ｘ３、

X4については職制がかかってくる電話の相手方と電話内容のチェックをするなどした。

X1らは七一（昭和四六）年になり、会社の内部資料が法律事務所に送られてきたのを見て、初めて、これらの個別、具体的な施策を知ることとなった。そこでX1らが会社のX1らに対する監視、孤立化策の実施が、X1らの思想信条の自由、名誉および人格を著しく傷つけたものとして、会社に対し慰謝料各自二八〇万円および謝罪文の掲示、掲載を求めて同年神戸地裁に提訴したのである。

二　時代背景そして会社の特殊対策──なぜ提訴したか

戦後いち早く結成された電産は、レッド・パージと九分割完全民営化のなかで企業ごとの労使関係の確立によって九電力ごとの企業別労働組合に解体、吸収されるが、六〇年安保闘争は、電力に働く青年労働者を中心に自主的な労働組合活動を回復させた。こうした左派活動家の組合役員への台頭に対して会社が秘密裡に「反共特殊対策」を全社的に実行に移していった。

こうした活動の一つとして一九六八年六月に前述した神戸支店での労務管理懇談会が、支店労務課長主催で開かれ、管内の支店、各営業所の役付従業員を集めて、原告ら四名に対する特殊対策としての職場からの孤立化策の実施内容が報告されたのである。そしてこの労務管理懇談会報告書が、郵送者不明のまま原告ら代理人事務所に郵送されてきて、原告らが自らに対する孤立化策の全容の一端を知ることとなった。

それまでも左派グループは、一九六九年正月の社宅ビラ配布への懲戒処分反対運動、I氏転向強要事件、資格制度裁判などを取り組んでいたのであるが、原告らは、このマル秘文書に書かれた内容の、あまりにも露骨かつ執拗な思想信条を理由とする人権無視の孤立化策の実行に対して、これと闘わずして労働運動の前進のみならず、人間としての尊厳は守れないと判断し、自らの生き方、人間性をかけて裁判提訴に踏み切ったのである。

三　裁判での争点と主張・立証の工夫

争点は大きくいって三つであった。第一に、会社の特殊対策が七〇年安保改定を迎えて発電所施設防衛など企業防衛上のものなのか、第二に、マル秘文書に書かれた内容は事実なのか（この点、会社は机上演習であり、これらは事実ではないと争った）、第三に、神戸支店で行なわれた労務管理懇談会に提示された内容が、会社全体の方針として会社自身が責任を負うのか、であった。

行為の個々の違法性については、会社が特殊対策の対象者（「マル特」者と会社は呼称）を監視すること自体が違法性をもつかどうか。そしてマル秘文書については、会社は、不法に窃取されたものであって、違法収集証拠であるとして証拠の排除を求めた。また原本が存在するはずであるから「写し」として証拠提出するのも不当であると主張した。この論争、対立の結果、一審裁判所は、この点についての判断を判決で示すという見解を示すなか、マル秘文書は検証物として、すなわち文字を文章として「読み聞け」しながら尋問するという展開となった。

大阪高裁では会社側から林良平教授（京都大学、民法）の意見書が提出されたが、その趣旨は、原告らに対する不法行為の一つひとつが証明されないかぎりは会社の不法行為責任はないというものであり、原告らが自ら確認しえなかった会社の監視、孤立化等の立証レベルを事実上高いレベルに挙げるとともに、不法行為を各個バラバラに分解させた、具体的な差別（不利益）のないかぎりは不法行為ではない、として、会社の責任を免脱しようというものであった。弁護団は神戸地裁、大阪高裁を通じて、片岡曻、本多淳亮、萬井隆令、西谷敏、大沼邦博、吉村良一ら各教授に弁護団との研究会にそれこそ手弁当で参加していただいて、この事案にふさわしい不法行為論を模索してきた。

こうした討論を経たうえで、会社の監視、孤立化策に対して、会社が「原告らの思想信条の自由を侵害する」とともに原告ら労働者が同じ職場の仲間と自由に交流し、討論、活動できる自由を会社は侵害してはならないものであり、「職場における自由な人間関係の形成の阻害した」として違法性の主張を構成した。さて林意見書に対しては、労働法研究者に意見書を書いてもらうべく当時、中央観光バス事件で論文を執筆しておられた中央大学の角田邦重教授（当時）に、当時は私もあまり面識のないまま連絡をし、意見書執筆について快諾を得ることができた。この意見書[2]は、地裁よりも一層会社の労務施策を厳しく批判した大阪高裁判決に反映したと評価できる。この意見書で、同教授は「最後にもしこれらの一連の行為（一審認定の）を評して、精神的人格価値との侵害にあたらないというならば、およそ企業という社会のなかで、一般の市民社会で認められている人格的価値の保護を語る余地はなくなってしまうであろう」と締め括られている。この言葉は現在においても重い意味をもっている。

四　裁判支援の運動の展開

この裁判支援運動は、前史として関西電力（ビラ配布）懲戒処分事件（七〇年を迎え差別撤回にむけて頑張ろうというビラを関電社宅に配布したとして懲戒処分を受けた事件）についての裁判闘争等における大企業内での少数派の組合活動や昇格差別事件の運動の経験を抜いては存在しない。

その意味では、企業内において労働者の人権侵害があった場合に、企業外の世論を味方にして、司法の場で事実と法にもとづいて権利と正義を実現する少数派グループの息の長い、粘り強い運動が継続していたことが重要である。大阪高裁での審理においては、七年間三五回の法廷傍聴、そして判決日には個人署名は七万三〇〇〇名となった。全国の法律家二〇〇名あまりのアピールの提出、裁判所でのビラ配布も月二回の合計一一八二回、延べ参加者一九四一名という攻勢的な取り組みであった。

会社の上告により舞台が最高裁に移ってからは、一九九三年一〇月二八日「関西最高裁人権闘争を勝利させる全国対策会議」が結成され、千代田区労協に事務所を置いて、東京を中心にする活動が展開され、ビラ配布二九回、最高裁要請活動二七回、そして個人署名五万三〇〇〇、団体署名四九〇〇、学者・著名人二九五名の要請署名が取り組まれた。九三年四月には、関電、中電、東電の各争議団の呼びかけで「日本の職場における人権侵害を国際世論に訴える実行委員会」が結成され、四次にわたり国連人権委員会への要請団の派遣がなされた。九四年一二月には自由権規約委員会の専門委員エリザベス・エバット氏を招請した国際シンポジウムが、東京、名古屋、京都、大阪で開催された。こうした裁判所を包み込む市民社会での世論形成がなされ、この当時において画期的な最高裁判決が九五年九月五日に出されたのである。(3)

五　最高裁判決の評価と意義

大阪高裁判決（平成三・九・二四）(4)から四年たった一九九五年九月五日、最高裁第三小法廷（千種秀夫、園部逸夫、加部恒雄、大野正男、尾崎行信、各裁判官）は、会社の上告を棄却した。新聞各紙も、このことを大きく報じた。社会の関心の大きさを反映したものである。

判決は、被上告人らが「現実には企業秩序を破壊し、混乱させるなどのおそれがあるとは認められないにもかかわらず、被上告人らが共産党員又はその同調者であることのみを理由とし、その職制等を通じて、職場の内外で被上告人らを継続的に監視する体制を採った上、……職場で孤立化させるなどした……、更にその過程で水谷、三木谷らを尾行したり、特に三木谷については、ロッカーを無断で開けて私物である「民青手帳」を写真に撮影したりした。これらの行為は、被上告人らの職場における自由な人間関係を形成する自由を不当に侵害するとともに、その名誉を毀損するものであり、三木谷らに対する行為は、そのプライバシーを侵害するものでもあって、同人らの人格的利益を侵害するものというべく、これら一連の行為が上告人の会社としての方針に基づいて行われたというのであるから、上告人の被上告人らに対する不法行為と言わざるを得ない」と判断した（傍点筆者）。

第一に、この判決は「全ての職場に憲法の風を」という、わかりやすい、しかし当時の思想の自由を抑圧する大企業の職場を改革するという強い願いに、最高裁判断として初めて正面から向き合った、勇気ある判決である。初審（牧山市治、柴谷晃、山崎果、各裁判官）および原判決（大久保敏雄、妹尾圭策、中野信也、各裁判官）が認定した行為について、被控訴人（原告）らの「思想信条を侵害し、職場における自由な人間関係の形成を阻害する……」と判示していた部分から、「思想信条の自由を侵害し」が抜けていることをどう評価するのか、という意見はありうる。[5]

私は原告ら四名に対する会社の監視、孤立化策は、会社が原告ら四名を確信ある共産党員とみて、直接的な転向強要等を行なわず、周囲からの孤立化策をとったという実態（思想の自由への侵害行為の認定の困難性）のなかで、企業による思想の自由の侵害を事案のもとで人格的自由、利益というより広い範囲、枠組みのなかに落とし込んだものと評価する（結論において同旨、角田邦重・労判六八八号六頁）。

この判決は、プライバシー保護も含め人格の自由をめぐるその後の諸判決の基礎となった。

第二に、この判決は前記の関電ビラ事件最高裁判決（最一小判昭和五八・九・八労判四一五号二九頁）が前提とした事実認定が不充分なものであり、この判決の判例法理としての妥当性を現在では喪失させているという重要な意義である。

ビラ配布懲戒処分に対する最高裁判決は、少数派のビラ配布について「上告人による右行為をもって労働組合の正当な行為とすることもできないというべきである」と評価している。これは明らかな誤りである。

実は、このことは原審が認めなかった結果でもあるが、本件最高裁判決の事実認定（組合内の少数派に対する会社の対抗方針と実行）からすれば、誰もが容易に理解し、経験的に推認できることは、このビラ配布事件は、会社が社宅内に少数派が配布したビラに対して少数派の活動規制のために懲戒処分を行なったこと、すなわち会社が、多数派の育成強化のために支配介入の不当労働行為を行なったという事実である。この重要な事実の認定と評価の欠除により、最高裁ビラ事件判決は、最高裁判決としての通用性を喪失したものといわざるをえない。

第三に、この判決は、現実に東京電力、中部電力、そしてこれに続く思想信条を理由とする賃金、資格制度上の差別撤廃を求めた、各地の裁判事案に大きな影響を与えた。この関電における反共特殊対策は、実態において全国の電力会社でほぼ共通した内容で推進したものであったことと、最高裁による大企業である関電への批判、断罪は、地方裁判所の裁判官に事実の認定と「法の支配」についての勇気と確信を与えた。この判決以降は、各地裁の損害額も全体に上がったのではないか。関電相手の賃金差別事件では原告側労働者らは、最終和解でほぼ全面的な勝利となった。

六　そして今考えていること

小牧英夫団長を除いては、当時は若い弁護団であった。私にとって、戦後の関電における労働運動、そして電力会社経営者の思想の自由を抑圧する労務施策とこれに対する労働者の良心をかけた運動から学んだ内容は、大きなものがあった。弁護団の役割分担で私は法的主張面では、不法行為論（人格権侵害）を担当していたので、具体的な差別労働条件に立証上つながらない違法性をどう考えるのかについて大いに頭を悩ました。労働法学や民法学の研究者の方々との議論からも知恵を得ながら法理を事実から創造する作業をしていたといえる。

神戸地裁で、原告水谷氏の上司であるH主任の反対尋問の最終場面で、私の質問（「こういう裁判所に引っ張り出されたことを、いまどう考えていますか」）に応えてH主任が述べた答えは、「裁判になってよかったと今は思っています。なぜなら私の後の係長らは普通の仕事以外のことをしなくてすむようになりましたから」というものであり、実は傍聴席からは自然に静かな拍手がおきたのである。(6) 私は会社側の証人も、人間として苦しい立場におかれている、そして悩まれていることを理解したし、その後の労働条件で私の尋問の方法は、変化したと思っている。

最高裁判決前の一九九三年四月一七日に東京で開かれたシンポジウムの記録が私の手元にある。角田先生と私もパネラーとなって発言したのであるが、ここでは私自身の発言内容に関してのみ現時点での労働運動のあり方、（日本）社会のこれから、について記したい。シンポは、スローガンの一つに「全ての職場に憲法の風」を掲げており、焦点は企業における労働者の思想、信条の自由、そして人格の自由の確立を求めて開かれたのであるが、企業利益のためには役職者は違法行為に手をそめる一方で、企業の利益にマイナスになることはなにごとも許されないという企業社会に対して、私は、発言として過労死、単身赴任による家庭崩壊、長時間労働の告発の大切なこと、その基本に企業のなかで労働者の人格の自由を確立することが、労働運動の再生になると話した。人間としての良心を擁護し労働の社会的役割を確認する労働運動は、集団主義よりも、もっと個人とその連帯（人格を形成する自由）にあると考えている今日である。

（1）「現代における法、判例の形成と労働法学の課題」法の科学第四三号二五頁。
（2）同「労使関係における精神的人格価値の法的保護について」労旬一二七九＋八〇号（一九九二年一月上旬＋下旬号）四七頁。
（3）これらの運動については、速水二郎「私たちはこうして高裁全面勝訴をもぎとった」労旬五六頁、『思想の自由は奪えない』関西人権裁判闘争の記録、争議団、松井繁明一九九六年を参照した。
（4）村山晃「企業における思想の自由と人格権」自由法曹団編『憲法判例をつくる』日本評論社、一九九八年。

（5）中嶋士元也・判評四四九号（判時一五六四）五八頁。
（6）大谷昭宏事務所・関電争議団『関西電力の誤算（下）』旬報社、二〇〇九年、六七頁。

第10章　電通事件・最高裁第二小法廷平成一二年三月二四日判決

――過労自殺にたいする企業責任を認めさせる闘い

川人　博
（弁護団）

一　裁判長の微笑み――電通事件最高裁勝訴を確信した瞬間

一九九九年春、電通社員大嶋一郎氏の過労自殺事件の訴訟（最高裁係属中）につき、急逝した藤本正弁護士の職務を引継ぎ、代理人に就任した。そして、同年一二月には、最高裁より二〇〇〇年二月に口頭弁論を開きたい旨連絡が入った。実は、最高裁からの連絡が入る少し前に、会社代理人から和解の話し合いの申し入れがあったが、口頭弁論開催により、和解の話は消滅した。

高裁判決は、一審に引き続き会社の賠償責任を認めたものの、原告側に三割の過失相殺を認定して賠償額を減額した。このため、双方が上告していたので、口頭弁論が開かれるということは、原告被告いずれかのほうに有利に変更されることを意味する。

電通の職場から伝わってくる噂では、訴訟担当者は、高裁よりさらに会社に有利な判決が出るものと信じて（？）いたようである。他方、労働者側の弁護を長年務めた先輩弁護士は、最高裁で逆転敗訴の体験が多くあるので、なかには、「川人さん大丈夫か」と心配して電話してくる人もいた。

私自身は、まさか高裁より後退した判決にはならないだろうと考えていたが、二月の口頭弁論へ向けて、新しい書面を提出し、かつ、一五分間の弁論の準備を繰り返した。

弁論当日はさすがに緊張したが、満員の傍聴席を背に、裁判官の顔を見据えながら、会社側の弁論を聞き、自分の弁論を行なった（拙著『過労自殺と企業の責任』旬報社、二〇〇六年、一一〇頁参照）。

「裁判官殿　いま、この最高裁判決には、日本のみならず世界中の人々が注目しています。この裁判には、働く者のいのちと健康がかかっています。社会正義にかなった公正なる判決を、切に求めて、私の弁論を終わります」。

こう述べて私が弁論を終えたとき、裁判長は、実に柔和な表情であった。会社側弁論の間は、こわばっていた表情が、私の弁論の最後にはやや微笑んでいるように見えたのである。だから、法廷を出るときには、私は勝訴を確信していた。これは理屈を超えた代理人としての実感であった。

そして、約一か月後、過労死裁判にとどまらず、人権裁判史上でも画期的な判決を得ることができたのである。

二　事案の概要

一九九〇年四月、大学を卒業した大嶋一郎氏は、株式会社電通へ入社し、六月には、ラジオ局ラジオ推進部へ配属されたが、三日に一度は徹夜という常軌を逸した長時間労働の結果うつ病に罹患し、九一年八月二七日、自殺死亡した（二四歳）。

会社側に誠意ある対応がまったくなかったため、一九九三年一月二九日、遺族両親（大嶋久光氏および洋子氏）は、藤本正弁護士を訴訟代理人に立て、電通を被告として、約二億二二〇〇万円の損害賠償を提訴した。

そして、一九九六年三月二八日、東京地裁は、電通に対して約一億二六〇〇万円の損害賠償を命ずる一審判決を出した。この判決は、朝日新聞が一面トップで報道するなど全国的に大きな反響を呼んだ。

この判決の影響を受け、一九九六年四月八日、労働省労働基準局長松原亘子名で、日本経営者団体連盟に対し、労働時間が過重なものとならないよう所定外労働の削減を図るとともに、サービス残業等が行なわれることのないよう適正な労働時間管理を行なうよう文書による要請が行われた。また、同日、労働基準局長名で都道府県労働基準局長あて「所定外労働の削減及び適正な労働時間管理の徹底について」との通達が発せられた（平成八年四月八日基発第二二六号）。

そして、一九九八年一月までの間に、東京労働基準局は、電通をはじめ東京都内に本社をもつ広告代理店に対して、三六協定違反の長時間労働について改善指導や勧告を行なった。

一九九七年九月二六日、東京高裁が二審判決を出し、引き続き電通の責任を明確に認めた。ただし、他方で、被災者側に三割の過失相殺を適用し、賠償額を約八九〇〇万円と減額した。二審判決は、英字新聞ジャパン・タイムズによって、一面トップ記事で報道された。

二審判決に対して遺族・会社双方とも上告し、最高裁に係属した。

最高裁に係属中の一九九八年八月、東京労働基準監督署が一郎氏の死亡を労災と認定し、約一六〇〇万円の労災保険金を遺族に対し支給した。

そして、二〇〇〇年二月一八日、最高裁第二小法廷で口頭弁論がおこなわれ、三月二四日判決が言い渡された。

三　最高裁判決の主要なポイント

1　基本的評価

最高裁判決は、つぎの各点で高く評価できる内容であり、日本の人権裁判史、労働裁判史上に残る画期的な内容である。

第一に、本件は、労働者の過労自殺（業務による過労・ストレスが原因で自殺すること）事案での史上初の最高裁判決である。この初の判決において、最高裁が、一審・二審にひきつづき、被災者の自殺が長時間労働等の過重な業務によって発生したことを認め（因果関係）、かつ、電通の雇用主としての安全配慮義務違反による損害賠償責任を認めたことは（企業責任）、極めて重要な意義をもつ。

第二に、最高裁判決が、被災者本人の性格や家族の監督責任を過失相殺理由とした二審判決の誤りを指摘し、高裁に破棄差戻を命じたことは、労災事案において、安易に労働者や家族の過失を認定する裁判所の傾向に歯止めをかけたものであり、極めて重要な意義をもつ。

第三に、最高裁判決によって、事実上金一億円を超える損害賠償額が確定したこととなり、低額と言われる日本の人身損害賠償額を上昇させる面でも前進であり、人間のいのちの価値を高め、企業責任を重くするという意味で、積極的な意義をもつ。

第四に、この判決は、たんに賠償問題にとどまらず、激増する労働者の自殺問題に対して、司法機関が重要な問題提起を行なったものといえる。とくに判決文のなかで、「使用者は、その雇用する労働者に従事させる業務を定めてこれを管理するに際し、業務の遂行に伴う疲労や心理的負荷等が過度に蓄積して労働者の心身の健康を損なうことがないよう注意する義務を負う」と述べ、自殺や精神障害の防止のために、使用者がとるべき義務を明確にしたことの意味は大きい。この内容は、後に制定された労働契約法五条の規定にもつながっていくことになる。

以下、各論点ごとに述べる。

2　労働実態に関する事実認定

最高裁は、原審の事実認定をそのまま踏襲した。かつ、判決文のなかで労働実態等の概要を整理し、判決文末尾に、残業・徹夜労働の実態に関する一覧表を添付した。

以下は、亡くなる前年末以降の労働実態に関する記述の一部である（傍点筆者、S、Tは上司）。

「一郎は、平成二年一一月末ころまでは、遅くとも出勤した翌日の午前四、五時ころには帰宅していたが、このころ以降、帰宅しない日や、一審原告久光が利用していた東京都港区内所在の事務所に泊まる日があるようになった。

一審原告らは、一郎が過労のために健康を害するのではないかと心配するようになり、一審原告久光は、一郎に対し、有給休暇を取ることを勧めたが、一郎は、自分が休んでしまうと代わりの者がいない、かえって後で自分が苦しむことになる、休暇を取りたい旨を上司に言ったことがあるが、上司からは仕事は大丈夫なのかと言われており、取りにくいと答えて、これに応じなかった。（中略）

一郎の所属するラジオ推進部には、平成三年七月に至るまで、新入社員の補充はなかった。同月以降、一郎は、班から独立して業務を遂行することとなり、築地第七営業局関係の業務と入船第三営業局関係の業務の一部を担当し、入船第八営業局関係の業務の一部を補助するようになった。

このころ、一郎は、出勤したまま帰宅しない日が多くなり、帰宅しても、翌日の午前六時三〇分ないし七時ころで、午前八時ころまでに再び自宅を出るという状況となった。一審原告洋子は、栄養価の高い朝食を用意するなどして一郎の健康に配慮したほか、自宅から最寄りの駅まで自家用車で一郎を送ってその負担の軽減を図るなどしていた。これに対し、一審原告久光は、一郎と会う時間がほとんどない状態となった。一審原告らは、このころから、一郎の健康を心配して体調を崩し、不眠がちになるなどしていた。一方、一郎は、前述のような業務遂行とそれによる睡眠不足の結果、心身共に疲労困ぱいした状態になって、業務遂行中、元気がなく、暗い感じで、うつうつとし、顔色が悪く、目の焦点も定まっていないことがあるようになった。このころ、Sは、一郎の健康状態が悪いのではないかと気付いていた。

一郎は、平成三年八月一日から同月二三日までの間、同月三日から同月五日までの間に旅行に出かけたほかは、休日を含めてほぼ毎日出社した。一郎は、右旅行のため同月五日に有給休暇を取得したが、これは、平成三年度において初めてのものであった。一郎は、同月に入って、Sに対し、自分に自信がない、自分で何を話しているのか分からない、眠れないなどと言ったこともあった。(中略)

一郎は、平成三年八月二七日午前六時ころに帰宅し、弟に病院に行くなどと話し、午前九時ころには職場に電話で体調が悪いので会社を休むと告げたが、午前一〇時ころ、自宅の風呂場において自殺(い死)していることが発見された」

3　業務と自殺の因果関係

前記実態をふまえて、判決は、つぎのとおり、業務と自殺との因果関係を認めた。

「前記のとおり、一郎は、平成三年七月ころには心身共に疲労困ぱいした状態になっていたが、それが誘因となって、遅くとも同年八月上旬ころに、うつ病にり患した。そして、同月二七日、前記行事が終了し業務上の目標が一応達成されたことに伴って肩の荷が下りた心理状態になるとともに、再び従前と同様の長時間労働の日々が続くことをむなしく感じ、うつ病によるうつ状態が更に深まって、衝動的、突発的に自殺したと認められる」。

4 安全配慮義務違反

前記因果関係の存在を認めたうえで、判決は、つぎのとおり会社の責任を認めた。

「以上の事実に基づいて、一審被告の民法七一五条に基づく損害賠償責任を肯定した原審の判断について検討する。

1 労働者が労働日に長時間にわたり業務に従事する状況が継続するなどして、疲労や心理的負荷等が過度に蓄積すると、労働者の心身の健康を損なう危険のあることは、周知のところである。労働基準法は、労働時間に関する制限を定め、労働安全衛生法六五条の三は、作業の内容等を特に限定することなく、同法所定の事業者は労働者の健康に配慮して労働者の従事する作業を適切に管理するように努めるべき旨を定めているが、それは、右のような危険が発生するのを防止することをも目的とするものと解される。これらのことからすれば、使用者は、その雇用する労働者に従事させる業務を定めてこれを管理するに際し、業務の遂行に伴う疲労や心理的負荷等が過度に蓄積して労働者の心身の健康を損なうことがないよう注意する義務を負うと解するのが相当であり、使用者に代わって労働者に対し業務上の指揮監督を行う権限を有する者は、使用者の右注意義務の内容に従って、その権限を行使すべきである。

2 一審被告のラジオ局ラジオ推進部に配属された後に一郎が従事した業務の内容は、主に、関係者との連絡、打合せ等と、企画書や資料等の起案、作成とから成っていたが、所定労働時間内は連絡、打合せ等の業務で占められ、所定労働時間の経過後にしか起案等を開始することができず、そのために長時間にわたる残業を行うことが常況となっていた。起案等の業務の遂行に関しては、時間の配分につき一郎にある程度の裁量の余地がなかったわけではないとみられるが、上司であるTらが一郎に対して業務遂行につき期限を遵守すべきことを強調していたとうかがわれることなどに照らすと、一郎は、業務を所定の期限までに完了させるべきものとする一般的、包括的な業務上の指揮又は命令の下に当該業務の遂行に当たっていたため、右のように継続的に長時間にわたる残業を行わざるを得ない状態になっていたものと解される。ところで、一審被告においては、かねて従業員が長時間にわたり残業を行う状況があることが問題とされており、また、従業員の申告に係る残業時間が必ずしも実情に沿うものではないことが認識されていたところ、Tらは、遅くとも平成三年三月ころには、一郎のした残業時間の申告が実情より相当に少ないものであり、一郎が業務遂行のために徹夜まですることもある状態にあることを認識しており、Sは、同年七月ころには、一郎の健康状態が悪化していることに気付いていたのである。それにもかかわらず、T及びSは、同年三月ころに、Tの指摘を受けたSが、一郎に対し、業務は所定の期限までに遂行すべきことを前提として、帰宅してきちんと睡眠を取り、それで業務が終わらないのであれば翌朝早く出勤して行うようになどと指導したのみで、一郎の業務の量等を適切に調整するための措置を採ることはなく、かえって、同年七月以降は、一郎の業務の負担は従前よりも増加することとなった。その結果、一郎は、心身共に疲労困ぱいした状態になり、それが誘因となって、遅くとも同年八月上旬ころにはうつ病にり患し、同月二七日、うつ病によるうつ状態が深まって、衝動的、突発的に自殺するに至ったというのである。

原審は、右経過に加えて、うつ病の発症等に関する前記の知見を考慮し、一郎の業務の遂行とそのうつ病り患による自殺との間には相当因果関係があるとした上、一郎の上司であるT及びSには、一郎が恒常的に著しく長時間にわたり業務に従事していること及びその健康状態が悪化していることを認識しながら、その負担を軽減させるための措置を採らなかったことにつき過失があるとして、一審被告の民法七一五条に基づく損害賠償責任を肯定したものであって、その判断は正当として是認することができる。論旨は採用することができない」(傍点筆者)。

この判示のなかで、とくに注目すべきことは、次の四点である。

第一に、最高裁はこれまで災害性労災事故に関して安全配慮義務の法理を示してきたが、今回の判決で初めて、脳・心臓疾患や自殺などへの適用を念頭において、疲労の蓄積の危険性を前提に、使用者に労働者の心身の健康を損なうことがないよう注意する義務、を明示した。

第二に、長時間残業の原因は、期限までに完了させるべきものとする一般的、包括的な業務上の指揮または命令にある、と判示したことは、ホワイトカラー事案で会社側が労働者の裁量労働性を持ち出し責任逃れすることに、明確な歯止めをかけた。

第三に、上司が口頭で早く帰宅するように指導したとしても、労働者の業務の量等を適切に調整するための措置を採らなかった以上は会社に責任があると判示し、業務量の調整という義務を使用者に課した。

第四に、上司が長時間労働の事実、労働者の健康状態の悪化の事実を認識しながら、その負担を軽減させるための措置を採らなかったことにつき過失があるとして、いわゆる予見可能性についても明確に認めた。

なお、本判決では、民法七一五条のみが触れられているが、これは会社側の上告理由（七一五条のみ論じている）に対応して書かれているためであり、本判決が、上司を履行補助者とした債務不履行構成の責任を否定している趣旨ではまったくない。

5　過失相殺

原審は、民法七二二条二項の規定を適用または類推適用して弁護士費用以外の損害額のうち三割を減じたが、最高裁判決は「右判断のうち次の各点は、是認することができない」と明快に否定した。そのポイントは次の点である。

第一に、一郎氏の性格を理由とする減額について、つぎのとおり判示した。

「企業等に雇用される労働者の性格が多様のものであることはいうまでもないところ、ある業務に従事する特定の労働者の性格が同種の業務に従事する労働者の個性の多様さとして通常想定される範囲を外れるものでない限り、その性格及びこれに基づく業務遂行の態様等が業務の過重負担に起因して当該労働者に生じた損害の発生又は拡大に寄与したとしても、そのような事態は使用者として予想すべきものということができる。しかも、使用者又はこれに代わって労働者に対し業務上の指揮監督を行う者は、各労働者がその従事すべき業務に適するか否かを判断して、その配置先、遂行すべき業務の内容等を定めるのであり、その際に、各労働者の性格をも考慮することができるのである。

したがって、労働者の性格が前記の範囲を外れるものでない場合には、裁判所は、業務の負担が過重であることを原因とする損害賠償請求において使用者の賠償すべき額を決定するに当たり、その性格及びこれに基づく業務遂行の態様等を、心因的要因としてしんしゃくすることはできないというべきである。

これを本件について見ると、一郎の性格は、一般の社会人の中にしばしば見られるものの一つであって、一郎の上司であるTらは、一郎の従事する業務との関係で、その性格を積極的に評価していたというのである。そうすると、一郎の性格は、同種の業務に従事する労働者の個性の多様さとして通常想定される範囲を外れるものであったと認めることはできないから、一審被告の賠償すべき額を決定するに当たり、一郎の前記のような性格及びこれに基づく業務遂行の態様等をしんしゃくすることはできないというべきである。この点に関する原審の前記判断には、法令の解釈適用を誤った違法がある」（傍点筆者）

以上の判示は、ごく常識的な、当然のことを指摘したともいえるが、自殺事案において極めて安易に個人の性格を原因にしてしまう傾向があるなかで、実に貴重な判決内容である。

第二に、一審原告らの落ち度を理由とする減額についても、明確に排斥した。

「原審は、一審原告らは、一郎の両親として一郎と同居し、一郎の勤務状況や生活状況をほぼ把握していたのであるから、一郎がうつ病にり患し自殺に至ることを予見することができ、また、一郎の右状況等を改善する措置を採り得たことは明らかであるのに、具体的措置を採らなかったとして、これを一審被告の賠償すべき額を決定するに当たりしんしゃくすべきであると判断した。

しかしながら、一郎の前記損害は、業務の負担が過重であったために生じたものであるところ、一郎は、大学を卒業して一審被告の従業員となり、独立の社会人として自らの意思と判断に基づき一審被告の業務に従事していたのである。一審原告らが両親として一郎と同居していたとはいえ、一郎の勤務状況を改善する措置を採り得る立場にあったとは、容易にいうことはできない。その他、前記の事実関係の下では、原審の右判断には、法令の解釈適用を誤った違法があるというべきである」（傍点筆者）。

第三に、最高裁判決は、その余の過失相殺の理由についても原審を肯定しているわけではない。判示では「右二、三（前記引用部分）の原審の判断の違法は、原判決の結論に影響を及ぼすことが明らかである。一審原告らの論旨のうち右の各点に関する部分は理由があり、その余の論旨について判断するまでもなく、原判決中一審原告らの敗訴部分は破棄を免れない。」（傍点筆者）

そして、「その余の論旨」については、実は、会社側の上告を棄却する理由のなかで、前述のように、裁量労働や残業の過少申告問題などに触れて、会社の主張を排斥しているのである。その意味では、最高裁判決の内容は、限りなく過失相殺なしの結論に近い。

四　破棄差戻し審と訴訟上の和解

最高裁判決後、まもなく東京高裁にて破棄差戻し審が始まったが、裁判所から和解勧告が行なわれ、二〇〇〇年六月二三日、訴訟上の和解が成立した。その内容は、会社が遺族に謝罪のうえ、金約一億六八〇〇万円の和解金を支払うものであった。約九年間にわたるたたかいは、遺族側の全面的な勝利によって終結したのである。

おわりに

本件最高裁判決は、その後の過労死訴訟に絶大な影響を与えたことは周知のとおりである。二〇一四年三月二四日東芝事件最高裁判決（原審の過失相殺を否定）も、ちょうど一四年前の同じ日の本件最高裁判決の観点に基づいて出されたものである。

また、労働立法、労働行政、企業の労務管理にも多大な影響をもたらしたものといえ、二〇一四年六月に過労死等防止対策推進法が成立したのも、この判決が存在したおかげともいえる。

わが国の職場での過重労働が容易には改善せず、過労死も発生し続けているなかで、私たちは、本件最高裁判決に絶えず立ち返りながら、健康的な職場づくりを目指していくことが大切である。

第11章　みちのく銀行事件・最高裁第一小法廷平成一二年九月七日判決
——就業規則の一方的不利益変更との闘い

横山　慶一
（弁護士）

一　裁判に踏み切ったいきさつ

1　「専任職」制度の導入による「六〇歳定年制」の否定

一九八五年四月二日、みちのく銀行は、みちのく銀行従業員組合（以下「従組」という）との団体交渉において、満五五歳に達した管理職階者は、原則として翌月一日以降役職を変更し、別途創設する「専任職」として従前の役職から外れる、「専任職」の賃金は、直前役職時の基本給に諸手当（直前役職の管理職手当、役職手当を除き専任職手当を加える）を加えたものとし、満五五歳以上の基本給は凍結するという五五歳以上の賃金体系を大幅に変更することを含む人事制度改定の意向を示した。従組は、銀行側の提案が「六〇歳定年制」を実質的に否定するものであり、従業員にとって多大な不利益をもたらすものであるとの認識に立ち、銀行側の提案に反対した。しかし、従組が反対の姿勢を変えない状態のまま、銀行側は一九八六年五月一日付で、前記の内容の人事制度を実施した。

さらに、銀行側は、一九八七年九月七日の従組との団体交渉の場において、「専任職」制度の大幅改定案を含む新人事制度の具体案を示したが、その改定案の概要は、①「業績給」を一律五〇%減額、②参事四万円、副参事三万円、主査一万二〇〇〇円から二万六〇〇〇円の「専任職」手当を廃止、③「専任職」の臨給（賞与）の支給率を大幅に下げるというものであり、「六〇歳定年制」を実質的に否定した従前の「専任職」制度の内容をいっそう改悪するものであり、労働条件を大幅に切り下げ、従業員に多大な不利益をもたらすものであった。そのため、従組は、銀行側の提案には同意できない旨を告げたが、銀行側は、従組の合意を得ないまま、提案内容どおり、一九八八年四月一日付けで「専任職」制度の内容を改定した。この改定により、「専任職」の賃金は、その直前の賃金の約六割に減額されることとなった。

2 「専任職」制度導入の時代背景

一九八六年に高年齢者雇用安定法の成立により、定年を六〇歳以上へ延長することが雇用主の努力義務とされたが、銀行業界では、高年齢者雇用安定法の成立に前後して、定年が六〇歳に延長される状況となっていた。しかし、その実態は、定年の延長とは言い難く、五五歳に達した従業員（行員）は、従前の「ライン」から外れた新たな「職位」や「職階」に位置づけられ、その賃金も、五五歳に達する直前の五割から四割程度とされるものであった。

そこで、みちのく銀行は、そうした銀行業界の定年延長の実態にあわせるように、「専任職」制度を導入し、「専任職」の賃金を五五歳に達する直前の賃金の約六割となる人事制度を導入することとしたのである。

しかし、他の銀行が、五五歳から六〇歳に定年が延長されたのに対して、みちのく銀行の場合は、従前から「六〇歳定年制」を採用していた点で、事情が大きく異なっており（なお、銀行業界において、従前から「六〇歳定年制」を採用していたのは、みちのく銀行を含めて四行程度であった）、「専任職」制度の導入は、従業員にとって、不利益をもたらすのみである。

3 「専任職」裁判の提訴

従組としては、銀行側との交渉では「専任職」への発令を撤回させることは困難であるとの判断から、「専任職」への辞令発令の無効確認と減額された賃金の支払を求めて提訴することを決め、一九八八年一二月に最初に専任職に発令された組合員一名が原告となり、以後一九九二年迄の間に四名が提訴した。

従組の組合員は、いわゆる第二組合であるみちのく銀行労働組合（以下「労組」という）の組合員と比べて、昇進などにおいて、不利益な取扱を受けてきており、その不利益取扱を是正するために、長年、地労委で銀行側と争っていたことや従業員の七割強が加入している労組が、「専任職」の導入を容認していたことから、裁判以外には、「専任職」の発令を受けた従業員が受ける不利益を是正する道はないとの判断にいたったものである。

二 裁判における主張・立証で苦労・工夫したこと

1 裁判における主張の柱

「専任職」制度導入の問題点は、「就業規則の一方的不利益変更」の効力の問題であることから、「就業規則の一方的不利益変更」に関する、秋北バス事件（最大判昭和四三・一二・二五判時五四二号一四頁）において、最高裁大法廷が、「右にいう当該規則条項が合理的なものであるとは、当該規則の作成又は変更が、その必要性及び内容の両面からみて、それによって労働者が被ることになる不利益の程度を考慮しても、なお、当該労使関係における当該条項の法的規範性を是認できるだけの合理性を有するものであることをいうと解される。特に、賃金、退職金など労働者にとって重要な権利、労働条件に関し実質的な不利益を及ぼす就業規則の作成又は変更については、当該条項がそのような不利益を労働者に法的に受忍させることを許容できるだけの高度の必要性に基づいた合理的な内容のものである場合において、その効力を生ずるものというべきである。」との判断を示しているので、その最高裁の判断枠組みのなかで「専任職」導入の問題点を裁判所に理解させることができれば、勝訴することができると考えた。

そして、「専任職」に発令されることにより、従前とほぼ同様の仕事をしていながら、賃金が大幅に減らされ、従業員の利益となる点がまったくないとの実態を裁判所に理解させることができれば、「当該条項がそのような不利益を労働者に法的に受忍させることを許容できるだけの高度の必要性に基づいた合理的な内容のもの」ではないとの判断を裁判所にさせることができるとの展望があった。

2　立証のポイント

まず、みちのく銀行においては、「六〇歳定年制」のもとで、職位・職階などの人事制度が運用されてきており、五五歳から六〇歳に定年が延長され、従前の人事制度での処遇が困難である他の銀行とは事情が異なり、「専任職」制度を導入する必要がないことを、同じ青森県を地盤とする同業の地方銀行である青森銀行との比較で明らかにする努力をした。

そして、銀行における業務の流れを示したうえで、原告らの「専任職」発令前後の仕事の内容を具体的に明らかにして、「管理職」としての業務はなくなるが、行なっている仕事の内容には、ほとんど変化がないことを示すことにより、仕事の内容に変化がないにもかかわらず、大幅に賃金を減額されることが、従業員にとっては大幅な不利益にあたることを裁判所に理解させることに努めた。

3　第一審判決

第一審の青森地裁判決（平成五・三・三〇労判六三一号四九頁）は、「就業規則の不利益変更」の効力について、従前の最高裁判例の基準に立つことを明確にしたうえで、人事制度の見直しとして「専任職」制度を設けること自体の必要性を認めたものの、「業績給」と「賞与の支給率」を削減したことは実質的に大幅な不利益を及ぼすものであり、それを正当化するに足りるだけの高度の必要性にもとづいた合理的な内容を備えたものではないとして、原告の請求を一部認容した。これは、原告らの「専任職」発令前後の仕事の内容にはほとんど変化がないにもかかわらず、大幅に賃金が減額されることが、大幅な不利益であることを裁判官が理解した結果だと受け止めた。

三　判決の評価と現時点からみた判決の意義

1　「専任職」裁判の判決への評価

「就業規則の不利益変更」に関しては、「専任職」裁判を提訴する時点で、秋北バス事件・最高裁判決（昭和四三・一二・二五判時五四二号一四頁）および大曲市農協事件・最高裁判決（昭和六三・二・一六労判五一二号七頁）が存在していた。そして、「専任職」裁判での、第一審、控訴審、上告審および差戻し審でのいずれの判決も、その最高裁の論理に従ったものであると理解されている。したがって、「専任職」裁判が、「就業規則の不利益」変更について新たな論理を確立したわけではない。

しかし、以下に述べる点は、「専任職」裁判の判決を評価して良い点だと考えている。

第一は、「就業規則の不利益変更」についての最高裁の判例法理を改めて確認をした点である。

第二、前記の最高裁の判断論理を基に、個々の事案についての判断を行なう場合には、就業規則の変更により不利益を被る労働者の、その不利益の内容を事実にもとづき正確かつ具体的なものとして把握をして、そのような不利益を当該労働者に受忍させてまで、就業規則を変更しなければならない「高度の必要性」があったのかを判断したうえで、就業規則変更の合理性があったか否かの結論を出す必要があることを明確にしたことである。

第三に、前述の労働者の受ける不利益を具体的にとらえることと関連していることでもあるが、上告審は、就業規則の変更が「経営上の必要性に照らし、企業ないし従業員全体の立場から巨視的、長期的にみれば、企業体質を強化改善するものとして、その相当性を肯定することができる場合がある」が、「短期的にみれば、特定の層の行員にのみ賃金コスト抑制の負担を負わせているもの」であり、その負担の程度も「大幅な不利益を生じさせるものであり」、そのような労働者について「不利益性を緩和するなどの経過措置を設けることによる適正な救済を併せ図るべきで」、適正な救済がないままに「大きな不利益のみを受忍させることには、相当性がない」と判断し、変更後の就業規則を適用した場合に、一部の従業員にもっぱら大きな不利益のみを与える場合には、当該従業員に対しては合理性を認めることができないことを明確にした点である。

また、上告審が、従業員の大多数を要する労働組合の同意があったとしても、就業規則変更により受ける労働者の不利益の内容・程度を勘案すれば、変更の合理性判断の際に、大きな考慮要素と評価することは相当でないと判断したことも評価できると考える。

2　現時点からみた判決の意義

まず、本判決を含む就業規則の不利益変更に関する最高裁の判決が、労働契約法の九条、一〇条の規定内容につながり、法規範となったことには、大きな意義があると考える。

そして、個別的労使関係において、裁判所に対して、労働者が受ける不利益を個別に、かつ、真摯に向き合うことを求める契機に本判決がなっていることも、本判決の持つ意義だと考えている。

四　思い出に残るエピソード

1　最高裁判決後の苦労

最高裁での審理の対象となったのは、一九九二年までに提訴をした五名であった。ただ、九二年以降、九五年七月に従組の組合員七名が、二〇〇二年三月にも従組の組合員七名が、青森地裁へ提訴していたが、最初の五名に対する審理が、仙台高裁・最高裁で進行しており、最高裁での判断を待つことにして青森地裁での審理を中断させていた。

差戻し審での仙台高裁の判決後に、青森地裁での審理が再開されたが、そこで問題となったのは、「専任職」制度導入から期間が経過しており、「専任職」創設にともなう就業規則の変更の時点では全員四〇代であり、中堅層の行員として賃金の改善がなされた面もあったことから、銀行側から、不利益だけはなく、利益もあり、最高裁判決の射程外であるとの主張がなされた。

原告側としては、賃金の改善により受ける利益は少なく、不利益は大幅なものであって、最高裁判決の射程内であると主張した。銀行側が、具体的に利益を主張・立証できなかったこともあり、青森地裁判決（平成一七・三・二五労判八九四号六六頁）は、「賃金面の不利益は五五歳以降だけを考慮するのではなく、就業規則変更時から五五歳までの期間も含めて比較すべきである」と判断したものの、それでも実質的な賃金削減額は多額であり、その不利益の程度は軽視できるものではないとして、就業規則変更のうち賃金減額の効果を有する部分については効力を及ぼさないと判断した。

その後の控訴審の仙台高裁において、裁判所の意向もふまえて、和解での解決を検討し、前記青森地裁の判決後に提訴した一名も含めて、全面的な解決を目指して数度の和解交渉を行ない、二〇〇六年三月三〇日に和解が成立し、「専任職」裁判は、全面解決をしたのである。

2　私自身について――原告の人たちと出会って

「専任職」裁判で原告となったのは、いずれも従組の組合員である。従組は、「地銀連」（現「全国金融労働組合連合会（金融労連）」）に加盟し、働く者の権利を守る労働組合として、銀行とは常に緊張関係にあった。そのため、昇進・賃金等の差別を受けており、差別解消を求めた闘いを行なっており、新「専任職」制度が実施された直前の一九八八年一月に、差別是正を勝ち取っている。そのようなかで、八八年一二月に、「専任職」制度創設にともなう就業規則の変更の効力を争うために、最初の訴えを提起し、その後も、「専任職」の発令を受けた従組の組合員は、原告となっていったのである。

第一審判決で、請求が一部認容された時には、行員の大多数が加入している「労組」の同意があったとしても、原告となった従組の組合員が受けた賃金上の不利益に着目して、その不利益をもたらす部分についての就業規則の変更部分の効力が否定されたことで、従組の組合員は、原告以外の組合員も含めて自分たちの闘いに確信を持つにいたった。そして、その確信は、控訴審での全面棄却を受けても失われることなく、最高裁での逆転判決を信じて毎月の最高裁要請行動等を行なっていた。

そのような従組の組合員を支えていたのは、銀行合併以前から働く者の立場に立って労働組合活動を行ない、賃金・昇進等の差別を受けても、その差別是正のために闘ってきた長年の姿勢であった。さらに、他の地方銀行とは異なり、従前から「六〇歳定年制」を採用していたみちのく銀行で、大幅な賃金減額となる「専任職」制度を容認してしまえば、全国の高年者へのさらなる不利益の押し付けを招いてしまう、それを阻止するためには自分たちが闘う必要がある、との使命感のような決意があったからである。

開業間もない私が、「専任職」裁判にかかわり、足かけ一八年余の間、この「専任職」裁判に関わることとなり、原告の人たちと一緒に裁判を進めてきたことが、労働事件を「専門」分野とする弁護士として周囲に認めてもらうことになったと思っている。

第12章　芝信用金庫女性昇格差別事件・東京高裁平成一二年一二月二二日判決

――昇格・昇進・賃金における女性差別の是正を求める闘い

今野　久子
（弁護士）

はじめに

芝信用金庫女性差別是正事件は、一九八七（昭和六二）年、芝信用金庫（以下、「金庫」という）で働く一三名の女性職員が、金庫に対し、昇格・昇進・賃金における女性差別の是正を求めて東京地方裁判所に提訴した事案である。少数組合の女性全員が原告となって、人間の尊厳の回復を求める大きな挑戦であった。

一審判決および二審判決はともに、昇格・賃金における女性差別を認め、理由は異なるが、女性差別事件ではじめて課長職という昇格した地位の確認を認めた画期的な判決として、社会的にも大きく注目された。二〇〇二（平成一四）年一〇月二四日、最高裁において、地裁・高裁でひとりだけ請求が棄却された原告も昇格可能となるなど、高裁判決の内容を上回る労働者側勝利の和解が成立し、解決をみた。その後、中学校の社会科の教科書に「平等権を考える」事例として紹介されるなど、雇用面での男女平等を大きく前進させた裁判として、評価されている。

本稿は、昇格した地位の確認を認容した高裁判決（労判七九六号五頁）を中心に、女性差別の救済方法としての昇格請求権の理論的発展について述べるものである。

一　事案の概要

1　金庫の人事制度と女性の係長昇進・課長職昇格からの排除

金庫の就業規則三条は、「職員らは人種、思想、宗教、政治的信条、門地、性別または社会的身分等を理由として差別的取扱を受けることはない。」と定めている。人事制度として資格職能給制度を採用し、八段階（一九九〇年からは七段階）の資格が定められ、賃金額は基本的に資格に応じて定められ、職位（いわゆるラインの役職）は基本的に各資格に対応して付与される。学歴による区別はなく、中卒四年目と高卒一年目、高卒五年目と大卒一年目が同じ資格に位置づけられる人事体系をとっていた（金庫では、これを「同期同給与年齢」と呼んでいた）。資格と職位は連動し、男性職員は、順次昇格・昇進し、主事（後の人事制度の変更で係長職）に昇格すると順次係長に昇進し、さらに係長から副参事（後の課長職）に昇格し、最終的には男性は全員一〇〇％副参事（後の課長職）に昇格する。一方、女性は、主事の資格までは昇格するが、金庫はごく一部の例外を除き女性を最下位の係長にさえ昇進させず、金庫の設立以来本件提訴時までに、約二〇〇〇名の女性が入職しているが、女性の係長は通算して九名しか誕生しておらず、副参事（後の課長職）に昇格したのはたった一名であった。一九七七年に、副参事（後の課長職）への昇格には試験制度が導入されたが（人事考課五〇％、学科試験三〇％、論文試験二〇％）、男性職員は、昇格時期に一定の幅があるものの、最終的には必ず副参事（後の課長職）に昇格していき、女性は昇格しないということに、変化はなかった。

2　課長職昇格等を求めて提訴

女性職員は男性職員と同じ採用試験を受けて入職し、男性職員と同じように働いているのに、同期同給与年齢の男性職員は順調に昇格・昇進していくのに対し、女性職員はいつまでも無役のまま定型的・補助的な仕事しか与えられておらず、これは性別にもとづく違法な差別であるとして、一三名の女性（少数組合の女性組合員全員）が、課長職への昇格と係長および課長への昇進（その後高裁段階で昇進については取り下げ、昇格の請求に一本化）、昇格にともなう差額賃金（裁判途中で定年退職した原告については退職金差額）、慰謝料、弁護士費用などの支払いを求めて、提訴した（以下、資格・職位については、新人事制度の呼称で述べることとする）。

原告らが、課長職の地位の確認等を請求したのは、不法行為にもとづく損害賠償請求だけでは、過去の被害の回復にとどまり、違法状態を是正し現に課長職として働くのでなければ紛争の真の解決にはならないと考えたからである。

二　課長職昇格試験に合格していない原告らが課長職の資格確認を求めるという困難

原告らは課長職昇格試験に合格していない。原告らが課長職になっていないのは、試験に合格していないからであって、女性だからといって差別はしていない。これが、金庫の最大の抗弁であった。この大きな壁を突破できなければ、裁判での勝利はなかった。原告たちの、「試験があっても、男性は必ず課長職に昇格していき、女性は課長職になれない」という実態は試験のなにに起因するのか、弁護団はこの難問と格闘した。

金庫は、原告らの学科試験での答案を書証として提出し、裁判官に原告らがいかに成績が悪いのかを印象付けようとした。これに対し、原告側は、逆にその書証を利用して、設問一つ一つがどの業務に関連するかを、かなりの時間をかけて分析した。その結果、金庫の中核的な業務である営業や融資に関する問題が圧倒的に多いこと、一定のローテーションで業務全般を担当し、それに必要な研修や教育も受けている男性に断然有利であること、他方、営業や融資の業務に配置されず、大半は事務に配置され、中核的な業務について経験もなければ知識を習得する機会も与えられていない女性には不利であること等を明らかにすることができた。また、論文試験では、管理職になったときの心構え等を問うなど、係長にもなっていない女性には不利な出題がなされていることも証明できた。人事考課については、その恣意性を指摘した。そして、調査作業のなかで、主事に受験資格があるといっても、係長になっていない者は一人も課長職試験に合格していないという決定的な事実が判明し、女性に不利な不公平・不公正な試験であることを主張・立証することができたのである。

三　地裁判決（東京地判平成八年一一月二七日）

一審判決（労判七〇四号二一頁）は男性職員（ただし、少数組合である従組員の男性職員を除く）については、「入職後平均して一一ないし一三年でほぼ全員が係長に昇進し、係長昇進後平均して四ないし五年で課長職に昇格しているのに対し、女性職員については、僅かの例外を除き、圧倒的多数が昇格・昇進とは無縁な存在として置かれている」「原告等が本訴で求める課長職（旧副参事）への昇格について、原告等と同期同給与年齢の男性職員との間においては言うに及ばず、男性職員と女性職員との間においても著しい格差の存在することが明らかとなった」と、昇格・賃金における男女格差を正しく認定した。

そのうえで判決は、同期同給与年齢の男性職員については「年功的要素を加味した人事政策によってほぼ全員が課長職に昇格」という運用が労使慣行として確立していたにもかかわらず、女性職員に対してはこの労使慣行を適用しなかったとして、「原告等は被告に対し、右のような男性職員に対する労使慣行を就業規則三条を根拠に援用できるものと解すべきである」として、①原告ら（すでに退職していた原告および一番若い原告を除く一一名）の「課長職の地位にあること」の確認請求を認容し、②差額賃金等の支払請求は一部認容、③「課長の地位にあること」の確認請求は棄却、④不法行為の成立は否定し、慰謝料請求と弁護士費用の請求は棄却した。原被告双方が控訴した。

四　高裁判決

高裁の裁判官からは、労使慣行論に率直な疑問がだされ、昇格した地位確認を請求する法律論を強化する必要があった。弁護団は、西谷敏大阪市立大学教授（当時）、深谷信夫茨城大学教授（当時）からいただいた意見書を書証として提出し、また多くの学者・研究者の方から貴重な意見や助言をいただいた。法理論でも必ず裁判官を説得するという気構えで、裁判官の質問や疑問の意味を分析し、それに積極的に答える事実主張や法律論の書面を、時間をおかずに提出した。

1　人事考課での女性に対する差別的運用を認定

高裁判決は、一審判決と同様に、女性職員に対する昇格差別を認定した。高裁判決は、「かなり困難な試験であるのに……最終的には男性職員のほぼ全員が昇格している……このような事態は極めて特異な現象である」としたうえで、「昇格試験に合格していない者を昇格させていること」「（金庫の）人事担当者が年功加味運用の有無について曖昧な供述に終始していること」等から「評定者として幹部職員が年功序列的な人事運用から完全に脱却することができないまま、人事面、特に人事考課において優遇したものと推認せざるを得ない」と結論づけ、そのうえで女性については「そのような優遇措置を取らなかった」ことを差別（年功加味的運用差別）と認定した。判決は、学科試験、論文試験の不公平さについて女性差別の意図があったことは否定したが、試験のうちでも五〇％を占める人事考課の差別的な運用を認め、それによって、「女性を昇格させず、現状の資格に据えおく」という法律行為によって女性を差別したと認定したのである。また、差額賃金の支払いのほかに、一審判決が認めなかった不法行為にもとづく慰謝料および弁護士費用の支払も命じた。

2 使用者の平等取扱義務にもとづき昇格した資格の確認請求を認容

この裁判の理論上の最大の争点は、昇格での女性差別が認められたとしても、原告らの昇格した地位（資格）の確認請求まで認められるかにあった。判決は、労働契約の本質と、労働基準法三条、四条、および一三条、九三条の類推適用および金庫の就業規則三条にもとづき、原告ら（一番若い原告と裁判中に定年退職した五名を除く）が「課長職の資格にあることの確認」請求を認める、画期的な判断を下した。その理由は、次のとおりである。

(1) 雇用契約の本質から

高裁判決は、原告らの課長職の地位（高裁判決では資格）確認の請求を認める点では、地裁判決と同じ結論であったが、その法理は、異なった。高裁判決は、「雇用契約は、労務の提供と賃金の支払を契約の本質的内容としているものである」から、「使用者は労働契約において、人格を有する男女を能力に応じ処遇面において平等に扱うことの義務をも負担している」とする。一審判決が昇格した地位を認めた労使慣行論では、就業規則三条にもとづきその労使慣行を女性に援用されるべきとしたのであり、そのような就業規則がなければ差別からの救済は難しく、判決の救済方法としての射程距離は限定される。

他方、高裁判決は、雇用契約の本質から使用者の男女平等取扱義務を導いているのであるから、不当労働行為や思想差別による賃金・処遇差別の救済の場合も適用可能で、判決の法理の射程距離は広い。

(2) 労基法三条、四条は、昇格した地位（資格）を認める積極的な根拠

高裁判決では、労基法三条、四条を昇格した地位を認める積極的な法的根拠としているのも、評価される。これまで、労基法三条の均等待遇の原則は性別を理由とする差別的取扱いについては規定していないし、労基法四条は男女同一賃金の原則を定めるのみで賃金以外の労働条件の性差別については定めていない、つまり、労基法三条、四条は昇格における女性差別に関し直接規定していないという形式的で狭い解釈をする見解もあり、使用者側は、この解釈を強調してきた。高裁判決は、労働契約の本質から使用者の男女平等取扱義務があるとし、労基法三条は、「労働者の人格を最大限に尊重し、使用者としての義務の内容を具体的に明らかにしたものと解することができる」としている。つまり、雇用契約の本質から導かれる処遇での平等取扱義務を具体化した規定とみるのである。この解釈からすると、労基法三条に「性別」が明示されず、また四条に賃金以外の労働条件が明記されていなくとも、賃金以外の労働条件における性別による差別的取扱いは、当然許容されないことになる。判決は、さらに一歩すすめ、労基法三条、四条を昇格した地位を認める積極的な法的根拠としている。このような柔軟な解釈は、労基法の立法者の意思にも合致している。

(3) 昇格した課長職の資格にあることの確認請求を認容

本件は直接賃金において差別した事案ではなく、特定の資格を付与すべき基準が労基法や就業規則に定められていないのではないかという論点についても、判決は、「資格の付与が賃金額の増加に連動しており、かつ資格を付与することと職位に付けることとが分離されている場合には、資格の付与における差別は、賃金の差別と同様に観念することができる」とし、また是正基準については、「右資格の付与につき差別があったものと判断される程度に、一定

の限度を超えて資格の付与がされないときには、右限度をもって『基準』にあたると解することが可能であるから、労基法一三条ないし九三条の類推適用により、右資格を付与されたものとして扱うことができる」と判示した。

本件と同様に昇格した等級の地位にあることの確認を求めた社会保険診療報酬支払基金事件では、判決（東京地判平成二年七月四日労判五六五号七頁）は使用者の決定・発令がないのに昇格を認める実定法の根拠はない、均等法も昇格での均等取扱は努力義務にとどまっているとの理由で、地位確認の請求は棄却した。本件の高裁判決は、昇格差別が賃金差別の側面を有することに着目し、労基法の類推適用という解釈で、法的根拠の問題をクリアしたのである。

おわりに——今後の立法での課題

課長職へ昇格した地位を認めた高裁判決は、最高裁での高裁判決を完全に実施することを内容とする和解の成立により不動のものになった。現行の均等法は、改正を経て、男女に対し、募集・採用から解雇・退職まで（昇格・昇進を含めて）、性別を理由とする差別を禁止する法律となっている。しかし、均等法違反の法的な効果については未だ規定がなく、救済措置も不十分である。結局、最終的には差別を受けたものが裁判を起こして解決を求めることになる。しかし、裁判は莫大な時間とエネルギーを必要とする。迅速に、実効性のある救済をはかるためには、均等法に違反した場合の昇格請求権や賃金差別の場合の差額賃金請求権について法律上明記するなどの立法的な解決がはかられるべきである。本事件を担当した弁護士として、そのことを切望する。

＊最高裁で勝利和解するまでの運動および裁判に関する論評は多数なので、紙数の都合で掲記しない。裁判の総括文書としては、米倉勉・橋本佳子・今野久子・坂本福子「芝信用金庫の女性に対する昇格・賃金差別裁判闘争をめぐって」労旬一五四九号（二〇〇三年）一六頁以下が最も詳しい。裁判所に提出した学者・研究者の意見書および参考にした論文の目録も掲載されているので、参照されたい。

第13章　セメダイン管理職組合事件・最高裁第一小法廷平成一三年六月一四日決定

——管理職組合を認めさせる闘い

君和田伸仁
（弁護士）

はじめに——管理職受難の時代

バブル崩壊は、それまでの日本の労使関係を大きく変えた。バブル崩壊の時期については、諸説あるが、世間を驚かせたのは、一九九二年末のパイオニアの中間管理職に対する指名退職勧奨であった。この事件を契機に、日本労働弁護団は、ホットライン活動に取り組み始め（第一回目は九三年二月）、以降、多くの個人加盟組合が活発に活動するようになる。当初のホットラインには、管理職やホワイトカラーからの相談が数多く寄せられ、なかには退職勧奨を断った中間管理職が地下室に幽閉されるといった驚くべき相談もあった。管理職受難の時代の到来である。このようななか、九三年一二月には、管理職ユニオンが結成され、九四年一月一九日には、労働弁護団主催の「管理職組合を考える集い」が開かれた。当時の世間の反応は、「管理職も労働組合を作れるのか」という驚きの方が強かったように思われるが、「管理職も労働組合を作れるのだ」という認識を広め、これを決定づけたのが、接着剤の大手メーカー・セメダイン株式会社の管理職組合（「ＣＳＵフォーラム」）事件であった。

一九九六年七月九日、ＣＳＵフォーラムが申し立てた不当労働行為救済申立につき、東京都労委は、会社に対し、団体交渉に応じることを命じる救済命令を発した。この命令は、マスコミで大きく取り上げられ、管理職組合に対する世間の注目は、いやがおうにも高まった。中央委命令でも、この判断は維持され、その後の行政訴訟においても、同様であった（最高裁第一小法廷平成一三年六月一四日〈労判八〇七号七頁〉の上告棄却決定によって確定）。

一　CSUフォーラムの結成と会社の攻撃

セメダインにおいては、一九八三年八月に定年が五五・五歳から六〇歳に延長されたのにともない、「管理職定年制」が導入された。その内容は、①管理職部長は五五歳一一か月までにその職を離れる、②管理職課長、準管理職者は五三歳一一か月までにその職を離れる、③右各職を離れた者はラインから外され、部下をもたない「スタッフ管理職」となる（五六歳を境として、「担当職A」「担当職B」に分かれる）というものであった。そしてスタッフ管理職には、①管理職手当がまったく支給されなくなり、②早出残業手当も支給されないとされた（「担当職A」には、元管理職の他に、管理職経験はないが、副参事の資格をもつ一般職組合の組合員も含まれていたが、これら一般職組合の組合員の「担当職A」に対しては、残業代が支払われるという差別もあった）。また、「担当職B」については、①資格手当の減額、②住宅手当の不支給、③定期昇給のストップという措置がとられた。

一方、労働協約によると、一般組合であるセメダイン労働組合（CLU）には、課長代理以上の者は加入できないとされており、いったん、課長（管理職）になって組合を抜けると管理職定年制によって「元管理職」になっても、組合には復帰できないとされていた。このように、セメダインにおいては、管理職の労働条件に関して、管理職の利益を代表してくれる組織・機構がまったくなかった。そればかりか、セメダインにおいては、一般組合であるCLUが会社と「癒着」して、管理職の労働条件を決定していたのであった。

こうしたなか、一九九〇年四月には、大量の管理職定年者がでるところとなり、管理職らの危機感は高まり、九一年六月一〇日結成大会で、CSUフォーラムが結成されたのである（CSUとはCemedine Supervisory Unionの略である。なお、結成当初は、「CSU経営改革フォーラム」と称していたが、同年一一月七日の臨時大会で「CSUフォーラム」と改称している）。結成趣意書には、「管理職はつねに経営者と労働組合の挟撃を受けている弱い立場にある。したがって、管理職の連帯を支える組織づくりがすべての出発点となる。例えば、①経営者の人事権に対抗する、②管理職の権利・雇用・地位を守る、③企業を乗っ取りの危機から守る、ためには管理職の連帯に対する組織的保障が必要であり、そのためには管理職組合を結成する」ことが望ましい、と謳われている。

なお、フォーラムの組織対象は、①次長、②課長（ただし、総合企画部の企画グループ課長、総務部の総務グループ課長および経理グループ課長、人事部の人事グループ課長および労務グループ課長は除外）、③スタッフ管理職のすべて、である。ただし、一般組合との団体交渉担当者（支社・工場の総務課長等）および「人事制度委員会」、「職級調整委員会」、「制度改革委員会」および「懲戒委員会」の会社側委員に選任されている者については、その在任期間中組合員資格を失うとされていた。

こうして結成されたフォーラムに対して、会社は、管理職者会議で常務が「フォーラムに加入するな」などと露骨な反組合的発言をしたり、フォーラムの討論集会会場付近で人事部長と労務課長が参加者をチェックすべく「張り込み」まで行なうなど露骨な支配介入を行なった。また、労働委員会においても会社は、「フォーラムはそもそも労働組合ではない」などという組合否認まるだしの主張まで行なっていた。このような会社攻撃に対する組織防衛の観点から、フォーラムは中心メンバー以外の組合員氏名を明らかにしない方針をとることにした（いわゆる「覆面組合」）。

フォーラムは、機関誌「FORUMよりのメッセージ」を発行、配布するなど活発な活動を続けていた（一九九四年七月までに二四回）が、九二年四月二〇日には、フォーラムの議長であった風間氏が課長（建築資材事業部販売第五課長）からスタッフ管理職に「降格」されるという人事が発令された。管理職定年制の基準書によると、管理職定年になる直前の三月および九月に管理職定年が実施されるが、二年間に限り再任用させる猶予措置があり、実際の運用ではほとんどの場合、再任用措置がとられていた。風間氏の場合、九一年一一月に満五三歳一一か月に達していたが、九二年九月には定年制が実施されず、九二年二月の全社人事異動の際にもそのままであったものが、時期外れの四月にスポット的な人事が行なわれたのであった。

その後の同年六月八日、フォーラムは、担当職A、Bの待遇改善等を交渉事項とする団体交渉を申し入れたが、会社はこれに応ぜず、一一月一九日のフォーラムからの申し入れに対しても同様の態度をとった。

二　不当労働行為救済申立と救済命令

以上のような経緯をへて、一九九三年三月一一日、フォーラムは、風間議長の降格が不当労働行為であるとして、都労委に救済申立をした。この後、フォーラムは、徳住堅治弁護士に相談し、山内一浩弁護士、私の三名の弁護団が事件を担当することになった。九四年一月、フォーラムは、団交拒否についての救済申立を行ない、同年八月一一日には、風間議長の降格についての申立を取り下げた。これは、事件を単純化することで、早期の命令を得て、一刻も早い「正常な労使関係」を実現することをめざしたものであった。

一九九六年七月九日、都労委は、おおむね以下の骨子の命令を下し、会社にフォーラムとの団体交渉を命じた。

まず、フォーラムが労働組合でないとする会社主張については、フォーラムの結成趣意書の趣旨、その後の活動等を考慮すれば、フォーラムが労働条件の維持改善等を目的とする労働組合であることは明らかであるとした。

ついで、フォーラムが法内組合でないとする会社主張（利益代表者の参加）については、フォーラムが組織対象とする管理職の職務内容を細かく認定し、①担当職（スタッフ管理職）のうち、労働関係の計画と方針に関する機密事項に関与することが考えられる部署（総合企画部、総務部、人事部）にある者、②課長のうち、人事等の機密に属する情報に関与する立場にある一部の者（情報システムグループ課長、財務グループ課長）、③次長のうち、労務グループ課長を兼務している人事部次長については、「フォーラムへの加入を認めることは相当ではない」とした。そして、これらの者が組合員にいない旨の文書を呈示することを条件として、会社に団交に応じることを命じたのである。なお、上記の考察に際して、管理職のみで構成されている純粋な管理職組合と、管理職と非管理職とで構成されている混合組合とでは考察の方法に若干の違いが生ずるとしている（管理職組合の場合には、労働関係に関する計画と方針に接する立場にある管理職が加入していても、当該組合員間において、職務関係上、非管理職の一般職の従業員との間に承認されているような監督的関係は認められないのが通常であり、その職務上の地位と責任とが労働組合の組合員としての誠意と責任とに直接抵触する程度は、著しく少ないと考えられるからである、としている）。

この命令については、組合の自主性確保という労組法の観点からすれば、要は組合全体としての自主性が保たれていればよいのであるから、各職位における権限を逐一検討して組合員の範囲を画するのがはたして妥当か、純粋な管理職組合と混合組合とで考察方法に若干の違いが生ずるとするのが妥当か（結論を揺るぎないものとするという観点からは、このような手法を用いたことは妥当であるが、混合組合の場合に「厳しく判断」するのが妥当なのか）といった疑問が残らないではないが、フォーラムの労組法適合性を正面から認めたことから、フォーラムとしては満足のいくものであった。

その後の中労委命令（平成一〇年三月四日、労判七三四号）も、都労委命令とほぼ同様の内容であった。

三　東京地裁判決——利益代表者を含む組合であることを理由とする団交拒否は許されない

中労委命令に対して、会社は行訴を提起した。会社の主張は、以下の二点であった。①フォーラムが、同組合に労組法二条但書一号の利益代表者が含まれていないことを立証していないにもかかわらず、中労委が救済申立資格を肯定したのは、労組法五条一項本文に違反するものである、②補助参加人組合は原告に対して利益代表者が含まれていないことを明らかにしていないから、本件において、団体交渉を拒否することは労組法七条二項の「正当な理由」にあたる、というものである。

判決（平成一一年六月九日、労判七六三号一二頁）は、①に関しては、従来の最高裁の立場（昭和三二年一二月二四日判決）を踏襲し、労働委員会における資格審査は、直接国家に対して負う責務であり、対使用者との関係において負う義務ではないから、会社側の主張はそもそも失当であるとして退けた。

②については、憲法二八条によれば、「勤労者」すなわち労働者であるかぎりにおいては、利益代表者といえども団結権、団体交渉権、団体行動権を保障されていると解されること、労組法が二条但書一号のような規定をおいたのは、同号掲記の労働者の参加を許す組合の救済申立を労働委員会に拒否させることを通じ組合の自主性を促進しようとする一種の後見的配慮にもとづくものと考えられること、本来、組合員の範囲は組合自身が決定すべきものであること、労組法七条二項の規定は組合と使用者との間の私法上の効力を有する規定としての性格も持つことなどからして、利益代表者の参加を許す組合も、労組法七条二号の「労働者の代表者」に含まれるのであるから、仮に本件組合に利益代表者が参加していたとしても、また参加していないことを使用者に明らかにしていないとしても、そのこと自体は、当然には団交拒否の正当理由にならないとした。ただ、組合に利益代表者が参加していることに起因して適

正な団体交渉の遂行が期しがたい事情がある場合（たとえば、利益代表者が当該交渉事項に関して使用者の機密事項を漏洩している場合など）には、そのような特別事情が団交拒否の正当理由を構成すると解されるが、右特別事情は使用者において明らかにする必要があるところ、本件ではそのような事情が認められないとして、会社側の主張を退けた。

本判決は、仮に労組法の規定する利益代表者が組合に加入したとしても、そのことのみをもって団交拒否を正当化できないとしたものである。当然と言えば当然のことであるが、管理職が組合に入っていることを理由に団交を拒否する使用者がいるなか、当然のことが判例によって確認できたことの意義は決して小さくない。

四　高裁判決―定年退職者が入っていても立派な労働組合

会社は地裁判決に対して控訴し、さらに新たな主張をしてきた。フォーラム結成時の中心メンバーが次々と定年で職場を去ることとなり、また、相も変わらぬ会社の組合否認の前に覆面組合としての方針を貫かざるをえなかったことから、控訴審時点では、氏名が公表されたフォーラムの「在職」組合員は一名になってしまっていた。会社はこの事実に飛びつき、フォーラムの組合員は一名のみであり、その団体性を欠き、もはや労働「組合」とは言いえないから救済の利益は消滅した、などと主張し始めたのである。

しかし、フォーラムは定年者が続出することから、規約を改正し、組合員資格を管理職、管理職資格者のほか、その退職者にも拡大していた。これを受けて東京高裁判決（平成一二年二月二九日、労判八〇七号七頁）は、退職者の組合役員複数については氏名が公表されているから、フォーラムが団体性を有していることは明らかであり、会社の主張は前提において失当であるとして、控訴を棄却した（なお、会社は地裁段階での二つの争点についても控訴理由としたが、高裁は地裁判決の字句を修正しただけで簡単に退けている）。

フォーラムのような「従来型管理職」で組織される労働組合の場合、管理職はほぼ必然的に高齢者であるため、組合の組織、活動のうえで定年制が厚い壁としてのしかかってくることは否めない。個々の組合員の在職期間、活動期間が決して長くないことから、組合の中心たる「活動家」を育て、組織承継をスムーズに行なうことが一般組合に比べて容易でないのである。フォーラムの場合も、結成当時の中心メンバーは定年で職場を去ることを余儀なくされた。しかし、高裁判決は、彼らも立派な労働組合員であることを認めたのである。これまた、当然と言えば当然のことではあろうが、管理職組合のあり方について、高裁判決は重要な武器を与えてくれたと評することができよう。この高裁判決が最高裁でも維持されたことは、前述したとおりである。

おわりに

一九九三年三月の救済申立から、実に八年余りぶりの最高裁判断であった。この間、フォーラム結成当時の中心メンバーが次々と定年を迎え職場から離れざるをえなくなり、彼らの在職中に、管理職の労働条件の「回復」という組合結成の最大の目的を果たすことはできなかった（ただし、フォーラムは、その後の交渉を通じて、中労委で提示された和解額とは文字どおり「ケタ違い」の解決金を得ることで最終的な決着を図っている）。都労委、中労委で和解交渉に時間をかけたことが果たして妥当であったかとの思いは今も強い。また、迅速な紛争解決を実現するための手段として、仮処分申請や、団交拒否に対する損害賠償請求が、より積極的に検討されてもよかったのかも知れない（その後の二〇〇四年には、プロ野球選手会が野球組織に対して、団交を求める地位確認を求める仮処分を申し立て、請求は却下されたものの、早期の団交を実現している）。

ただ、都労委命令が確定したことで、「管理職であっても、労働者である以上、労働組合を作ることはできるし、組合としての活動もできる」ということが確認されたことは間違いない。都労委命令が出された直後の『アエラ』(一九九六年七月二二日号)は、「セメダインに日経連大弱り」の見出しのもと、「管理職が本気で労組をやり始めたら、どんな会社も瓦解してしまう」という日経連の諸井虔副会長のコメントを掲載している。しかし、はたして本当にそうであろうか。誰からも批判を受けない経営者は、暴走しがちであり、そのために経営破綻するといった例も、決して稀ではない。健全な批判は、健全な経営にとって不可欠なはずである。また、モノを言う機会を与えず、労働条件を一方的に切り下げるのは、長年にわたって貢献してきた管理職や元管理職に対する冒瀆である。この事件が残したものは決して小さくないであろう。

ただ、その後、本件のような「本格的な管理職組合」が活発に活動するにはいたっていないようである。管理職の地位にある人々が自らの権利を擁護するために、企業に対してモノを言えるよう団結することを期待したい。

第14章

山田紡績整理解雇事件・名古屋地裁平成一七年二月二三日判決外

——知的格闘技としての労働裁判＝争点整理の重要性とその活用

古川　景一
（弁護士）

一　はじめに

1　事件概要

愛知県半田市にある山田紡績株式会社は、紡績工場を閉鎖して工場跡地に大型商業施設用建物を建設し、不動産賃貸業に業種転換することを計画し、計画を労働組合に秘匿したまま突如二〇〇〇（平成一二）年一〇月に民事再生手続開始申立を行ない、債権者に対しては一〇〇％配当を約束し、名古屋地裁が民事再生手続開始の決定を発すると直ちに紡績工場の製造工程の全労働者を解雇し、工場閉鎖を強行した。UIゼンセン同盟（現UAゼンセン）は、民事再生法を悪用した整理解雇を許さないとして、工場占拠を行ない争議状態となった。第一次訴訟として、労働契約上の地位確認等請求訴訟が二〇〇一（平成一三）年四月に名古屋地裁に提起され、地裁判決[1]、高裁判決[2]は、いずれも労働者側全面勝訴であり、最高裁の上告不受理決定により確定した。この第一次訴訟の進行中、会社および代表者個人は、強制執行逃れのための資産隠しを行なった。そこで、第一次訴訟が最高裁に係属している時点で、第二次訴訟として詐害行為取消請求訴訟が名古屋地裁に提起された。最終的に、第二次訴訟に関する名古屋地裁での二〇〇八（平成二〇）年八月成立の和解により、争議全面解決にいたった。

2 事件の特徴

(1) 勝利した労働者数は労働裁判史上最多

争議解決の和解調書に記載された救済対象労働者は九七名（原告九四名、利害関係人三名）である。管見するかぎり、日本における整理解雇をめぐる労働裁判で勝利した労働者数としては、史上最多である。山田紡績整理解雇事件に次ぐ史上二番目の規模の沖電機整理解雇事件では、東京地裁で一九八七（昭和六二）年に成立した和解により、原告七一名が救済対象となり、そのうちの三五名が職場復帰した。

(2) 高い解決水準

山田紡績の労働者は、解雇後になされた工場取壊しにより復帰すべき職場を失ったが、高い水準の勝利を獲得した。和解調書記載の主要事項は次のとおりである。①会社は、労働者に対し、第一次訴訟（労働契約上の地位確認等）の確定判決にもとづく未払賃金合計九億二〇〇〇万余円の支払義務を負うことを確認する。②名古屋地裁が第一次訴訟の判決中で「本件解雇は、これまでの裁判例等により形成されてきた整理解雇法理をないがしろにするものであって、極めて乱暴な解雇であると言わざるを得ず、解雇権の濫用に当たり無効というべきである」と判示したことについて、会社および代表者個人は「真摯に受け止め」ることを表明し、加えて、代表者個人は労働組合と組合員宛に陳謝文を手交する。③労働者と会社は、各労働者の最終就労日に遡って、労働契約を合意解約する。④会社は、労働者に対し、工場閉鎖時に支払済の退職金とは別に、前記の未払賃金の約六割に相当する五億六〇〇〇万円の損害賠償金を支払う。

⑤代表者個人は、会社の損害賠償金支払義務について、連帯責任を負う。
この解決条件のうち、損害賠償金の支払いについては、二〇一二（平成二四）年一月までの分割払いとされ、途中で支払いが遅滞したこともあったが、最終的な完済を確認して労働組合は解散し、争議は完全解決した。

(3) 迅速な訴訟手続

労働契約上の地位確認等を求めた第一次訴訟の提訴から判決までの期間は、三年一〇か月である。この期間のうち、最初の一年間は、労働組合が裁判所での和解協議による早期解決を目指していたことから、実質的な審理はなされていない。提訴から一年を経過しても、会社が争議解決に応じる姿勢を見せず、本格的な裁判闘争に移行することになり、この時点で、労働者側の代理人として、筆者、大塚達生弁護士（神奈川総合法律事務所）、および、棗一郎弁護士（旬報法律事務所）の三名が補充された。したがって、第一審手続のうち、実質的な審理が開始されてから労働者側完全勝利の地裁判決が言渡されるまでの期間は二年一〇か月である。

3 本稿の主題

山田紡績整理解雇事件は、大規模整理解雇事件であったが、第一次訴訟（労働契約上の地位確認等）の初審において争点整理手続を活用することによって、比較的短期間で完全勝利判決を獲得した。これが、最終的に高い水準での争議解決を導く原動力となった。今後、複雑な労働事件においては、争点整理について積極的に検討される必要があると考える。そこで、以下、争点整理の重要性およびその活用の具体的方法について論じる。(3)

二　争点整理の重要性

1　総評弁護団労災研究会での経験

筆者は、一九七九（昭和五四）年に弁護士登録し、現在の日本労働弁護団の前身である総評弁護団に入り、労災研究会に所属した。研究会代表の岡村親宜弁護士は、労災関係の判例や先例の整理と出版、論文執筆、産業用ロボットの安全衛生基準試案の作成等々の『儲けにならない仕事』を、次々に山のように持ち込み、若手弁護士を鍛え上げようとした。この『儲けにならない仕事』の一つに、全国各地での労働者敗訴の労災事件について、上告審段階で代理人として参加し、上告理由書や補充書を作成する作業があった。筆者は、この作業の過程で、労働者側敗訴事件には共通した特徴があることに気付かされた。

結論的に一言で言えば、敗訴事件には、事実審段階での争点整理が不十分なものが多いことである。具体的には、当事者双方の主張立証に次の問題が少なからず見られる。①事実と評価が混在し、区別がされていない。②個々の事実や評価が結論とどのように結びつくのか論理構成が不明確である。③双方の主張の意味が、請求原因・抗弁・再抗弁なのか、それともたんなる積極否認や関連事情なのか曖昧である。④争いのない事実と争いのある事実の峻別がなされないままで結審している。このような主張立証活動上の問題があるにもかかわらず、争点整理が不十分なまま結審した事件の判決には、次の問題がある。①判決の争点整理の部分で、当事者主張の重要事項が脱落し、これに関する事実認定も判断も示されない。②両当事者の共通認識としては争いのない事実であるにもかかわらず、訴訟手続上の争いのない事実として明瞭に整理されていない事実がある場合において、この事実と矛盾し両立しえない事実認定や判断、すなわち、両当事者からみて想定外の事実認定や判断がなされる。

労働者側敗訴事件の上告理由書または補充書を書くために第一審・第二審段階での主張立証を検討する過程で、真実と道理をふまえた判決を獲得するためには、争点整理が決定的に重要であることを痛感させられた。

2　要件事実論・証明責任論の役割——裁判官の恣意的判断を阻止

筆者が司法修習生であった時期に、労働者や労働組合の側に立つことを指向する司法修習生の間では、要件事実論や証明責任論について、否定的な意見が主流であった。しかし、筆者は、この意見には反対であった。ここでいう証明責任とは、証拠提出の責任すなわち「なす責任」のことではない。証明責任とは、ある事実の存否について裁判官の心証形成がグレーである場合に、その不利益を訴訟当事者のいずれが蒙るのかという「受ける責任」を言う。この証明責任分配が明確でなければ、裁判官の恣意的判断が許されてしまう。筆者は、裁判官の恣意的判断を許さないために必要な法的ツールとして、要件事実論と証明責任論を重視し、検討を重ねていた。

しかるに、一九九九（平成一一）年一〇月以降、東京地裁は、従来の解雇権濫用法理を否定し、「使用者の解雇の自由」を積極的に肯定する決定や判決を立て続けに発した。これらの判決や決定のなかには、「使用者側が主張立証すべき事実は解雇の意思表示のみで足りる」と判示するものもあり、解雇をめぐる要件事実論と証明責任論が最大の争点となった。そこで、筆者は、従前の検討結果を取りまとめ、解雇権濫用に関する従来の判例法理を要件事実論・証明責任論の視点から分析し、東京地裁の判決・決定に対する理論的な反撃を行なうべく、二〇〇〇（平成一二）年一〇月、「解雇権濫用法理と要件事実・証明責任及び正当事由必要説再構成試論」（季労一九四号七七〜九一頁）を発表した。この論文は、多くの研究者の論文で頻繁に引用された。(4)

さらに、二〇〇三（平成一五）年に、政府は、解雇権濫用法理の条文化を図るため、労基法一八条の二（現在は労契法一六条）を新設する法案を提出した。この政府案に関して、民主党の城島議員は、証明責任分配の問題を厳しく追及し、労働基準局長から政府案の内容に関して「解雇に関する客観的に合理的な理由の存否について裁判官がグレーの心証形成しかできない場合には、使用者が勝訴する」との答弁を引き出したうえで、「この法案は判例法理で確立している証明責任分配を覆すものである」と厳しく追及し、さらに、厚生労働大臣を追及して立ち往生させるにいたり、最終的に民主党が自民党とともに政府原案に対する修正案を提出して、全会一致で可決され、現行条文ができた。(5) この過程で前記の論文が活用されるだけでなく、筆者は参議院厚生労働委員会に参考人として招致され、解雇権濫用法理の法制化等に関する意見陳述を行ない、委員からの質問に答えた。

筆者は、これらの実践経験を通じ、解雇に関する要件事実論と証明責任分配論が裁判官の恣意的判断を防ぐために重要であるとの確信を深めていった。このときに、山田紡績整理解雇事件の依頼を受けることになった。

三　山田紡績整理解雇事件における訴訟手続

1　訴訟手続に関する基本方針の確立

山田紡績整理解雇事件において筆者を含む原告代理人が補充され、本格的な審理が始まった二〇〇二（平成一四）年四月の時点で、原告弁護団は、要件事実論と証明責任論をふまえた争点整理が決定的に重要であることを確認し、これを具体化するため訴訟の進め方に関して次の方針で臨むことにした。

第一段階（序盤戦）では、通常どおりの裁判手続を進める。すなわち、公開の法廷において、傍聴人がいるなかで口頭弁論期日を開き、当事者双方の主張を記載した準備書面のやりとりを行ない、口頭での主張も展開する。

第二段階では、原告弁護団から、裁判所に対して、争点整理調書(6)を作成することを求める。そのために、法廷における公開の口頭弁論手続から非公開の弁論準備手続に移行させ、争点整理を行なうことを提案する。争点整理が完了した後に、訴訟当事者は、公開法廷での口頭弁論期日の冒頭で、弁論準備手続の結果を陳述しなければならない（民訴法一七三条）。争点整理調書を作成することについて、旧民訴法には準備手続の終結に関する失権効の規定（旧法二二五条第一項本文―攻撃防御方法の追加の原則禁止）があったため、訴訟当事者が調書作成を躊躇する原因となっていたが、一九九六（平成八）年の民訴法全面改正により失権効の規定がなくなり、相手方に対する説明義務（一七四条、一六七条）に緩和されたので、使いやすくなっていた。そこで、この争点整理手続を積極的に活用することにした。

争点整理調書が完成し、証人尋問や本人尋問による立証の必要な事項が絞り込まれた後に、第三段階として、公開法廷での口頭弁論手続に戻して尋問を行ない、最終準備書面を提出して結審することにした。

2　前半の公開法廷における口頭弁論手続

二〇〇二（平成一四）年四月に本格的な審理が始まり、原告弁護団が作成し提出した準備書面は、徹頭徹尾、要件事実と証明責任分配を意識した構成とし、各論のなかでも具体的事実関係とその評価を区別した記述を行なった。そして、原告弁護団は、会社に対し、原告主張の具体的事実について逐一認否を行なうよう求めた。しかし、会社側は、他の労働事件の通例どおり、逐一認否を行なうのではなく、会社が認否反論をする必要があると判断した部分についてのみ認否反論を行なった。原告弁護団は、法廷で繰り返し「原告らの主張する事実に対する認否反論を会社が逐一行うのでなければ、尋問の必要な事項が膨れ上がり、審理の長期化が生じる。」「裁判所が判決を書く際に、『当事者間で争いのない事実』が明確にされ、『当事者間で争いのある事実』が絞り込まれていればいるほど、判決書を作成する際の裁判官の負担は軽減される。」と主張し、争点整理の必要性を指摘した。

原告弁護団は、準備書面と証拠書類を出し尽くした時点で、裁判所に対し、争点整理調書作成のために訴訟手続を口頭弁論手続から弁論準備手続に移すことを提案し、裁判所は即座にこれに応じた。

3　整理解雇四要件（要素）の内容の確定

弁論準備手続を担当した受命裁判官は、二〇〇三（平成一五）年一〇月から始まった弁論準備手続の冒頭で、争点整理の骨格案（項目見出しを並べたもの）を提示した。この骨格案では、整理解雇四要件（要素）の内容に関して、厚生労働省作成の整理解雇に関する啓蒙宣伝用パンフレットの記述と一言一句同じ文言が使われていた。原告弁護団は、「厚生労働省のパンフレットは、素人に判りやすい平易な文言が使われ、判例学説上の厳密な法律用語ではなく、これを基礎に争点整理を行うことは不適切である。」と指摘し、対案を示した。最終的に、整理解雇四要件（要素）の記述は、某裁判官執筆の論文を参考にして、従前の学説判例にそった文言とされた。

4　争点整理の手法

整理解雇四要件（要素）の内容が確定された後に、当該事案における事実についての争点整理がなされた。この争点整理は、裁判官が主導して一方的に行なうのではなく、一か月ないし一か月半ごとに開かれる弁論準備手続期日の間に、原告代理人と被告代理人が争点整理の骨格案、論点ごとの事実整理案等を数往復させて、当事者間での一致点と不一致点を煮詰めておき、弁論準備期日で受命裁判官を交えて調整する方法によりなされた。この過程では、訴訟当事者双方による争点の事前整理を重視するイギリスの民事訴訟のやり方に習って、詳細な時系列表を両当事者の共同作業で作成した。この方法は、争いのある事実を絞り込むうえでたいへん有効であった[7]。

争点整理の形式については、全争点に共通の統一形式をとるのではなく、争点ごとにそれぞれ適切なものをとった。このため、争点ごとに、文章記述方式、左右対称表方式、「被告の主張」「原告の認否・反論」「被告の認否・再反論」「原告の認否・再々反論」「被告の認否・再々々反論」を一覧表で並べる方式等がとられた。

5 争点整理の結果

争点整理のために要した期間は、約六か月間であった。最終的に争点整理調書（弁論準備手続調書）に記載された「争点整理結果」は、A4版で二三枚、A3判で一九枚、合計四二枚もの膨大なものである。参考までに、この調書の「2 争点」の各項の見出しと冒頭の記述の一部を引用すれば、次のとおりである。

（一）（争点1）整理解雇四要件の法的性質

ア 本件事案において整理解雇四要件は適用されるか

イ（本件事案において整理解雇四要件が適用されるとした場合において）

整理解雇四要件と就業規則の関係

ウ（本件事案において整理解雇四要件が適用されるとした場合において）

整理解雇四要件と呼ばれるものは要件か要素か

エ（本件事案において整理解雇四要件が適用されるとした場合において）

整理解雇四要件に関する証明責任（事実の存否につき裁判官の心証形成がグレーの場合に当事者が負担する敗訴の危険）の分配

（二）（争点2）本件解雇につき、営業・人事・経理部門の数名を除く全員についての、人員削減の必要性

ただし、本件の場合、小巾・広巾部門の閉鎖とこれに伴う人員削減の必要性があったことについては当事者間に争いがないので、本件における争点は、小巾・広巾部門の閉鎖とこれに伴う人員削減にとどまらずに、製造部

門の全面的閉鎖とこれに伴う製造部門のほぼ全人員の削減の必要性の有無であり、より具体的には、必要性のある人員削減の範囲がどれだけであったかという点である。

6　本人尋問と結審

争点整理が詳細かつ緻密になされた結果、当事者双方が人証によって立証しようとする事項が絞り込まれ、法廷での尋問は、原告労働者一名と被告代表者一名の尋問を実施すれば十分であることが明らかとなった。そこで、それぞれの陳述書を事前に作成して提出し、法廷における本人尋問のための口頭弁論期日は、二〇〇四（平成一六）年六月と八月の二回だけで終了した。その後双方が速やかに最終準備書面を提出して結審した。

7　名古屋地裁判決

名古屋地裁は、二〇〇五（平成一七）年二月二三日、原告一〇五名（この時点での原告数）全面勝訴の判決を言い渡した。判決書記載の「第2章　事案の概要」の「2　争いのない事実」、および「第3章　争点及び当事者の主張」の部分は、争点整理調書の内容に準拠している。そして、「第4章　当裁判所の判断」には、争点整理結果にそくして、裁判所の認定した事実および判断が記載されている。このため、判決内容は、当事者双方にとって不意打ちというべき事実認定が皆無であり、かつ、当事者双方が裁判所に事実認定および判断を求めた全部の争点について裁判所が漏れなく順番に応答する内容であった。

結び

争点整理は、時間と手間がかかり、負担が重い。当事者双方の準備書面記載の主張のなかから争点・論点を拾い出し、その法的意味を分析して体系的に整理し、さらに、双方の準備書面記載の具体的事実を漏れなく抽出し、争いのある事実とない事実をふるい分けしたうえで、争いのある事実の一つ一つについてどの争点や論点に対応するかを整理しなければならない。しかも、両当事者のいずれもが納得し合意できる内容でなければならない。

精緻な争点整理調書を作成することの実質的意味は、裁判官が書く判決書の「理由」の部分の前半にある「争いのない事実」「争点と当事者の主張」の部分を、証人尋問・本人尋問に先だって、両当事者の代理人が協議しながら、裁判官に代わって、執筆することである。裁判官が、これを前提にして尋問に臨み、争点について心証を形成し、判決を書く際には、両当事者代理人により調整済の争点整理調書記載の「争いのない事実」を大前提にしてこれと矛盾が生じないように留意しながら、争点整理調書記載の「争点及び当事者の主張」についての認定事実と判断を書くことに専念できるようにするための制度である。

複雑な労働事件において、両当事者の代理人が共同してこの作業を行なうためには、膨大な時間と労力を必要とするだけでなく、過去の判例学説に登場したさまざまな論点とその法的意味や位置づけについて習熟し、一人よがりにならずに相手方と裁判官を説得する能力、および場合によっては相手方との妥協が可能な限界ラインを見極めて譲歩する判断能力が必要不可欠である。この作業を一言で表現するなら『知的格闘技』である。

大規模整理解雇や労働条件不利益変更等の論点が多い事件において、真実と道理をふまえた判決を獲得するためには、当事者双方の代理人により作られた争点整理結果にもとづき、裁判官の判断を求めることが重要である。もしも、使用者側代理人が『理論派』ではなく『武闘派』であり、争点整理手続に非協力的であるときには、労働者側代理人が単独で争点整理を行ない、争いのない事実とある事実を振り分け、争点は何かを明確に示し、争点毎に双方の主張を整理し、使用者側に異議を述べる機会を付与したうえで、結審する方法もある。争点整理の作業を裁判官任せにすることは、勝てるはずの事件で負けるリスクを高めるものであることを指摘して、結びとする。

（1）名古屋地判平成一七・二・二三労判八九二号四二頁。
（2）名古屋高判平成一八・一一・一七労判九〇九号五頁。
（3）紛争の経緯の詳細、労働組合が果たした役割、人員削減の必要性に関する主張立証の方法等の当該事件の個別的内容については、筆者執筆の次の文献を参照されたい。「山田紡績整理解雇事件名古屋地裁判決　一〇五名の整理解雇無効」季刊労働者の権利二〇〇五年二五九号七四～七八頁、「山田紡績整理解雇事件　労働組合と産別組織の底力」労旬一六五三号〈二〇〇七年〉四～五頁、「山田紡績整理解雇事件　一〇〇名の整理解雇無効　UIゼンセン同盟の組織をあげての闘い」日本労働弁護団編『日本労働弁護団の五〇年　第二巻』二〇〇七年三四四～三五二頁、「労働弁護団賞　受賞の弁」季刊労働者の権利二〇〇八年二七三号五～七頁。
（4）論文発表後一年半の間に、野田進教授（九州大学）、和田肇教授（名古屋大学）、西谷敏教授（当時大阪市立大学教授）、山川隆一教授（当時筑波大学）、川口美貴助教授（当時静岡大学）、小宮文人教授（当時北海学園大学）、藤原稔弘助教授（当時大阪工業大学）、奥田香子助教授（当時京都府立大学）、および本久洋一助教授（当時小樽商科大学）らが、各執筆論文のなかで引用された。
（5）解雇権濫用法理の条文化にいたる経緯の詳細については、筆者「労基法改正と今後の課題」（季刊労働者の権利二〇〇三年二五一号三～七頁）、ハーバーマイヤー乃里子「労働基準法改正案・修正のプロセス―『第一八条の二』の条文案を中心に」（季労二〇三号〈二〇〇三年〉一九〇～二〇七頁）、「労働基準法『改正』をめぐる攻防一八〇日　なぜ『使用者は労働者を解雇することができる』が消えたのか？」（月刊『連合』二〇〇三年一八四号四～九頁）、「労基法『改正』資料集」（季刊労働者の権利二〇〇三年二五二号一八～三五頁）。
（6）弁論準備手続で、その後の証拠調べによって証明すべき事実が確認された場合において、その内容を記載した書記官作成の弁論準備手続調書（民事訴訟規則第九〇条、第八六条第一項）の一種であり、当事者間で争いのない事実、争点、争点に関する当事者の主張等の整理結果が記載されたもの。
（7）イギリスの民事訴訟における当事者双方の共同作業による時系列表の作成について、菅野博之『英国の民事訴訟』「ヨーロッパにおける民事訴訟の実情・上」（法曹会一九九八年）三一頁・七三頁。

第Ⅲ部

宮里弁護士の歩んだ五〇年

日本労働弁護団（旧総評弁護団）と宮里さん

江森　民夫
（弁護士）

日本労働弁護団と宮里さんについて、七年下の弟の立場から見た思い出話しとして書くことにます（ここでは登場人物の皆さんを「さん」と言い、敬語は使いません）。

1 「階級的」労働弁護士として歩み始めた宮里さん

宮里さんは、一九六五年に弁護士になって、日本労働弁護団の前身である総評弁護団に加入しました。

総評弁護団は一九五七年に、国労、日教組、炭労等の運動に対する弾圧が強まるなかで結成されました。宮里さんは弁護士になり黒田法律事務所に入りましたが、黒田事務所は総評弁護団の主力事務所でした。ところで総評弁護団は結成にあたって、次のような声明を出しました。

「われわれはひろく労働者階級の側にたって労働事件の弁護を担当し、労働者階級に対する法律上の相談相手となろうとするすべての弁護士をもって組織されるものであり、その力量において最も強大なる弁護団である。」

当時総評弁護団に結集した労働弁護士は、「階級的」弁護士としての強い自覚を持っていたといえます。宮里さんが黒田事務所に入る頃、事務所の先輩から「今事務所会議で、我々が賃貸家屋でなく家屋を所有することが認められるべきかどうか議論している。」と話され、びっくりしたそうでず。この議論は当時の「階級的」弁護士の姿勢を示していいます。宮里さんはこのことを、いつもにこにこしながら話します。宮里さんは、弁護士なった当初から、「階級的」弁護士として姿勢を問われ、弁護士生活をはじめたといえます。

総評弁護団は日本労働弁護団に名称変更をして、規約改正をしました。そこで旧規約にあった「労働者階級」という言葉はなくなりましたが、はたしてよかったのでしょうか。

2　総評弁護団「事務局」の活動と宮里さん

総評弁護団は発足すると、海野晋吉さんが会長となり、内藤功さんが専任の常任幹事になり、総評幹事が事務局長となり、事務局を総評会館に置き活動を開始しました。

ところである時期まで総評弁護団の活動は、かならずしも組織的なものでなく、総会での内藤さんの挨拶の演説内容が、総評弁護団の方針となっていたようです。こうしたなかで、山本博さん、藤本正さん、渡辺正雄さん、田原俊雄さん、塙悟さん、宮里さん、そして岡村親宣さんらが総評弁護団の「事務局」を構成し、長期にわたり総評弁護団の活動をささえてきました。

この総評弁護団「事務局」の弁護士たちの暖かい友情と連帯は、私たちがはたで見ていて、とても羨ましい関係でした。宮里さんは、民間労働事件の分科会の中心的な役割を果たしていました。当時は官公労の権利闘争の取り組みが多かった時期で、担当グループを「民間部会」などという名前で呼んでいました。

一九七三年に山本さんが幹事長になり、残る「事務局」の弁護士が「常任幹事」となりました。そして藤本さん、宮里さんがその後幹事長になり、若手を指導し、総評弁護団の組織的活動を更に強化して行きました。

3　総評弁護団の活動と宮里さん

「職人」集団としての総評弁護団活動

ところで山本さんを初めとする総評弁護団「事務局」弁護士の人たちは、「親方」「職人」という、徒弟制度的な作風を持っていたと思います。それは労働弁護士はプロとして、最高の弁護活動を進める、という誇りというものを持っていたことの反映であると言えると思います。宮里さんもその「親方」の一人でした。

私は総評弁護団の事務局に入りましたが、なかなか責任を持った活動ができませんでした。そして私は反動裁判官追放闘争の責任者として活動し、会合で運動の総括文書を提出しました。この会合で宮里さんは、「江森君もこのような文章を書けるんですね」と述べました。それは宮里「親分」が、私を一人前として認める言葉だったのです。

暖かい友情と連帯につつまれた「事務局」弁護士

こうして「親方」らに認められたころ、私はとある会合に誘われました。この会合は山本さんの行きつけの、新橋の飲み屋の離れのようなところで行われました。そこには宮里さんを含む総評弁護団「事務局」の面々が参加していました。

この会合は非公式の会議で、忌憚のない議論が行われていました。この会合に集まった弁護士は、つきあう労働組合も違うし、それぞれの考えに違いがありますが、労働弁護士の集団を大事にするという共通意識は強く、暖かい友情と連帯に満ちた議論がされていました。そしてこの会合に参加した若手弁護士は、多くのことを学びました。

なお総評弁護団の名称を変更し日本労働弁護団として再出発しようとした時期にも、この会合が開催されたのを覚えています。

4　日本労働弁護団の発足と宮里さん

総評弁護団は労働戦線の再編の中で、日本労働弁護団と名称変更をし再出発しました。当時私は総評弁護団の幹事長でしたが、出発に際し誰もが本当に影響力のある弁護団として発展できるのか不安を持っていました。こうしたなかで労働組合との連携を強めるために、一〇〇〇の労働組合を、弁護団の機関誌「季刊労働者の権利」の有料読者にしようという提案をしたのが宮里さんでした。そして宮里さんはそのとおり、多数の有料読者組合を増やしました。

なお日本労働弁護団の出発の際に、新しい弁護団の名称について総評弁護団の構成員の投票をしました、そのなかで多かったのが「日本労働弁護団」だったので、この名称に決めました。宮里さんは当時、「団」などと言う名前は古風だと批判されており、投票で破れてこの名称になった時に、宮里さんが残念がっていたのを思い出します。宮里さんの意見は、たしか「全国労働弁護センター」だったと思います。

5　宮里「実践会長」

宮里さんは、二〇〇三年に日本労働弁護団の会長になり、二〇一二年に退任しました。

総評援護団発足以来の会長は、一代目が海野晋吉さん、二代目が佐伯静治さんで、三代目が山本さんで、四代目が宮里さんです。

海野さんと佐伯さんは、いわば「重鎮会長」といえます。山本さんから雰囲気が変わってきました。それでも山本さんの場合、多少「重鎮会長」の雰囲気が残っており、総会等での山本さんの挨拶は、大局的な内容を簡潔に述べる会長でした。

しかし宮里さんは、従来の「重鎮会長」と異なり「実践会長」で、弁護団全体の方針を緻密に述べる会長でした。

私は宮里さんが幹事長の発言範囲を奪ったのではなかったのではないかと、多少心配していました。

宮里さんは、会長を退任して常任幹事になりましたが、これからも労働弁護団の全体のことを話したいので「筆頭常任幹事」というのはないか、などとぼやいていました。

たしかにその後も、宮里さんはかならず随所で労働弁護団の基本的活動について発言を続けています。宮里さんは生涯実践的「労働弁護士」として生きて行くのだと思います。

6　思いやりのある先輩宮里さん

宮里さんは、本当に思いやりのある労働弁護団の先輩・指導者であったと思います。

例えば私が体調を崩すと宮里さんからすぐに電話がありました。また私が国労関係の出版記念パーティーを休むと、会合の資料をそえた宮里さんの手紙がきますし、私が資料などを送りますと、宮里さんから丁寧な手紙がすぐ返ってきます。

また宮里さんとは、労働弁護士の生き方、労働運動の行方、社会変革のこと、遊びのこと等色々話しをしましたが、いつも話してよかったという気持ちで別れます。

最後に宮里さんに、これからも良き先輩としてお付き合いをしてほしいという希望を述べ、私の宮里さんの思い出の文章を終わりにします。

国鉄闘争の法的リーダーとして

福田　護
（弁護士）

1　愛の告白

二〇一〇年の暮れもおし迫った一二月一七日、品川プリンスホテルのメインタワーにある中華料理店で、国労主催の「宮里邦雄弁護士の古稀を祝う会」が開かれた。同じ日に国労の機関会議もあったようで、国労の全国の役員の方々と弁護団の総勢六〇―七〇人ほどで会場が埋まっていた。

このとき宮里弁護士はすでに七一歳になっていたはずなので、一年遅れの古稀祝いではあったが、それまでの一年間は、国労にとって歴史的な、国鉄闘争解決への時期であった。この年四月九日民主党政権のもとで「国鉄改革一〇四七名問題」の政治解決合意がなされ、雇用問題の解決は後日が期されていたが、六月二八日には最高裁において損害賠償等に関して裁判上の和解が成立した。こうして、国鉄分割民営化に関連する四半世紀にわたる国鉄闘争は、終結に向かうことになった。

古稀のお祝いは、名実ともに弁護団のリーダーとして、法的側面から国鉄闘争を解決に導いた宮里弁護士に対する、解決局面を迎えての、国労の心からのお礼の場であったろう。

宮里弁護士のあいさつの逐一の記憶はないが、一九六五年に弁護士登録をして間もなくの六八年に国労弁護団に入り、以来、数々のスト処分、刑事弾圧事件やマル生闘争へのかかわり、スト権ストに対する二〇二億損害賠償事件、そして分割民営化前後からの熾烈な不当労働行為事件と採用差別事件へのかかわりなど、ご自分の弁護士人生がまさに国労と伴走しての闘いであったことを話され、そして最後にこうおっしゃった。「私は、国労を愛している。」

2　国鉄闘争と弁護団

一九八二年に弁護士になった筆者が宮里弁護士とお付き合いをいただくようになった最初は、八五年、国鉄の分割民営化への動きが強まり「職場規律の確立」が声高に叫ばれるなかで、ワッペン着用問題に関する国労組合員の降職人事に対する裁判でご一緒したときからである。

その頃まで、国労の裁判事件は、歴史ある国労弁護団所属の弁護士が一手に担ってこられたが、国労横浜支部が分割民営化攻撃に対して地元の弁護士による地元での闘いの必要性を訴え、故柿内義明弁護士と岡田尚弁護士に相談を持ちかけ、筆者もこれに加わらせてもらった。そのとき、先走る国労横浜支部を心配してか、この横浜の事件の弁護団に本部から「お目付役」として派遣されたのが、当時の国労弁護団の中心メンバーのお一人だった宮里弁護士であった。それは、宮里弁護士が、従来の国労弁護団所属でない各地の弁護士が国労の事件に関わることに、寛容であられたことをも示していると思われる。

この事件は、『朝日ジャーナル』で「広がるか、たった一人の反乱」との見出しで報道されたが、その後、分割民営化への奔流のなかで、国労及び国労組合員に対する権利侵害事件、不当労働行為事件が全国各地で無数に頻発することになり、「人材活用センター」をめぐる事件、ＪＲへの採用差別事件、ＪＲ発足後の夥しい不当労働行為事件など、全国の地元の労働弁護士が総力を挙げて関わる、壮大な「国鉄闘争」が展開されることになる。そして、従来の「国労弁護団」の枠組みではない、これら全国の国労事件関係弁護団の総元締めというべき役割を果たされたのが、宮里弁護士であった。

ちなみに、「国鉄闘争」とは何か。国労が二〇一二年一〇月に発行した『国鉄闘争・分割民営資料集』のあとがきで、宮里弁護士は、分割民営化に反対するたたかいと分割民営化後のたたかいは、「国鉄闘争」といわれ、国労にとって組織の存亡をかけたたたかいであった、と記している。そしてこの資料集は、「国鉄闘争」の始まりを一九八一年三月の第二次臨時行政調査会の発足からと位置づけ、その終わりを二〇一一年七月の第八〇回国労全国大会での採用差別事件の終結確認までとしている。闘いは、三〇年に及んだわけである。その間、国労が全国各地の地方労働委員会に申し立てた不当労働行為救済申立事件は三三七件に及び、救済命令の数は二四八事件一五六本に達した。

3　採用差別事件と二つの「五・二八」

国鉄闘争は、採用差別事件を中核とする。これは、一九八七年四月に国鉄がＪＲ各社へと分割民営化されるに際して、ＪＲ職員を国鉄職員から「採用」するというかたちが採られ、国労、全動労等の組合員らに集中して全国で七六二八名が不採用とされ、国鉄清算事業団所属とされた上、最後まで同事業団に残った一〇四七名が一九九〇年四月に解雇されたものである。

その枠組みは、国鉄改革法二三条によって定められた。すなわち、ＪＲ設立委員が定めた採用の基準に従い、国鉄が採用の募集と採用候補者名簿の作成を行い、その名簿の中からＪＲ設立委員が採用者を決定するというものであった。労働委員会は、中労委を含めていずれも、国鉄が行った差別・選別の不当労働行為責任はＪＲに及ぶとして採用命令を発したが、これら救済命令は裁判所において改革法の規定上ＪＲに責任なしとして取り消され、二〇〇三年一二月二二日の国労・全動労関係事件最高裁判決によって、その取消が確定した。なお、最高裁判決は多数意見三人対反対意見二人の一票差であった。

この採用差別事件の大きな節目として、「二つの五・二八」がある。

一つは、中労委が不採用事件について「最終的解決案」を示した、一九九二年五月二八日である。もう一つは、東京地裁が国労の採用差別事件についての中労委命令を取り消した、九八年五月二八日である。

前者の五・二八中労委「解決案」が、国労が受け入れられるようなものにはならず、国労が直ちに拒否して、採用差別闘争が長期化するにいたった顛末については、宮里弁護士が、『弁護士たちの国鉄闘争』という本の中で「幻の中労委解決案」と題して振り返っておられる。そこでは、宮里弁護士が、当時の石川吉右衛門中労委会長と数回「密談」をしたが功を奏しなかったことが打ち明けられている。結果的には奏功しなかったけれども、ここには、宮里弁護士の人脈の層の厚さと、相手との信頼関係の強さがあらわれている。

そしてその後中労委は、国労勝利の救済命令を次々と発し、これら命令の取消訴訟が東京地裁に集中することになった。その判決が、一九九八年の五・二八である。この日東京地裁は、まず民事第一一部が北海道・九州関係事件について、次に民事第一九部が本州関係事件について、判決を言い渡した。両事件の敗訴判決には筆者も同席しているが、宮里弁護士はしばらく席を立とうとしなかった。「あまりのショックで動けなかった」と、後に宮里弁護士は述懐している。

ともあれ、この東京地裁判決、さらにその後の最高裁判決をどう克服するかが、国鉄闘争の最大の課題となった。その過程で法的な結集軸として支えになったのは、ＩＬＯへの申立てと九次にわたる日本政府への勧告、そして国鉄清算事業団の法的責任を承継した鉄道運輸機構に対する裁判であった。その具体的経過を記す余裕はないが、最高裁判決が国鉄の法的責任可能性を明記し、二人の裁判官の反対意見が存在したことが、最低限の歯止めになったといえる。

4　解決報告

二〇一〇年七月二八日、国労第七九回定期全国大会の壇上には、弁護団報告をする宮里弁護士の晴れやかな姿があった。「私たちは、まさに前例のない国家的不当労働行為に対する闘いに挑戦してきた」、そして「大きな解決をかち取った」、「いま、弁護団もその責任をともかくも果たし得たと思っている」。

この大きな解決は、国家的不当労働行為に正面から挑んだ国労の団結と、その国鉄闘争の法的な側面でリーダーの役割を終始果たし続けた宮里弁護士との間の、「相思相愛」がもたらした、歴史的な成果であった。

労委労協の活動と宮里弁護士

長谷川裕子
（労委労協事務局長）

労委労協の歩み

一九四六年三月一日に（旧）労働組合法施行され、労働者の団結権、団体交渉権、団体行動権（争議権）が保障された。同時に、労働委員会制度が発足し、中央労働委員会と地方労働員会の活動が始まった。労組法は四九年に全面改正され、労働委員会の職務も「不当労働行為に対する処罰請求」から「不当労働行為救済命令審査制度」に変わった。

一九四七年には全国労働委員会連絡協議会（全労委）が組織され第一回総会が開催された。全国労働委員会労働者側委員連絡協議会（労委労協）が発足したのは、五八年一月である。結成日に確認された内容は、①労働委員会制度を労働者階級のために最大限に活用する、②中央、地方の労働者委員の個人的能力、経験、知識依存の対処では限界がある、③個人の力を統一し全体として活動の質を高める場とする等が確認されている。そして、六〇年の第四回総会で、①中労委、地労委の連携、学者、労働弁護団との連携を強化する、②労働者委員独自のブロック別研究会を開催する、③「ニュース」を月刊誌に改める等が確認され、これらの活動が継続されている。

日本労働弁護団のなかでも宮里弁護士と労委労協との協力関係は深い。機関誌『月刊労委労協』や『労委労協五〇年の歴史と年表』を読むと一目瞭然で、労委労協は宮里弁護士におんぶにだっこで、共に歩んできたともいえる。

宮里先生には折にふれご教示いただいた。労働組合が使用者から不当労働行為を受け、安定的で正常な労使関係を求めて、労働委員会に不当労働行為の救済を求めてきた場合、労働者委員として、事件をどのように見、どのように考え、対応するかについて、命令や判例の動向を紹介していただき、理論構築し、労働者委員のスキルアップに貢献していただいた。先生の労委労協に対する強い思いと貢献度は『月刊労委労協』を紐解くと一目瞭然である。

労委労協の活動

労委労協の主な活動は、①労働委員会制度や労働関係法律等労働者委員として研鑽すべき課題について学習するブロック研修会、②新しく労働委員会委員に任命された委員を対象に、不当労働行為救済制度や労働関係法律等委員としての専門性を磨くための中央研修（現公労使新任委員研修）、③政令都市を抱え、事件が比較的多い都道府県労委における実情や経験を交流し、課題等を明らかにしてそれらへの対応について考え方をまとめることなどを目的に開催する都道府県労委労協労働者委員研究会（二〇一二年から廃止）、④労働委員会命令を批判的・建設的に検討し、救済命令のあるべき姿を追求する命令研究会（宮里先生座長。二〇〇一年から開催）、⑤委員の所感、研究者や弁護士の論考、労委命令・判例の解説・評価等掲載する『月刊労委労協』の発行等である。

宮里先生には、研修会の講師、『月刊労委労協』への執筆、命令研究会の座長等々、活動全般にわたってご協力していただいている。ご支援・協力に対して言葉では言い尽くせない程である。

その一端をご紹介させていただく。

新任委員研修

労委労協は、新しく労働委員会委員に就任した人を対象に「新任委員研修」を一九七〇年から行なっている。この研修は一端途切れ、八五年から中央研修として各年ごとに開催してきた。二〇一二年からは公労使合同研修の一環として、労働者側の独自研修が行なわれ、今日まで定着している。宮里先生には、多忙にもかかわらず、第三回から毎回のように講演をお願いしている。

新しく労働委員会委員に就任した労働者委員は、事件の解決にスムーズに対応できるか不安を抱いているが、この研修で不当労働行為の救済制度の理論と労働者委員の役割を学ぶ場となっている。先生は、集団的労使関係のルール破りとしての不当労働行為とその救済について、重要なポイントを解説し、労働委員会で形成された不当労働行為の法理をいつも優しく、丁寧に新人に教えてくれる。事件を担当する者にとってこの研修は、「ありがたい研修」「役にたつ研修」となっている。新任委員は先生の講義で救われる。近年、先生の著書『問題解決労働法11　不当労働行為と救済―労使関係のルール』（旬報社）はこうした研修時の参考文献として、かつ常に携帯する必読書になっている。

ブロック研修

労委労協は、一九六〇年一〇月北海道・東北ブロックが学習と経験交流の場として、ブロック単位の研究会を開始した。その後、中部、四国、九州、関東にも拡大し、現在では六ブロック（中国・四国が合同）と中労委労働者委員において研修会が開催されている。先生には、不当労働行為救済命令に関する最高裁判例の紹介、不当労働行為救済制度の意義と内容、労組法上の労働者性等について、各ブロックの研修会で講演をしていただいている。

命令研究会

二〇〇四年から「命令研究会」を開催した。これまで東京都労委と中労委有志によって自主的に行なっていたものを、労委労協の「命令研究会」として開催することを総会で確認した。宮里先生には命令研究会の座長を引き受けていただき、現在も東京で年五回、九州で年一回、近畿で年一回開催している。ご多忙な中、東京命令研究会の他、九州命令研究会、近畿命令研究会にも快く参加していただいている。

JR不当労働行為事件

一九八七年に国鉄の分割・民営化が実施された。その過程で当局は、国労組合員に対する採用差別、労働組合活動の制限、処分の乱発等不当労働行為を行ない、国労は団体交渉拒否を含めた不当労働行為に対して、労働委員会に救済申立をした。労委労協は、JR事件を重要課題として位置づけ、ブロック研修、都道府県労委委員研修の中心テーマとして実情報告や意見交換を行なって事件対応した。先生は国労問題について事件の問題点や命令、判決の評価等について積極的に講演、執筆され、それらを『月刊労委労協』に掲載し、全国の労働者委員の必読文献となった。

労働委員会制度のあり方検討などへの対応

全労委は、一九九〇年代に入って、労働委員会のあり方の検討を加速させた。その背景には、①新規申立事件の減少、②大都市圏に申立が集中、③地域合同労組による申立の増加（個人の問題を集団的労使関係の問題として解決を求める）、④審査の長期化（併存組合の差別事件）、⑤司法制度改革の動向等があげられる。全労委は、九九年七月に「労働委員会制度のあり方に関する検討委員会」を設置し、集団的労使紛争を中心に対応してきた労働委員会が、個別労使紛争にも道を開けることを提起した。

その後も「制度基本問題検討ワーキンググループ」「審査業務改善等フォローアップ小委員会」、「審査促進等実行委員会」「制度基本問題研究会」を設置、審査促進等実行委員会は労委規則の改正審議、審査計画のモデルづくり、「申立書モデル案」の検討、「和解事例集」「和解の進め方」を作成した。制度基本問題研究会は、審級省略や実質証拠法則、新証拠の提出制限など再審査および行政訴訟のあり方、確定命令前の救済命令や緊急命令など命令の実行性確保等について検討した。

二〇〇五年七月、改正労組法の運用に関する問題等を検討するために「審査業務改善委員会」を設置した。

労委労協は、労働委員会をめぐる状況については同様な認識を持っていたので、全労委の労働委員会改革に積極的に取り組んだ。また、労働者側委員として適切に対応するため、検討委員会等各種会合が開催される前には、労働者委員が弁護士と学識経験者を加えて綿密な検討をおこなって対応した。宮里先生には、専門家としてのアドバイスを何度もいただいた。重要な問題については、講演をしていただいたり、『月刊労委労協』に寄稿していただいて、労働者委員の認識の統一を図ってきた。

おわりに

最後に私（長谷川裕子）と先生の交友について一言。初めてお会いしたのはＪＡＭの労働委員会委員会議で、労働契約承継法と労働者保護について連合の考え方を話す場だった。それ以降、ＪＡＭ会合で何度か意見交換の機会に恵まれた。また、労働の規制緩和、解雇の金銭解決制度、ホワイトカラーイグゼンプション、有期労働契約の期間延長、労組法改正、司法制度改革、労働契約法、労働者派遣法改正など労働関係の法律改正時には、先生と意見交換を行なった。それから、ドイツ労働法協会では研究者と弁護士が一緒になってドイツの労働法を学ぶことができた。そして、労委労協では、労働委員会制度、不当労働行為救済制度について先生からご指導をいただいた。〝集団紛争は宮里弁護士〟といわれるように、命令研究会では大変お世話になっている。宮里先生は「労働弁護士界の人格者」と賞され、みなから尊敬されている。労委労協で先生に学び、労働委員会で闘ったことは私の財産である。

ロースクール教員としての宮里先生

在間　文康
（弁護士）

私が初めて宮里先生にお目にかかったのは、二〇〇五年四月、東京大学法科大学院の演習室だった。

宮里先生は、法科大学院制度が開始された二〇〇四年四月から、東京大学法科大学院（ロースクール）で客員教授として教鞭を執られた。

法科大学院の第二期生として入学したばかりの私は、宮里先生と親交がある父の勧めもあり、先生が担当される労働法演習（ゼミ）を受講させていただくことにした。このゼミは、宮里先生と中山慈夫先生が指導教員となって、学生が労働判例の事案について、内容の整理や法的問題点を報告し、この報告に基づいて、全員で議論し、労働紛争の解決のあり方について理解を深めるという内容であった。

宮里先生が労働者側の立場から、中山慈夫先生が使用者側の立場から、労使双方の実務家が指導にあたるという形式のこのゼミは、私たち学生からすると、これまでに体験したことのない画期的で刺激的なものだった。

ゼミの光景で真っ先に思い出されるのは、学生が報告をしたり、意見を発表したりしたときに、拙い学生の言葉を決して遮ることなく、大きくうんうんと頷きながら、最後まで聞いてくださっていた宮里先生の姿である。宮里先生はどんな内容の発言でも優しく聞いてくださるので、学生は遠慮せずに発言することができ、毎回、議論は白熱した。当時、労働法の初学者だった私などは、相当頓珍漢なことを言っていたと思うが、そんな私でさえ、積極的に発言できる雰囲気を宮里先生は作り出しておられた。

それに加え、宮里先生は、真剣な話をしておられたかと思うと、突然、ジョークを飛ばされるので、その度に、教室が不意に笑いに包まれ、白熱しつつも実に和やかな空気の漂うゼミだった（時には、宮里先生のジョークが高度過ぎて、学生がついていけないときもあった）。

そのような「楽しい」ゼミであったため、定刻を迎えてゼミがお開きとなった後も、質問をしようとする学生が宮里先生の周りに列を作るのが、講義終了後の定番の光景だった。

宮里先生は、学生の質問に対して、必ず、時間をかけて丁寧に応じてくださった。あるとき、講義終了後の質問時間が長くなり、演習室の使用時間を超過してしまったことがあった。そのときも、宮里先生は、学生の質問を打ち切ろうとはせず、「どこかまだ話をできる場所はないですか？」と学生に尋ねられ、普段は学生のたまり場となっている雑談スペースへ移動して、そこで、学生が納得するまで、お話を続けてくださった。私は、二年間の法科大学院生活で、この雑談スペースに腰掛けてまで学生の質問に応じられる教員は、宮里先生以外に見たことはない。

おそらく、宮里先生は、講義時間のみではなく、その後の質問時間も見越して、法科大学院にお越しいただく時間をご予定いただいていたのだと思う。講義の準備に要する時間も併せ考えたとき、宮里先生が私たちへの講義のために費やしてくださっていた時間や作業量の多さは、実務家の端くれとなった今となって、想像を絶するものだったのだろうと推測できる。日々の激務を抱えられる中、宮里先生が私たち学生に深い情熱と愛情を注いでくださったことに、改めて感謝の念が尽きない。

宮里先生は、ゼミのみではなく、労働法や会社法の研究者とともに、労働法・会社法双方の見地から労使関係を考察する授業や、法律相談クリニック・法曹倫理といった実務系科目に至るまで、複数の幅広い講座を受け持っておられ、いずれの科目も受講希望の学生が殺到していた。

宮里先生の講義では、広い視野、深い理論的考察を前提にしながら、労働者の権利擁護に向けられた熱を帯びた主張が展開され、私たちは皆、いつの間にかその世界に引き込まれていた。そして、私たちは、宮里先生の姿勢から、労働法の分野に留まらず、法曹に求められる知性と感性をも広く学ばせていただいた。

宮里先生は、二〇〇七年三月まで、東京大学法科大学院で教鞭を執られた。その間に宮里先生の講義を受けた学生の多くは、現在、さまざまな立場の法曹として活躍している。

私ごときが申し上げるのもおこがましいが、宮里先生から指導を受けた学生を代表して、先生に感謝とともに、先生の弁護士生活五〇周年をお祝い申し上げたい。

私自身は、弁護士登録後、東京で二年間勤務した後、二〇一二年三月に、岩手県陸前高田市に新規開設された公設事務所の初代所長として赴任し、現在も同地で活動している。陸前高田市は、二〇一一年三月に発生した東日本大震災による津波被害の爪痕深く、未だ復興の道半ばで、困難な状況にある。これまで出会ったことのない問題に直面し、悪戦苦闘する日々だが、恐れながら、「宮里先生なら、この問題をどう解決されるだろうか。」と思いを巡らせ、これまで何とか大過なく過ごせてきた。

宮里先生に指導を請い、一〇年が経とうとしている今もなお、先生の教えが身に染み、自分の基礎となっていることを実感する。

私は、弁護士登録時や公設事務所への赴任前など、折に触れ、宮里先生に近況をご報告させていただいた。宮里先生は、その度に、さりげなく食事に誘ってくださり、暖かい激励の言葉をかけてくださった。宮里先生の弁護士生活五〇周年にあたり、こうして、拙稿を献呈させていただくことは、この上ない喜びである。

宮里先生の教え子としての誇りを胸に、志を高く持ち、広く人々のために尽力していきたい。それは、宮里先生から教えを受けた者に共通する想いである。

宮里先生には、これまでと変わらず、ご指導・ご鞭撻賜りたく、また、今後も、先生の「かっこいい」お姿でご活躍を続けていただきたい。

宮里先生の労働者への深い愛情を感じる講座
――長野県の「二一世紀の労働運動研究会」主任講師を務めていただいて

喜多　英之
（長野県平和・人権・環境労働組合会議事務局長）

1　二つ返事で引き受けていただいた「二一世紀の労働運動研究会」の主任講師

「今の労働運動に取って必要な企画ですね。引き受けます」――二〇〇六年一一月、東京共同法律事務所を訪ねたときの宮里邦雄先生の言葉だ。

長野県平和・人権・環境労働組合会議（県労組会議）では、若い世代や現場の労働組合活動家に学習と交流の機会をつくるため、「二一世紀の労働運動研究会」を発足させて、年間を通して定期的に講座を開き、社会的労働運動の復権につなげたいと構想を練っていた。

その構想の最も重要なポイントとなる主任講師。「何とか宮里先生にお願いできないかな」とみんなで相談していた。ただ、宮里先生は東京を拠点に活動しておられるし、全国的なネームバリューもあり、講演料なども多額になるだろうから、難しいだろうと感じていた。

「当たって砕けよ」と二〇〇六年一一月のとある日、新宿の東京共同法律事務所を訪ねて宮里先生に直談判。「研究会」の構想をお話しさせていただいた。そして冒頭のご返事をいただいたのだった。講演料も格安で、忙しい合間を縫って長野県に来ていただけるという。さらに日本労働弁護団の弁護士を中心にそうそうたる講師陣も紹介していただいた。「産別や企業の壁を乗り越えて、労働運動の再生に向けて学習したいという、あなたたちの設立趣旨に賛同したからね。私の知識と経験が少しでも役に立てば」と宮里先生は快諾の理由を述べられた。

2　労働運動が企業主義的傾向を強める状況への宮里先生の危機感

宮里先生が「二一世紀の労働運動研究会」の主任講師を引き受けていただいた背景には、先生自身の現在の労働運動に対する危機感があるのだからと思う。

労働運動が「冬の時代」と称されて久しくなる。労働組合への組織率は二割を切り、春闘をはじめとする社会的公正労働基準の確立のための労働運動の波及力も弱くなり、パート・派遣などの非正規雇用労働者の増大により、正規労働者との賃金・労働条件格差は広がるばかりだ。また、所得や資産、雇用、社会的地位など社会のあらゆる分野で格差が拡大し、新たな「階級社会」が日本に出現している。

とくに現在、安倍政権のもとで新たな装いを羽織っての「新自由主義政策」が進められ、労働分野でも財界の意向を全面的に受け、労働法制の大改悪が強行されようとしている。戦後の労働運動によって闘い取ってきた労働判例や、労働法制の規制が一挙に改悪されるきわめて重大な局面に立たされている。

まさに今、労働運動が社会的な影響力を発揮するときだ。労働運動が正規・非正規を問わずすべての労働者の生活と権利を守る社会的責任を果たさなければならない。

しかし残念ながら、現在の労働組合運動の主流は、企業主義的な傾向をますます強めていると言わざるをえない。労働者・労働組合が企業ごとに分断され、企業経営者への対抗力を失うだけでなく、企業間競争に勝ち抜き、企業利益をいかに実現するかという発想に陥っている労働組合幹部も少なくない。労働組合を担う役員や活動家が、企業の動向や企業利益に敏感になり、内向きの発想になっている現状は否定しがたい事実である。

宮里先生は、このような傾向を強める労働運動に対して強い危機感を感じておられるのだろう。私たちの「研究会」が「社会的労働運動の復権」という目的を掲げたことに共感をしていただいたと思っている。

3　受講者の共感を呼ぶ宮里先生の講演──労働者・労働運動への温かい激励・期待

「二一世紀の労働運動研究会」の記念すべき第一回講座は二〇〇七年一月、長野市内に約八〇人の参加者を集めて開いた。講座は、宮里先生をメイン講師としたパネルディスカッションだった。

宮里先生には講座の冒頭で「労働組合の役割」というテーマで講演していただいた。

宮里先生はまず「一九六五年に弁護士になって以来、一番力を入れて生きがいを感じてきたのは労働問題だった。労働裁判、労働委員会、労働運動に携わってきて、多くの解雇された労働者や労働組合と付き合い、そのなかで労働組合のあり方とか役割などについて、労働者と伴走しながら考えてきた」と前置きし、「解雇・雇い止め、退職勧奨、配転や出向、転籍、偽装派遣など、労働者の雇用の質が、これほど悪くなった時代はない」と指摘。これらの劣化する雇用、労働条件などの問題解決のために労働組合が果たすべき役割がかつてなく大きいと強調された。そして、宮里先生は、労働組合は「対使用者という企業内の役割と社会的な役割」と二つの役割を背負っていると述べ、「雇用における非対等な関係」を改善し、労働者同士の競争を、連帯・絆によって規制する企業内における労働組合の役割、そして「労働者の団結を通じて、未組織労働者を含めた全体的な労働条件の向上、水準の引き上げ、標準化という労働条件に対する社会的な規制という役割」を果たすことが求められ、「労働組合は単に組合員のため、労働者だけのための存在ではなく、広い意味での社会的な運動の担い手である事が期待されている」と強調された。現在の「労働組合の危機」を乗り越えるために、地域合同労組などの地域労働運動と産業別労組がお互いを補っていく運動、さらに非正規雇用の増大に対応し、正社員との格差、分断化、差別化の是正に真正面から取り組むことが重要だと指摘された。宮里先生は最後に「労働者の団結にとって今日的なキーワードは『自立と連帯』だ」と述べ、「労働者一人ひとりが権利意識を磨き、企業内の連帯から企業の枠を越えた連帯へ」広げていこうと締めくくられた。

この講座での宮里先生の講演は、これからの労働組合の役割――「社会的労働運動」をめざす意義をわかりやすく説明していただき、参加者には深い共感の輪が広がった。

4 温泉とお酒が好きな気さくな人柄

宮里先生には二〇〇七年以降、毎年「二一世紀の労働運動研究会」の主任講師を務めていただいている。今年で九期目を迎えた研究会は、宮里先生の人柄と人脈に支えられてきた面が大きい。棗一郎弁護士（旬報法律事務所）や小川英郎弁護士（ウェール法律事務所）も毎年講演に来ていただいているが、宮里先生に紹介いただいたことが縁だった。

せっかく信州・長野県まで来ていただいているので、宮里先生には毎年講座の終了後に、温泉場でゆっくりしてもらうのが慣例となっている。信州にはさまざまな泉質の温泉地があり、山の幸も含めて宮里先生と杯を酌み交わし、労働運動について語り合う機会を与えられて、大変光栄に思っている。

宮里先生の人柄をあらわすエピソードを一つだけ紹介する。宮里先生が結婚して間もない頃に、「夫婦で長野県の浅間山を見てゆっくり温泉につかりたい」と思い立ち、松本市の「浅間温泉」の旅館に来てみたものの、肝心の浅間山は見えない。よく調べてみると浅間温泉と浅間山は直線距離で約五〇キロも離れていた。同じ名前だからさぞ近くに浅間山が見えるだろうという早とちりで浅間温泉に来てしまったというエピソードだ。

講演の際でも酒席でも、宮里先生からは気さくな人柄と合わせて、労働者への深い愛情と、強き者の不条理・横暴は許さないという信念をひしひしと感じる。労働弁護士一筋に半生を生きてきた人だからこそ、言葉にも説得力と重みがある。

宮里先生なくして「二一世紀の労働運動研究会」は生まれなかったし、九年も継続できなかったであろう。労働組合が「冬の時代」から脱却し、労働者や社会から信頼される社会的労働運動の再構築をめざして、今後も宮里先生を研究会に招き続けたいと思う。

宮里邦雄弁護士とともにＪＲの採用差別をたたかって

後藤　徹
（弁護士）

私が宮里邦雄先生のご厚誼をいただくようになったのは、ＪＲ採用差別事件を担当するようになってからである。宮里邦雄先生、石井将先生と私の三人で、国鉄改革法とＪＲの採用差別について話合ったのは、一九八六年一一月二五日に国鉄改革法が成立した直後であったと思う。

国鉄改革法のもとで、ＪＲの職員採用が実施されれば、組合間差別が必至な状況であった。とくに、「適正規模要因」に比し採用希望者が大幅に上回る北海道と同じ状況にある国労九州の顧問である石井先生と国労本部常任顧問唯一の「若手」であった宮里先生との話し合いであった。

石井先生とは、その前からお付合いがあったが、宮里先生と話らしい話をしたのは、この時が初めてであった。

私は、国鉄改革法案を見た時から、ＪＲの職員採用について組合間差別があった時の法的救済手段について悩み続けていた。それは、鉄道事業を承継するＪＲの職員が国鉄職員のなかから採用され、ＪＲ不採用者は、国鉄が移行する清算事業団雇用対策職員となる法形式を採っていたからである。日本の裁判所は採用を命ずることはない。ＪＲ不採用者が直接裁判所にＪＲへの採用を求めても敗訴は必至と考えざるをえなかった。意思表示理論の神話と国鉄退職・ＪＲ（新規）採用という法形式を乗り越えるには、原状回復の一として採用命令をも発する労働委員会に不当労働行為の救済を申し立てる以外に、鉄道職場への復帰を求める組合員の要求を実現する途はないと考えるにいたった時である。

ＪＲの採用差別があった時には、労働員会に救済命令の申立をするよう努力することで三人の意見が合致した時、宮里先生が「労働委員会闘争がうまくいかなかった時には、三人が坊主になったくらいでは済まないな」とぽつりと眩いた。この言葉が未だに耳に残っている。

私は、労働弁護士の事件に対する姿勢を示すものと重く受け止めた。


一九八八年九月八日に札幌で開催されたシンポジウム「ＪＲ採用差別・不当労働行為事件を徹底分析する」を忘れることができない。宮里先生がコーディネートし、中山和久教授、西谷敏教授、島田陽一助教授、大橋達北海道地労委労働者側委員、石井先生に私がパネラーであった。あらかじめ宮里先生から概略のレジュメが送られただけで、打合せはまったくなくぶっつけ本番のシンポであった。

ＪＲ採用差別北海道事件は、一九八八年六月一七日に結審し、ＪＲ採用差別福岡事件は、同年九月五日に結審した状況で開催された。九・八シンポジウムを収録した労働法律旬報一二〇二号をいま読み返してみても、ＪＲ採用差別事件の論争点のほとんどに簡にして要を得た解答が示されている。

一九八九（平成元）年一月二〇日、一月一二日付北海道地方労働委員会の救済命令が発出された。


宮里先生は、筆まめである。

宮里先生は、映画が好きである。

宮里先生は、こだわりの人である。

宮里先生は、時刻表を読めない。

宮里先生は、時に子どものようになる等々、四半世紀を超えるお付合いのなかで、人間らしい側面をいろいろ見せてもらった。

そのうち一つだけ紹介する。

証人との打ち合わせに冬の札幌にお出でになった時のことである。「住んでいる皆さんには申し訳ないんだけれど、僕、雪が積もっているのを見るのが大好きなんだ」「宮古に雪は降らないから」とちょっとはにかみながら本当に嬉しそうにおっしゃった。街中の何の変哲もない雪景色にこんな笑顔を見せることのできる人はめったにいない。しかも、住民の苦労に対する配慮も忘れていない。

JR採用差別事件を担当させていただいて、宮里先生から学んだことは多い。

いま一つ紹介したい。

JR採用差別事件の一括全面解決に向けた取組みの際のことである。

JR採用差別事件を担当していた二三年余を、弁護士の視点で区分すると労働委員会での不当労働行為救済手続きの段階、救済命令の取消行政訴訟の段階、鉄建公団ないし運輸機構に対する民事訴訟の段階に分けられる。

不当労働行為救済を求めるたたかいは、労働委員会では勝利し続けたが、救済命令取消訴訟では、一九九八年五月二八日東京地裁民事一一部判決をはじめとして、連敗した。二〇〇三年一二月二二日最高裁でも、二対三で敗訴した。しかし、最高裁も、不当労働行為の事実は否定することはできなかった。

二〇〇〇年五月三〇日に示された「四党合意」の受諾をめぐり、たたかい方をめぐる意見の相違が顕著になった。

その後、二〇〇六年七月の国労大会で国労、建交労、中央共闘、国鉄共闘会議の四団体が結束して政治的・全面解決を目ざす方針を確認し四者四団体による早期全面解決に向けた運動が展開されるにいたった。

この時期の宮里先生の言動には頭が下がった。

この頃、宮里先生は始終「団結なくして勝利なし」と強調され、ＪＲ採用差別事件の解決は、「関係者の結束とりわけ国労が組織として団結することが全面解決の大前提である」と口癖のように言っていた。

宮里弁護士は、鉄建公団訴訟、全動労損害賠償訴訟の代理人をもお引き受けになり、訴訟活動に参加した。

「四党合意」の受諾をめぐり、たたかい方をめぐる意見の相違が顕著になった結果、二〇〇二年一月二八日に鉄建公団訴訟を提起した原告は、最高裁に係属しているＪＲ採用差別救済命令取消上告事件の代理人を解任した。宮里弁護士は、提訴のために自分を解任した人たちの提起した訴訟の代理人にも就任したのである。

宮里先生はこのことについて何も口にしない。

ＪＲの採用差別に勝利するために団結の必要性を口にするからには、自らも小異を捨て、たたかい方についての意見の相違や感情的対立を克服するためにともにたたかう姿勢を自ら示したものと私は理解している。

ＪＲ採用差別事件の勝利的和解は、身を以て団結の重要性を示した宮里先生がいたからなしえたことと私は確信している。

ＪＲ採用差別事件の勝利的和解は、二三年余にわたる組合員・家族、そして支援してくださった多くの方々の長く、厳しいたたかいの成果であることはもちろんである。

ＪＲ採用差別事件をともにたたかった弁護士のひとりとして、宮里弁護士に、心から感謝申し上げ筆をおく。

五〇年の活動と交友
——私との永年の共同弁護活動、とくに、お布施買収選挙違反事件と宮里弁護士の果たした役割

石井　将
（弁護士）

1　一九七〇年四月初頭、国鉄労働組合（国労）が長崎県内松浦線江迎駅のテコ扱所廃止・ポイント自動化をめぐって国鉄当局との団体交渉が決裂し、ピケを張って工事を阻止することになった。まだ弁護士バッヂも届いていない私は、国労門司地本から現地の弾圧対策にかり出され、それが、私と国労との最初のきっかけになった。はじめて宮里先生のお名前を知ったのは、私が国労弁護団の一員として会議に参加したときであり、当時先生は、弁護団の最若手として職場闘争の諸問題等の報告をされ、組合活動の実践と法理との〝かね合い〟に意を尽くしたその内容に、〝なるほど労働弁護士とはかくあるべきか〟と思い知らされた。とにかく、当時から私は、門司地本の担当弁護士にも問題があると言われていたからであった。

一九八〇年代に入って、「国鉄分割・民営化」の嵐のなかで、組合事務所を〝スパイ〟していた助役を組合事務所に連行した逮捕・監禁刑事事件の弁護活動や、国労バッヂ着用に対する見せしめに真夏の炎天下で桜島の降灰除去を命じた鹿児島自動車営業所事件の最高裁弁論、そして、ＪＲ採用差別事件の地労委、中労委、そして命令取消しの行政訴訟、損害賠償請求訴訟と、国労事件では先生に指導されつつ共に四〇数年闘ったことになる。

2　しかし、私にとって忘れ難いのは、一九八三年四月福岡県知事選の選挙違反—お布施買収事件において、毎日、

毎日相次ぐ逮捕に呻吟しつつ、なんとか革新知事の勝利を護り抜くという決意のもとに、本当に寝食を忘れるほどに奮闘した二か月間の先生との想い出である。

一九八三年四月、北海道に横道孝弘知事、福岡県に奥田八二知事を誕生させた革新の力に、日本中が沸き立ったが、しかし、福岡では、これを喜ぶ状況にはなかった。警察のお布施買収捜査が水面下で進んでいたことを事前に察知していたからである。

奥田知事は、浄土真宗本願寺派の門徒であり、知事選立候補にあたり同派の推せんを受けることができたが、折からの知事選では対立する現職亀井光候補側からのアカ攻撃が激しく、そこで、県下約六〇〇の末寺に本願寺から推せんを受けた事実を知らせることにしたのである。

しかし、お寺にお参りする以上、ご本尊の阿弥陀如来にお布施をさし上げるのが礼儀ではないかということで、お寺を訪れた際に五〇〇〇円札一枚を入れた封筒をご本尊にお供えし、かつ、訪問者が名刺を置いて帰ったのであるが、これが買収にあたるとして投票日以前から捜査がはじまり、私は、福岡県評からの依頼で弁護団を組織し対策を講じることになった。そのとき私が県評に出した条件は、前例をみない大規模な〝選挙違反事件〟に発展する虞が強いから、経験豊かな総評弁護団の山本博、藤本正両副会長、および宮里幹事長の三名を弁護団のヘッドとして加えて欲しいということであった。

四月一九日、奥田知事の選挙母体となった「県民の会」の運動員一名の逮捕と同事務所の捜索がはじまり、以降毎日のように逮捕者が相次ぎ、それは、社・共両党の市議会議員四名、町会議員一名、教職員四名、「県民の会」一名に加え、奥田知事の実兄や幸夫人までに及んだのである。

山本、藤本両副会長、宮里先生は、四月一九日の逮捕直後から来福され、直ちに三名の弁護士の手で「弁護団声明」が発表された。私は、大先輩の弁護士三名が、スラスラと抗議とお布施が買収にあたらないとする見解をまとめるのを眼のあたりにして意を強くし、「県民の会」も、これをもって違法買収との捜査側や報道に対して反撃したのであった。さらに、三名の弁護士には、その後も捜査をいかに終結させるかという重要課題には必ず加わってもらった。

3 とくに、宮里先生は、最初の逮捕から六月九日の捜査終結、検察庁の最終処分発表までの五〇日間のうち、その三分の二近くを福岡に滞在し、毎夜の弁護団会議に出席して事実上弁護団の羅針盤の役割を果たしてもらった。

逮捕されたものが次々と黙秘し、三〇名から四〇名近くの弁護士が連日、接見、勾留却下の裁判所要求、準抗告申立て等に奔走し、また毎夜八時近くから弁護団会議を開いて情勢分析を行なったが、当初の難問は、運動員の指示でお寺訪問をした幸夫人や実兄に逮捕がありうることを想定して黙秘するかどうかであった。黙秘が県民世論に与える影響、逮捕されたものが全員黙秘し、お寺訪問の事実関係以上に一切の情報を捜査側に与えていない体制が壊れることの危惧、幸夫人の長期勾留が奥田知事の施政に対する悪影響等検討すべき問題点が多く、議論は平行線であった。

結局、幸夫人、実兄、そして二人を案内した運転手について、ただ「県民の会」幹部から言われたスケデュールにそってお寺回りをしたという真実を供述することで幸夫人逮捕に備えたのであったが、宮里先生は、終始この論議でもリードされ、四月二九日の幸夫人の逮捕から五月二日の釈放まで、勾留をめぐる裁判官接渉、準抗告申立という大きなヤマ場の間、福岡にずっと居られた。

私は、五月二日勾留決定に対する準抗告申立書を起案し、裁判所に面会を求めた。私の福岡修習の時の刑事裁判を指導された池田久次裁判長の合議部で審理されたが、先生も、裁判所に同行され、全員必死で勾留却下を強く要請した。そのとき、池田裁判長が「奥さんが選挙運動のことなんか知る訳ないよね。言われたままに動いたんだろう」と洩らしたことに期待して待ち続け、午後九時前後であったか、池田裁判長から直接私に電話があり、「さっき、保証書を出すと言ってたね。すぐ持って来なさい」とのことであった。それを聞いて、私たちは飛び上がって喜び、私は、拙い文字で「罪証隠滅はしない。任意出頭には応じることを弁護団として保証する」との書面を作成し、宮里先生も署名したことはいうまでもない。夜一二時近く幸夫人が博多署から釈放されたが、幸夫人釈放のニュースはテレビでもテロップで速報され、夜の歓楽街では歓声が挙がったとのことであった。

それまで、毎夜の弁護団会議の終了後に、先生と英気を養うとのことでニンニクを大量に入れた「もつ鍋」を食していたが、この夜だけは久し振りにうまい寿司と美酒に酔うことができた。

4 その後、皇太子が全国植樹祭で来福し、奥田知事が先導するということもあって、奥田知事を一挙に退陣させるという保守政界の目論見も消え去り、また、依然として逮捕された方々の黙秘が続くこともあって、終結に向けてどういう結着をつけるかという重要課題がつきつけられたが、この点も宮里先生の働きに負うところが大きかった。

すなわち、知事夫人逮捕にいたるのは中央（政府・自民党）の意向もあってのことであり、また、後藤田官房長官のもとではこのような政治捜査もありうることとして、この事件の結着には中央での何らかの政治的接渉が必要と思われた。事実、お布施発覚後に東京で発行されていた「日刊ゲンダイ」は、「選挙違反摘発にこれだけの経過と真相」、「はでに動き出した奥田福岡県知事一派に対する違反摘発」、「これもダブル選挙のための事前工作かという皮肉な見方も」と報じていたほどだったからである。

宮里先生が東京でどのように動かれたかは詳かではないが、私と先生は、五月中旬から福岡県捜査二課の責任者に何度か違法捜査の終結を申し入れ、地元の新聞にも、弁護団代表が警察と秘密裡に接触している模様と報道されることとなった。

その過程で、「県民の会」や福岡県評、そして山本、藤本副会長を含む弁護団会議で、黙秘から一転して自己の実行行為のみ供述するとの方針に転じ、公民権停止の関係で議員については黙秘のままとし、その結果としての議員の起訴はやむをえないものとし、その余はすべて略式罰金に応ずるとの最終結論にいたった。しかし、幸夫人について略式罰金に応ずるかどうかが最後まで問題となったが、夫人の有罪確定で奥田知事の政治的立場が苦しくならないか等の懸念もあるものの、とにかく罰金であれ一日も早く結着させ、奥田知事が県政に集中できる体制をという先生の意見が通った形で、一挙に終結に向かったのである。

結局、お布施の出所、お寺訪問の指揮命令系統などの解明供述が進まないまま、当方が供述したかぎりでの〝時間切れ〟解決に持ち込むことができたのである。

実に大変な事件であったが、先生の尽力がなければ決してこのような結末を迎えることはなかったと、現在でも感謝するしだいである。

宮里邦雄先生と沖縄

池宮城紀夫
（弁護士）

宮里邦雄先生が弁護士活動五〇年を迎えられたことに心からお慶び申し上げ、先生が郷土沖縄のために尽くしてこられた一端を述べさせていただきたい。

私が宮里先生に親しくしていただくようになったのは、私が社会文化法律センターに参加するようになった頃からかと思う。同郷の先生の東京のど真ん中での活躍は、私にとって大いに励みになってきた。

宮里先生が関わった二つの裁判、「刑特法違反事件」と大田昌秀知事の「代理署名拒否裁判」は、沖縄の施政権返還後に争われた社会的政治的極めて重要な裁判であった。

刑特法違反裁判

沖縄に「キセンバル闘争」というのがあった。沖縄本島北部恩納村に喜瀬武原区があり、その村落の生活道の県道一〇四号線を米軍が封鎖して大砲による一〇五ミリ、一五五ミリの実弾演習が繰り返されていた。日常生活をしている区民の頭上から大砲による実弾が飛びかっていた。このような、危険極まりない演習に対して、日本復帰前の琉球政府は、演習中止を再三要求し、政党や市民団体なども抗議を繰り返していた。しかし、米軍は、これを無視し続けていた。

一九七二年五月一五日の施政権返還によっても、基地は縮小返還されず、喜瀬武原の実弾演習は継続されていったのである。

そこで、一九七三年から、当時の沖縄原水協に結集していた労組、民主団体が、米軍の実弾演習を阻止するため、恩納岳山頂に潜入して着弾地を占拠する行動を展開するようになった。阻止行動隊が頂上でのろしを上げると、米軍はさすがに頂上にいる行動隊を標的に実弾を発射することができず、演習の中止に追い込まれていった。しかし、日本政府は、県警機動隊を動員して実弾演習に加担していった。

一九七六年九月一七日、原水協は、実弾演習に対して着弾地占拠行動を展開したところ、県警は、五七名ほどの労組員らのうち四名を、「刑事特別法（いわゆる刑特法）」を発動して現行犯逮捕した。彼ら四名は、一九七六年一〇月四日、那覇地方裁判所に「刑特法違反」で起訴された。沖縄における初めての刑特法起訴事件であった。

原水協は、県民の反基地闘争に対する政府の弾圧と受け止め、全国に支援を求めることにした。

弁護団については、沖縄出身の宮里先生に参加をお願いし、安保条約、地位協定を憲法違反と判決された伊達秋雄先生を弁護団長に要請することにして、宮里先生に相談した。伊達先生には、遠い沖縄までお越しいただけるかと不安だったが、弁護団への参加を快くお引受されたとの連絡に、われわれは快哉したものであった。加えて全国から一五〇名前後の弁護士に参加してもらった。

第一回公判は、一九七七年二月一七日に行なわれた。宮里先生は、刑特法の違憲性を軽犯罪法と対比して「両罪の差異は、進入対象が米軍基地か否かだけである。自衛隊基地に侵入することに対してもこのような特別法はない。安保条約が仮に合憲であっても――もとより我われ弁護団は違憲の立場に立つが――米軍基地に憲法を越える特別の保護を与える刑特法は憲法違反であることは明らかである」と堂々と意見を陳述した。裁判は計二五回の審理を経て、一九八〇年五月二日、四名に対して懲役三か月執行猶予一年の判決が下された。

米軍基地と沖縄の歴史をふまえた憲法違反のわれわれの主張は一蹴されてしまった。県民は判決に怒り、直ちに控訴したが、福岡高等裁判所那覇支部も一九八三年五月二六日、控訴棄却の判決を出した。上告については、安保条約を是認している最高裁に悪しき判例を重ねさせる結果になるだけだと判断し、上告をせずに裁判闘争を終えた。

憲法で定められている司法権の独立は、絵に書かれた餅でしかないことを痛感させられた事件であった。それでも、伊達先生を先頭に宮里先生はじめ県民が一体となって闘ってきた裁判闘争の成果と教訓は、その後の米軍基地や日本政府と対決する闘いに継承されている。

大田県知事の職務執行拒否裁判

宮里邦雄先生が沖縄のために力を注いだもう一つの大きな裁判が、当時の大田昌秀県知事に対する「代理署名職務命令裁判」であった。

一九九五年九月四日、沖縄本島北部で、買い物帰りの女子小学生を米兵三名が強姦する事件が発生した。それまでも米兵による凶悪事件が多発しており、少女暴行事件で県民の怒りが爆発して、同年一〇月二一日、宮古、八重山を含めて一〇万余人による県民総決起大会が開催された。

そのような状況のもとで、政府が米軍に提供している基地の強制使用の手続が進行するなかで、契約拒否地主に代わり当該市町村長が代理署名を拒否したために、政府は県知事に代理署名を求めた。しかし、大田知事は署名を拒否したため、当時の村山首相は、一九九五年一二月七日、大田知事を被告として「職務執行命令訴訟」を福岡高等裁判所那覇支部へ提訴した。

知事から弁護団結成を求められた中野清光弁護士と私は、吉元副知事と協議し、この事件は憲法、安保条約、地位協定等米軍の基地問題に関わる重大な事件であることに鑑み、自治労、横田、厚木、嘉手納の各爆音訴訟弁護団のメンバーと地元の弁護士で弁護団を構成することになり、特に沖縄出身である宮里先生に弁護団への参加を要請した。

われわれが本件訴訟で主張した論点は、戦後二七年間米軍による占領、施政権返還後も米軍基地の重圧によって人権が蹂躙されている現実をふまえて、駐留軍用地特措法が憲法前文、九条、一三条および三一条に違反すること、知事に代理署名の職務命令をもとめることが憲法と地方自治法に違反する等、弁護団の総力挙げて理論構築していった。

ところが、福岡高等裁判所那覇支部は、われわれの二三名の証人の申請をすべて却下し、太田知事の本人尋問のみを押し付け、問答無用、提訴からわずか三か月余の一九九六年三月二五日、太田知事に代理署名を命ずる判決を下した。

同年四月一日、われわれは、最高裁に上告し、太田知事が一五名の裁判官に対して沖縄の歴史をふまえて訴えたにもかかわらず、一五名の裁判官たちは、沖縄の現実を一顧だにせず、一九九六年八月二八日、われわれの上告を棄却して全員一致で知事に代理署名を命じたのである。最高裁は「人権を守る最後の砦」ではなく、時の政府権力の僕でしかないことを見せつけられた裁判であった。

宮里先生の感想

宮里先生は、代理署名拒否裁判について「日本国民全体に沖縄の基地問題の本質と深刻さにかかわる情報を発信する上で大きな役割を果すとともに、安保条約の問題、地方分権といわれる時代の「地方自治の本旨」とは何か、についての鋭い問題を国民世論の場に投げかけた。（中略）この訴訟に取り組む中で、検討し、深められた安保条約、地位協定、土地収用法、地方自治法など法的問題は、今後あらゆる機会に貴重な財産となるであろう」と総括された（代理署名拒否裁判・沖縄から平和を創る市民・大学人の会冊子）。

また、「私は、代理署名訴訟のの裁判報告や判決報告をするため、北海道、仙台など各地で二〇数回の講演を行ったが、参加者は強い関心を持って耳を傾けていた。」（同冊子）と語られている。沖縄に対する先生の熱い想いが伝わってくる。今後とも、先生には労働問題や沖縄のために力を貸していただくことを祈念している。

「大阪の地から」

在間　秀和
（弁護士）

1　一時代の違い

一〇年の隔たりは、ほぼ一時代を画する距離がある。私は、生まれにしても、また弁護士になった年もほぼ一〇年、宮里先生に遅れる。また、もちろん宮里先生はもっぱら東京（いや本当は全国区ではあるが）、私は大阪。地理的にも遠い。最初の出会いがどこであったかは鮮明な記憶はないが、私にとっての宮里邦雄弁護士は、その距離にもかかわらず弁護士になった頃から私の中では実に近しい存在であった。労働弁護士のいわば象徴的存在、私たちの目指すあこがれの弁護士であった。

宮里先生が弁護士になられた一九六五年と私が新米弁護士になった一九七五年は、政治状況においても労働情勢も大きな違いがあったのではないかと思う。多少の陰りは見えていたものの未だ組織的労働運動が血気盛んで、政治にも労働運動は大きな影響力をもっていた時代、しかし一九七五年には大争議も数えるほどになっていた。司法をめぐる状況も戦後の歴史における一大転換点であった。全逓東京中郵事件大法廷判決が一九六六年一〇月二六日、それを覆した全農林警職法事件大法廷判決が一九七八年四月二五日。正に反動的な歴史の曲がり角であった。

このような時代状況の違いはあるが、労働問題の本質はまったく変わらない。労働者がいるかぎり労働運動はなくならないだろうし、労働問題にかかわる弁護士の存在意義は失われないだろう。宮里弁護士は今でも私たちの目指すべき存在である。

2　宮里先生と大阪

大阪には、労働側の立場で活動する主要な弁護士の団体が二つある。民主法律協会（民法協）と大阪労働者弁護団（労弁）である。民法協は一九五六年に組織されたいわば老舗的存在、労弁は一九七五年に結成された新興弁護団（結成当時の名称は大阪地評弁護団）。大阪における複雑な政治状況、労働運動の対立状況が二つの団体を生むこととなった。私は、弁護士になった時から、どちらの団体にも加入し、もちろん日本労働弁護団（当時は総評弁護団）にも加入する、という実に〝無節操〟な態度であったが、軸足は労弁におき、事務局長、代表幹事を務めてきた。

宮里先生を初めて大阪にお招きして集会を持ったのは二〇〇五年七月一五日、テーマはおそらく解雇法制についてであったと思う。その前年の日本労働弁護団の総会で「一度是非大阪で！」とお願いしたのが実現した。集会の主催は労弁であったにもかかわらず、民法協からも何人かの参加者があり、また根本到教授ほか研究者の方々も聴衆で加わられた。こうした状況は正に宮里先生だからこそ、である。宮里先生は、こういう機会のあとの懇親会は（のみならず時にはそのあとの三次会も）実に丁寧にお付き合い下さる。というより楽しみにしておられるようである。こうした機会はまた私たちにとっては極めて有意義な時である。講演では聞けない貴重な体験談（失敗談も含め）を聞くことができる。このとき、「実は私は大阪出身だよ」との話をはじめて宮里弁護士からうかがった。まったく意外な話であったが、宮里先生との距離はいっそう近づいたように感じた。

次の大阪の機会は、二〇一〇年一月三一日、テーマは「労組法上の労働者性」の問題での労弁主催の集会であった。弁護団として担当されていた新国立劇場運営財団事件、ビクターサービスエンジニアリング事件の生々しい報告、解説であった。この時は弁護士以外にも多数の労働運動活動家が参加し、会場は人で溢れた。この時に講師のひとりとして参加された根本教授の「宮里先生の話を聞くと元気が出ますものね」との言葉はまったく同感であった。

3　橋下市長との闘い

大阪市では二〇一一年一一月に橋下徹氏が市長に就任し、前代未聞の熾烈な公務員労働組合攻撃が開始された。大阪市には、数的に圧倒的多数を組織する自治労傘下の大阪市労連と自治労連傘下の大阪市労組連がある。私は市労連弁護団の一員としてかかわった。便宜供与の廃止を中心とした常軌を逸した労働組合攻撃は、いずれの組織も対象となった。しかし、両組織の軋轢は以前から根深く、またそれぞれの支援組織も対立状態にあった。でも現実はそんなことといっている場合ではない。民法協と労弁はしばらく前からさまざまな労働問題については一致する課題で共同の取り組みを行なってきた。ここで、大阪市問題についても弁護士グループが〝接着剤〟になれないか、との話が持ち上がった。しかも問題が問題だけに小規模の集まりでは意味がない。一〇〇〇人規模にしようということになった。さてこうなるとメインスピーカーとして誰にお願いするか、が最大の問題であった。私が言い出しっぺであったことから、私は「この人以外にはない」と思いついた「日本労働弁護団宮里会長」を提案。正に衆議一決。

二〇一二年六月二五日、大阪中之島中央公会堂で八つの法律家集団主催の集会が実現した。「橋下市長に異議あり！六・二五集会」である。会場の定員は一二〇〇名、それを遥かに上回る人たちが集まり、正に会場から人が溢れた。会場に掲げられた旗はふたつだけ、「大阪市労連」と「大阪市労組連」の旗が並んだ。それまでの経緯からすると信じ難い場面である。参加者も立場、組織、潮流を超えて実にさまざまな人たちであった。千数百人の聴衆は宮里弁護士の力強い話に聞き入った。宮里先生の講演も力が入っていた。実はこのメイン講演の前のプログラムに、センチュリー交響楽団のメンバーの演奏があった。センチュリー交響楽団も橋下市長によって補助金打ち切りという攻撃を受けていた。事前の準備の段階でこのプログラムのことを宮里先生に伝えたとき、宮里先生からは演奏曲目のリクエストまで届いた。音楽にも造詣が深い、ということをこのときはじめて知ることとなった。

ともかく、この集会は大成功であった。大阪市の関連でさまざまな職場で働く多くの人たちが立場を超えて発言し、平松邦夫前大阪市長まで飛び入り参加し、発言した。会場の中之島中央公会堂は、大阪市庁舎の目と鼻の先。効果絶大であった。

その後、大阪市をめぐる労使紛争は、労働委員会でも裁判所でも、組合側の極めて有利な状況で展開している。

4　これから

このようにざっと一〇年を振り返ってみて、私たちにとっての宮里先生の存在は極めて大きいものがあることを改めて実感する。また私にとっても四〇年の弁護士生活において、ずっと目標となる存在であり続けた。個人的には「東京にいる兄貴」といえば失礼になるが、そんな感覚である。ついでに個人的な話をさせていただくと、私の愚息がロースクールで宮里先生の薫陶を受け、そのおかげで二〇一二年から陸前高田で弁護士活動をしていることについても感謝に堪えない。

加えて幸運なのは、今、共通の労働事件を担当させていただいていることである。大阪教育合同労組の「混合組合問題」である。教育合同労組は地公法適用労働者と労組法適用労働者の両方を組織している。この混合組合の労働委員会救済申立人としての適格性が最大の問題となり、組合勝利の中労委命令に対する取消訴訟が東京地裁に提訴された。この訴訟を宮里先生にお願いすることとなった。大阪で後発の同種事件を私たちが担当しており、問題は東京地裁が先行する展開となった。そして、見事東京地裁で勝訴、さらに東京高裁も勝利、そして、二〇一五年三月三一日の最高裁決定で勝利が確定した。混合組合問題は、これで最終結着がつけられた。

宮里先生、弁護士生活五〇年、おめでとうございます、と同時にご苦労様でした、と申し上げたい。でも過去形でお話しするわけにはいかない。私にとっては四〇年前と変わらない目標であり、また、今も宮里先生と最前線で共に闘っている。これからも労働者のために、そして労働者と共に、御活躍を続けていただきたい。

宮里弁護士を目標として

中村　和雄
（弁護士）

国鉄分割民営化闘争において

私がはじめて宮里弁護士にお会いしたのは、国鉄分割民営化闘争においてです。私が弁護士になった一九八五年の夏、国鉄再建管理委員会が国鉄分割民営化の最終答申を発表し、国鉄解体に向けた本格攻撃が開始されました。週刊誌では連日国鉄職員の「ヤミ・カラ・ポカキャンペーン」が繰り広げられ、国鉄労働組合や全動労労働組合に対する凄まじい攻撃がなされました。当時四〇代半ばで弁護士経験二〇年の宮里先生は、国労弁護団の中心として全国を飛び回り、国家的な不当労働行為に対する反撃の先頭に立って活躍していました。

組合員や分割民営化に反対する市民が集う集会における宮里先生の演説は論旨が明確で説得的であり、時に激しく時に優しく多くの運動家の魂を鼓舞するものでした。国鉄分割民営化反対闘争に参加する全国の弁護士が伊豆の国労センターに集まり白熱した討論をした際にも、宮里先生は適切な情勢分析と法的手段の提案によって全体をまとめ上げていきました。弁護士になったばかりの私には、労働弁護士の活動はこうあるべきなのだというお手本そのものでした。

私も京都における国鉄分割民営化に対する裁判・労働委員会闘争に参加させてもらいました。京都職員集会所閉鎖禁止仮処分事件、人材活用センター仮処分事件、国労梅小路懲戒処分効力停止仮処分事件、同仮処分異議事件、国労梅小路地位確認等請求事件、国労梅小路不当労働行為地労委申立事件、不当配属取消地労委申立事件など多くの労働弁護士の先輩たちに教えられながら一つひとつ学んでいきました。人材活用センターは、いまの「追い出し部屋」と共通するものですが、より露骨で徹底した差別攻撃の場でした。一九八六年七月一日から全国一五四七か所に設置され、配属者のうち八七％が国労・全動労の組合員でした。ベテラン職員のそれまでの本務を奪い、本務職場からは隔離した真夏の室温は四〇度を遙かに超えるプレハブの建物に収容し、研修と称してまったく意味のない本を読ませたり、草むしりに従事させたり、それまでまったく経験したことのない物販作業などに従事させたりするのでした。国鉄マンとしての誇りをズタズタに切り裂こうとの攻撃でした。そして、センターに収容された理由が、国家政策である国鉄分割民営化に反対する国労や全動労の組合に所属しているので新会社には必要ない人材であるというものでした。いまでは考えられないような露骨な組合差別攻撃が公然と行われたのです。私も人材活用センターの現場を何度も訪問しました。さすが、鍛え上げられた労働組合の筋金入りの組合員たちです。驚くほど明るく不当な攻撃を跳ね返すために討議を繰り返していました。そして連日集会や街頭宣伝を催し、市民に国鉄分割民営化の間違いを宣伝しました。幸いなことに、京都地方裁判所福知山支部の裁判官が労働者の思いをしっかりと受け止めてくれて、一九八七年二月二六日全国で最初に（そして唯一）人材活用センターへの配属の効力を停止する仮処分を認めてくれました。多くの市民に支えられた労働者・労働組合の訴えが国家権力の一翼とされる裁判所をも動かす力があることを実感し感激しました。こうした裁判闘争や労働委員会闘争は、全国のたくさんの弁護士に支えられました。交通費手弁当で全国の弁護士が集まり、労働委員会や裁判の状況を交流し経験を伝え合い意見交換をしました。時には激しい論争もありましたが、集まったすべての弁護士が一致団結して闘いを進めました。その中心はいつも宮里弁護士でした。

一九八七年三月三一日をもって国鉄は解体されました。そして、ＪＲへの採用を拒絶された一〇四七名の職員はその後長期間にわたる労働委員会や裁判闘争を展開することになりました。私も弁護士として参加させてもらいました。

国鉄闘争のなかで私は宮里弁護士をはじめとするたくさんの先輩弁護士たちから労働弁護士として必要な基礎能力を習得させてもらえたと感じています。

法科大学院を担当して

二〇〇四年四月より司法改革の一環として全国各地の法学部を持つ大学に法科大学院が設置され、法科大学院が法曹養成課程に組み込まれることになりました。私は翌年からたまたま京都大学法科大学院で労働法実務演習という講座を担当することになりました。毎週一回九〇分のゼミを受けもったのですが、何をどう教えたらいいのかとても悩みました。毎回の教材作りや院生との議論の仕方、試験問題の作成や講評など。大学における講義と違って、司法試験合格という目標を明確に持って参加する法科大学院生は真剣さが違います。それだけに、教室で議論していてとても勉強になります。とりわけ、一期生は社会人経験者や医学部・文学部などの法学部以外の出身者が多かったこともあり、議論が豊かでとても楽しかった印象です。

宮里弁護士は法科大学院設立後、東京大学法科大学院で労働法と法曹倫理を教えられていました。中央大学法学部や早稲田大学法学部大学院で教鞭をとられていたご経験があり、当時すでに労働法学会の理事にも就任されており労働法学界でも重鎮のお一人でありました。理論的にも実践的にも法科大学院の指導者として申し分のない状態でした。それにひきかえ、私はまだまだ教育する能力が不足していて、労働弁護団の会議のたびに先生から指導方法について教えを受けていました。二〇年も経験の違う私に対して先生は優しく丁寧に対応してくださいました。

先生の指導された院生からはもちろんですが、私が指導した院生たちも次々と法曹として活躍しています。時として使用者側の立場で活躍されている弁護士もおりますが、多くは私たちと同じ労働者の人権を守る立場で活動してくれています。

法科大学院については、いろいろと問題点が指摘されています。ただ、私たちのような者が実務家教員として教育に直接関われることによる利点も大きいものであると考えています。働く者の権利を擁護する立場に立ってしっかりと考え実践する法曹が数多く輩出できるように、法科大学院制度をより良きものに改善していくために私たちも努力していくことが重要だと考えています。

宮里弁護士を目標として

宮里弁護士にはまだまだ活躍いただくことをお願いしたいところです。しかし、私たちは宮里弁護士が築きあげてきた土壌をしっかりと受け継ぎ、さらに前進するために奮闘しなければならないはずです。国鉄闘争のような攻撃とは異なるいまの時代、ワーキングプアやブラック企業といった情勢に相応しいたたかい方が若者を中心に生まれてきています。安倍政権による労働規制の緩和がますます強まるなかで、いま労働弁護士の真価が問われています。みなさん、とりわけ若者弁護士の皆さん、宮里弁護士を手本としさらに宮里弁護士を超える気概を持って運動していきましょう。

宮里先生に労働弁護士像を見る

徳住　堅治
（弁護士）

1　〝労働弁護士像〟の体現

私は、弁護士登録（一九七三年）して直ぐに総評弁護団（現日本労働弁護団）の事務局に入った。宮里弁護士は、当時すでに労働弁護団の中心メンバーとして活躍されており、爾来四〇年以上にわたり宮里弁護士と労働弁護団の活動を共にしてきた。労働弁護団の創成期メンバーでは佐伯静治、東条守一、内藤功、山本博、藤本正などの錚々たる弁護士が、三井三池闘争などの労働争議、砂川基地反対闘争などの軍事基地反対闘争、公務員のスト禁止憲訴訟などで活躍されていた。宮里弁護士は、これらの草創期メンバーの後を継いで労働弁護団の中核的役割を果たされ、長年にわたり国労裁判闘争など多くの労働争議に尽力されてきた。宮里弁護士は、労働法についての体系的な造詣が深く、判例・学説についての研究欲も強い。労働者・労働組合の権利確立のためにはあらゆる努力を惜しまない気概が日々の生活に滲み出ている。宮里弁護士は、現代の〝労働弁護士像〟を最も体現されていると思っている。私が先生から教えられ、学んできたことは、実に多岐にわたっている。

2 活動の思い出

海外調査

私が宮里弁護士の存在を意識するようになったのは、イタリア調査（一九八〇年）である。総評弁護団は、職場における労働組合の組合活動権の調査のために、フランス・イギリス・ドイツ・イタリアに調査団を派遣した。イタリア調査団（八名）の団長は宮里弁護士、副団長は岡村親宣弁護士であり、私は財政担当だった。トリノ（フィアット工場）、フィレンツェ（繊維労組）、ローマで、一九七〇年に制定された「労働者憲章」に基づく職場における組合活動権の実態調査を行なった。事前準備として、諏訪康雄教授（現・中労委会長）などの学者からのレクチャーを受け、参考文献を徹底的に収集した。そのうえで、あらかじめ各調査先ごとの質問事項を作成し、イタリア語に翻訳したうえで、事前に調査先に送付した。私は、苦労してイタリア語専門家を探し出し、調査先に質問事項書を送付した。そして、調査過程でも訪問が終わると直ぐに反省のミーティングを行ない、翌日の調査内容を検討し修正変更して、調査を行なった。徹底した事前準備や調査の遂行は、団長である宮里弁護士の指導であった。しかも、団長としての各調査先でのスピーチが素晴らしく、外国での交流のスタンスを学んだ。

宮里団長は、調査には厳しかったが、旅行を楽しむコツも教わった。トリノでの夜の会食の際、シェフが高価な白トリフを持ち出し勧めてきた。財務担当の私としては懐具合が心配だったが、団長はその勧めに乗ってしまった。フィレンツェの調査が終わり、ミケランジェロ広場のレストランで高級白ワインを飲み始めた。財務担当の心配をよそに、「金が足らなくなれば、みんなで出せばよい」との団長の一言で、浴びるほど飲んだ。痛快な思い出である。

判例調査

労働弁護団の季刊誌「労働者の権利」は、特別号として秋に「権利白書」を公表している。労働者・労働組合の権利をめぐる過去一年分の動向をまとめたものである。「権利白書」には、過去一年間の判例から抽出した「注目する判例」の欄がある。実は、この欄は、一九八八年頃から宮里弁護士の呼びかけで、故山川豊弁護士と三人で始めた作業である。「年間労働判例命令要旨集」、「労働判例」、「労働経済判例速報」掲載の過去一年分の判例から、権利確立のために労働者・労働組合が知って得する判例、知らなければ損をする約二〇〇の判例を抽出し紹介するものである。年間三〇〇を超える判例を分担して検討し、丸一日かけて抽出作業を行なう大変な作業である。学者が選択する、先例性重視の〝重要判例解説〟とは異なり、実務家にとって役立つマニアックな判例もあり、労働弁護士として学習する絶好な場であった。

この判例抽出の議論を通じて、判例の読み方、単なる事例判決か先例性があるかどうかなどを、見分ける術を宮里弁護士から教わった。宮里弁護士は、司法修習中の京都修習時代に京都大学の片岡曻教授のゼミで労働法を勉強されただけに、労働法に対する体系的理解、判例の読み方について、労働弁護士のなかでは一頭地を抜いておられる。宮里先生が十数年で責任者をお辞めになり、私が引き継ぎ、現在は君和田伸仁弁護士が責任者として毎年十数名で〝注目すべき判例〟検討作業を行なっている。若手弁護士の絶好の学習の場となっている。

総評弁護団から日本労働弁護団への移行

一九八九年ナショナルセンターである総評・同盟が解体し、連合・全労連・全労協への移行の際、総評弁護団はそれまで総評の顧問弁護団とみなされており、解体するのか継続するのかという深刻な問題が生じた。総評のいくつかの単産から弁護団は解散すべきとの意見があり、また、弁護団員の一部からも同様の意見が出された。私たちは全国を回って、本部の状況を説明したり、地方の団員の意見の集約を図った。佐伯会長、江森幹事長を中心にして、「総評が解体しても、労働者・労働組合の権利を確立するたたかいは続くのであるから、団を残そう」との意見で集約された。当時は、国鉄民営化をめぐる不当労働行為救済申立が全国各地で提起され、多くの団員が必死に取り組んでいる時期と重なっていた。宮里弁護士から、「少なくとも一〇年間はやってみよう。だめだったら止めればいい」との発言で、私の肚も決まった。総評弁護団は、日本労働弁護団と改称して再出発した。弁護団の活動はその後一層活発化し、団員も大幅に増え、わが国の労働者・労働組合の権利活動において重要な役割を果たし続けていると自負している。一〇年で終えることなく、もう二五年も続いている。

3　人間性が素晴らしい

真実は些細なことに宿る

労働弁護団では、幹事会など月数回会議がある。宮里弁護士は、欠かすことなく幹事会に出席され、議論をリードされてきた。立法問題では、労働法の未知のテーマを議論することになり、賛成か反対か、どのような意見を取りまとめるか、難題にぶつかることが多い。幹事会では、各幹事から多角的な情報・意見が活発に出されて、収拾がつかなくなることも多い。宮里弁護士は、じっとみんなの意見を聞いていて、ちょっと変わった角度から正論を吐かれるので、みんなが納得してしまう。妙技というほかはない。

法廷では、相手が誤ったことを発言すると、敢然と異議を述べられる。

他方、議論の際話に出た本や判例について、「後で調べて連絡するよ」とおっしゃることがある。宮里先生は、この約束を必ず実行される。約束したことを、手帳やメモにびっしりお書きになっており、忘れないように努力をされている。正論を吐き続けることができることと、些細な約束をも実行されるということとが、宮里弁護士の人格の中では一つになって併存している。

紳士そうで、性格は愉快

先生は、落語や川柳を好まれ、ダジャレを連発される。たまにはこじつけ的なダジャレになることもある。オペラ鑑賞も続けられている。読書量もすごい。

雑談の名手でもある。大学進学された一九五八（昭和三三）年四月、あの長嶋茂雄が金田正一に四連続三振を食らった試合をご覧になった実況中継は、歴史的な話なだけに面白い。戦後沖縄に帰るために長崎・佐世保で抑留された話、入所した黒田事務所（現東京事務所）で貧しさを楽しく乗り越えた話、国労弁護団で大野正男先生からしごかれた話、最高裁法廷で弁論する先輩弁護士の雄姿、など話は尽きない。秀逸は、国鉄裁判闘争の途中で変装した石川吉衛門先生と東京駅で密会した滑稽談である。

私は、郷里八代から、特急で一七時間、急行で二三時間かかって大変な思いをして上京してきた。宮里先生の上京日程はそんな程度ではない。宮里先生は、大学時代宮古島まで帰郷するのに、鹿児島まで車中一泊、鹿児島泊、沖縄までの船中泊、沖縄泊、宮古島まで船中泊の五泊六日かかったそうである。そんな遠い宮古島から苦労されて上京されたこともあり、志も、人間性も人並み外れて大きく、素晴らしいのである。

いつまでも労働弁護士第一線の宮里邦雄先生

井上　幸夫
（弁護士）

私は、一九七八年に弁護士になって以来、総評弁護団、日本労働弁護団の活動で宮里先生にお世話になりご指導いただいてきた。

宮里先生が一九八二年から八六年まで総評弁護団幹事長を務められた期間では、私は当時「総括事務局」と言っていた事務局長役を一年間務めた。また、宮里先生は二〇〇二年秋に沖縄で行なわれた日本労働弁護団総会で会長になり、一二年まで務められた。〇二年沖縄総会で私は四年間務めた幹事長を退任したが、その沖縄総会の準備のために当時事務局長の棗さんと一緒に、確か五月頃に沖縄に行って、宮里先生からも紹介いただいた沖縄のいくつかの労働組合を訪問して協力を要請した。沖縄宮古島出身の宮里先生は、一九六五年に弁護士になった東京で労働弁護士として活動されたが、沖縄復帰運動や沖縄米軍基地に関わる憲法訴訟・行政訴訟や刑事事件にも携わっており、沖縄の多くの労働組合からも信頼される弁護士であることをその時初めて知った。

宮里先生は、労働弁護士として現場の労働者とともに労働事件に取り組み、多くの労働組合から絶大な信頼を得ている。労働法や労働判例・労働委員会命令についての博識は、底が深くかつ最新である。私をはじめ多くの弁護士、そして労働組合も、困難な事件や争議では宮里先生の助けを求めてきた。日本労働法学会でも一九九七年から二〇〇五年まで理事を務められ、幅広い労働法学者から信頼されている。労働組合、弁護士、学者から宮里先生がこのように信頼され、幅広い親交をもたれているのは、先生の博識と温厚な人柄のためだと思う。

私は、宮里先生が怒ったところをこれまで見たことがない。

宮里先生は、クラシックからタンゴまで音楽が好きで、とくにイタリアオペラは至福の時をもたらすと言われるから相当なものである。藤沢周平ファンの時代小説好きで、井上ひさしの芝居も好きになって公演にもせっせと出かけるという。落語も好きで、時々ダジャレも披露してくれる。こんなに好きなことがあり、いろいろな事件も担当しているのに、最新の労働判例や労働委員会命令はいつ読んでいるのか不思議である。

宮里先生からは、一九六五年から七二年までの黒田法律事務所（現・東京法律事務所）時代の面白いことを聞くこともできる。宮里先生がよく言うのは、現在も東京法律事務所にいる先輩弁護士に起案した事件書面を見てもらった時の三者三様の対応である。「○○先生は、朱書きで丁寧に手を入れて返してくれる。○○先生は、『気持ちがこもっていない、書き直し』と何度も突っ返される。○○先生は、『よく書けています』と受け取り、提出書面には元の文章は何も残っていない。一番勉強になったのは○○先生。」若手弁護士から起案書面を受け取った時にどのような対応をすべきか、現在の私は迷うことが多い。

宮里先生は、働く者の権利擁護を終生のテーマとしてきた者としてまだしばらく現役弁護士でありたいと五年前に言われていた。最近は、労働者の権利についての「権利教育」に力を注ぎたいと言われている。今後も、労働弁護士の第一線で私たち後輩弁護士を指導していただきたいと思う。

宮里弁護士を語る

鴨田　哲郎
（弁護士）

東京弁護士会に、期成会という会派がある。弁護士会の民主化を掲げてときの若手・三期を中心に結成されたものだが、その期成会では、いつからか在職四〇年のお祝いを行なっている。一七期の宮里弁護士は二〇〇四年にこのお祝いの対象となった。期成会ではこのお祝いに際し、御本人の短文と第三者の短文を集め、冊子としている。御本人は「わが『労弁』の記」と題された短文を寄せ、私が「わが会長を語る」と題した短文を寄せた。風の便りに、宮里弁護士が私の短文を喜んでくれたと聞き、そのまま再録することにした。

「わが『労弁』の記」のなかで宮里弁護士は、「ただひとすじにこの道を歩まんと、われ労弁を志しけり」と心ひそかに詠んだと記され、「法廷に行くより警察に（接見に）行くことの方が多」く、「争議現場を飛び回ったあの緊張した青春の日々が懐かしく鮮やかに思い出される」と記されている。

争議現場を自ら知る弁護士は三〇期の私ぐらいを境に急激に減少する。今の学生（平成、すなわち一九九〇年以降の生まれである）はもちろん、若手さらには中堅の裁判官でも労働組合（活動）が自らの生活のなかで、よくも悪くも、存在したことがないのである。

こんな状況のなか、最近の宮里弁護士は集団的労働法にかかわる論稿を（恐らく意識的に）相次いで書かれている。労働弁護団では二回にわたり、「不当労働行為救済申立実務実践講座」を、自由法曹団東京支部では「若手弁護士へのメッセージ」として「『団結の時代』は再び来るか」など。
「団結なければ権利なし」と語り続けたいという宮里弁護士とともに、古手も中堅も若手も、労弁たる者、「団結の時代が再び来ることを願」ってあらゆる場面でがんばりたい。

「わが会長を語る」

本年三月五日夜、会場外にも響く気合いで宮里弁護士はＪＲ採用差別最高裁判決批判集会で熱弁をふるっていた。御自身、似つかわしい仕事であり、冥利に尽きるといわれる労弁として、困難で苦しいが何としても解決させねばならない事件である。

先生は、八一年総評弁護団（当時）幹事長に就任され五年勤め、〇二年から労働弁護団会長を勤めておられる。私は幹事長時代に一年総括事務局として、会長になられて二年幹事長としてコンビを組み御指導いただいている。労弁にはアジテーターの素質が必要なのだが、数ある演説の中で私が最も印象深いのは「私は総評弁護団が好きで、総会を欠席したことがない」と話されていた幹事長就任あいさつである。

好きこそ物の上手なれと言うが、これに労弁としての執念と矜持が加わり、労働法の知識は最新で最高である。ことに労働委員会に関するそれは他の労弁の追随を許さない。判例をよく読む者はいるが、労委命令までよく読む者はいない。いつ読んでいるのだろうか。

先生を語るにもう一つ絶対に欠かせないのが、その交流の広さと暖かさである。組合、研究者はもちろん、弁護士世界でも期、年齢、事務所の分け隔てないつきあいで励まされたり、助けられた者は多いはずである。所属法律家団体の数もギネス入りクラスであろう（会費が大変とこぼされるように律儀な会員である）。

全国を飛び回りながらテニスで気分転換を図ってこられたと推認するのだが、最近は孫に代わったとの雀の声も聞こえてくる。

年初の事務所ニュースに、ＷＨＯ基準では高齢者と自ら書かれて、書くんじゃなかったと悔やんでおられたが、労働弁護団は〇七年に五〇周年を迎える。当座の通過点だが当分会長として頑張っていただかねばならない。お好きなだじゃれに磨きをかけつつ、益々のご活躍を祈念いたします。

われらが師宮里先生を語る
――東京共同法律事務所で苦楽を共に三七年

山口　広
（弁護士）

1　東京共同法律事務所の設立と宮里先生

東京共同法律事務所は、一九六七年四月、角尾隆信、山花貞夫両弁護士によって設立された。二人とも旧黒田法律事務所（今の東京法律事務所）において、労働事件を中心に取り組んでいた。山花弁護士は、後に社会党委員長となり、政治家として活躍した。彼は三多摩地区から衆議院議員に立候補するため、七七年四月に八王子市に当事務所の栗山・小澤克介両氏を連れて西東京共同法律事務所を開設した。西東京共同法律事務所は、その後立川市に移転したが今も兄弟事務所として交流がある。

宮里先生は、同じく旧黒田法律事務所から一九七二年三月に移籍した。それ以来、現在まで東京共同法律事務所は三回の引っ越しをしたが、新宿区内に所在することに固執してきた。庶民の生活・活動の支えになるに適した場所で、という暗黙の合意があると思う。

一九七二年に宮里先生が参加して以来、東京共同はできれば毎年少なくとも二、三年に一人か二人の新人弁護士を採用してきた。私が入所した一九七八年四月には西東京共同の独立などもあって弁護士七人だった。それが今最も多い一七人である。

宮里先生を中心とした温かくて包容力のある事務所運営によって、一言多いまた自説に固執しがちな我々後輩弁護士も居心地良く業務を担当し、「わが愛する東京共同」と何のてらいもなく言えることは幸せなことと感謝している。宮里先生が元気に活動している姿を毎日見ることができることが、我々後輩の大きな支えになっている。

宮里先生とのことを語り出せば尽きることはない。以下宮里先生を中心とした東京共同の実像を紹介する。また事務所で取り組んだ労働事件のいくつかを報告する。そのうえで、差し支えない範囲で宮里先生の人となりや、普段の言動を紹介したい。

2　東京共同法律事務所での宮里先生

東京共同の活動のコンセプトは何か、などといった実務上あまり役立ちそうにないテーマで、事務所の全弁護士が終日議論をすることがこれまで度々あった。三〇年前は、社会党・総評ブロックのさまざまな運動の法律的サポートをする事務所と位置づければよかったが、その後の政治・労働運動の状況の変化のため、そう単純でもなくなった。二〇〇七年二月に東京共同設立四〇周年を記念して『憲法の危機をこえて（弁護士活動からみえる人権）』と題する書籍を明石書店から刊行した。現在のコンセプトは、社会的弱者のために、そして基本的人権と憲法を守る立場での活動を基軸とする、ということになるだろう。

東京共同は、数十万人の労働組合から数人の小さい組合まで、実にさまざまな労働組合との間に事務所として、あるいは個々の弁護士が顧問として活動している。その多くは、宮里先生の各労組との結びつきによるところが大きい。昔の小・中学校の職員室のように弁護士の机が並んでいるので、机についている宮里先生にかかってくる電話対応を日常的に横で聞くことも多い。実に丁寧に、やさしく、辛抱強く対応しているし、答えは経験と豊富な知識に裏付けられた確かなものであることが判る。あれなら、労組もあてにするよなあ、自分にはとてもできることではないなあ、と思い、反省することが再三である。

東京共同の後輩弁護士は、労働事件にとどまらず、霊感商法等消費者問題全般、原子力発電廃止に向けた取り組み、刑務所や入管施設での処遇、外国人の人権、女性の権利、報道表現の自由など、さまざまな分野での活動にそれなりの実績をあげ、社会に貢献してきたと思う。それも、後輩の活動を温かく励ます宮里先生の指導・助言のたまものだと考えている。

山口が霊感商法問題に取り組むようになったり、海渡弁護士が原発訴訟にかかわるようになったのは、宮里先生にもちこまれた相談を、我々後輩が受け止めたことがきっかけだった。

それだけに、今後の課題は、宮里先生が築いた多くの労働組合との信頼関係や協力関係を後輩がどう引き継いでいくかである。労組の先輩への信頼が大きいだけに、後輩弁護士の荷は重いと感じている。

労組との懇親の機会も多い。全国各地で開かれる大会や研修会での交流や、東京共同と組合との野球大会など、宮里先生は先頭に立って参加する。野球は三〇年以上前から数年前までサードの堅実な守備とシュアな打撃は一目置かれていた。しかし、二、三年前から参加するとつい夢中になって無理をするということから、奥さんの参加禁止命令（?）が出たらしい。過去三〇年余にわたって、毎年一勝一敗の好取組を演じてきた顧問労働組合との野球大会であるが、交流野球の継続が危ぶまれている。

3　宮里先生の言動

「労弁」ならぬ「老弁」などといったオヤジギャグを言って、周囲をしらけさせつつ、一人で悦に入っていることは多くの人が知っていることだろう。「講演では必ず二、三回笑いをとるんだ。たとえば……」という話は再三聞いている。残念ながらすぐ忘れてしまう笑いなので、ここで再現できない。

かつては五月一日のメーデーに東京共同の旗と腕章をして、家族で参加したこともあった。今では信じられない時間的精神的余裕があったということだろう。宮里先生と語った労働弁護士としての活動について、印象に残る話が二つある。

その後、議員になったA弁護士から「労働事件と借地借家事件とは本質的に同じじゃないか」と労働事件を主軸の活動とする東京共同の活動を揶揄されたことがある。さっそく宮里先生に話してみた。彼は決して「そんな発言はけしからん、話にならん」という言い方はしない。「やはり労働現場の改善というのは一人の力でなく、労組の活動があってこそだし、労働裁判は社会変革の基礎になると思うけどねえ」と言われたと思う。

また、消費者事件の第一人者の弁護士が「労働法学は労働者保護の理論がなく経営法学に変質している」と論じていたので、宮里先生に意見を聞いた。彼は、「そんなことはないよ。労働法学が議論していることを知らないのではないか。現実離れした議論をしても説得力がないし、目先の利益を追う経営者を説得する議論をどう展開するか、我々なりに工夫しているんだけどね」と、怒らず、静かに語ってくれた。

その幅広さ、柔軟性、しかし基本を外さない軸の確実さはどこでつちかわれたものなのだろう。

一九五七年、沖縄の宮古島から東大法学部に国費留学生として合格して上京する際、琉球列島米国民政府長官発行のパスポートをもって入国したこと、裁判官になることも考えたが労働弁護士の道を選んだこと、京都修習そして旧黒田法律事務所や東京共同での貧しかったが充実した弁護士活動のこと、労組のストやピケに泊まりこんだときのこと、多くの先輩弁護士とのエピソード、最高裁判所での弁論での工夫など、多くの体験談は、我々後輩の成長の糧（かて）となっている。二〇〇六年から二年間、東大法学部で客員教授を担当していた時も、学生にそんな生きた体験をたくさん聞かせて学生らは人生の「こやし」にしたことだろう。

地下鉄丸ノ内線の新宿御苑前駅から東京共同まで歩いて約五分。午前一〇時前、目の前を肩を丸めた年配の男性がゆっくり歩いている。「あ、宮里先生だ」と声をかける前に、しばし後ろから歩いていると「先生も年を取ったな」と思う。「おはようございます」と並んで声をかけて最近の政治の危うさなどを話しているとお互い年を忘れている。

二〇一四年八月、東京共同の創設者の一人である角尾隆信先生が逝去された。九三歳だった。戦争を体験し、反戦の思いをよく話してくれた大先輩で宮里先生とも波長がピッタリだった。二〇一二年六月一二日には、後輩弁護士日隅一雄（当時四九歳）を癌で失った。彼は、表現の自由や情報公開を求める方面での活動で実績を残しつつ人生を全うした。そのような悲しいできごとを抱えつつ、東京共同はこれからも宮里先生を中心に労働組合や個々の労働者にとって頼りがいのある法律事務所として活動をつづけていこうと全弁護士で語り合っている。

先生とＪＲ不当労働行為事件について

渡辺　章
（筑波大学名誉教授）

宮里邦雄先生は、永く国労弁護団常任幹事を勤められ、国鉄の分割、民営化に際し国労組合員が他組合所属の組合員より抜きんでて多く不採用になり、あるいは採用後に組合差別的処遇を受けたとするいわゆるＪＲ不当労働行為事件に心血を注いで取り組まれた。弁護団は、国労の団結が維持されてはじめて一貫した主張を貫くことができるものであるだけに、先生はときに（否、しばしば）微妙な位置から、切迫した状況下で交わされる組合員相互の論議の行方を祈りにも似た心情で見つめ、待つことに徹せざるを得ない経験を重ねられたことと思う。先生のご論文「国家的不当労働行為とのたたかい──ＪＲ採用差別事件」（日本労働弁護団『日本労働弁護団の五〇年・第三巻』（二〇〇七年）七一八頁）はそうした切々たる記述で締めくくられている。周知のように、国労組合員一〇四七名の不採用事件は、ＪＲ東日本外事件の中労委救済命令を取り消した最高裁第一小法廷判決（平成一五・一二・二二）によって法廷闘争の途を断たれた。国労は、不採用問題の政治的結着の方向に舵をとり、その促進を狙いにして鉄道建設・運輸施設整備支援機構を相手に解雇無効の確認等を請求した。判決はＪＲ不採用に関する損害賠償支払いの予備的請求を一部認容する理由中に、国鉄が職員管理調書の評価項目の評定を所属組合いかんによって不公正（恣意的）に運用した余地や国労組合員のＪＲ採用率の著しい低さの決定的な原因が国労脱退の有無にあったとの推認を引き出すなど、国鉄改革法二三条に基づく分割、民営化の手続期に国鉄の労務政策に深刻なゆがみが存在したことを改めて表出させ、成果となった（東京地判平成一七・九・一五労判九〇三号三六頁、同事件東京高判平成二一・三・二五労判九八四号四八頁ほか）。他方、ＪＲに採用された国労組合員にも平坦な道はなかった。配属、昇進昇格および出向、組合バッヂ着用に対する手当差別等をめぐって中労委に夥しい数の再審査申立て事件が滞留し長期に及んだ。司法制度改革が熱を帯びた時期でもあり、労働委員会制度自体への政界、法曹界の目つきも険しさを増した。そのようなとき、私は中労委山口浩一郎会長から、初審および東京地裁係属の事件を含め国労とＪＲ東日本・貨物会社との一括和解の手続を進めるよう指示を受けた。「君の仕事だ」、と。そうした明確な目的と意思の下に、二〇〇四年早春、中労委での当事者間の協議を開始し、二〇〇八年三月まで約四年をかけて漸く所期の目的を遂げることができた。この一括和解は、難しい段階をいくつも踏んだが、松井保彦労働者委員および福岡道生使用者委員という斯界の両雄の惜しみない献身と、横尾雅良審査官はじめスタッフのまさしく事務プロフェッショナルとしての力量が加わった共同的作業の結果であった。その後の二〇一〇年六月二八日、国労は不採用問題に関して鉄道建設・運輸施設整備支援機構との間に最高裁において裁判上の和解を成立させ、分割、民営化に関係する労使関係紛争は終局を迎えた。前記中労委での一括和解を支えた対話の精神は、労使関係の土壌として現場で生きて働き、この終局的解決への道を後戻りさせない影の組織力になったものと私は確信している。それにしても、中労委での一括和解の手続のあれこれの曲がり角で宮里邦雄先生には公式、非公式にどれだけ深い配慮と励ましをいただいたことか。以下に、私は、ＪＲ不採用訴訟および中労委での一括和解の経験の一端に関して一言させていただき、敬愛してやまない宮里邦雄先生の弁護士活動五〇周年を心より祝賀したいと思うのである（不採用事件および中労委での配属等事件の一括和解に関する公式資料は、財団法人国鉄労働会館『ＪＲ採用差別問題解決 資料集』〔二〇一二年一〇月刊〕に収められている。以下、国労資料集と表記）。

不採用問題について

国鉄改革法二三条に定められた承継法人（ＪＲ）の職員の採用手続に関する補助参加人の諸主張の中で、私が本事件の核心を衝く法律構成として強い説得力を感じたのは、つぎの主張である。「採用候補者名簿の作成等の行為を国鉄の専権とした場合には、国鉄職員のうち採用候補者名簿に登載しないと国鉄が判断した者については、国鉄の判断をもって不採用が最終的に決定され、設立委員による関与の余地がなく、ひいては、国鉄が採用から終局的にその者を排除する権限を有していたことに帰着する……、このような結果を避けるためには、国鉄職員の採用申込が国鉄に到達したことをもって設立委員に到達したものとし、国鉄が名簿に記載しなかったことをもって設立委員が採用申込を承諾しなかったと理解するほかなく、この場合、国鉄は、設立委員の補助者ないし受任機関ということになる……、採用候補者名簿の作成等が国鉄の専権事項であるとすれば、国鉄が設立委員の定めた採用基準を逸脱しても、設立委員はこれを監督是正することができないことになり、それでは、採用の主体である設立委員が採用の基準を定めた目的を達成できなくなり不当である」（ＪＲ東日本外（不採用）事件・東京高判平成一二・一一・八労判八〇一号六〇頁参照）。補助参加人のこの主張は、周知のとおり国鉄改革法二三条に定めるＪＲの職員採用手続の法的構造をめぐる国会審議によっても裏付けられている。同法案を提出した政府は、「法律論として申し上げる」と述べて、国鉄が行う採用候補者名簿の作成など採用者の選定は設立委員の「補助者の立場」で行う、「新会社のお手伝い」だと言明し、国鉄当局自身も説明者をとおして「事実行為の委託、……民法で言いますと準委任という関係」と発言した。それゆえ、採用候補者名簿作成に関し「国鉄当局が国鉄の組合と団体交渉をする立場にはない」とさえ明言された（昭和六一年一一月二一日参議院特別委員会会議録六号・二五日第八号、国労資料集三四八頁・三五四頁）。しかし判決は、「採用過程の実態が参加人らの主張のとおりであったとしても」と言ったまま、「改革法二三条の前記解釈を左右するものではない」と結論づけた。「前記解釈」とは、採用者名簿作成に関する国鉄への専権付与論である（東京地判平成一〇・五・二八民事一一部判決）。前出の控訴審判決および最高裁判決（多数意見）もその軌道に乗っかっている。不都合な事実を棚上げして法の論理を独断することは司法の任務ではない。国労弁護団は、ＪＲの職員採用手続を定めた国鉄改革法二三条の法的構造の理解に関し、最高裁判決の二裁判官の少数意見とともに法解釈学の確かな正道を踏んでいる。

一括和解について

ＪＲでの国労組合員の配属事件は二〇〇四年四月と二〇〇五年一月に和解された（一三件、救済対象組合員五五五人）。昇進差別事件は同年一〇月に和解された（二〇件、同一千五八九人）。配転・出向・バッヂ手当差別事件は二〇〇六年一一月に和解された（六一件、同二万五千五四人）。ＪＲ貨物係争事件は東京地裁係属の二事件を含めて二〇〇八年三月に和解された（七件、同一四一人）。ＪＲ貨物事件の中労委参与には、溝上一生労働者委員、故是松恭治使用者委員が当たられた。総事件数一〇一件、救済対象者数は二万六千五一九人である。一括和解への道は、元中労委会長の故石川吉右衛門先生の願望が宮里邦雄先生へ、同先生から石川先生の碁敵であられた福岡道生使用者委員へと伝えられていた。そのいきさつは福岡道生「この人に聴く労使関係・第四回」（中央労働時報一一三二号（二〇〇一年）九頁）に生々と語られている。最後に、私にとって、忘れようにも忘れられない一コマを記すことをお許しいただきたい。最も難航が予想された昇進事件の協議にやっと解決への大筋がついたある日、先生から直接私に関東、東北各地本、支部の関係組合員と会い、話を聞いて欲しい、審査委員長一人でよいとの問いかけがあった。参与委員の了解を得て、数十人の組合員の方々と中労委の一室でお会いした。長い闘いを経た者の誰一人、一言も会社の非を鳴らしはしなかった。控えめに、〝お願いがある、会社の新人事制度の下で最下位職（指導職、主任職）への昇進試験を何度も不合格になって、この歳になった、今後も受験する、しかし、その職位の他労組組合員の受験者は入社して日も浅い二〇歳代の若者が多く、息子と一緒のようで気まずい、試験場に教室を一室設けて同年齢の者と一緒にして欲しい……〟と問われた。私のなかで、なにかが弾けた。会社はこの要請に柔軟に対処してくれた。宮里邦雄先生は私にこんな素晴らしいときをも与えて下さった。

労働委員会制度の同志　宮里先生

菅野　和夫
（東京大学名誉教授）

宮里先生と私の交わりは三〇数年の長きに及び、様々な機会にわたるが、お互いにけじめをつけた君子の交わりだったと思っている。これは、私たちの主たる接点が立場の違いのある都労委および中労委においてであり、他の機会にお会いしても、先生がそのことを常に慮って公明正大な態度で接してくれたおかげである。例えば、私の都労委時代、先生には、大学の私の演習に何回かおいでいただき、学生を魅了していただいたが、労働弁護士の立場を押し売りするようなことはなかった。私が法学部長として東大法科大学院の設立準備に当たったとき、同大学院のカリキュラムに労使の専門弁護士による労働法実務演習を設定することとし、担当の実務家教員第一号は、労働側では宮里先生にお願いした。これは、もちろん先生を日本の労働弁護士を代表する存在と考えていたことによるが、先生の誠実なお人柄への傾倒もあった。

＊＊＊

私は、司法修習生時代の一九六七年前後には、真紅の装丁だった「労働法律旬報」誌に登場する新進気鋭の労働弁護士として宮里先生のお名前を知っていたが、初めて直に接したのは、弱冠三五歳の助教授だった一九七八年に至ってである。

この年、私たちは、「不当労働行為制度運用の実態と問題点」というテーマで科学研究費を取得し、労働委員会制度について二年間にわたり様々な調査研究を行った。私たちは、事件数が増加して審査の遅延現象が始まっていた当時の不当労働行為制度について、沿革的・比較法的な検討を行った後、いくつかの地労委のヒアリング調査を行った。そして、最後に、大物公益委員であった石川吉右衛門、白井泰四郎、萩沢清彦、花見忠の諸先生を担ぎ出し、労使の錚々たる弁護士先生や都労委・中労委の事務局幹部にも入れ替わり参加してもらって、不当労働行為救済制度の実情と問題点について六回に亘って率直に議論してもらう座談会を日本労働協会で実施した。

宮里先生は、この座談会の第四回と第五回に労働側代理人を代表する弁護士として登場され、その立場で至極もっともな現状批判や改革提案をされている。この座談会の記録は、石川吉右衛門＝萩沢清彦編著『不当労働行為の実際』として日本労働協会から出版されており、これを編集したのは他ならぬ私であると自負しているが、実はこの本には私の名前はどこにも登場していない。六回にわたる座談会では、私はもっぱら書記役に徹して諸先生の議論を熱心に記録していたのであり、そうするなかで、労働側では宮里先生という論客がおられることを実感した。そのような私を、宮里先生は、後日、「日本労働協会の職員だと思っていた」と面白そうにお話された。

＊＊＊

その後、私は、四〇歳となった一九八四年に都労委の公益委員になったが、このとき労働法の学者であれば当然感じたはずの不当労働行為制度の理論と実態の大いなるギャップにつき格別の違和感をもつこともなく、審査実務に入り込めた。これは、宮里先生にも参加していただき『不当労働行為の実際』に結実した上記の座談会のおかげだったと思っている。

そして、都労委でも、宮里先生との早々の出会いがあった。というのは、私が都労委で最初に担当した事件の一つで、命令を最初に出した事件が、先生が代理人を務めたものだった。この事件は、労使間の複雑で長期間の団体交渉関係のひとこまが支配介入と構成されて申し立てられた当時としては珍しい事件であり、私の都労委八年間の中でも特に難渋した事件の一つとなった。私は、最初に申立書等を読んでも理解し難かったので、審査委員として臨んだ最初の調査で宮里代理人に対し、「本件はなぜ、どのように、三号の不当労働行為になるのですか」と尋ねてしまった。すると、先生は、全く平静に、しかしかなり懸命に説明に努めてくれたことを覚えている。今となっては、労働委員会の最初の段階で、人格者の労働弁護士先生に遭遇したのは、大いなる幸運だったと思っている。

その他にも、都労委の手続では、宮里先生についていくつもの思い出がある。ある事件では、労働側の重要証人の証人尋問期日に、主尋問を担当予定の宮里先生の同僚代理人が当日急に欠席となった。すると、先生は、あわてることなく、尋問用のメモもなしに、主尋問を書証の引用も含め、すらすらと遂行された。事件や資料の把握の深さと尋問技術の高さあってのことと、大いに感心した。

私の都労委での経験の一つの山場は、一九八七年の国鉄分割民営化に伴って押し寄せた多数のＪＲ事件の処理だった。特に、採用差別事件と初回配属事件は、申立て組合関係者がいきり立ち、会社側も固く身構えて、手続はどの段階でも緊迫した。例えば、初回配属事件では、特に不利益な配転・出向を差し止めようとする審査の実効確保措置の申し立てがなされて、当事者からの事情聴取が深更に及んだ。また、不採用事件では、ようやく審問開催の運びとなっても、その準備の調査においては審問廷傍聴席の配分からもめた。宮里先生は代理人として組合の主張を強く代弁しながらも、妥協点を探る審査委員の努力を理解され、最後は手続が前進するように配慮してくれたと思っている。

＊　＊　＊

中労委でも、宮里先生とは記憶に残るいくつもの場面があるが、一つ特筆するとすれば、やはり、個人業務請負契約者の労働者性に関する新国立劇場事件とＩＮＡＸメンテナンス事件において、労働者性を否定した東京高裁判決の判断を覆してもらうために中労委と組合がそれぞれ別個に論陣を張りつつ実際上共鳴したことである。特に新国立劇場事件では、最高裁第三小法廷の口頭弁論の場で同方向の主張を行った。最高裁という場で最高級の労働弁護士と共演できたことは、私の学者人生の貴重な体験だった。

宮里先生は、労働委員会実務に関する豊富な経験と深い洞察を一九九〇年に『労働委員会』（労働教育センター刊）という本にまとめられた。同書は、地労委への申立て、調査、審問、命令、中労委による再審査、行政訴訟、と展開する不当労働行為審査・救済制度の運用の実情・問題点、解釈上の論点について、労働側代理人の眼から鋭く明快な分析と批判を行っており、労働委員会制度についての基本書の一つと思っている。公益委員の立場からは、主張のどの点に応えられるかを、そして、応えられないとするとなぜ応えられないかを、真剣に考えさせられる文献である。

その後、時代はご存知のように労委における集団的労使紛争の低位安定化と個別労働紛争の激増へと向かい、労働弁護士も個別労働紛争に力を入れる方々が多くなっていった。というよりも、労働委員会実務に力を入れている弁護士が、労使双方において数少なくなっていった。今となっては、労働委員会における不当労働行為審査手続について練達の弁護士を思い浮かべることの方が、難しくなっているのではなかろうか。そのような状況のなかで、宮里先生は、個別労働紛争においても労働弁護団を先導しながら、不当労働行為事件の方も一貫して第一線の代理人を続けている。そのような豊かな見識から、例えば全労委総会のシンポジウムには何回もパネリストとして登壇されるなど、労働委員会制度を改革する考察と提言を続けておられる。

労働委員会は、相当長期間にわたり私の学者生活のかなりの時間とエネルギーを吸収した場であり、その存在意義を評価し、その発展を願う点では人後に落ちない。そのような私にとっては、宮里先生は、実は、労働委員会で苦労を共にした同志のような存在であり、限りなき共感を抱いている。先生の今後のご活躍を心からお祈りしたい。

意見は一致しなかったが……

西谷　敏
（大阪市立大学名誉教授）

私が最も尊敬する弁護士の一人である宮里さん（と呼ばせていただく）が、弁護士生活五〇年を迎えられるという。心からお祝いを申し上げたい。

弁護士生活五〇年というが、もちろん重要なのは弁護士生活の「質」である。本書で詳しく紹介されるとおり、宮里さんは、これまで多くの重要な労働事件に代理人として関与し、めざましい成果をあげられた。私も国労採用差別事件などでおつきあいさせて頂き、宮里さんの弁護士としての卓越した能力の一端をかいまみたことがある。

しかし、私にとって、宮里さんは、個々の事件の代理人というよりも、総評弁護団・日本労働弁護団の中核的存在というイメージが強い。宮里さんは、二〇〇二年から二〇〇一二年まで日本労働弁護団の会長を勤められたそうだが、その前には相当期間副会長や幹事長を務められているはずだし、その前には事務局長やなんらかの中心的な仕事をされていたはずである。ともかく、私にとって宮里さんは、総評弁護団・日本労働弁護団の人であり、総評弁護団・日本労働弁護団は、少なくとも相当の期間にわたって宮里さんに代表されていたように思えるのである。

日本労働弁護団のような団体をまとめていくのは大変な仕事だろうと思う。研究者と違って（？）個性と自己主張が強く、口数の多い弁護士の人たちが口角泡を飛ばして議論を始めたらどのような事態になるのだろうか。どういう人なら、そうした議論をまとめてなんらかの結論にもっていくことができるのだろうか。おそらく、①問題の論理的な整理能力に優れていること、②しっかりした自分の意見をもちながら、異なった意見にも耳を傾ける柔軟性も備えていること、③忍耐力が強く、意見の異なる弁護士をねばり強く説得できること、といった資質を備えた人であろう。私の知る宮里さんは、まさにこの三つの資質を高い次元で兼ね備える人である。

ともあれ、宮里さんは、私にとって日本労働弁護団を代表し象徴する弁護士であった。宮里さんが書かれるものは、個人名のものでも、なんとなく日本労働弁護団の見解とだぶって見えることが多かった。それは、ある時期まで、私の労働法的思考にとって重要な参考資料以上のものであり、あえていえば判断の基準そのものであることさえあった。さすがに私も年齢を重ねるにしたがって、意識して「自律的に」考えるようになったが、解釈論や立法論において宮里さんの意見と（おそらくは日本労働弁護団の意見と）一致するのが通例であったと思う。

しかし、私の記憶では、これまで二回だけ、宮里さんと意見が違ったことがある。ほとんどの問題について意見が一致していただけに、この二回の記憶は鮮明である。

一度目は、労働組合をめぐる集団主義と個人主義をめぐる意見の相違であった。私は、一九七〇年代の中頃から、労働組合が活力を取り戻すためには、集団主義＝統制主義の考え方を見直すべきであり、「個人の自律にもとづく連帯」の考え方が不可欠だと考えるようになった。具体的には、ユニオン・ショップは憲法違反であり、統制処分は必要最小限にとどめるべきだといった結論が導かれる。宮里さんは、そうした考え方に対して、集団主義の重要性という立場から疑問を呈された。労働法学会のシンポジウムの場であった（日本労働法学会誌七七号二〇四頁）。日本労働者弁護団総会の場でも同趣旨の発言があったと記憶している。この問題については、学界でもさまざまな議論があるところであり、背後にいくつかの労働組合を背負っている宮里さんからの批判は決して意外ではなかった。宮里さんが現在でも同じご意見かどうか聞いてみたい気はするが。

より深刻だったのは、労働契約法の制定の問題であった。二〇〇七年に成立した労働契約法について研究者の間では反対する者が多く、私もその一人であったが、日本労働弁護団にはむしろ賛成論が多く、宮里さんは賛成の立場で行動しておられた。この問題は、具体的な法案の評価にかかわる現実問題であり、またそれまで協力関係にあった研究者と実務家の亀裂を生むおそれがあるという意味でも深刻であった。研究者は、労働契約法なる法律が必要という一般論では一致していたが、上程された法案はあまりに貧弱で整合性に欠け、また従前から学説からの批判が強かった就業規則に関する判例法理をそのまま法文化しようとしている点でも問題だと考えた。また、啓蒙的観点から労働関係における合意原則を強調する法案が、形式的な合意の一人歩きという事態に対して無防備であるという問題もあった。結局、三五人の労働法研究者が反対声明（労働法律旬報一六三九・四〇号所収）を発表するという異例の事態となったが、法案は若干の修正とともに通過した。

あの頃、労働法学会理事会などで宮里さんと会うのはつらかった。宮里さんは、私の顔を見るたびに、「西谷さん。あの問題はなんとかなりませんか。」と言われる。私は、「どう考えてもあの法案に賛成する気になれません。」と正直に答えるほかない。法案の問題点をあげて宮里さんを説得しようとするのだが、宮里さんは、「労働契約法の制定は過去に日本労働弁護団から提案した経緯がある」とか、「今は労働契約法という器をつくる数少ないチャンス」と言われるものだから、どうしても話がかみ合わない。それでも何か雑談を交わしながら、多少気まずい気持ちを抱えて駅まで一緒に歩いた記憶がある。

しかし、ここでとくに書いておきたいことは、宮里さんの態度が最後まで誠実だったことである。宮里さんは、法案に賛成すべきだとのご自身のお考えを明示され、われわれ研究者を一生懸命説得しようとされた。当時、実際には法案に賛成しながら、われわれの前ではそれを明らかにしない人も少なくなかったようだが、宮里さんの態度はすっきりして気持ちがよかった。宮里さんがなぜ多くの弁護士や組合役員などから信頼されるのか、わかった気がした。

それにしても、なぜ、労働契約法の制定という重要な問題をめぐって、日本労働弁護団の中心的な弁護士と多数の研究者の間で見解の相違が生じることになったのであろうか。それは、もしかすると、弁護士と研究者という職業の相違に起因するのかもしれない。それでは、実際に両者はどのように異なるのか、あるいは異なるべきなのか。実務家と研究者の垣根が低くなろうとしている現在の状況をどのようにみるべきなのか。考えるべきことは多い。

私は、研究者としての生活を関西で——つまり東京ではなく、もっと東京から離れた地域でもなく——送ることができたことを私の幸運の一つと考えてきた。関西では、東京中心に激動する現実社会から適度な距離を置いて物事を考えられるからである。しかし、関西に腰を落ち着けた結果、宮里さんとゆっくり話す機会は意外に少なかったような気がする。日本労働法学会の総会やその他の会合でしばしば顔を合わせたが、あまりゆっくり話せるという状況ではなかった。

宮里さんはまだまだお元気な様子だが、私の方はいつ何が起こるかわからない。宮里さんとは、元気なうちにゆっくり話す機会をもちたいと思っている。ただし、話したいテーマは、労働契約法や規制緩和論ではない。労働契約法についてはたぶんまだ意見が違っているだろうし、規制緩和論では意見が一致しすぎて議論にならない。話したいテーマはクラシック音楽である。宮里さんが熱心なクラシック・ファンであることは、つい最近知った。しかも、このテーマであれば、意見が適当に一致して適当に違っている方が面白いのである。

第Ⅳ部

不当労働行為と労働組合の存在意義

宮里　邦雄

はじめに

第Ⅳ部に収録した三つの拙稿について、少し記しておきたい。

第1章の「不当労働行為とのたたかい—体験的覚書」（労旬二〇一四年二月上旬号）は、私の五〇年にわたる不当労働行為事件の経験を、当時問題となったことに焦点をあて、私なりの不当労働行為事件史として執筆したものである。

弁護士となった一九六五年から約二〇年くらいの間は、労働事件と言えば、不当労働行為事件であったし、民間中小企業の数多くの不当労働行為事件に携わった。

一九九〇年に『労働委員会—審査・命令をめぐる諸問題』（労働教育センター）を刊行したが、これは、私の労働委員会での実務経験に基づいて執筆したものである。

第2章の「JR採用差別とのたたかい—二三年間の軌跡をふり返って」（労旬二〇一〇年一〇月上旬号）は、国鉄の分割・民営化にともなう多くの不当労働行為事件のなかでも、最大の難事件であった採用差別とのたたかいの記録をまとめたものでともかく解決にこぎつけたことの安堵感と組合員の当初の思いを実現できなかった苦い思いが入りまじったなかで執筆したものである。

第3章の「労働組合の役割と課題—いま問われているもの、求められているもの」は、連合東京の依頼で「連合東京ニュース」に五回にわたって（二〇一三年五月〜九月）連載執筆したものである。

多くの労働組合とかかわり、長年労働事件に携わってきた弁護士として、労働組合の存在感が低下していることについての私なりの危機意識から、「労働組合よ、しっかりして欲しい」という思いを込めたつもりである。

第１章　不当労働行為とのたたかい

——体験的覚書

はじめに

不当労働行為救済申立事件は、一九六五年ころ（新規申立件数一九六五年八四二件）から増え始め、一九七〇年に事件数はピークとなった（新規申立事件数一四八三件）。以後事件数は一九八七年に国鉄の分割・民営化に絡む多くの不当労働行為救済申立があり、一時的に増加するが、減少傾向が続き、現在にいたっている（二〇一二年は三五四件）。

私は、不当労働行為事件が増大する幕開けの一九六五年から不当労働行為事件に関わるようになり、そのピークを体験し、また国鉄マル生不当労働行為事件や国鉄の分割民営化にともなうＪＲ採用差別など数多くの不当労働行為事件に関わってきた。本稿は、約五〇年、不当労働行為事件に携わってきた弁護士として、とくに記しておきたいことを綴るものである。

一　初めての不当労働行為事件
——日本教育新聞社事件

初めて担当した不当労働行為事件は弁護士一年目の日本教育新聞社事件であった（都労委昭和四一・一二・二四命令集三四＝三五集一六四頁）。

結成間もない組合の委員長Y記者に対する関連会社への出向命令拒否・解雇事件であった。当時、組合の活動家への不利益取扱い事件として多かったのが配転事件で、全国各地の労働委員会で配転を不当労働行為とする多くの命令が出されている。しかし、出向はまだ少なかった。

ちなみに、民法六二五条を根拠に、本人の承諾なき出向は無効とした初めての出向事件に関する判決として著名な日立電子事件の東京地裁決定が出たのは、昭和四一年であった（東京地決昭和四一・三・三一労働関係民事裁判例集一七巻二号三六八頁）。

日本教育新聞社事件には痛恨の思いがある。

東京都労委は出向命令および解雇撤回を命じ、会社が再審査を申し立て、中労委で職場復帰の和解が成立、Yさんは原職復帰した。しかし、救済申立後、組合員の脱退が相次ぎ、中労委での和解協議中には、Yさんの職場復帰反対の従業員の署名運動が展開された。Yさんは、組合を再建したいという強い思いで、悩みながら職場復帰した。しかし、復帰後、ほどなくして自殺した。

職場復帰後、Yさんが会社を辞めようかとたいへん悩んでいるという話を聞き、Yさんのたたかいを支援した上部団体の役員と一緒にYさんが住んでいた団地を訪ね、Yさんを励ました。自殺はそれからしばらく後のことであった。

真面目で正義感の強いYさんが自殺した真相は不明だが、職場での悩みや孤立感を切々と訴えられていたから、それを苦にしての自殺であったと思わざるをえなかった。

都労委の救済命令と中労委での和解による職場復帰、不当労働行為事件としては、完全に勝利したはずの事件であった。

しかし、結果としては、組合は崩壊し、会社の不当労働行為に屈したといえる結末となった。労働事件において、不当労働行為事件において、解決とはなにか、勝利とはなにか、なにをもって勝利と評価するか。不当労働行為第一号事件は、いまも絶えず私にこのことを自問自答させる。

二　複数組合併存下の不当労働行為事件

一九六〇年代後半から一九七〇年代にかけての特徴的な不当労働行為事件は、組合分裂に絡む支配介入事件、そして組合併存下での少数組合に対する団交拒否事件や便宜供与差別などの支配介入事件、組合併存が定着化する状況下での組合間の賃金等の差別事件である。とりわけ、協調的多数派組合と戦闘的少数派組合が併存するもとでの賃金差別・昇格差別・昇進差別事件が不当労働行為救済申立事件において大きな割合を占めるようになる（年度によっては申立事件の半数近くを占めた）。

一九六〇年代、職務・職能給制度、人事考課制度（査定制度）が導入され、これが組合間差別に利用されたことが背景にある。

私も、昭和信用金庫事件（都労委昭和五一・三・二三命令集五八集二一三頁）、東京三協信用金庫事件（都労委昭和五四・四・三命令集六五集二六九頁）などいくつかの昇給・昇格差別事件を扱った。

組合併存下の賃金差別事件は人事考課を媒介とするものであり、また、多くの申立事件において、救済を求める組合員が多数であったことから、①不当労働行為の成否にかかわる主張・立証をめぐる問題、②これに関連しての審査手続のすすめ方、③救済申立期間（労組法二七条二項の「継続する行為」の該当性）、④救済命令の内容（救済方法）などが大きな論争テーマとなった（拙稿「賃金の査定差別とのたたかい―実務上の問題を中心として」労旬八一七号〈一九七二年〉四〇頁）。労働委員会はこの種事件の立証や審査のあり方について、「大量観察方式」を採用する。

大量観察方式とは、①集団間における顕著な賃金の格差の存在（外形的格差の存在）と、②少数組合に対する使用者の組合嫌悪の意図、を申立人労働者・労働組合が立証すれば、使用者において、③格差は合理的な理由によるものであることを反証しなければ、組合員各人についての個別的な不当労働行為の立証がなくとも、不当労働行為の成立を推認するという判断方法である。

大量観察方式は、迅速審査の要請と組合間差別事件の特質をふまえた審査実務が生み出した妥当な立証方法であった。大量観察方式による立証は、紅屋商事事件・最高裁判決（昭和六一・一・二四労判四六七号六頁）においても支持された。

もっともこの時期における組合間差別事件は、年功的処遇のもとでの同期・同学歴の労働者間での差別事件であり、能力主義・成果主義的な処遇システムのもとでの差別事件の場合には、大量観察方式についても一定の修正が必要になる（中労委執務資料「労働委員会における『大量観察方法』の実務上の運用について」中央労働時報一〇五五号〈二〇〇六年〉一六頁。これを検討した拙稿「執務資料『物件提出命令』と執務資料『大量観察方式』についての検討」月刊労委労協六〇七号〈二〇〇六年〉七頁）。

また、この種事件の多くは、過去の長期にわたる差別の救済を求めるものであったことから、救済申立期間である一年を徒過しているのではないかということが問題となり、使用者側は必ず、申立期間徒過の主張を行なった。

組合側は、人事考課の非公開性などから、賃金差別の客観的事実（外形的格差の存在）の調査は容易なことではなく、差別発生後相当期間経ってから差別の事実が判明するのが通常で、多くの場合一年を超えての申立は、やむをえないものであった。私が扱った前述の二件でも、差別実態の調査は難航し、救済申立に持ち込むまで長い準備期間を要した（宮里ほか四弁護士の共同執筆「累積する賃金・昇格等差別と継続する行為」労旬九二一号〈一九七七年〉六頁）。

組合側は、賃金差別は、一貫した反組合的意思にもとづく同種行為の反復継続であり、差別を是正しないかぎり不当労働行為は毎年継続するとして、行為が終了した日から申立期間を起算すべきであると主張し、一方使用者側は、査定は、そのつどの行為であり、「継続する行為」に当たらず、毎年度の査定にもとづく賃金決定の時から申立期間は起算すべきであると主張した。

当時、「継続する行為」該当性をどのような事実をふまえて理論構成するかは、昇給・昇格差別事件を担当した弁護士の最大の課題であった（河村武信「労組法二七条二項の解釈『継続する行為』試論―昇給・昇格差別事件・救済命令の障碍除去のために」労旬八六八＋八六九号〈一九七四年〉三二頁）。

「継続する行為」を否定した命令もあったが、多くの労働委員会命令は、査定年度を超えて累積した差別の継続性を認め、累積した差別を是正する命令を発した（岡田克彦「申立期間と『継続する行為』」日本労働法学会編『現代労働法講座14労働争訟』総合労働研究所、一九八五年、一〇八頁）。

「継続する行為」については、一九九一年の紅屋商事事件・最高裁判決（平成三・六・四労判五九五号六頁）が、「毎年行っている昇給査定とこれに基づく毎月の賃金支払とは一体として一個の不当労働行為をなすものとみるべきである。そうすると、査定に基づく賃金が支払われている限り、不当労働行為は継続する」として、「継続する行為」を肯定したが、これは、単年度に関する昇給差別についての判示であり、年度を超えて累積する賃金差別の継続行為性を判断したものではない。しかし、本判決以降、年度を超えての差別を継続する行為と認める命令や判決はなく、本判決は年度を超える場合の継続性を否定したものと解されているようである（単年度に限り継続性を認める命令として、住友重機工業事件・東京地判平成一八・七・二七労経速一九五三号三頁、モービル石油事件・中労委平成一七・九・二一命令集一三三集一三七一頁など）。

複数組合併存下における不当労働行為の判断視角を明確に示したのが残業差別に関する一九八五年の日産自動車事件・最高裁判決（昭和六〇・四・二三労判四五〇号二三頁）であった。

同判決は、使用者は、「団体交渉の場面に限らず、すべての面で使用者は各組合に対し、中立的態度を保持し、その団結権を平等に承認、尊重すべきものであり、各組合の性格、傾向や従来の運動路線のいかんによって差別的な取扱いをすることは許されない」として、「中立保持義務」の考え方を示した。複数組合併存下の差別事件は、多くの場合、組合の性格、傾向、運動路線の違いを理由になされた差別事件であったから、「中立保持義務」は、差別事件とたたかう理論的支柱となった。また、「中立保持義務」論は、外形的差別が存在する場合には、差別の合理性についての立証責任を使用者側に負担させるものであり、組合間差別の不当労働行為事件の審査実務に大きな影響を与えた。

その後最高裁は、この「中立保持義務」の考え方を一九八四年の団体交渉を媒介とする一時金差別に関する日本メール・オーダー事件判決（昭和五九・五・二九労判四三〇号一五頁）において、さらには便宜供与差別にかかわる一九八七年日産自動車事件判決（昭和六二・五・八労判四九六号六頁）において適用し、組合間差別の不当労働行為救済の判例法理を形成していくことになる（拙稿「便宜供与差別」「特集　複数組合併存をめぐる法的課題」季労一六一号〈一九九一年〉八九頁）。

三　審査の遅延・長期化

一九六〇年後半から事件数が大幅に増加したこと、また複数組合併存下の賃金差別事件が大きな割合を占めるようになったことなどから、不当労働行為事件の審査の遅延・長期化が深刻な問題となった。たとえば、一九七〇年は初審の終結状況は七九二日、七一年六一六日、七二年一二七七日、七三年七九六日であった。

不当労働行為の目的は組合の弱体化にあり、救済が遅れれば遅れるほど不当労働行為は使用者の「やり得」となり、団結への打撃は大きい。審査の遅延は不当労働行為とたたかう労働者・労働組合にとって実に深刻な問題であった。

総評弁護団（一九八九年一〇月「日本労働弁護団」に名称変更）は、一九七三（昭和四八）年の総会において、「現行労働委員会運営に対する一〇大要求」を決定し、審査遅延の改善、労働委員会の不当労働行為救済機能の強化をめざす運動に取り組んだ。

一九八二（昭和五七）年五月、「労使関係法研究会」は、「不当労働行為事件の迅速化」と題する報告書をまとめ、審査迅速化のためのいくつかの具体的提言を行なったが、一九八〇年以降事件数は大幅に減少したにもかかわらず、審査遅延は解消されなかった（同報告書を批判的に検討した拙稿「不当労働行為の審査遅延をどう改善するか—労使関係法研究会報告を読んで」季労一二五号〈一九八二年〉一二八頁）。総評弁護団は、一九八三年四月「不当労働行為事件の審査の迅速化等に関する要望書」を中労委・各地労委に提出するなど、審査の促進を求める取組みを行なった。一九九〇年代に入り、不当労働行為事件数は大きく減少するが、審査遅延は続いた。不当労働行為審査の迅速化が図られるようになったのは、審査手続の迅速化・適確化のために、審査計画書の作成による計画的審査を義務づけた二〇〇四年の労組法改正（二〇〇五年一月一日施行）以降といえるであろう。

現在都道府県労委および中労委では、それぞれ審査目標を設定し、審査の迅速化に取り組んでおり、迅速化という点ではかなりの成果をあげている（初審終結事件の平均処理日数は、二〇一一年五六四日、二〇一二年四〇三日）。また、審問を経ないでも命令を発することができる旨の労働委員会規則の改正（四三条四項）が行なわれるなど、迅速化への手続的整備は進んだ。

義務的交渉事項か否かなど争点が比較的単純な団交拒否事件などにおいて、労働委員会が迅速な救済機能あるいは適正な和解実現の機能を果たすことができれば、労働委員会の認知度や存在意義も高まろう。現在、不当労働行為救済申立事件がゼロ件または一件のいわゆる「ゼロ・ワン県」は二三県に達している（二〇一二年現在）。その基本的要因は、集団的労使関係における労使の対立・緊張関係の薄まりにあるといえるが、労働委員会の迅速な救済機能への期待が弱いことも影響している。迅速な救済機能への理解が拡がれば、労働委員会を活用する場面はもっと増えるはずである。

労働審判制度に対する労使、とりわけ労働者側の肯定的評価はその迅速な紛争解決にあり、労働委員会が労働審判制度の運用から学ぶべき点は多いはずである（菅野和夫ほか『労働審判制度の利用者調査―実証分析と提言』有斐閣、二〇一三年、参照）。

四　審査の実効確保措置の勧告

一九七〇年代において、不当労働行為申立事件に関連して問題となったのは、審査の実効確保の措置勧告制度（当時労働委員会規則三七条の二、現行規則四〇条）をいかに活用するかであった。これは、審査の遅延が常態化するなかで、その間において使用者の不当労働行為が続けば申立人が後に救済命令を受けても救済命令の実効性が失われるという危機感からであった。

労委規則の審査の実効確保の措置勧告制度は、一九五二年五月に初審命令の履行勧告制度（規則五一条の二）とともに設けられたものであり、前年一二月の全労委協議会総会における「不当労働行為の審査継続中、必要と認めた場合には、救済の実効を阻害し、又は困難ならしめないよう中労委規則によって規定し得る範囲において、その方法を考慮すること」との決議にもとづくものであった（規則制定の経緯について、伊藤幹郎「審査の実効確保の措置勧告」前掲『現代労働法講座14労働争訟』一八九頁）。

審査遅延の状況下で、申立組合側も、実効確保の措置勧告の申立を積極的に活用するようになり、一九七〇年代半ばころから、東京、大阪、神奈川などの地労委において、多くの勧告が出されるようになった。

どのような場合に「審査の実効を確保するため必要な措置」として勧告を出しうるかについて、規則改正の際に出された施行通達が、「この勧告をするにあたっては、格別の注意を払い、かりそめにも当事者に予断を疑わしめる如きことのないよう注意を用いられること」としていたこともあり、見解の対立があった。

第一は、勧告制度は、あくまでも審査遅延の防止その他審査手続の実効を確保するために用いられるべきであるという見解、第二は、救済の実効に影響を及ぼし、または及ぼすおそれのある行為も勧告の対象となり、差止めその他の必要な措置を勧告しうるという見解である。後者は、いわば仮処分的措置もなしうるというものである。

措置勧告にかかわる労働委員会の実務の大勢は、第二の見解に拠って勧告制度を運用していたといえよう（勧告実例について、くわしくは、前掲伊藤論文、拙著『労働委員会—審査・命令をめぐる諸問題』労働教育センター、一九九〇年、三六頁）。

また、労委規則による勧告は、公益委員会の決議にもとづいて勧告書として文書により会長名で発せられるものであるが、このような正式勧告のみならず、労働委員会は、審査委員と労使の参与委員の三者による勧告なども行なった。

勧告は法的拘束力を持つものではないが、使用者側の不当労働行為を牽制し、申立組合を勇気づける機能を果たした。

近年は実効確保の措置勧告を申し立てる事案はあまりないようであるが、最近の例をあげれば、大阪市長が行なった「労使関係に関する職員のアンケート調査」について、支配介入に該当するおそれがあるとして、「アンケート調査の続行を差し控えるよう」勧告している（二〇一二年二月二二日）。

五　使用者概念拡大のたたかい

一九七〇年代に入ると、企業の再編・合理化が推進され、親会社・子会社の系列化、下請企業化、別会社化などが強まった。この時期から、雇用関係のない子会社（中小企業）の労働者で組織する労働組合が実質的な支配力を有する親会社に対して団体交渉を申し入れるあるいは子会社労使関係に対する親会社の介入に対して不当労働行為責任を追及するという「使用者概念拡大」のたたかいが展開されるようになり、全国各地で親会社を相手とする不当労働行為救済申立が増えていくことになる。私も、親会社責任を追及した日立電子金属・三菱金属事件（拙稿「全金日本電子金属支部の闘い」季刊労働者の権利一三二号〈一九七九年〉九頁。本件では親会社に団交を求めて社屋内に立入ったことが建造物侵入罪で起訴された）や別会社化された三社をともに使用者として相手方とした日本旅行社事件に取り組んだ（都労委昭和五一・一・二〇命令集五八集一五六頁）。雇用主のみを相手にしていたのでは、問題は解決しない。権限ある「背景資本」に解決を求めるのは、労働運動の必然的要求であった（この「使用者概念拡大闘争」を牽引した当時の総評全国金属労働組合のたたかいについて、平沢栄一『争議屋』論創社、二〇〇七年、参照）。

かくして、労組法七条の「使用者」とは、労働契約上の雇用主に限られるか、限られないとすればどのような場合に使用者といえるかが論争点となる。

親会社の使用者性を認めた一九七六年の住友重機工業、富田機器製作所事件の三重地労委命令（昭和五一・二・一七命令集五八集二〇〇頁）は、初めてその理論的根拠を明確に述べた命令である。命令は、「不当労働行為制度は、個人間の権利義務を確定するものではなく、団結権の侵害を排除して、侵害なかりし原状の回復を趣旨、目的とするものであるから、当該労働関係上の労働組合ないし組合員の諸利益を左右する支配力、影響力を有するものを当事者としなければならない」とし、株式保有関係、役員派遣などの人的関係、取引関係、融資関係等の事実関係から、「住重機と富機の関係は、構造的に、前者が後者を総合的・統一的、継続的に支配ないし管理する態勢が形成」されており、「住重機が単に法人格は別だという主張によって不当労働行為責任を免れるとすれば、結果において憲法上の団結権保障の規定及び労働組合法七条は遂に死文と化することになろう」と述べ、「集団的労使関係上の不当労働行為の事案については、子会社の不当労働行為責任を親会社に対し追及するための適用範囲及び適用要件は、個別的労使関係の場合より広く、かつ、緩やかに解するのが相当」として、親会社住重機の使用者性を認めた。この命令以降、「労働関係上の諸利益に対する実質的支配力・影響力を有する者」を「使用者」とする命令が全国各地労委で相次いで出された（くわしくは、前掲拙著『労働委員会』一四九頁）。

このような労委命令の動向に対して、たとえば関西経営者協会は一九八五年六月『労使関係法制定に関する提言』において、労働契約の当事者を超えた「使用者」を定立する命令例を「混乱」と評し、「現行法下にあっても、使用者を労働契約上の使用者に限定することは狭義に過ぎるとしても、だからといって使用者の範囲が拡大されていいということにならない。少なくとも、不当労働行為の主体としての使用者についてはこれを厳格に解釈し、安易な拡大を許すべきではない」と批判した。

「使用者概念の拡大を求める運動」は、親会社・子会社関係企業の系列化、下請化など企業再編に対する労働運動側の対応として当然のものであった。「背景資本」に対する団体交渉を求めるたたかいは商社などにも及んだ。使用者概念を拡大した命令はこのような運動が獲得したものであった。

一九九五年の朝日放送事件・最高裁判決（平成七・二・二八労判六六八号一一頁）は、団結権侵害の排除・是正という不当労働行為制度の目的から、労組法七条の使用者は、雇用主以外の者であっても、「労働者の基本的条件等について、雇用主と部分的とはいえ同視できる程度に現実的かつ具体的に支配・決定することができる場合には、使用者に当たる」と判示し、使用者性を否定した東京高裁判決（平成四・九・一六労判六二四号六四頁）を取消し、最高裁として使用者概念の拡大を容認した。この判決は、労働契約上の使用者概念と労組法上の使用者概念とは同一でなく、労働契約がなくても労組法上の使用者たりうるとした点で当時画期的と評価されたものであった（豊川義明「朝日放送団交拒否事件―派遣労働者と派遣先の団体交渉権の確立」季刊労働者の権利二二〇号〈一九九七年〉二五四頁）。しかし、同判決は、「雇用主と同視できる程度」や「現実的かつ具体的な支配・決定」という枠はめをしており、労働委員会命令の「実質的影響力・支配力」よりは、使用者の範囲を限定するものでもあった。

最近中労委は、使用者性の判断枠組みとして、①「当該労働者の基本的な労働条件等に対し、雇用主と部分的とはいえ同視できる程度に現実的かつ具体的な支配力を有しているといえる者」と②「当該労働者との間に近い将来において雇用関係が成立する可能性が現実的かつ具体的に存する者」の二類型を設定し、これを労組法七条の「使用者」性判断の「一般的な法理」であるとの見解を示している（東海市事件・中労委平成二五・一・二五別冊中央労働時報一四四〇号［重要命令判例］一頁）。しかし、労組法上の労働者の判断基準をこの二つの基準に限定すること、集団的労使関係における交渉当事者たる使用者について、「労働契約」基準説ともいうべき考え方を持ち込むこと、とりわけ①の基準を親子会社関係の事案について適用することに妥当性があるとは思われない（中労委命令の考え方を解説する島田陽一「派遣労働者の労働組合と派遣先の団体交渉をめぐって」月刊労委労協六八五号〈二〇一三年〉二頁、中労委命令を批判する根本到「労組法七条の使用者性について―近時の動向と法的課題」同二〇頁、萬井隆令「直用化・雇用保障問題と団体交渉法上の『使用者』」労旬一七九二号〈二〇一三年〉四六頁、中野麻美「労働者派遣制度と労働組合法上の使用者」季刊労働者の権利三〇二号〈二〇一三年〉三二頁、徳住賢治「企業組織再編と『親子会社類型』の使用者概念―高見澤電機製作所事件を題材として―」月刊労委労協六八九号〈二〇一三年〉二頁、本久洋一「第三者労働力利用と集団的労使関係―派遣先の団交応諾義務」毛塚勝利編『事業再構築における労働法の役割』中央経済社、二〇一三年、二三四頁など)。親会社の使用者性、さらには持株会社の使用者性、投資ファンドの使用者性の問題など、「使用者概念拡大」のたたかいは決着したといえず、たたかいの途上にある(投資ファンドを相手とする筆者が担当した事件について拙稿「投資ファンドによる企業買収と投資ファンドの使用者性について―東急観光事件を素材に」労旬一六三一号〈二〇〇六年〉六頁)。

労組法上の使用者性をめぐる問題は、現在の企業組織のあり方や就労形態の多様化のもとで、企業内労使関係を超えたレベルでの団体交渉関係の形成、団体交渉権の実効的保障という点から、きわめて重要な集団的労使関係上の課題であり、労働運動側の取組みと団体交渉論の理論的深化が求められる(水町勇一郎「『労働契約』か『社会関係』か?―団体交渉の基盤と射程に関する比較法的考察」菅野和夫先生古稀記念論集『労働法学の展望』有斐閣、二〇一三年、五二五頁、米津孝司「日本法における集団的労働法上の『使用者』」労旬一七九二号〈二〇一三年〉三七頁)。

六　国鉄マル生と不当労働行為

私がかかわった不当労働行為事件の最大のものは、国鉄マル生不当労働行為事件と国鉄の分割・民営化にともなう不当労働行為である。

一九六九（昭和四四）年～七一（昭和四六）年に国鉄で展開された「マル生」（生産性向上運動）下の不当労働行為は、当時わが国の労働運動の強力なリーダーであった国鉄労働組合に対する前例のないすさまじいものであった。国鉄当局は、「国鉄再建」のためには全面的な「マル生合理化」が必要であるとし、全国の職制機構フル動員し、マル生教育と称する思想教育を行ない、合理化反対闘争を展開していた国労つぶしに狂奔した。

当時、国労は「職場に労働運動を」のスローガンのもとで、職場でのたたかいを重視する運動を展開していたし、職場段階の「職場団交権」（「現場協議」）が協約化されていた。

組合の抵抗を排して国鉄当局が企図したマル生を実行するためには、国労組織の弱体化が不可欠とされ、国労からの脱退強要、第二組合への加入勧奨、組合員に対する昇職・昇格・昇給から宿舎入居にいたるまで、さまざまな差別が行なわれた。意識改革を迫る異常なマル生教育と組合員に対するさまざまな差別は組合員六名が自殺するなどの悲劇をも生んだ。

全国各地で国労からの大量脱退が相次ぎ、その数三万人を超えた。当時、私は何度か国労水戸地方本部に出向いたが、委員長の席の上に毎日のように、束ねられた脱退届が置かれていた。

国労は一九七一年春闘でマル生反対を掲げて一九時間のストライキを決行したが、国鉄は、解雇四八名、免職五名、停職二八三名など二万一八六五人の大量処分で報復した（この大量処分について、一九七二年一一月、ＩＬＯ結社の自由委員会は、「制裁の適用に対する非弾力的な態度は労使関係の調和のとれた発展に資するものでない」とし、「懲戒処分の厳格にして峻厳な適用を緩和するための措置が政府によりとられるべきである」と勧告した）。

国労が一九七一（昭和四六）年九月までに労働委員会（公労委）に提訴した不当労働行為救済申し立てをした事件は三九件にのぼった。また、札幌地裁ほかいくつかの裁判所に対し、脱退工作禁止の仮処分を申し立てた。私も、岩手県久慈市にある仙台地方本部久慈自動車支部に数人の弁護士とともに出向き、二日間、旅館に缶詰になって脱退工作の状況を聞き取り、陳述書を作成して、不当労働行為救済申立の準備にあたったし、水戸地方本部にかかわる脱退工作について、水戸地裁に脱退工作禁止の仮処分申立をした。

組織攻撃が全国的に展開される状況下で、当時の国労委員長は、一九七一年八月の大会で、「座して攻撃にさらされるより立って反撃を」と組合員に総団結して反撃のたたかいを展開しようと訴え、国労支援のたたかいも拡がった。

マル生不当労働行為とのたたかいの重要な転機をつくったのは、一九七一年九月一日に出された札幌苗穂工場の脱退工作禁止の札幌地裁仮処分決定（判時六五〇号九七頁）とそれに続く一〇月八日の脱退工作にかかわる静岡地本事件の公労委救済命令、そして、決定打となったのが、一〇月九日に水戸地本が入手した「不当労働行為テープ」の公表であった。このテープには、管理者を集めた会議でのマル生運動推進の責任者である水戸鉄道管理局能力開発課長の「われわれは法律によって禁止されている不当労働行為は絶対にやってはならない。これははっきりしているわけです。しかし、やむにやまれずこれはやらなきゃいかん。知恵をしぼった不当労働行為をやっていくのだということがあるわけです」「要は、いわゆる言質等をとられないこと、あるいは一対一でやること、もちろんテープ等はとられたら最後でありますので……」などという発言までがはっきりと録音されていた。国鉄当局は世論の非難を受け、国鉄総裁は一〇月二三日公労委命令受諾を表明、一〇月二三日陳謝文を国労に提出するとともに、職員局長を更迭、一一月一六日に予定されていた「マル生全国大会」を中止した。六九年から始まったマル生運動は挫折し、国労つぶしは失敗した。全国で展開されていた脱退工作も潮を引くように止んだ。国労のマル生不当労働行為に対する反撃のたたかいは勝利し、以後脱退組合員の国労復帰が続き、団結回復が相当程度実現されることになる。この時のドラマティックな変化は当時国労弁護団の一員としてその渦中にあった者として、今も忘れ難い（国鉄マル生不当労働行為とのたたかいについては、国鉄労働組合編『国鉄マル生闘争資料集』労働旬報社、一九七九年、にくわしい。拙稿

「国鉄マル生反対運動―国労破壊攻撃との闘い」労旬一四七一・七二号〈二〇〇〇年〉六一頁、上条貞夫「国労・マル生闘争―兇暴な不当労働行為との闘い」、拙稿「国労・マル生闘争―大量処分攻撃との闘い」いずれも、総評労働弁護団編『戦後労働争議と権利闘争　下巻』労働旬報社、一九八七年、八〇二頁、八一一頁参照）。

七　緊急命令をめぐる攻防

救済命令取消の行政訴訟は、三審制のもとで、判決の確定に長い年月を要し、労働委員会の初審・再審を含めると実質上いわゆる五審制となる。長期間を要する確定まで救済命令が履行されないということになると救済命令の実効性は損なわれ、団結権侵害を救済するはずの不当労働行為制度の機能は甚だしく弱体化する。それだけに緊急命令が迅速に発令されるか否かは、不当労働行為とのたたかいにおいてきわめて重要な問題となる。

昭和四〇年代（一九六五〜七四年）、労働委員会が緊急命令を申し立てると、かなり迅速に命令が発令されていたし、却下決定もなかった。ちなみに、統計をみると、一九六五〜七四年の間になされた地裁の緊急命令決定数は九三件で認容九三件（うち三件は一部認容）、却下決定は一件もない（後藤徹「緊急命令に関する裁判所の決定の概況」大和哲夫教授還暦記念『労働委員会と労働法』第一法規出版、一九七九年、三〇七頁は、昭和二五年から昭和四九年までの緊急命令事件を整理している）。

このような状況に大きなショックを与えたのが吉野石膏事件の緊急命令の申立を却下した東京地裁昭五四年二月一日決定（労判三一三号二七頁）およびこれを支持した同年八月九日東京高裁決定であった（労判三二四号二〇頁）。総評全国一般東京地本と分会が申し立てた配転および解雇を不当労働行為とする申立について都労委は一九七五年一二月六日救済命令を発し、中労委も一九七七年都労委の救済命令を維持し、会社の再審査申立を棄却した。前記決定は、この救済命令にかかわる中労委の緊急命令の申立にかかわるものであるが、東京高裁決定は、つぎのように述べた。

「いわゆる『緊急命令』の制度は、労働委員会の救済命令の取消を求める訴が提起された場合において、受訴裁判所が当該労働委員会の申立により、使用者に対し、当該事件の判決の確定にいたるまで、暫定的に、当該救済命令の全部又は一部に従うべき旨を命ずることができることとし、もって団結権の侵害を防止することを目的とするものと解される。

そして、緊急命令の制度の目的がこのようなものであるとすれば、緊急命令の申立の許否を決するに当たっては、受訴裁判所は、当該救済命令の適否及びいわゆる『即時救済の必要性』の有無について審査することができるものと解するのが相当である。ただし、右に述べた同制度の目的に照らし、労働委員会の救済命令の適法性に重大な疑義があるときは、当該労働委員会の申立があったものとしても、受訴裁判所が緊急命令を発することは相当でないというべきであり、その重大な疑義の有無は当該救済命令の審査を経ることなくして判断しえないからである。」

緊急命令発令要件に関する司法審査について、学説は、労委命令は行政処分としての公定力を有し、迅速な救済の確保という趣旨から救済命令に重大かつ明白な瑕疵が認められない限り即時救済の必要性があれば労委の申立を認めるべきという見解と救済命令が違法でないかとの重大な疑いを抱かないことが発布の前提となるという見解が対立していた（小西國友「緊急命令―吉野石膏事件」『労働判例百選〔第六版〕』有斐閣、一九九五年、二五四頁）。中労委が受訴裁判所は救済命令の適否ではなく、必要性のみを判断すべきであると主張したのに対し、東京高裁決定は後者の見解を採った。

この東京高裁決定は大きな影響を与え、その後この判断基準にもとづいて却下決定の事例が急増した。一九七五～八四年の間になされた地裁の緊急命令決定のうち認容されたのが七六件（うち一四件が一部認容）、却下決定は一〇件で、以前との差は際立っている。

東京高裁決定に対しては、不当労働行為救済申立をしている関係組合をはじめ多くの労働組合は危機感を抱き、「不当決定」と強く批判し、緊急命令制度を守れとの運動が展開された。吉野石膏事件決定を批判する運動のなかで出されたのが私も弁護団に加わっていた理化電機工業事件に関する東京地裁の緊急命令決定（東京地裁昭和五六・一二労判カード三七〇）、そして、東京地裁の却下決定を取消したオリエンタルモーター事件に関する東京高裁決定（昭和五七・一・二〇労判三七八号三四頁）であった。この東京高裁決定は、「不当労働行為救済命令は、行政庁である労働委員会による公権力の行使たる行政処分であるから、その行政行為に重大かつ明白な瑕疵があることにより無効とされる場合を除いて、適式に取消・変更されるまでは何人もその効力を否定することができない。したがって、行政訴訟の係属とはかかわりなく、救済命令は一応適法かつ有効となるべきものである。」と述べ、吉野石膏事件決定と明確に異なる見解を示した。当時吉野石膏事件判決批判運動が一定の成果をあげたものと評価された（上条貞夫「緊急命令をめぐる激動の三年」労旬一〇五六号〈一九八二年〉二五頁）。

緊急命令発布要件に関する司法審査については、判例上この二つの決定がそれぞれ異なる考え方を示した代表的決定であり、最高裁の判断は示されていない。吉野石膏事件・東京高裁決定について、当時学説は厳しく批判した（大和哲夫「緊急命令決定における救済命令の当否の判断」『昭和五四年度重要判例解説』ジュリスト増刊、一九八〇年、二六四頁、坂本重雄「吉野石膏事件・東京高裁決定」判例評論二五六号〈一九八〇年〉三八頁など）。救済命令に重大かつ明白な瑕疵がないかぎり、救済命令は適法なものとして取扱い、必要性のみを判断するのが緊急命令制度の趣旨に適うというべきであろう（拙稿「労働委員会命令の法理」日本労働学会編『講座二一世紀の労働法8利益代表システムと団結権』有斐閣、二〇〇〇年、二八四頁）。

もっとも、現在裁判所は、命令の違法性と必要性の両方について審査しており（司法研修所編『救済命令等の取消訴訟の処理に関する研究（改訂版）』二〇一頁以下）、適法性の判断を固めきったうえで、緊急命令を発する傾向があるが、このような判断のあり方は緊急命令制度の機能を弱めるものである。

八　ＪＲ採用差別事件
――「国家的不当労働行為」とのたたかい

一九八六年一一月に日本国有鉄道の分割・民営化の枠組みを定めた国鉄改革法が成立し、これにもとづいて一九八七年四月に国鉄の分割・民営化が実施された。国鉄の分割・民営化に際し、国鉄職員を国鉄の承継法人であるＪＲ各社にどのように移行させるかという問題は、当時国鉄が多くの余剰人員を抱えているとされていたことから、国鉄改革法の立法化にあたっての大きな課題の一つであった。

一九八六年一一月成立した国鉄改革法は、この点について、二三条という規定をおき、国鉄職員の雇用をＪＲ各社に承継することはせず（先行した日本電電公社、日本専売公社の民営化にあたっては雇用が承継された）、国鉄が作成した採用候補者名簿から採用するという「採用方式」を採り、採用されなかった者は、八七年四月一日以後国鉄が移行する国鉄清算事業団の「雇用対象職員」になる、とした。

一九八七年二月一六日にＪＲ各社の設立委員から採用通知が発せられた。国鉄労働組合（国労）の組合員五〇三七名が不採用となったが、国鉄の分割・民営化に最後まで反対した国労の組合員らと国鉄の分割・民営化に賛成した他労組の組合員との間に、露骨な所属組合間の採用差別がなされた（たとえば、北海道の採用率でいうと、国労四八％、全動労二八％、鉄道労連一〇〇％、鉄産労八〇％）。

国労は、一九八七年四月、全国一七の地方労働委員会にＪＲ北海道、ＪＲ九州などＪＲ七社を相手に不採用組合員の採用を求める救済申立を行なった。

救済対象者の数は、ＪＲ北海道らを相手として北海道地労委に申立てた事件は一七〇四名、ＪＲ九州を相手として福岡地労委に申立てた事件は、四五八名にのぼる（九州各県地労委全体では、一〇〇〇名余）。

不採用とされた国労組合員らは、一九八七年四月一日以降は、国鉄清算事業団において、再就職促進措置の対象となったが、これは三年で終了することが予定されていたため、一九九〇年四月一日、再就職しなかった者一〇四七名（うち国労組合員は九六六名、他に全動労、千葉動労組合員ら）は全員清算事業団から解雇されるにいたった。

国労は、一九九〇年四月の解雇を機に、全国に三六の国労闘争団を組織し、採用差別とのたたかいに取り組んだ。

国鉄の分割・民営化の過程では、これに反対する国労への国鉄当局の敵視政策が強まり、人材活用センターへの国労組合員の差別的収容や「国労にいては新会社に採用されない」などを宣伝しての脱退工作など国労組合員への攻撃が激化した。国鉄の分割・民営化に際しては、採用した国労組合員について運転士にしない、車掌にしないなどの配属差別が行なわれ、分割民営化後においても出向、配転差別、勤務差別、昇進差別など国労組合員への差別が続けられた。

分割・民営化前後を通じて行なわれた一連の不当労働行為事件のなかでも、採用差別は、分割・民営化に反対した国労組合員に対する差別の総仕上げともいうべきもので、国鉄の分割・民営化という国策遂行の過程で行なわれた「国家的不当労働行為」であった。

国鉄改革を推進した当時の中曽根首相は、後に、国鉄の分割・民営化の狙いの一つが、わが国の労働組合を牽引していた総評労働運動の中心を担っていた国鉄労働組合つぶしにあったことを認めている（週刊『ＡＥＲＡ』一九九六年一二月三〇日、一九九七年一月六日合併号やＮＨＫ放送大学のインタビュー）。

国鉄改革法の草案が明らかになった段階で、当時すでに人活センターへの国労組合員の配置差別が行なわれていたから、改革法は分活民営化に反対する国労組合員をＪＲから排除するための手段に使われるだろうということが危惧されたし、私も当時国鉄改革法案批判のなかで、二三条による採用方式は国労組合員らに対する差別的な採用のしくみとして必ずや悪用されるであろうと指摘していた（竹下英男・中山和久・宮里邦雄「座談会／国鉄労使関係と改革法案」季労一四一号〈一九八六年〉八六頁）。

しかし、国鉄改革法二三条が採用候補者の選定・名簿作成は国鉄の責任で行ない、名簿に載った人からＪＲの設立委員が採用通知を発するというように採用手続を分断したことつまり、採用手続の一部は国鉄が担い、一部は設立委員が担うという手続の分断、あるいは権限の分断をしたことが、不当労働行為の責任主体としてのＪＲの使用者性が否定される根拠になるだろうとまでは考えていなかった。採用手続きの過程は、不当労働行為を行ないやすい構造になってはいるが、国鉄とＪＲの関係は、事業承継であり、国鉄とＪＲの連続性、実質的同一性などから、ＪＲが労組法七条の使用者として不当労働行為責任を負うのは当然だと思っていた（本多淳亮、西谷敏、萬井隆令連名の意見書「国鉄改革にともなう承継法人の採用拒否と不当労働行為」労旬一一九二号〈一九八八年〉一〇頁。知るかぎり、改革法二三条の規定のゆえにＪＲの使用者性は否定されるという学説はなかった）。

また、前述したとおり、一九六〇年代後半ころから、子会社従業員や下請企業の労働者で組織する労働組合が、親会社等を使用者として、不当労働行為責任（団体交渉拒否など）を追及する申立が各地の地方労働委員会に提起され、労働委員会は、不当労働行為の制度趣旨から、労働組合法上の使用者は、労働契約上の雇用主に限らず、労働関係上の諸利益を左右する支配力、影響力を有するものもまた、使用者であるとの命令を相次いで出していたし、このような傾向は労働委員会命令において支配的であった。ＪＲに対して、直接労働契約上の地位確認という請求は法的に難しいとしても、労働委員会への救済申立については、ＪＲと国鉄の法人格の違いや改革法上の採用手続上の規定は、救済の障害にならない、ＪＲは争ってくるであろうが、ＪＲの使用者責任は認められるであろうと考えていた。

後になって判明したことであるが、改革法二三条の仕組みを考えた理由について、国鉄改革三羽烏のひとりと言われ、後にＪＲ東海の社長に就任した葛西敬之氏はその著『国鉄改革の真実』（中央公論新社、二〇〇七年）のなかでつぎのように述懐している（同書七九〜八一頁）。

「要員問題、労務問題など職員局が担当した課題こそが国鉄改革の中で最も困難な部分であり、しかも国鉄固有の課題であった。その中で真っ先に、法案の作成段階で浮上したのが、法的に見て、どうやったら職員をＪＲ各社と国鉄清算事業団へ『振り分け』ることができるのかという難題である。これを見事に解決してくれたのが、法務課の法律専門家だった。彼は改革時の職員局にとって、法律問題全般について的確なアドバイスを受けられる社内弁護士的な存在であった。（略）我々が手探りをしている間に、彼は唯一の現実的なやり方を考えてくれていた。（略）「唯一の方法は、『国鉄イコール国鉄清算事業団』であり、『新しい会社は名実ともに新設の法人である』という仕組みしかありません」というのが彼の意見だった。その案を聞いたときに、目からウロコが落ちたように、ああ、そういうことなのだと思ったものである。」

改革法二三条はＪＲの不当労働行為責任を免罪するまことに狡猾な立法なのであった。

採用差別についてどうたたかうか。ＪＲを相手とする地位確認訴訟が労働委員会に対する不当労働行為の救済申立か、弁護士のなかでも意見の違いがなかったわけではないが、国労は労働委員会闘争に取り組む方針を決め、全国一七の地労委に救済を申し立てた。

ＪＲ側は当事者適格がないと主張し、審理のボイコットまでしたが、一九八八年一月の大阪地労委を皮切りに、神奈川地労委（八八年一二月）、北海道地労委（八九年一月命令）、福岡地労委（八九年三月）、東京など一七の地労委すべてで、ＪＲは不採用につき不当労働行為責任を負うべき使用者に当たるとしたうえで、救済対象者として申し立てた組合員を分割・民営時の八七年四月一日に遡って採用したものとして取り扱え、との救済命令が発せられた。

これに対し、ＪＲ各社は中労委に再審査を申し立てた。中労委は、救済の内容を一部変更したが、ＪＲの不当労働行為責任を認めて救済命令を発した。これに対し、ＪＲは命令取消を求める行政訴訟を東京地裁に提起した。

東京地裁は一九九八年五月二八日判決を言渡した（労判七三九号一五頁）。判決は、国鉄改革法二三条の採用手続きの規定の解釈から採用候補者の選定および名簿作成は、国鉄の専権事項であり、ＪＲは不採用者に対して使用者としての不当労働行為責任を負う立場にないとして、中労委の救済命令を取り消した。二〇〇〇年一二月一四日東京高裁もＪＲの使用者性を否定する同旨の判決を下した（労判八〇一号三七頁）。

二〇〇三年一二月二二日には最高裁第一小法廷判決が三対二の僅差で「ＪＲは使用者ではない」として、中労委側の上告を棄却する判決を言い渡した（判時一八四七号八頁）、かくして一九八七年から取り組まれたＪＲへの採用を求める労働委員会闘争は組合側敗訴で確定した。もっとも、この三対二という判決は、後に不採用組合員らが国鉄清算事業団・鉄道運輸機構を相手に提起した不法行為による損害賠償請求訴訟における消滅時効の起算点解釈に大きな影響を与えることになるが、ここではこれ以上立ち入らない。

ＪＲ採用差別事件の最高裁判決からその後の解決に到るまでの経過は、本稿では割愛せざるをえないが（くわしくは拙稿「ＪＲ採用差別との闘い―二三年間の軌跡をふり返って」労旬一七二九号〈二〇一〇年〉二〇頁）、ひと言つけ加えれば、行政訴訟判決でＪＲの使用者性が認められ中労委命令が維持されていたら、たたかいの様相は大きく異なり、組合員が求めていたＪＲへの復帰を果たしていたであろうと思われることである。採用差別不当労働行為問題に二〇年余かかわった弁護士として、組合員の要求を実現しえなかったことは省みて返す返すも痛恨の極みである。

九　制度改革の問題

不当労働行為救済制度をどう改革すべきかという点もこの五〇年間検討され続けてきたテーマである。行政訴訟における審級省略、実質的証拠法則の導入、新証拠の提出制限等々が論じられてきた主な問題である（くわしくは前掲拙著『労働委員会』一二六頁〜一三八頁）。新証拠の提出制限は、二〇〇四年の労組法改正によって実現したが、その他はいまだ改正をみるにいたっていない。

わけても、救済命令に対する行政訴訟における三審制、労働委員会における初審と再審査をあわせると事実上の五審制という問題は、不当労働行為の迅速な救済という点から、改善の必要性が強く指摘されてきた問題であり、司法制度改革審議会意見書（二〇〇一年六月一二日）においても、「労働事件への総合的な対応強化」のひとつとして、「労働委員会に対する救済命令に対する司法審査のあり方について早急に検討すべき」とされていた。

審級省略については、初審命令についての審級省略論、中労委再審命令についての審級省略論などがあるが（「労使関係研究会書」昭和五七年五月は再審査命令についての省略論）、審級省略は、早急に法改正の俎上にのせるべきである（西谷敏『労働法〔第二版〕』日本評論社、二〇一三年、五九七頁も、この点にかかわる「現行制度の抜本的改革は今後の課題である」と指摘する）。

おわりに

一九六〇年代から八〇年代、数多くの不当労働行為事件を携わった者からすると、この時代は、労働運動が昂揚していた「団結の時代」「争議の時代」であったといえる。組合間差別も含めて不当労働行為事件の多発は「団結の時代」「争議の時代」を象徴するものであった。

現在の労働委員会がかかえる運営上の最大の課題は申立事件数の減少である。一九六〇年代後半から七〇年台は六〇〇〜九〇〇件あった申立件数は、九〇年以降は三〇〇件台に減少している。

一九九〇年代に入って、労使紛争は、集団的労使関係紛争から個別的労使関係紛争へ大きく変動し、組織率も一九七一年の三四・八％から二〇一二年には一七・九％となったし、労働争議もほとんどなくなった。不当労働行為申立事件の減少には団結や組合活動をめぐるこのような背景がある。また、不当労働行為は使用者の反組合的労務・人事政策が具体化したものであるとすれば、不当労働行為事件の減少は好ましい労使関係のありようを示すものとの見方もあろう。しかし、はたしてそういえるか。

わが国において、いま、真に団結権が尊重され、集団的労使関係のコンプライアンスがあまねく行き渡っているとはとうてい思えないし、反組合的企業風土は強固に存在する。不当労働行為事件数の減少要因は、団結権の尊重によるものではなく、なによりも団結自体の後退と団結を背景とする労働組合の活動力・闘争力の減退にあるといえる。

わが国の労働運動が再生し、新たな「団結の時代」「争議の時代」が再来するのか。今後の不当労働行為事件の推移は、このことと深くかかわっている。

第2章　ＪＲ採用差別とのたたかい
――二三年間の軌跡をふり返って

はじめに

一九八七年四月の国鉄の分割民営化の際、分割民営化に反対した国鉄労働組合の多くの組合員らがＪＲ各社に採用されなかったのは、所属組合による差別の不当労働行為に当たるとして争ってきたＪＲ採用差別事件は、二〇一〇年六月二八日、最高裁において、鉄道建設・運輸施設整備支援機構との間で、和解が成立した。[1]一九八七年二月の不採用から二三年余に及ぶ長いたたかいを経ての和解である。

和解は、不採用組合員らに和解金を支払う内容のものであり、本稿執筆時点では、組合員らが求めているＪＲへの雇用問題が解決したものではなく、今後の課題として残されている。ＪＲ採用差別事件は解決したが、ＪＲ採用差別問題が全面的に解決したというわけではない。とはいえ、国鉄の分割民営化の過程で生じたわが国不当労働行為史上空前ともいえるＪＲ採用差別事件が、さまざまな曲折を経た長いたたかいの末、和解によって解決したことは、わが国労働者の権利闘争、さらには労働争議・労働運動として意義深いことであると思う。本問題に当初から国鉄労働組合の代理人として関わってきた弁護士として、たたかいの軌跡をたどることとしたい。

一　ＪＲ採用差別の背景

――分割民営化の過程と組合攻撃

ＪＲ採用差別事件の背景にあるのは、国鉄の分割民営化に反対した国労に対する国鉄当局の敵視・差別攻撃であり、採用差別は、分割民営化の過程で発現した組合敵視・嫌悪の一連の不当労働行為の総仕上げというべきものであった。

国鉄の分割民営化への過程は、第二次臨時行政調査会（第二臨調）がスタートした一九八一年三月一六日から分割民営化が実現した六年の長期にわたるが、「国鉄改革」の内容が分割民営化という方式として具体化したのは第二臨調第四部会が「国鉄を分割民営化すべし」とした報告に始まる。この報告にもとづいて、第二臨調は、第三次答申（基本答申）を出し、巨額の累積赤字を抱える国鉄の再建をはかるためには、分割民営化が必要不可欠と提言した。

一九八二年一一月に「行政改革」を掲げて発足した中曽根康弘内閣は、一九八三年六月に国鉄再建監理委員会を発足させた。監理委員会は、一九八五年七月国鉄職員を六万一〇〇〇人削減し、国鉄を旅客六社貨物一社に分割することなどを内容とする最終答申を中曽根首相に提出した。この最終答申は、新会社の「適正規模要員」を一八万三〇〇〇人とし、二割を上乗せしても新会社に移籍する職員は、二一万五〇〇〇人としていた。当時、国鉄職員は三〇万人いたから、これは大幅な人員削減をもたらし、一〇万人近くが職場を追われることを意味していた。このような分割民営化案に対し、当時国鉄に存在していた組合のうち、鉄道労働組合（鉄労）を除き、国鉄労働組合（国労）、動力車労働組合（動労）、全国施設労働組合（全施労）、全動力車労働組合（全動労）は、こぞって反対を表明、総評もこれら組合の方針に呼応し、「地方交通線の廃止と一〇万人に及ぶ人減らしを骨格とする」分割民営化に反対した。

国労など分割民営化に反対する組合は、全国各地で反対集会、分割民営反対の署名運動、地方交通線を守るための住民との共闘などの運動を展開、総評も有権者の過半数を目標とする五〇〇〇万人の署名運動を提起し、全国的に署名運動を推進した（この署名は、最終的には三五一二万五八一七人に達した）。

国鉄労働組合は、当時国鉄職員の約七割を組織しており、国労が展開する分割民営反対の取組みに分割民営化を推進する国鉄当局は、国労嫌悪・敵視政策を募らせて対抗するようになる。

その決定的な動きとなったのが、「労使共同宣言」（第一次）の締結をめぐる問題であった。一九八六年一月一三日、国鉄当局は、動労、鉄労などと「労使共同宣言」を締結するが、その内容は、事実上分割民営化に協力し、人員の削減や組合活動も規制するというもので、分割民営反対を掲げていた国労として、とうてい受け入れられるものではなく、宣言締結を拒否した。これ以降、国鉄当局は、労使共同宣言を締結した協力組合と締結を拒否した非協力組合を峻別し、国労に対しては、方針転換を迫るきわめて敵対的対応を強めていった。

労使共同宣言を結び、分割民営化反対から賛成に転じた動労をはじめとする四組合は、「打倒国労」を合言葉に協力関係を強め、一九八六年七月には「国鉄改革労働組合協議会」（改革労協）を結成し、同年七月三〇日には、国鉄当局と「国鉄改革労使協議会」の設置に合意し、さらに八月二七日には、「第二次労使共同宣言」を締結した（「改革労協」は、八七年二月には、「一企業一組合」の実現をめざすとして、日本鉄道労働組合総連合会　略称鉄道労連を結成する）。

第二次労使宣言は、「労使は、『国鉄改革協議会』が今後の鉄道事業における労使関係の基軸として発展的に位置付けられるよう、緊密な連携、協議を行う。」とし、分割民営反対の運動を展開する国労などに対する労使一体での対応を表明した。

当時の国鉄の国労敵視の姿勢の象徴といえるのが、国鉄本社葛西敬之職員局次長（ＪＲ東海の社長を経て現会長）の次の発言である。

葛西職員局次長は、一九八六年五月二一日に動労の会議に出席し、「私はこれから山崎（当時の国労委員長）の腹をブンなぐってやろうと思っています。みんなを不幸にし、道連れにされないようにやっていかなければならないと思うんでありますが、不当労働行為をやれば、法律で禁止されていますので、私は不当労働行為をやらないという時点で、つまり、やらないということはうまくやるということでありまして……」と発言した。これは、国労への「宣戦布告」ともいうべきものであった。

国労組合員差別として最大限に利用されたのが「人材活用センター」であった。

一九八六年七月一日、国鉄は「余剰人員の有効活用」を行なうとして、全国一〇一〇カ所に「人材活用センター」を設置し、八月一日時点で一万二七三〇人をここに配置した。「人活センター」では、ベテランの車輌修理技術者や運転士が竹細工や文鎮づくりをさせられたり、駅員が元の職場の床掃除をさせられたり、嫌がらせとしか考えられない労働を強いられたことから、配置された組合員らは「国鉄収容所」と称した。

「人活センター」には国労組合員が集中的に配置された。一九八六年一一月一日現在で、国労は国鉄職員の四八％の組織率であったが、「人活センター」に配置された職員の八一％が国労組合員であった。この「人活センター」は当時マスコミで「余剰人員を特定化」するためと報じられたが、「人活センター」への配置は、新会社への「不採用」に通ずると一般的に受け止められ、「国労にいると新会社へいけない」という脅迫によって国労からの脱退工作が展開されていった。国労の組織人員は、八六年六月以降急激に減少し始め、同年六月の一六万一〇〇〇人が七月には一五万七〇〇〇人、八月には一四万五〇〇〇人、九月には一三万五〇〇〇人と毎月一万人もの脱退者が出るにいたる。脱退者の多くは、全動労、鉄労などに加入したが、人活センター設置を機に拡まった「国労にいては新会社に採用されない」という脅迫は国労からの脱退を迫るうえで絶大な威力を発揮した。

「二〇二億損賠訴訟」の取下げも、露骨な組合間差別であった。

一九七五年一一月二六日から一二月三日まで行なわれた「スト権スト」に対し、国鉄当局は、公労法違反の違法ストを理由に、翌七六年二月、国労および動労に対して二〇二億円の損害賠償請求訴訟を提訴していたが、この訴訟を第二次共同宣言を締結した翌日の八七年八月二八日、動労についてのみ取下げた。この取下げにあたって、国鉄杉浦総裁は、「総裁談話」を発表し、そのなかで、動労が国鉄当局の諸施策に協力してきたことを指摘し、「これまで動労がとってきた労使協調路線を将来にわたって定着させる礎としたい」とし、一方「国労については今日まで訴訟を取り下げるべき事情が生じていない」から「早期決着を目指」すとして、露骨な国労敵視の意向を表明した。

このような労使一体となった国鉄の国労敵視・差別攻撃が続く状況のもと、国労執行部は分割民営化方針を堅持してたたかうべきかをめぐって動揺をきたし、一九八六年一〇月「大胆な妥協」が必要であるとして、労使共同宣言とこれとセットでの雇用安定協約の締結という「緊急方針」を決定すべく静岡県伊豆の修善寺において臨時大会を開催した。大会では激しい議論の末、執行部提案の「緊急方針」は否決され、分割民営化に反対する方針が確認された。これにともない、山崎執行部は退陣し、新たに六本木委員長を中心とする新執行部が誕生した。

一九八六年一一月二八日、国鉄改革関連法案が国会で成立し、八七年四月からの分割民営化が確定した状況のもとで、国労組合員への雇用不安はさらに煽られ、国労からの脱退者が相次ぎ、ＪＲへの採用者が決定された同年二月時点では国労の組合員は六万四〇〇〇人、組織率二九％まで減少した。

このように、国鉄の分割民営化は、国鉄による熾烈な国労つぶしと一体となって進められた(2)。

国鉄においては、さまざまな経緯で、国労、動労、全施労、鉄労、全動労など複数組合が併存していた。分割民営化についての賛否が分かれたし、反対から賛成に転じた組合もあった。

しかし、分割民営化が時の政権の政策であり、また国鉄当局がそれを推進する立場をとったとしても、少なくとも、法案が国会を通過して正式に決定するまでは、未定のものであり、労働組合が独自の立場から、分割民営化に反対することについて非難されるいわれはないし、そのための組合活動が正当性を失うはずもない。

使用者たる国鉄は、分割民営化に反対する組合と賛成する組合をその運動方針や運動路線の故に差別することは許されず、中立的態度を保持しなければならないというのが集団的労使関係の基本ルールである（日産自動車事件・最三小判昭和六〇・四・二三労判四五〇号二三頁）。分割民営化に反対した国労および国労組合員に対して採られた国鉄の敵視・差別の言動が、この中立保持義務に反するものであったことは明らかである。

二　国鉄改革法が定めた採用手続き

国鉄の分割民営化は、一一の承継法人に国鉄の事業・業務をそれぞれの地域または部門において全面的に引き継がせるものであったが、国鉄職員を承継法人の職員として雇用承継するという方式をとらず、承継法人の職員は国鉄職員から「採用」するという方式をとった。

すなわち、日本国有鉄道改革法（国鉄改革法）二三条は、運輸大臣が基本計画において承継法人ごとに職員数を定めたうえ、①ＪＲの設立委員が国鉄を通じてその職員に対し、採用基準や労働条件を提出して募集を行ない、②国鉄が承継法人の職員となる意思を表明した国鉄職員のなかから、採用基準に従って承継法人別に採用候補者を選定したうえ、採用候補者名簿を作成して、設立委員に提出し、③採用候補者名簿に記載された国鉄職員のうちから設立委員から採用通知を受けた者が、承継法人の職員として採用される、と定めた。

ＪＲ北海道、ＪＲ九州、ＪＲ貨物、ＪＲ東日本など承継法人への採用を希望したものの、採用候補者名簿に記載されず不採用となった者は、三年間の時限立法である再就職促進特別措置法（再就職促進法）にもとづき、国鉄が移行した日本国有鉄道清算事業団（国鉄清算事業団）の職員として一九九〇年三月三一日までの三年間再就職の準備をすることとされた。

このような採用方式が採られた理由として説明されたのは、当時国鉄は多くの余剰人員をかかえており、希望する国鉄職員をすべて承継法人の職員として承継することはできない、ということであった。

一九八五年には、国鉄の分割民営化に先行して日本電信電話公社および日本専売公社が民営化されているが、その際には、公社職員の雇用契約上の権利義務はすべて民営化後の新会社に当然に承継されており、国鉄の分割民営化の際にとられた採用方式は、これと大きく異なるものであった(3)。

国鉄改革法二三条は、職員採用の手続過程について設立委員と国鉄との権限を分配するものとなっているが、この両者の関係について、国鉄改革法案を審議していた参議院特別委員会において、運輸大臣は、「設立委員の定める採用基準に従って承継法人の職員の具体的な選定作業を行う国鉄当局の立場は、設立委員等採用事務を補助するもので、法律上は準委員に近いものであるから、どちらかといえば代行と考えるべきではないか」と答弁している。さらに、特別委員会では、法案の採決に際し、「各旅客鉄道株式会社等における職員の採用基準及び選定方法については、客観的かつ公正なものとするよう配慮するとともに、本人の希望を尊重し、所属労働組合等による差別等が行われることのないよう特段の留意をすること」の付帯決議がなされた。このような特別決議がなされたのは、前述したとおり、分割民営化の過程における国鉄当局の言動等から、採用にあたって所属組合員による差別が行なわれるおそれが存在したことによる。

設立委員会は、一九八六年一二月一一日、①昭和六一年末において、五五歳未満であること、②職務遂行に支障のない健康状態であること、③在職中の勤務の状況からみて、鉄道会社の業務にふさわしい者であること、などを内容とする採用基準を、国鉄に提出した。これを受けて、国鉄は、③の基準を具体化する基準として独自に、一九八三年四月以降停職処分二回以上、または停職六カ月以上の処分を受けた者は、③の基準に合致しないものとして除外する基準を策定した。この国鉄独自の停職処分基準は、国鉄当局が定員割れの状況でもなお、「不良職員を排除せよ」との改革労協の要求をいれて、国労組合員排除のために作成されたものであった。

国鉄は、設立委員の定めた採用基準と独自に策定した停職処分基準にもとづき、国鉄職員の勤務成績等を評価したとする「職員管理調書」などにより、採用候補者を選定し、採用候補者名簿を作成し、設立委員に提出した。設立委員は、名簿に記載された者について、一九八七年二月一六日、全員採用する旨の通知を発した。

ＪＲ北海道とＪＲ九州では、採用を希望した国鉄職員が、採用予定者数を大幅に上回ったため（たとえば、ＪＲ北海道の場合、採用予定人数一万三〇〇〇人に対し、二万三七一〇名が希望）、多くの者が採用候補者名簿に記載されず、不採用となった。一方、ＪＲ東日本、ＪＲ東海、ＪＲ西日本、ＪＲ四国では採用希望者が採用予定者を下回ったにもかかわらず、採用候補者名簿に記載されず、不採用となった者が生じた。

採用の結果は、分割民営に反対した国労・全動労所属組合員と分割・民営に賛成した動労、鉄労などの他労組所属組合員との顕著な採用格差を示すものであった。それは、たとえば、ＪＲ北海道についていえば、国労組合員の採用率四八％、鉄道労連組合員の採用率九九・四％、ＪＲ九州についていえば、国労組合員の採用率四三・一％、鉄道労連組合員の採用率九九・九％などであった。

国労組合員についていえば、ＪＲ北海道、ＪＲ九州への採用希望者総数八八〇〇人中四七二三人が不採用、本州三社では採用予定人数に希望者が達していなかったにもかかわらず、五八人の組合員が不採用となり（他労組の不採用者は、鉄産労三名、鉄道労連三名、千葉動労一二名）、ＪＲ四国では組合員二人のみが不採用となった。また、採用結果が示した特徴的事実は、国労の役員であっても、国労を脱退した者は全員採用されるなどの異常さであった。

ＩＬＯ結社の自由委員会が出した一九九九年一一月一八日の中間報告（国労は、一九八八年一〇月一二日にＩＬＯに提訴）は、「採用時に差別があっという申立が民営化の状況の中で生じていることに留意する。委員会は、サービスが公的部門から民営部門に移管されるかどうかに関わらず、労働組合に対する差別もしくは介入が生じている場合に限り、審査を行うことが出来る」と指摘した。採用差別の不当労働行為は、公共部門の民営化という時の政権の政策遂行に乗じてきわめて大がかりに行なわれたという点において、私企業における不当労働行為とは異なり、すぐれて政治的性格を帯びるものであったといえる。

国鉄の分割民営化は、「戦後総決算」を唱えて、行政改革を推進した自民党中曽根政権が行なったものであったが、当の中曽根康弘氏は、後に、国鉄の分割・民営化の狙いは、「国労を潰して、総評を潰し、護憲勢力を根こそぎにして改憲への道筋をつける」ことにあったとその政治的意図を吐露している（週刊『ＡＥＲＡ』一九九六年一二月三〇日、一九九七年一月六日合併号、ＮＨＫ放送大学インタビュー）。

分割民営化に反対した国労組合員らに対するあからさまな採用差別は、当時総評の中核組合としてわが国労働運動を牽引していた国鉄労働組合の弱体化という政治的意図をも体現したものであった。

三　国鉄改革法二三条のたくらみ

ＪＲ採用差別とのたたかいの法的な中心課題は、国鉄改革法二三条の採用手続きの仕組みのもとで、不採用についていかにしてＪＲの不当労働行為責任を認めさせることができるか、という点にあった。

後述するとおり、採用差別とのたたかいは、まず、労働委員会を通じて行政救済を求めるたたかいとして取り組まれ、このたたかいが最高裁で敗訴した後には、直接裁判所での救済を求める司法の場におけるたたかいとして取り組まれた。大きく二段階に分けることができる採用差別とのたたかいであったが、いずれの場面においても、法的障害となったのが、前述した国鉄改革法二三条の採用手続きであった。

二三条の採用手続きの特徴は、募集から採用にいたる一連の手続きについて、国鉄の権限で行なわれる手続きと設立委員の権限として行なわれる手続きを分けているが、国鉄こそが採用者の実質的決定の権限を有し、設立委員には雇用契約締結に関わる形式的権限が付与されているのみである。

実際の採用手続きは、次のような日程で進められた。

一九八六年一二月　四日　運輸大臣が設立委員を任命（国鉄総裁も設立委員に任命される）
同月一一日　第一回設立委員会開催（各承継法人の採用基準の決定等）
同月一六日　運輸大臣が職員定数を含む基本計画を決定
同月一九日　第二回設立委員会開催（労働条件の決定）
同月二四日～一九八七年一月七日
国鉄が職員に対し、承継法人の職員となることの意思の確認（職員は希望するＪＲ会社を記載した「意思確認書」を提出）
二月　七日　国鉄が採用候補者名簿を設立委員に提出
同月一二日　第三回設立委員会開催（採用候補者名簿どおり職員採用を決定）
同月一六日　国鉄を通じて採用通知書を交付

以上のような採用手続きの実施過程をみても、設立委員が、独自に採用候補者を選定することは時間的にも事実上不可能であり、また採用手続きの実務作業は、運輸大臣官房国有鉄道財政課労政室におかれた設立委員会において行なわれたとはいうものの、同事務局には、国鉄職員局職員課、労働課、給与課、経営企画室等の職員が派遣されており、採用手続きは、国鉄とは別人格とされたはずの設立委員と国鉄が一体となって行なわれたものであった。

私は、国鉄改革法の法案が明らかになった段階で、二三条の採用手続きには、三つの狙いがあり、とくに採用差別を行なうのに格好な仕組みであると指摘した(4)。

三つの狙いの第一は、採用方式によって雇用をそのまま承継せずに、一定数の職員のみを採用するということによって大幅な人員削減が可能となるという点である。これは、立法目的としても表明されていたものであったが、分割民営化を機に、立法による大量の整理解雇を実施するというものである。

第二は、採用候補者の選定という作業を通じて、しかもこの作業を設立委員ではなく、使用者である国鉄に行なわせることによって、国鉄の判断（そこには、労使関係についての考慮も当然に含まれる）による選別が可能になるという点である。前述したとおり、国鉄は分割民営化に反対した国労を敵視・差別する労務政策をとっていたから、この選別権限を行使して、違法・不当な選定が行なわれることが危惧されたが、実際にも、ＪＲから国労組合員を排除する格好の法的手段として悪用された。

第三は、採用方式により、従前の労働条件を見直すことが可能となり、実際にも分割民営化を機に、長年の国鉄労使関係で形成されてきた労働協約をＪＲに引き継がれることはなく、労働条件の見直し・切り下げが行なわれた。

以上の三つの点は、二三条を読めば容易に察しがつくことであるが、実は二三条にはもうひとつの隠されたたくらみがあったといえる。

そのたくらみとは、ＪＲ採用差別事件において最大の論点となったＪＲの不当労働行為責任免罪の仕組みを作ったということである。

後述するとおり、二三条の定めの故に、「ＪＲは不当労働行為責任を負う使用者とはいえない」「ＪＲに不当労働行為を帰責することはできない」という労働委員会命令の取消訴訟に関わる最高裁判決が出されることになるし、鉄道運輸機構に対する損害賠償請求訴訟においても、「採用されるべき地位」にあったことを不採用とされた組合員側が立証すべきであるとして、二三条がその論拠とされたのである。二三条は、不当労働行為の責任がＪＲに及ぶことを封ずるべく作為された狡猾な立法であった。

私は、少なくとも、不当労働行為の行政救済の場面においては、二三条はＪＲの不当労働行為責任を否定する法的根拠にならないと考えていた。たしかに、後述するとおり、労働員会レベルの判断はそうであったが、行政訴訟においては、地裁判決、高裁判決、そして最高裁判決も、二三条の形式的法解釈によりＪＲを免責した。

ＪＲ採用差別が二三年余に及ぶ長いたたかいとなった大きな原因は、一連の判決がＪＲの責任を否定したことにある。労働委員会命令が判決において支持されておれば、ＪＲへの雇用も含めて、あるべき解決がもっと早く実現していたであろう。

四　地労委への救済申立と地労委・中労委命令

国労は、一九八七年四月、ＪＲ各社を相手に、北海道地労委、福岡地労委など一七の地方労働委員会に、不採用組合員らを「ＪＲに採用したものとして取り扱え」との救済を求めて申立を行なった。[5]

採用差別をどのように争うか、裁判所か労働委員会か、については、議論があった。

国鉄とＪＲの実質的同一性をふまえて、二三条の採用手続きにもとづく不採用は雇用承継拒否として解雇に相当するととらえ、解雇権濫用法理、整理解雇法理にもとづいて、ＪＲに対して労働契約上の地位確認請求の民事訴訟を裁判所に提起すべしとの意見もあったが、議論の大勢は、国鉄改革法二三条の法文上の構造を否定する地位確認請求は法的にも困難であり、一方、労働委員会による行政救済においては、二三条は救済の法的障害にならず、「採用命令」を求めることができるというものであった。私も、地位確認請求訴訟には反対であった[6]。

労働委員会への救済申立にあたってわれわれが検討した点は次のようなことであった。まず、第一に、一連の反組合的言動から不当労働行為意思を含めて不当労働行為の立証は十分に可能である。第二に、ＪＲの使用者としての責任は、国鉄とＪＲの実質的一体性・連続性を基本に、国鉄改革法二三条が採用の最終的決定権は設立委員にあるとしていること、国鉄とＪＲの関係についての政府答弁である国鉄はＪＲの代行との位置づけがなされていることなどによって構成できるだろう。第三に、採用拒否は、そもそも不利益取扱いに該当しないという立場から、本件の「採用」の性格が議論になるとしても、この「採用」は、国鉄職員のみを対象としていること、「採用」されれば勤続が通算されることなど、いわゆる新規採用とはまったく異なるものであることから、「採用の自由」が妥当する領域でなく、事業譲渡などの場合の雇用承継拒否に等しいものであることなどから、「不利益取扱い」に当たる、と考えた。第四に、少し気がかりであったのは、不採用組合員全員に採用命令を出すとすれば、ＪＲ北海道やＪＲ九州に対し、運輸大臣告示が定めた採用人数枠を超える人数の採用を命ずることになるが、そのような命令も、労委の救済裁量権の範囲内といえるか、という点であった。

地労委で審査の争点となったのは、①採用候補者名簿の不記載による不採用は、所属組合を理由とする不利益な取扱いの不当労働行為（七条一号）あるいは労働組合の組織運営に対する支配介入の不当労働行為（七条三号）になるか。②ＪＲ各社は、不当労働行為責任を負う使用者といえるか。③①、②が認められる場合、労働委員会はいかなる救済命令を発することができるか、の三点である。

救済申立の相手方となったＪＲ各社は、不採用とされた理由について個別的・具体的理由を主張せず、国鉄とＪＲの設立委員は別人格であることを強調し、国鉄改革法二三条をタテに、国鉄が採用候補者を選定し、採用候補者名簿に記載する権限を有するのであり、名簿に記載されない以上、ＪＲに採用される法的可能性がなく、ＪＲが不当労働行為責任を負う余地はないとの主張を答弁書や準備書面で展開する一方、審問はボイコットする戦術に出た[7]。

一九八八年一一月の大阪地労委命令を皮切りに、神奈川地労委（八八年一二月）、北海道地労委（八九年一月）、福岡地労委命令（八九年三月）と相次いで一七の地労委から命令が発せられた。地労委命令は、すべて、申立人の主張を容れ、ＪＲが不当労働行為責任を負うべき使用者であると認め、ＪＲ発足時の八七年四月一日に遡って採用したものとして取り扱え、との救済命令を発した。

中心的な争点となったＪＲの不当労働行為責任の有無について、すべての地労委命令は、国鉄とＪＲの実質的同一性や、国鉄による採用候補者の選定・名簿作成は設立委員が行なうべき採用行為の一部を国鉄が代行したものにすぎないなどの論理によって、責任を認めた。

地労委の各命令に対し、ＪＲ側は中労委に再審査を申立て、審問にも出席して不当労働行為の成否に関わる事実認定を含めて全面的に争った。

中労委は、結審のあと、一九九二年五月二八日、「最終解決案」として和解案を示した。しかし、その内容は、「一ヵ月の雇用と自主退職」というもので、採用差別の不当労働行為性をふまえた救済としての基本的観点を欠くきわめて不十分なものであったことから、国労はその場で拒否回答をした[8]。

中労委は、一九九三年一二月一五日、北海道採用差別事件と大阪採用差別事件に関する命令を皮切りに、次々と命令を発することになる（北海道事件について労判六四一号一四頁、大阪事件について労判六四一号六一頁）。北海道事件について、中労委は、採用過程で差別があったとして不当労働行為の成立を認め、ＪＲに不当労働行為責任があるとの判断を示した。ＪＲ責任論の論旨は、承継法人の職員の募集から採用決定にいたるまでの行為についての最終的な権限と責任は設立委員に付与されていること、採用候補者の選定・名簿作成という事実行為を国鉄に行なわせているのであり、国鉄の立場は、設立委員の「補助機関」と解されることからすれば、国鉄の行為の責任はＪＲに帰属するというものであった。しかし、救済命令の内容については、不採用組合員ら全員の採用を命じていた点を改め、公正に選考して採用者を決定することを命じる内容に変更するものであった。(9) 一方、大阪不採用事件について、採用候補者名簿不記載の理由とされた懲戒処分は不当ではないとして、不当労働行為の成立を否定し、救済申立を棄却した(停職処分が名簿不記載の理由とされた場合の判断は、停職処分の相当性によって不当労働行為成否の判断が分かれた)。

五　行政訴訟へ

中労委命令に対して、JRは取消訴訟を提起した(救済申立を棄却した命令については国労も訴提起)。

JR北海道・JR九州採用差別事件を審理していた東京地裁民事第一一部は、一九九七年五月二八日、「本件紛争以来すでに一〇年の歳月を数えている」として、和解を勧告したが、JRは拒否した。

民事一一部は、一九九八年五月二八日、中労委命令を取り消す判決を言い渡した(労判七三九号一五頁)。

その判旨は、雇用主以外の事業主であっても、自己の業務に従事させる労働者の基本的な労働条件について、雇用主と部分的とはいえ同視できる程度に現実的かつ具体的に支配、決定することができる場合には、その限りにおいて労組法七条の使用者に当たりうるが、国鉄改革法上、承継法人の職員の採用候補者の具体的選定および名簿の作成は、国鉄がその責任と権限において行なうことが定められているうえ、設立委員が国鉄の右権限を行使しうる旨の規定の存在も存在しないので、設立委員は、国鉄の行なった採用候補者の選定および名簿作成について現実的かつ具体的に、支配、決定することができる地位にはなかったものと認められるから、国鉄の行為についてJRが責任を負うべきものではない。国鉄からJR各社への移行は、違法または不当な目的をもって行なわれたものとはいえず、両者の間に実質的同一性があるといえるかにも疑問があるから、両者の実質的同一性を理由にＪＲ各社の責任を認めることはできない、とするものである。

また、同日に言い渡されたＪＲ東海、ＪＲ東日本等にかかわる本州関係採用差別事件に関する民事一一部判決（労判七三九号四〇頁）は、一九部のそれとは異なる論旨を展開した。同判決は、募集、名簿作成、採用決定という一連の過程を一体としてとらえ、設立委員が募集、採用の主体として位置づけるものの、承継法人による職員の採用は新規採用としての性質を有するとし、設立委員が国鉄が名簿を作成する過程において不当労働行為があることを認識しつつこれを是正する措置を執らなかったとすれば、それは設立委員自身が不当労働行為としてＪＲがその責任を負うべきであるという。しかし、同判決は、新規採用拒否については、不利益取扱いの不当労働行為とすることはできず、命令が組合員をＪＲに採用されたものとして取り扱うと命じたのは違法である、として中労委命令を取り消した。二つの判決は、国鉄とＪＲ各社の実質的一体性・連続性や立法者意思を無視した点において、さらに、国鉄改革法の解釈にあたり、憲法二八条の団結権保障とそれを具体化した不当労働行為制度を実質的に排除したという点において共通している。

ここでは、民事一一部判決は、ＪＲの使用者性の判断にあたり、朝日放送事件・最高裁判決（最三小判平成七・二・二八労判六六八号一一頁）に準拠するという基本的な誤りを犯したものであること、立法者意思や国鉄とＪＲとの関係に関わる実態を無視し、国鉄改革法二三条の文言のみに依拠して責任の有無を論じた形式的文理解釈論であること、民事一九部判決は、採用を純粋の新規採用と同一視した点において決定的な誤りがあったということだけを指摘しておきたい[10]。

二つの地裁判決は、きわめて不当なものであったが、まさかとは思いつつも、ＪＲの使用者責任が否定された判決は大変なショックであった。一〇〇〇人を超える組合員の雇用がかかり、一〇年余の厳しいたたかいをしていることを知る弁護士としての責任の重圧からであろうか、判決が言い渡された際、座っていた代理人席からしばし腰をあげることができなかったことを改めて思い出す。

東京高裁第九民事部は、二〇〇〇年一一月八日、本州採用差別事件について、東京地裁民一一部判決とほぼ同旨の判決を言い渡し（労判八〇一号四九頁）、また、東京高裁第七民事部も一二月一四日、ＪＲ北海道・ＪＲ九州事件について、民事一一部判決と同旨の判決を言い渡し（労判八〇一号三七頁）、高裁レベルでの判決は地裁民事一一部型の論旨に統一された[11]。

最高裁へ舞台は移り、最高裁第一小法廷は、弁論を開くことなく、ＪＲ北海道など関連の全事件について、二〇〇三年一二月二二日、判決を言い渡した（判時一八四七号八頁、同一五頁、労判八六四号五頁）。

結論が三対二に分かれた判決であった。

多数意見の内容は次のとおりである。国鉄改革法二三条は、採用手続きに段階を設け、各段階ごとに行なう事務手続きの内容、主体および権限を規定するとともに、国鉄の職員について、承継法人の職員に採用されるべき者と国鉄の職員のまま残留させる者とに振分けることとし、国鉄にその振分けを行なわせるものであることとした。そして、「承継法人の職員に採用されず、国鉄の職員から事業団の地位に移行した者は承継法人の職員に採用された者と比較して不利益な立場に置かれることは明らかである」。しかしながら、「改革法は、所定の採用手続によらない限り承継法人設立時にその職員として採用される余地はないこととし、その採用手続の各段階における国鉄と設立委員の権限については、これを明確に分離して規定しており」、「改革法は、設立委員自身が不当労働行為を行った場合は別として、専ら国鉄が採用候補者の選定及び採用候補者名簿の作成に当たり組合差別をしたという場合には、労働組合法七条の適用上、専ら国鉄、次いで事業団にその責任を負わせることとしたものと解さざるを得ず、このような改革法の規定する法律関係の下においては、設立委員ひいては承継法人が同条にいう『使用者』として不当労働行為責任を負うものではない」とした。

一方、反対意見の内容は以下のとおりであった。国鉄は、承継法人の職員の採用のために設立委員の提出した採用の基準にしたがって採用候補者名簿の作成等の作業をすることとされ、国鉄総裁が設立委員に加わり、設立委員会における実際の作業も国鉄職員によって構成された設立委員会事務局によって行なわれたものと考える。このような採用手続きの各段階における作業は、おのおの独立の意味を持つものではなく、すべて設立委員の提示する採用の基準に従った承継法人の職員採用に向けられた一連の一体的なものであって、同条において国鉄と設立委員の権限が定められていることを理由に、その効果も分断されたものと解するのは、あまりにも形式論にすぎるものといわざるをえない。また、国会審議からも、そういえる。したがって、採用手続過程において国鉄に不当労働行為があったときは、設立委員ひいては承継法人が労働組合法七条の使用者として不当労働行為責任を負うことは免れない。

多数意見の論旨は、ＪＲ側の主張にほぼ沿うものであり、反対意見の論旨は組合側の主張にほぼ沿うものである。採用手続きの実態、国会審議をもふまえた国鉄改革法解釈のあり方として反対意見に説得力があり、多数意見については、反対意見がいうように「あまりにも形式論」という批判が妥当する⑫。

採用差別の不当労働行為としての本質は、組合員らをＪＲから排除した点にある。不当労働行為の救済とは、不当労働行為がなかった事実状態に回復・是正することにある。最高裁判決によれば、結局、不当労働行為の実効的救済は期しえないこととなり、これは、政策立法にすぎない国鉄改革法二三条を憲法二八条を具体化した労働組合法七条の上位規範とするに等しいというべきであり、また、ＪＲの責任不問をたくらみとした政治的立法意図を容認したものともいえる。

最高裁判決は、司法の最終判断として、地労委および中労委のＪＲの不当労働行為責任肯定の判断を否定し、労働委員会の救済命令を通じてのＪＲへの採用という救済の途を封じた。

しかし、最高裁判決は、後述する損害賠償請求訴訟についていくつかの重要な手がかりを示した。その第一は、採用差別が不当労働行為であるならば、労組法七条の使用者としてその責任を負うのは国鉄・清算事業団（清算事業団はその後鉄道建設公団、さらに現在の独立行政法人鉄道建設・運輸施設整備支援機構に引き継がれる）としたことである。

最高裁判決があえて国鉄の不当労働行為責任に言及したのは、厳として実在している不当労働行為の事実に目を塞ぐことができなかったからであろう。

第二は、「採用」の性格は、新規採用ではなく、国鉄が行なう承継法人に採用されるべき者と国鉄職員として残留させるべき者を振り分ける行為である、とした点である。

第三に、最高裁判決において、ＪＲ不当労働行為責任の有無という法的判断が三対二の僅差で分かれたことは、国鉄改革法二三条の解釈が決して一義的に明確なものとはいえないということを示すものとして、損害賠償請求訴訟において争点となった消滅時効の起算点を判断するにあたって考慮される重要な事実となった。

六　運動の展開、混迷、そして団結回復と和解成立へ

不採用とされた組合員らは、国鉄清算事業団において再就職促進法にもとづく「雇用対策職員」として再就職促進措置の対象とされた。しかし、再就職促進というものの、実態は、「職安の紙が張り出されるだけ」「廃屋に集められてひたすら自学自習」という名ばかりのものであった。それまでに再就職しなかった不採用組合員ら一〇四七名は、一九九〇年四月一日、再就職促進法の失効にともなって、清算事業団の就業規則が解雇事由として定める「事業主の減少その他経営上やむを得ない事由が生じた場合」に当たるとして、全員解雇された。不採用とは、三年間の期限付

き解雇であった（うち国労組合員は九六六名――これ以降、ＪＲ不採用問題は一〇四七名問題ともいわれるようになる）。

解雇された国労組合員らは、それぞれの地域において、長期のたたかいに備えるため、「生活とたたかい」を両立させる「組織的自活体制」を確立すべく、一九九〇年一二月、全国に三六の国労闘争団を組織し、国労闘争団全国連絡会議を結成した。

全国各地でたたかいを支援・共闘する「国鉄闘争支援中央共闘会議」（一九八八年一一月結成）、「国鉄闘争に連帯する会」（八八年一一月）が結成され、全国的規模でたたかいを物心両面で支える体制が作られた。

国労は、東京地裁判決後の一九九八年一〇月ＩＬＯに提訴するとともに、国際運輸労連（ＩＴＦ）にも支援を要請、採用差別問題を国際世論に訴える取組みを展開した。

ＩＬＯは、一九九九年一一月一八日の第一次勧告を皮切りに、以後二〇〇九年三月二七日の勧告まで九次にわたる勧告を出し、日本政府に対し、政治的、人道的見地から早期解決を促し続けた。

また、一九九四年一〇月福島県議会が都道府県で最初の「ＪＲ不採用問題の早期解決を求める意見書」を採択、その後九五年一二月の北海道議会、九八年六月の東京都議会、二〇〇〇年三月の福岡県議会など全国の地方議会で意見書が採択されていく（意見書採択は全国八三六地方議会に及んだ）。

国労は、労働委員会闘争を展開する一方で、採用差別は、政治の責任・行政の責任で解決されるべきであると位置づけ、内外の解決を求める世論や支援共闘のたたかいを背景に、政治解決を求める取組みを行なった。

このような取組みのなかで、二〇〇〇年五月三〇日、自民党・公明党・保守党の与党三党と社民党が「ＪＲ不採用問題の打開について」との解決枠組みの四党合意をまとめ、国労にその受諾を求めた。しかし、示された合意は、「国労がＪＲに法的責任がないことを認める」ことを前提とするものであったことから、賛成・反対の対立が生じ、同年七月一日開催の臨時大会は、執行部提案の「四党合意」の承認をめぐって議場が混乱、休会となった。八月二六日の続開臨時大会では、直接組合員に賛否を問う「一票投票」の実施が承認されたが、九月二六日から二九日にかけて行なわれた一票投票の結果は、投票率九八・三％、賛成五五・一％、反対三六％、保留四・八％であった。二〇〇〇年一〇月の定期大会も、四党合意をめぐって紛糾し、大会は休会。〇一年一月の続開大会で「四党合意」の受け入れが承認されたが、執行部が引責総辞職するなど、国労内部の混乱・不団結が続いた。

このような状況下で、四党合意をまとめた与党三党は、二〇〇二年一二月六日、国労を批判し、四党協議から離脱し、この段階での政治解決は頓挫した。

そうしたなか、闘争団員のうち四党合意に反発した闘争団員のうち三〇四名は、二〇〇二年一月二八日、独自に清算事業団を引き継いだ日本鉄建建設公団（現独立行政法人鉄道・運輸施設整備支援機構）に対し、清算事業団がなした一九九〇年四月一日解雇の無効による地位確認請求および採用差別の不法行為にもとづく損害賠償請求訴訟（鉄道公団訴訟）を提起したことから、闘争団員の間にも分裂・対立が生じるにいたった。

このような対立は、国鉄闘争支援中央共闘会議とは別に国鉄闘争に勝利する共闘会議が結成されるなど、支援・共闘の側にも生じた。

二〇〇五年九月一五日、鉄建公団訴訟の東京地裁民事三六部判決が言渡された（労判九〇三号三六頁）。

判決は、解雇は有効として地位確認請求を認めず、採用差別に関しては国鉄に不法行為責任があるとし、原告一人当たり五〇〇万円の慰謝料の支払いを命じた。

判決は、採用差別は、組合嫌悪の不当労働行為・不法行為に当たるとしたが、不法行為の具体的内容は、採用候補者名簿に記載しないことによって、採用機会を奪った「期待権侵害」であるととらえ、不採用それ自体の不法行為の成立を認めなった。その論拠は、国鉄改革法二三条の採用手続きのもとでは、希望者全員が採用されるとはかぎらず、差別がなければ確実に採用されるという立証がないというもので、不法行為の立証責任を原告に課したものである。もっとも、「期待権侵害」の慰謝料五〇〇万円という賠償額は、一般的には、かなり高額のものといえ、裁判所が採用差別をめぐる諸事情を考慮したものと思われた。また、争点となった不法行為による賠償請求権の三年の消滅時効の起算点については、二〇〇三年一二月二二日言渡の最高裁判決を原告が知った時とし、被告主張の時効の抗弁を排斥した[13]。

国労は、政治解決を求めつつ、裁判提起の方針を決め、二〇〇六年一二月五日、闘争団員五四五名が鉄道運輸機構に対し、採用差別を不法行為として損害賠償請求訴訟を提起した（この採用差別国労訴訟は、原告五四二名と国労が原告となった訴訟が東京地裁に、三名が原告となった採用差別横浜人活訴訟が横浜地裁に提訴された）。

全動労組合員（建交労組合員）は、国労組合員らの訴訟提起より前の二〇〇四年一二月二七日に同様の損害賠償請求訴訟を提起していた（全動労鉄道運輸機構訴訟、原告五八名）。

また、二〇〇四年一一月三〇日には、鉄建公団第二次訴訟が提起されている（鉄道運輸機構訴訟、原告三五名）。

混迷と対立が生じていたたたかいは鉄建公団訴訟東京地裁判決を機に、団結の回復と統一へと向かった。

二〇〇六年七月の国労定期大会は、「大同団結」の必要を確認する大会となった。「闘争団・家族はもちろん、ＪＲ組合員、支援共闘が一致団結し、『この時期に政治解決を図る』という共通の目標に向かって奮闘する」との運動方針が決定され、国労・建交労・中央共闘会議・国鉄共闘会議の四団体が結束して全体解決をめざす方針を確立した。

以後、採用差別の政治解決をめざすたたかいは、国労闘争団全国連絡会議、鉄建公団訴訟原告団、鉄道運輸機構訴訟原告団、全動労鉄道運輸機構訴訟原告団の四者と国労、建交労、中央共闘会議・国鉄共闘会議の四団体の「四者・四団体」の枠組みで統一して行なうこととなった。

私は、毎年の国労定期大会で国労弁護団常任幹事として係争事件を中心に報告しているが、四党合意をめぐる国労内部の混乱・対立、そして訴訟提起を機に生じた闘争団内の亀裂には、大変苦慮した。ともかく、関係者が団結しなければ、とりわけ国労が組織としての団結をしなければ、政治解決など望むべくもないことは、明らかであった。政治解決には、政党の協力が必要不可欠であり、闘う側が不統一、不団結では、相手にしてもらえない。おそらく、対立していた関係者も、それぞれの主張はあるとしても、このことは認識していたであろう。私は、毎年の大会壇上で、「団結なくして勝利なし」「団結なくして解決なし」を叫び続けていたから、四者・四団体が結集し、統一してたたかいを進めることになったことに心から安堵した。

二〇〇六年一〇月には、四者・四団体で厚労省・国交省に「解決にあたっての具体的要求」が提出され、以後解決に向けての要請が粘り強く重ねられていった。

二〇〇八年一月二三日には、全動労訴訟で東京地裁民事一一部が原告に一人当たり五五〇万円（慰謝料五〇〇万プラス弁護士費用五〇万）の支払いを命ずる判決が言い渡された[14]。〇九年三月二五日には、鉄建公団訴訟の東京高裁一七民事部判決が言渡された（労判九八四号四八頁）。同判決は、損害賠償額は一審判決どおり慰謝料五〇〇万であったが、国鉄の不当労働行為をより詳細かつ明確に認定した。また、同判決は、損害賠償請求権の時効起算点を「最高裁判決によって救済命令の取消しが確定するまでは、損害賠償請求が事実上可能な状況の下に、その可能な程度に損害及び加害者を知っていたとは言い難い」として、時効起算点を「最高裁判決を知った時」とし、消滅時効の完成を認めなかった。同判決は、慰謝料のみを認める理由について、かりに、不当労働行為が行なわれなかったとしても、希望するＪＲに採用されていたはずであるとの証明はなされておらず、認められる損害は、「国鉄による不公正な選考に基づく採用候補者名簿不記載によって採用の可能性が断たれたことにつき、当該可能性侵害による精神的損害」とした。一方、鉄道運輸機構訴訟については、〇八年三月一日、東京地裁民事一九部が消滅時効を理由に請求棄却の判決、横浜人活採用差別訴訟については、〇九年一二月二二日には横浜地裁も消滅時効を理由に請求棄却の判決を言い渡すという、異なる判決も出現した。

東京地裁で係争していたもっとも多くの原告をかかえる採用差別国労訴訟は二〇〇九年九月三〇日に結審し、判決は追って通知されることとなった。

各地裁判決についてはそれぞれから控訴がなされ、東京高裁で審理され、鉄建公団訴訟高裁判決についてはそれぞれが上告・上告受理申立をなし、最高裁に係属した。

以上のような裁判をめぐる動向をにらみながら、政治解決への取り組みが粘り強く続けられた。政治解決実現に向けて大きな転機をもたらしたのが、二〇〇九年八月の総選挙による政権交代、民主・社民・国民新党の三党連立政権の成立であったことはいうまでもない。

二〇一〇年三月一八日に、与党三党と旧自公政権時代から政治解決に熱心であった野党公明党の四党が、四者・四団体の解決要求案をふまえて「国鉄改革一〇四七名問題の政治解決に向けて（申し入れ）」を政府に提出する運びとなり、四月八日には政府と与党三党・公明党がＪＲ不採用問題の解決案で合意、四者・四団体がこの解決案を受け入れ、この合意をもとに、最高裁での和解が成立するに至った。

前述したとおり、判決の認容額は、五五〇万が最高（これに不法行為の日である一九八七年四月一日から年五分の遅延損害金が付加される）であり、和解金額は組合員ひとりあたり二二〇〇万円と、判決額を大幅に上回るものである。

七　たたかいを振り返って

振り返れば、ＪＲ採用差別とのたたかいは、二三年に及ぶ厳しくかつ困難なたたかいであった。ＪＲがかつて国鉄であったことすら知らない若い人も少なくない。

地労委で全面的勝利、中労委でも基本的に勝利したものの、行政訴訟の段階に移るや、地裁、高裁、最高裁と敗訴を重ね、あらためて相手をＪＲから鉄道運輸機構に替えて、訴訟を提起し直すという、紆余曲折の経過を辿ったたたかいであった。

もともとＪＲ採用差別問題とは、国策の遂行過程で、これに抗して闘った労働組合をつぶそうという政治的な性格をもつものであった。

労働委員会闘争、裁判闘争を通じて、不当労働行為の法的責任を追及し続けるとともに、最終的には、政治の責任で解決されるべき問題であると組合も位置づけていたし、私自身も、常にそのことが念頭にあった。

今回の最高裁での和解が、政治合意にもとづくものであることは、問題の政治的性格に照らして、あるべき解決のあり方であったといえよう。

労働争議は、長期化すると、なかなか解決のチャンスをつかみにくい。また、事件を風化させずにたたかい続けることには、経済的、精神的な大きな困難をともなう。

一〇四七名のうち六五名の不採用組合員らが、今回の解決をみることなく、亡くなっていることに、このたたかいの風雪の重みを感ずる。「不当な差別と首切りは認めない」という怒りの原点を忘れず、長い苦難の道のりを歩み続けた闘争団員とそれを支えた家族の熱き心と強い志が解決を実現させた基本的要因である。

しかし、闘争団員だけでこのたたかいを持続させることは困難であった。何よりも、ＪＲに採用された国労組合員が物心両面で今日まで仲間のたたかいを支えた。ＪＲ発足後も、国労組合員に対しては、さまざまな差別が続けられていたから、自らに加えられた差別とたたかいながら、支援・連帯の活動を続けることは決して容易なことではなかった。⒂ 国労も、動揺や団結上の混乱や対立もあったが、組織の後退を余儀なくされる状況下で、それを克服し、組合として、解決のための責任を担い続けた。

全国各地で多くの支援・連帯・共闘の取組みがあり、折にふれて、支援集会を開催するなどして、闘争団員を励まし、また物心両面でたたかいを支えた。これほど長くかつ全国的に支援活動が展開された争議は前例がないだろう。

ＩＬＯは、一〇年以上にわたり、九次にわたる勧告を出し、政治的・人道的見地からの解決を日本政府に求め続けた。政府は、決して、公式には、勧告に従う姿勢を示さなかったが、解決への圧力となったはずだ。全国八三六地方議会の一二三二本にのぼる早期解決を求める意見書の採択は、労働争議に関するものとしては異例であり、不採用問題は政府の責任で解決すべき問題であることを指摘する世論を形成した。

東京高裁判決をはじめとする、国鉄の損害賠償責任を認める司法判断が解決への大きな圧力となったこともいうまでもない。

さまざまな要因が共鳴して、形成された「ＪＲ不採用問題をこれ以上放置してはならない」「政治の責任で解決すべきである」との内外世論が政権交代を機に解決への大きな流れをつくり、実を結んだのが政治合意とそれにもとづく和解であった。

ＪＲ採用差別とのたたかいは、史上空前の不当労働行為との不屈のたたかいとして、また、攻撃に屈せず、二三年余もたたかい抜いて解決を実現した労働争議として、特筆されることになるだろう。

この歴史的なたたかいに弁護士として関わり、何とか、その責を果たすことができた今、積年の重荷を降ろした心境である。

（１）和解の当事者となったのは、鉄建公団訴訟、鉄道運輸機構訴訟、全動労鉄道運輸機構訴訟、採用差別国労訴訟、採用差別横浜人活訴訟の原告である不採用組合員ら九一〇名（遺族含む）および国鉄労働組合である。国労組合員らの内六名は、和解に反対して和解に加わっていない。なお、ＪＲ採用差別事件として、ほかに千葉動力車労働組合員ら九名の訴訟が現在東京地裁において審理中である。

（2）国鉄の反組合的言動は不当労働行為の成立を認めた労委命令や判決によって認定されている。詳しくは、後述の東京地裁二〇〇五年九月一五日判決、東京高裁二〇〇九年三月二五日判決を参照。分割民営化の過程における国鉄当局の労務政策の特徴を当時述べたものとして、拙稿「急展開する国鉄当局の労務管理政策」労旬一一四四号（一九八六年）三九頁。

（3）日本電信電話株式会社法は、六条において、「会社の設立の際現に公社の職員である者は、会社の設立時に会社の職員となるものとする。」、日本たばこ産業株式会社法は、一三条において、「公社の解散の際現に公社の職員として在職する者は、会社の設立の時において、会社の職員となるものとする。」と定めている。

なお、日本年金機構法八条は、国鉄改革法二三条と同旨の「採用手続」を定めている。また、厚労省が本年三月にまとめた独立行政法人雇用・能力開発機構の廃止等に関する法案要綱も、主たる業務を後継組織に承継させるから、職員の雇用は承継させないとしている。

（4）〈座談会〉中山和久・竹下英男・宮里邦雄「国鉄労使関係と改革法案の法的検討」季労一四一号（一九八六年）八六頁。

（5）国労は、ＪＲに対する救済申立に先立って、一九八七年四月一日のＪＲ発足前である三月一三日に国鉄を被申立人として、組合員らを差別して採用候補者名簿に登載せず、設立委員が採用通知を発しないという事態を招来したことは、労組法七条一号・三号の不当労働行為に該当するとして、国営企業労働委員会に救済申立をしている。

この申立について、委員会は、一九八八年九月二〇日国鉄は、設立委員の補助機関にすぎず、国鉄は被申立人適格を有しないとして申立を却下した。

（6）労働契約上の地位確認請求訴訟を提起した千葉動労組合員らに関する千葉鉄道管理局事件では、千葉地判平成四・六・二五労働関係民事裁判例集四三巻二・三号五九七頁、同・東京高裁平成七・五・二三労働関係民事裁判例集四六巻三号八九九頁において、改革法二三条を根拠に、請求が棄却されている。

（7）ＪＲの審問ボイコット戦術について、長年東京都労働委員会会長を務められた元最高裁判事の塚本重頼中央大学教授は、「ＪＲ各社の不当労働行為事件」と題する論文（日本労働協会雑誌三一巻八号〈一九八九年八月〉二頁）において、「零細企業が倒産したあと、責任者の行方が分からず、被申立人がついに労委に出頭しなかった例は絶無ではないけれども、有数な大企業が労働委員会の手続に際して、答弁書や準備書面を提出したのみで出頭しない例は、ほとんど聞かない」と述べた。

(8) 中労委「解決案」の内容とその評価について、拙稿「JR採用差別事件の中労委『解決案』」労旬一二八九号(一九九二年)四頁。

(9) 中労委命令について、中嶋士元也「国労組合員のJR北海道地区不採用事件・中労委命令について」労判六四一号五頁、深谷信夫「国鉄民営化と採用差別—JR北海道(国労)事件」『労働判例百選〈第六版〉』二二八頁、拙稿「JR採用差別事件・中労委命令をめぐる評価」労旬一三二七・一三二八号(一九九四年)六六頁。

(10) 二つの地裁判決に対する批判として、山川隆一「JR設立時における職員不採用と不当労働行為—JR不採用事件東京地裁判決の検討」ジュリスト一一四三号(一九九八年)七七頁、西谷敏「国鉄改革とJRの使用者責任—東京地裁民事第一一部・第一九部判決をめぐって」ジュリスト一一四三号(一九九八年)八四頁、道幸哲也「国鉄の分割民営化にともなう国労組合員の採用差別についての中労委命令が、JRは労組法七条の使用者とは認められないとの理由で取り消された例及びJRに対し採用を命じた中労委命令が裁量権を超えるとして取り消された例—JR採用差別事件」判時一六六四号(一九九九年)二一一頁、拙稿「分かれた判断—批判と問題点」労旬一四三四号(一九九八年)六頁。

(11) 東京高裁の二つの判決について、萬井隆令「国鉄改革・職員振り分けとJRの『使用者性』—JR採用拒否(中労委命令取消事件・東京高裁民事九部(平成一二・一一・七)判決および同七部(平成一二・一二・一四)判決について」労旬一五〇〇号(二〇〇一年)一一頁、拙稿「JR採用差別事件の二つの東京高裁判決」労旬一五〇〇号(二〇〇一年)六頁。

(12) 最高裁判決に対する批判として、道幸哲也「JR採用差別事件最高裁判決—行政救済法理の危機」法律時報七六巻三号(二〇〇四年)一頁、同「JRの採用差別の不当労働行為性　平成一五年度重要判例解説」ジュリスト一二六九号臨時増刊(二〇〇四年)二二〇頁。

(13) 同判決について、佐藤昭夫「鉄建公団事件・東京地裁判決の意義と欠陥」労旬一六一八号(二〇〇六年)四頁、萬井隆令「JR採用拒否の不当労働行為と損害賠償」同号一〇頁、松本克美「不当労働行為と消滅時効—鉄建公団訴訟東京地裁判決の時効論の検討」同号一九頁。

(14) 同判決について、萬井隆令「JR『不採用』問題と全動労一・二三判決」労旬一六七七号(二〇〇八年)六頁。

(15)　ＪＲ発足後も、配属差別、出向差別、担務差別、昇進差別、脱退勧奨、組合バッチ処分などの不当労働行為が行なわれ、数多くの事件が労働委員会に申し立てられた。
その数は、ＪＲ発足後二年後の一九八九年四月段階で、採用差別事件を含めて二〇〇件に達し、最終的には三〇〇件を超えた。

追記

本稿は、二〇一〇年六月二八日の最高裁判所での和解成立時点までのたたかいについて述べたものであるが、その後の経過について補足しておきたい。

最高裁での和解成立後、四者、四団体は、残る「雇用問題の解決」に向けてＪＲ各社への雇用希望者数を提示し、対政府要請を重ね、これを受けて二〇一一年六月一三日、政府はＪＲ各社に雇用の要請を行なった。しかし、ＪＲ各社は、政府の要請に対し、「採用を考慮する余地はない」との態度を表明した。

このような事態を受け、国労闘争団全国連絡会議は、同年六月三〇日代表者会議を開催、断腸の思いで、雇用問題の解決を断念するとの方針を決めた。

国労は、同年七月二八～二九日開催した第八〇回定期全国大会において、「当事者である闘争団の判断、なかんずく闘争団全国連絡会議の意思決定を踏まえたうえで、二〇一〇年四月九日の民主党、社民党、国民新党、公明党の四党と政府との『政治的合意』に基づく雇用問題の解決についてその終結をはかるものとする」ことを確認し、ここにＪＲ採用差別とのたたかいは終止符を打ったこととなった。

第３章　労働組合の役割と課題

――いま問われているもの、求められているもの

一　労働者の権利をめぐる状況が問いかけるもの

解雇・雇止め・退職強要、賃金・退職金の切り下げや残業代未払、過重ノルマ・超長時間労働と過労死、うつ病などの精神的障害の頻発、ハラスメントの横行、理不尽な公務員バッシングなど、いま労働者の雇用・権利をめぐる状況は大変厳しい。

とくに、三人に一人は非正規労働者という雇用形態の非正規化が進み、低賃金・低労働条件の社会的構造が拡大し、「格差と貧困」をもたらす大きな要因となった。

また、非労働者化というべき「請負」「委任」などの契約形態で就労するいわゆる「個人事業主」が増大している。非正規化と非労働者化は雇用・労働条件のあり方をめぐる労働運動の課題であるとともに、どのような法規制をかけるべきか、という労働立法改革のテーマでもある。

去る国会で成立した労働者派遣法の改正、労働契約法の改正（有期雇用）は非正規化を進めたこれまでの規制緩和に一定の歯ドメをかけ、派遣労働者や有期雇用労働者の雇用の安定・労働条件の改善を図ろうとするものであった（もっとも、構造改革・規制緩和を唱える安倍晋三政権のもとでこれら改正が見直される懸念も強まっている）。

雇用の流動化を促進し、構造改革を推論すべしという論者からは、わが国の解雇に関する法規制は厳しすぎ、解雇規制を緩和すべきであるとの意見が出始めている。解雇の法規制が厳しすぎるという見解は、ＥＵ諸国などの法規制を正しく理解しないものでまったく誤っているが、決して厳しいとはいえない解雇規制も守られていないという実態にこそまず目を向けるべきであろう。実態の検証抜きの規制緩和論の暴走を許してはならない。

働く者は、雇用を奪われたり、権利を侵害された場合、雇用や権利をまもるため、どう対処しているのであろうか。都道府県労働局に助言・指導を求めたり、紛争調整委員会に斡旋申請をする労働者が増えているし、労働審判の申立をする労働者も増えている。全国の日本労働弁護団の相談窓口にも、多くの労働者から相談が寄せられている。連合東京の相談窓口にも、多くの労働者が助けを求めて訪ねていると聞く。

私も、多くの相談を受けている。相談に来るのは、身に振りかかった理不尽な対応に憤りを持った労働者である。あるいは権利の侵害ではないかと救済を求める権利意識の強い労働者である。だが、このような相談者はおそらく氷山の一角であろう。多くの労働者は、声をひそめているのではないだろうか。助けを求める声をあげることができないで泣き寝入りしているのではないだろうか。相談し、ともに悩み、考えてくれる職場の仲間がいるであろうか。あるいは互いに、成果を競い合う労働者として、我関せずということになっているのではないか。そもそも、労働組合はあるのか。労働組合に相談したのか。

労働者をとりまく現下の厳しい状況を生み出している要因はさまざまであるが、そのひとつに、労働者の団結が弱まっていること、労働組合がその役割を十分に果たしえていないこと、もっと大きくいえば、労働運動が全体として後退していることをあげることができるであろう。

労働者の雇用・権利は可能なかぎり法によって保護されるべきであるが、法の果たす役割には大きな限界・制約がある。働く者の団結こそ法の限界を超え、法の空白を埋める労働者の雇用確保・権利実現のもっとも有力な手段である。私はずっとこのように考えてきたし、このことを実証した多くの経験もしてきた。

思い起こせば、私が労働弁護士を志して弁護士になったのは一九六五年である。学生時代に経験した六〇年安保闘争のデモの先頭にいたのはいつも東京の労働組合員の皆さんであった。

平和、民主主義、人権の守り手・担い手として労働者が団結して活動している姿は、輝かしく、それは、労働運動にかかわる弁護士へ私を駆り立てた大きな要因であった。

一九六〇年代、七〇年代は、ひと言でいえば、団結の時代であった。中小企業では次々と組合が結成され、多くの労働争議がたたかわれ、それをめぐってさまざまな集団的労使紛争が発生した。労働弁護士が取り組む労働事件といえば、使用者と労働組合が対峙・対決する集団的労使紛争であった。法的にいえば、事件の多くは団結権侵害・不当労働行為事件であり、私の経験では、一九六〇年代後半から七〇年代にかけては、裁判所より労働委員会に出向く機会の方が多かったと記憶する。

一九九〇年代に入って、集団的労使紛争から個別的労使紛争へと労使紛争の様相は大きく変わり、いまもその流れは続いている。

弁護士になって四〇数年、多くの不当労働行為事件にかかわり、東京都労働委員会は長年慣れ親しんだわが働き場所（?）であったが、最近は、不当労働行為事件を担当することがほんとうに少なくなってしまった。私は、労働弁護士として、集団的労使紛争、とくに不当労働行為事件から多くを学んだ。労働組合とは何か、労働組合はどのようにして結成されるのか、使用者は、何故組合の結成や活動を嫌がり、あの手この手で、団結を弱めようとするが、それに抗して労働者はどうたたかうか、職場に団結をつくり、維持していくために必要なことは何かなど、不当労働行為事件の経験を通じて団結をめぐる諸問題を感得することができた。

組織率の減少、ノンユニオン企業の増大、それと対応するかのように生じている働く者の権利をめぐる厳しい状況の下で、いま、労働組合はその存在意義を問われている。

団結が大きな役割が果たしていた労働運動の時代を経験した弁護士として、改めて労働組合の存在意義と課題を考えてみたい。

二　団結権保障の意義
——労働組合の法的基盤

1　労働組合の役割・機能

今日、労働組合が担っている役割あるいは担うことが期待されている役割は色々ある。

第一は、労働条件基準の設定である。使用者と労働者個人との関係はいうまでもなく経済的格差・交渉力格差など非対等な関係である。しかし、今、民法（債権法）の改正が問題となっているが、民法の世界では、「雇用契約」は、使用者と労働者を対等な契約当事者として位置づけ、雇用契約の内容である労働条件は労使が対等に交渉して決定・合意することが前提とされている（「契約自由の原則」）。

労働契約法は、民法の雇用契約の特別法として労働契約上の権利義務を定め、民法より労働者保護を強めようとする法律ではあるが、労働契約法も、「労働契約は、労働者及び使用者が対等の立場における合意に基づいて締結し、又は変更すべきものとする」と定め（三条一項）、対等性を掲げている。

しかし、対等性は実際の労働契約において、絵に描いた餅といったら言い過ぎかもしれないが、虚構に近く、使用者が圧倒的に優位な立場にある。

労働組合誕生の歴史をみるまでもなく、労働組合は、建前としてのこの対等性を打ち破り、団結を背景に実質的な対等性を実現するために結成された。労働組合は団体交渉という方法で、労働条件を個別の労使の話し合いに委ねるではなく、共通の労働条件基準を設定しようとする機能を果たすものである。また、共通の労働条件基準の設定は、労働者間の競争を排除するという意味合いも持つ。

労働組合の役割の第二は、不当解雇、パワハラなど組合員個人の雇用・労働条件などをめぐるさまざまな不当な処遇や権利侵害について、団結の力によって、是正させることである。組合員個人の問題ではあるとしても、それは、全体の問題であるという視点から組合員個人の問題を取り上げて解決を図るために団結という力を発揮するわけである。「万人は一人のために」という思想である。

また、労働組合という団結組織の存在とその活動は、使用者の不当な処遇を防止するというプレッシャーを使用者にかける機能をも果たす。近年個別紛争が増える背景には、団結組織の不在やその活動のありようという団結の機能不全の問題がある。

第三は、労働組合の企業経営に対するチェック機能・監視機能である。労働組合は、企業活動の最前線である労働現場に組織基盤を持つものとして、企業経営の不正や法違反の実態を把握しうる立場にある。法違反等により社会の指弾を受け、ひとたび社会的信用を失った企業は経営困難に陥りかねず、そのことによる労働者への犠牲は、労働条件の切り下げ、人員整理、時には倒産という事態となってあらわれる。企業の社会的責任という点から、コンプライアンスは今日の企業経営における最重要課題であり、企業に自浄能力を発揮させる役割を労働組合は担うべきであろう。もちろん、そのためには、労働組合の自主性・民主性の確保が、団結原理として確立していることが不可欠であることはいうまでもない。

ここでいう法違反は、労働者保護のための労働基準法・労働安全衛生法などの労働法令違反に限られない。それぞれの事業にはその事業にかかわる規制法がある。たとえば、交通運輸業については、道路運送法、食品業については食品衛生法などの事業法があり、これら事業法の法令遵守違反も含めている。

第四は、以上のような役割・機能を果たすことを通じて、労働組合はディーセント・ワーク（人間らしい尊厳ある労働）の実現を目指すことになる。雇用の保障、生活できる賃金、安全な職場環境の確保、差別なき公正な処遇、家庭生活と職場生活の両立、自由にものが言える職場などがディーセント・ワークの内実である。ディーセント・ワークは、ILO（国際労働機関）が一九九九年に示した労働の目標であるが、ディーセント・ワークを実現するためには労働者の団結が必要不可欠であり、ILOが、団結権及び団体交渉権保護に関する条約（ILO八七号条約、ILO九八号条約）をILOの目的を実現するための中核的条約としているのはそのことを意味している。

第五は、労働組合は直接的には使用者との関係において組合員の権利・利益を擁護するための組織であるが、労働組合にはそれにとどまらず、すべての働く者を代表するとともに、企業から独立した社会的存在として、社会に開かれた活動体としての役割（「社会的労働運動」という考え方）が期待されているのではないだろうか。

2 労働組合の機能・役割を法的に保障する団結権

労働組合の役割・機能について述べたが、この役割・機能を保障するものとして団結権保障があり、団結権保障は労働組合の役割・機能を支える法的基盤である。

改めて、団結権保障の法的意義とその仕組みを考えてみよう。

まず、団結権は、憲法二八条において、基本的人権のひとつとして保障されていることである。憲法二一条は「結社の自由」を基本的人権として保障する。労働組合も結社であるから、結社の自由を保障されればそれで足りるように思われるが、しかし、憲法二八条は「勤労者の団結する権利及び団体交渉その他の団体行動をする権利は、これを保障する」と定め、「結社の自由」とは別に、団結権保障を定める。その趣旨は、「勤労者」がおかれている社会的・

経済的関係のもとで「結社の自由」より強い特別の権利として保障することにある。団結権保障の意義として、つけ加えて指摘したいのは、団結権の主体は、あくまでも「勤労者」（「労働者」）であるということだ。「団結権」は労働組合のものではなく、労働者のものなのである。労働者が団結権を行使して、労働組合という団結組織を形成するのであって、「はじめに組合ありき」ではない。また、団結する権利もあるが、団結しない自由もあるといわれることもあるが、「団結する権利」を保障する憲法の立場は、団結する権利を団結しない自由より、優位に位置づけたものである。

団結権を保障するとは法的にはどういうことを意味するのであろうか。保障という場合、国家権力との関係、使用者との関係の両面からの保障が必要となる。

労働者の団結を抑圧してきたのは歴史的には国家権力である。とすれば、まず、第一に、団結権は国家権力による侵害を禁止することによって保障されなければならないことになる。団結権の歴史的形成過程をみると、団結の禁止、禁止に対する抵抗、抵抗に対する弾圧という過程を通じて労働組合は法による承認を獲得した。私のもっとも好きな憲法の条文は、「この憲法が日本国民に保障する基本的人権は、人類の多年にわたる自由獲得の努力の成果であって、これらの権利は、過去幾多の試練に堪え、現在及び将来の国民に対し、侵すことのできない永久の権利として信託されたものである」という九七条の「基本的人権の本質」の条文である。この条文は、団結権についてこそ、もっともよくあてはまる。まさに、団結権は、労働者の多年にわたる権利獲得のためのたたかいの成果として確立されたものであり、また、過去幾多の試練に堪えてきた権利なのである（ちなみに、自民党の憲法改正草案は、基本的人権の本質を宣言するこの条文を削除するとしているが、草案の持つ人権感覚を象徴的に示している）。

国家権力による団結権に対する抑圧は、労働組合のさまざまな活動に対する刑罰権の発動にとどまらず、立法や行政を通じてなされる場合もある。団結権保障は、団結権保障に反する立法や行政を、憲法に反するものとして禁じることも当然に含んでいる。

かくして、団結権はなによりも、国家権力に対して保障されなければならない。憲法二八条の団結権保障はこのことを意味するものであり、それを確認したのが労働組合法による労働組合の活動に対する刑法三五条（「法令又は正当な業務による行為は罰しない」）の適用規定である（一条二項）。

第二は、使用者からの団結権保障である。今日では団結権をもっとも侵害する可能性があるのは、使用者である。団結権保障は、使用者に団結権尊重義務を求めるものであるが、労働組合の結成や労働組合の活動を快しとしない団結権敵視や反組合的企業風土はまだ強い。

多くの使用者は、「労働組合はない方がいい。あったとしてもできれば少数の組織であって欲しい。またできれば御用組合であって欲しい」と思っているであろう。そして、労働組合が強い団結のもとで交渉力が強大となることを警戒し、多かれ少なかれ、その弱体化を望んでいる。

団結権の核心は、団結自治・組合自治である。誰を仲間として団結するか、誰を組合役員に選ぶか、どのような運動方針を決定するか、どのような運動を展開するかは、組合が団結自治として自由に決定することができ、使用者がこれに介入することは許されない。また、団結権保障は、対使用者との関係におけるさまざまな組合活動の展開や争議行為を保障するものであり、正当な組合活動に対する抑圧・干渉・妨害（組合員に対する処分、組合や組合員に対する損害賠償請求なども含む）は許されない。

使用者の団結権を侵害する反組合的行動を不利益取扱いの禁止、団交拒否の禁止、支配介入の禁止として具体的に示して、不当労働行為として禁止したのが労働組合法七条の不当労働行為である。

不当労働行為の禁止は、団結権保障を労組法が確認し、実効化するためのものである。

とは別である。

3　団結権の実効性

　団結権が法的に保障されていることと、実際に団結権が労働者にとって有益かつ実効的なものとなっていることとは別である。

　ＮＨＫが一九七三年から五年ごとに実施している『日本人の意識調査』は、「団結権」についても調査しているが、団結権が憲法で国民の権利であることを理解している者は、一九七三年の調査で三九・九％であったのに、二〇〇八年調査では二一・五％に後退している。近く、二〇一三年調査の結果が発表されるであろうが、さらに後退する数字となっているのか大変気がかりである。団結権の認知度の減少は、労働組合の組織率の近年の年々の低下と連動している。

　労働組合の組織率の低下は、労働組合の交渉力・発言力・影響力の低下をもたらし、そのことが労働組合の存在感を薄め、団結権への理解や認知度を低下させるという負の連鎖が生じている。

　団結権が実効的なものとなるためには、なによりもまずは、団結する組織が増えることである。未組織の労働者を組織化することである。

　より多くの労働者を組織すること、組織されている労働者が多いか少ないかは、団結権を実効的なものにするための重要な要素である。「数は力なり」である。

　そのためには、負の連鎖を断ち切る日常的な労働組合の存在感が可視化できるような活動が不可欠である。

　とはいえ、団結は量のみでは計りえない。団結が団結たる内実を持ち、労働組合の役割を果たすためには、団結意識が不可欠である。これは、団結の質の問題といえる。

　このように、団結にあっては、たえず、量の問題と質の問題を考える必要があり、労働組合はその活動の中で、団結の量的拡大（非正規労働者の組合員化など）と団結の質的強化を目指すことが必要である。

労働組合をとりまく状況は厳しい。しかし、労働者の置かれている状況をみるとき、労働組合の出番は今こそという感を強くする。

「団結なきところに権利なし」である。

三　労働条件決定のしくみと団結優位原則

1　労働条件決定の法的しくみ

労働契約の内容である賃金・労働時間などの労働条件を決定する法的しくみを整理してみよう。

第一は、労働者と使用者の個別の合意によって労働条件を取り決めることである。労働契約も、契約であり、労働者と使用者の交渉による合意によって自由に労働条件を取り決めることができる（「契約自由」「契約自治」）。

労働契約法は、「労働者及び使用者の自主的な交渉の下で、労働契約が合意により成立し、又は変更されるという合意の原則その他労働契約に関する基本的事項」を定めた法律であり（一条）、「労働契約の原則」として、「労働契約は、労働者及び使用者が対等の立場における合意に基づいて締結し、又は変更すべきものとする」と定め（三条一項）、「自主的交渉」と「対等合意」を掲げる。

しかし、使用者と労働者の関係は、労働契約の締結の段階から、非対等な関係であり、交渉力において大きな格差がある。非対等の関係のもとでの個別交渉において「対等の立場における合意の形成」は、実際上困難である。

結局、「契約自由」とはいえ、そこで成立する合意は、強者である使用者が決めた労働条件を弱者である労働者が受け入れざるをえないという形での「合意」を意味し、実質的には使用者による単独決定の容認ということになる。

労働契約による労働条件決定における合意原則は、交渉力の不均衡の下で労働者保護に欠ける状況をもたらすという重大な問題を含んでいる。ただ、ここで、くわしくふれることはできないが、労働条件等に関する「合意」が、常にそのまま有効となるわけではない。

「合意」、とくに労働条件を労働者にとって不利益に変更する合意や労働者にとって不利な合意（たとえば、退職合意や賃金減額合意など）については、「自由な意思にもとづく合意」といえるか、「自由な意思にもとづくものと認めることができる合理的な理由が客観的に存在しているか」などという点からその効力が吟味され、合意の効力が否定される場合があることを指摘しておく。

第二は、労働基準法による最低労働条件の保障であるである。労基法は、法律によって最低の労働条件基準を定め、それ以下で労働者を働かせてはならないことを定めるものであり、労働契約による労働条件決定の合意原則（契約自由）に法律が直接に介入し、規制する。その目的は、非対等な関係の下にある労働者を保護するためである。労基法は、「賃金、就業時間、休息その他の就労条件に関する基準は、法律でこれを定める」とする憲法二七条二項の規定にもとづいて制定された法律であり、労基法による労働条件基準の保障は、「労働者が人たるに値する生活を営むための必要最低限（労基法一条）を定めたものであり、労働者の基本的人権である。

労基法は、労働条件について最優先の効力をもつもっとも強力な労働者保護法であり、「職場の憲法」といってよい。労基法で定める労働条件基準に反する合意は無効とされるし、後述する就業規則や労働協約で定める労働条件は、労基法に違反すれば効力を否定される。

また、労基法に違反して労働者を働かせた使用者には刑罰が課される。さらに、労基法の遵守については、労働基準監督官による指導・勧告、命令などの行政監督が発動される。

第三は、就業規則による労働条件の決定である。

労働条件の詳細は多くの場合、使用者が作成する就業規則において定められている。就業規則の作成権・変更権は、使用者にあるが、だからといってそこで定める労働条件について制約がないわけではなく、その内容は、「合理的なもの」でなければならない。この点について、労働契約法は、「労働者及び使用者が労働契約を締結する場合において、使用者が合理的な労働条件が定められている就業規則を労働者に周知させていた場合は、労働契約の内容は、その就業規則で定める労働条件によるものとする」と定め（七条本文）、就業規則による労働条件決定は、「合理的な労働条件」であることと、「周知されていること」が前提となる。

就業規則で定められた基準に達しない労働契約による労働条件は無効であり、就業規則に定める労働条件基準が労働条件となる（労働契約法一二条の「最低基準効」）。

このように、就業規則は、職場の最低労働条件を保障するという性格を持っている。

一方、就業規則で定める基準を上回る労働条件が労働契約で合意されていれば、その合意が優先する（労働契約法七条但し書）。

第四は、労働協約による労働条件決定である。使用者と労働組合が団体交渉によって合意したことを文書に作成し、署名又は記名捺印したものが労働協約である（労働組合法一四条）。労働協約は、労働条件についてのみならず、便宜供与などについても締結されるが、労働協約で定めた労働条件の基準は組合員に適用され、労働契約上の合意や就業規則に優先する効力を持つ（労組法一六条の「労働協約の直律的効力・規範的効力」）。

さらに、労働組合が常時使用される労働者の四分の三以上を組織している場合には、その労働組合が締結した労働協約は非組合員の同種の労働者にも適用されるという強い効力も認められている（労組法一七条の「一般的拘束力」）。

労働者の団結組織である労働組合のみが、このような強い効力を有する労働協約締結権を持つ。労働組合との間で締結される労働協約による労働条件は、労働契約や就業規則による労働条件に優先する効力を持つという法的しくみは、労働条件決定における団結優位原則を端的に示すものである。

「一」で、労働組合の基本的な存在意義と役割について述べ、第一の役割として労働条件基準の決定を掲げたが、この労働条件基準の決定を法的に保障し、担保するのが、労働協約なのである。

労働協約が十分に機能していないという状況があるが、労働協約によって労働条件を規制することが組合の本来の目的であることはいくら強調しても、強調しすぎることはないだろう。

2　労働条件決定への労働組合への関与

労働条件の決定に労働組合がどのように関与するか、関与する権限があるか。労働組合の関与方法の中心は、団体交渉ということになるので、この問題は労働条件決定における団体交渉の役割、団体交渉権の具体的保障という問題である。

労働組合が労働条件決定に関与できるのは、就業規則による労働条件の決定・変更の場合と労働協約による労働条件の決定・変更の場合である。

まず、就業規則の場合である。就業規則の作成・変更にあたって、使用者は、事業所の過半数労働組合の意見を聴かなければならない義務がある（労基法九〇条、労働契約法一一条）。

就業規則の変更であれば、意見を聴くにあたって、変更案が労働組合に提示されるから、労働組合は、就業規則変更について、変更の内容、変更の必要性、妥当性等について団体交渉を求めることになり、使用者は交渉応諾義務を負う。前述したとおり、就業規則で定める労働条件は「合理的なもの」でなければならないから労働組合は合理性があるかについても追及することになる。

過半数組合がない場合は、過半数労働者代表から意見を聴取することになるが、非過半数労働組合であっても、団体交渉権があるから、就業規則について同様に団体交渉を求めることができ、過半数組合でないとして、団体交渉を拒否することは許されない。

とはいえ、意見聴取義務の対象となる過半数組合であるかどうかは、団体交渉をより強力に進めうるかどうかという点で重要である。

前述のとおり、労働協約による労働条件決定がもっとも望ましいが、労働協約が締結されなくとも、労働組合の要求を可能な限り就業規則に反映させる努力をする必要がある。

労働契約法は、就業規則による労働条件の変更が合理的なものと認められるかの判断・事情の一つとして、「労働組合等との交渉の状況」をあげている（労働契約法一〇条）ことを指摘しておこう。

第二に、労働協約の場合である。労働協約は労使合意による労働条件の決定であり、これこそが労働組合が持つもっとも有力な労働条件決定の手段である。

労働協約は団体交渉の結果締結されるものであるから、労働協約による労働条件決定が有効に機能するためには、その前提としてひろく使用者の団体交渉応諾義務が認められる必要がある。とくに、以下の二つのことが重要である。

第一は、使用者が交渉に応ずべき事項（義務的交渉事項）の範囲である。雇用・労働条件、待遇に関する事項（賞罰や福利厚生なども含む）で使用者が処分可能な事項はすべて義務的交渉事項である。「経営権」や「管理運営事項」といわれる事項も、労働条件という側面から義務的団交事項となる。労働組合は原則として組合員のために団体交渉権を行使するが、直接的には、「非組合員」に関する事項であっても、組合員の労働条件や権利に影響を及ぼす可能性があったり、組合員の労働条件との関連性が強ければ、団体交渉事項となる（根岸病院事件・東京高判平成一九・七・三一）。ただ、団体交渉の対象となるのは原則として組合員に関する問題であることからすると、組合員化と団体交渉は密接な関係にある。

使用者は、できるだけ労働組合との交渉を回避し、交渉なしに労働条件を決定しようとして、義務的交渉事項を制限しようとする。しかし、団体交渉権保障の意義に照らして義務的交渉事項は広く解されており、義務的交渉事項を制限しようとする使用者の主張（団体交渉拒否）に正当性が認められる場合はほとんどないといってよい。

第二は、使用者の交渉態度の問題である。

使用者の団体交渉応諾義務とは、交渉テーブルに着くことだけではなく、交渉事項について誠実に交渉する義務を含む。誠実交渉義務とは、合意の成立を目指して交渉する義務である。誠実交渉義務があることによって、団体交渉権の実効性が担保され、労働協約締結の合意にいたる可能性が生ずるということになる。団体交渉の結果合意が成立しているにもかかわらず、労働協約の締結を拒否することは、団体交渉の意義を失わしめ、団体交渉権を著しく損なうものとして許されない。

労働協約の締結にあたって組合として留意すべき手続き上の問題についてふれておきたいことがある。それは、労働協約が組合規約に違反して締結された場合（たとえば、大会付議事項とされているのに大会に付議しなかったなど）、手続違反として無効となるという点である。組合規約は団結にあたっての重要な約束事であり、組合規約を遵守することは、組合民主主義の要である。組合規約が協約締結の手続きについて定めている場合、その前提で協約締結権が認められていると考える必要がある。労働協約に強い効力が認められていることから、協約締結権にはこのような制約があることを知っておいて欲しい。

3　団結優位原則を生かそう

労働条件決定における団結優位原則がきわめて重要な労働法理であることが理解された思う。団結優位原則はまさに労働組合のための法理であり、団結優位原則は、労働者の団結組織である労働組合に保障された特権ともいえる。

いうまでもないことであるが、法理が常に現実の労使関係において有効に機能しているわけではなく、団結権優位原則は労働者の団結と団結力を背景とする団体交渉権の行使によって現実化する。そして、団体交渉権の実効的行使を可能とするのは労働組合の組織力・団結力である。団結優位原則を生かしているか、生かすことができるか。団結優位原則を有名無実のものとしないために何をすべきか。これは、すべての労働組合に投げかけられている問題である。

「神は自ら助くるものを助く」というが、労働組合も「自ら助くるものを助く」である。

四　正規労働者と非正規労働者が団結する意義

1　非正規問題はなぜ重要か

いま、多くの労働組合は非正規労働者の労働条件の改善、非正規労働者の組織化に取り組んでいる。このような取り組みは、とりわけ、企業横断的に組織されている合同労組（ユニオン）において顕著であるが、企業別労組においても、強弱の差はあれ、同様の取り組みが行なわれている。

パートタイマー、契約社員、派遣労働者などの非正規労働者の問題は、労働組合、そして労働運動のもっとも今日的な重要課題であるが、重要課題であるという意味は、非正規労働者が不安定雇用・低労働条件という厳しい状況におかれているがゆえに、放置できないということからではなく、非正規問題が、正規、非正規を含め、雇用のあり方というすべての労働者に共通する問題であるからにほかならない。

よく、非正規の問題は、正規の問題でもあると指摘される。確かに、この指摘は、正しい側面を言い当てているが、非正規問題の持つ本質をトータルに把握しているとはいえない。

2　非正規問題を把える視点と課題

非正規労働者の割合は今や雇用労働者の三五％を超え、四〇％に迫っている。正規労働者とは一般に、直接雇用・常用雇用・フルタイム雇用という雇用形態に着目してのネーミングであるが、非正規に較べて、その数が圧倒的に多いという実態面から、そのように呼ばれている面もある。とすれば、非正規の数が正規の数を上回り、非正規が主流となれば、非正規こそが正規であるという逆転が生じ、正規という雇用のあり方そのものが崩壊する危機に瀕する。

正規雇用を念頭に、わが国の解雇規制は厳しすぎ、緩和すべきであるとか、正規も多様な働き方の一つであるにすぎないとして雇用多様化を促進しようとする動きが強まっている。解雇の金銭解決制度や「限定正社員」構想、常用代替防止という規制枠組みを取り払おうとする派遣法改正の動きもある。このようなえせ「労働改革」に対抗するためには、正規雇用こそあるべき雇用の形態であり、ディーセントワークの前提であるという揺るぎない視点を持つことが必要不可欠である。

このような視点に立つならば、非正規の拡大を防ぎ、非正規の雇用・労働条件を改善し、非正規から正規への転換を図る取り組みを強めることは労働組合・労働運動の必須の課題と位置づけられることになる。

企業が非正規を活用する最大の理由は、解雇についてフリーハンドを確保したうえで、正規より労働条件を低くし、人件費コストを抑制することにある。それゆえに、非正規の雇用・労働条件の改善は、使用者にとって非正規雇用のメリットを失わしめ、非正規拡大へのインセンティブを弱めることになる。

二〇一二年八月に成立した労働契約法改正は、有期労働契約の無期労働契約への転換、雇止め判例法理の立法化、有期であることを理由とする不合理な労働条件の禁止の三点を定めた。この法改正は、非正規の多くを占める有期契約労働者の雇用の安定化と労働条件の改善を目的とするものであり、有期契約労働者の雇用・労働条件改善に向けての労働組合・労働運動の取り組みを法的側面からサポートするものである。

五年超の期間が必要とされている無期転換申込権を三年に短縮することや転換後の労働条件は従前のままでもいいとされている法の不十分さを労働条件改善によって克服することは、法を超えた運動の課題である。不合理な労働条件の禁止も、組合の取り組みがなければ、容易に実現するものではない。また、改正契約法の施行により、無期雇用(正社員)の多元化が進み、多様な無期雇用が増加する可能性も指摘されており、この問題をどう考え、どう対処するかも重要な課題となる。

非正規労働については、立法的規制が必要であるが、「法頼み」ではなく、自らの運動を通じて非正規問題を解決するという気概が労働組合には求められる。

3　壁を取り払い、「公正」「正義」の実現を—団結の大義として

非正規と正規の間には、雇用・労働条件の格差という差別の壁が存在するとともに、多くの非正規労働者が正規労働者とともに、団結する仲間として同じ組合に組織されていないという団結分断の壁が存在する。そして、この差別と分断の二つの壁は、相互に密接な関係にある。差別の壁は、団結を困難にし、団結分断の壁は差別を温存させることにつながっている。二つの壁が創り出している負の連鎖を断ち切り、正規と非正規が団結するための理念は何か。私は、「公正」と「正義」をあげたい。「公正を目指す労働運動」「正義を求める労働運動」によってこそ、この二つの壁を打ち破ることができる。

そもそも、差別と分断の壁は、誰が作ったのかといえば、いうまでもなく、そのメリットを享受してきた使用者である。

この二つの壁は、非正規の低処遇のうえに正規の処遇が成り立つしくみをつくるとともに、正規の処遇向上を抑制

し、加えて、団結の分断によって、労働組合の団結力・組織力・交渉力の強化を阻んできた。

非正規が増えているなかで、非正規の組織化を実現していない企業別労働組合は、多数を代表しえず、過半数労働組合としての地位を失うという状況に直面している。今は過半数を確保してはいるが、早晩非過半数組合に転落する状況にある非過半数予備軍ともいうべき組合が増え続けている。

わが国労働法制において、事業所単位あるいは企業単位において、過半数の労働者を組織している組合か否かは、労基法上の諸協定の締結権の有無や会社更生法、破産法など倒産法制上の地位・権限の有無と直結する。たとえば、時間外労働協定の締結権を有するか否かは、時間外労働という重要な労働条件決定に関与しうるか否かということにほかならず、もしその権限を有しないとなれば、労働組合の交渉力・影響力を弱めることは必至である。数は権限の根拠であるとともに、数は力なりである。非正規の組織力は労働組合の力と権限の源泉であることに思いいたるならば、非正規の組織化が労働組合にとっていかに重要な課題であるかが認識されよう。おそらく、この認識は、今や多くの企業別組合が共有するところであろうが、問題は、この認識を組織化という実践において生かしているか、そして、組織化の成果をあげているか、である。非正規の組織化については、企業別組合が企業内の未組織労働者である非正規労働者を組織化（組合員化）するという場合、企業外の労働組合（ユニオン）がその企業内の未組織労働者を企業外から組織化する場合、非正規労働者のみの非正規ユニオンを立ち上げる場合、の三つの方法がありうるが、ここでは、企業別労働組合がその企業内に存在する非正規労働者を組織化するということに絞って二つのことを指摘したい。

第一は、組合員平等原則にかかわる問題である。

近年非正規の組織化をめぐって組合規約上の法的問題点などで相談を受けることが多い。

非正規組合員については、組合費を正規の組合員より低く設定しているのが通例であるが、選挙権・被選挙権、ことに被選挙権を制限している例が少なくない。「準組合員」として組織化し、このような取り扱いを決めている組合もある。

しかし、組合員とした以上、「組合員は、その労働組合のすべての問題に参与する権利及び均等の取り扱いを受ける権利を有する」(労組法五条二項三号)との組合員平等原則の適用を受けることになるから(もちろん、この適用を受けないものとして「準組合員」制度を設けることは団結自治の範囲内である)、選挙権・被選挙権を制限するようなことは許されない。私が、この点に言及すると、わが組合としてはそこまではまだ踏み切れないという悩みを吐露されることがある。しかし、組合員平等原則は団結の基礎であり、もしこの点の懸念が組織化へのためらいを生んでいるとすれば、改めて、団結の原理や団結の思想について労働組合の意識改革が求められるといわなければならない。

第二は、非正規労働者の処遇改善の問題である。非正規を組織化した場合、同一組合に非正規組合員と正規組合員との間に処遇格差が存在することになる。当然のことながら、非正規組合員から、処遇改善に取り組んでほしいという要求も高まろう。また、組合が非正規を組織化したのも、処遇改善のために取り組むという方針のもとにおいてであろうし、非正規が組合に加入した動機には処遇改善への期待があるはずである。一方、非正規の処遇改善が進まなければ、正規組合員の処遇低下をもたらしかねないという問題もある。使用者側から非正規労働者の処遇改善するなら、正規労働者の処遇を見直すというコスト論からの逆転案も予想される。これは、組合にとって大変な難題であり、この難題を解決するため多くの労働組合が苦闘しているといえる。組合に要望したいのは、直ちに同一労働同一賃金を実現するのは困難であるとしても、少なくとも、不合理・不公正な差別的処遇は許さず、公正な処遇を実現するという取り組みを着実に進めて欲しいということである。格差が温存され、公正処遇への取り組みがなければ、「内なる団結の壁」が生じることは避けられないし、同じ働く者としての連帯感も希薄なものとなる。不公正な格差を許さないという確たる方針を掲げ、職場にある不公正な労働条件格差は何かを点検し、組合員間の真摯な討議を通じて、非正規と正規の連帯を形成し、一歩ずつでいいから格差解消に向けて具体的に取り組むことが必要ではないか。

いま、わが国社会において労働組合をみる目は厳しい。市場主義的競争原理が強まり、個に分断化されている状況下で団結することの意義や団結権についての理解が弱まり、反組合的雰囲気が生まれている。労働組合は、恵まれた正規労働者の既得権益のみを守る集団であるとの一部の見方もある。もちろん、このような見方が誤りであることはいうまでもないが、このような見方が拡がらないようにするためにも、反組合的イデオロギーに対抗するためにも、「公正」と「正義」の労働運動が求められている。

非正規と正規が団結する仲間として手をつなぐ関係を打ち立てること、そして不公正な処遇を改善する運動が進展することによって、労働組合は、社会的存在意義を高め、ひろく社会的認知を獲得することになる。

労働組合は労働者にとってかけがえのない存在であるばかりか、公正と正義を追及する集団であることを天下に示したい。

正規と非正規の連帯・団結は、労働組合の正統性と団結の大義にかかわる事柄である。

五　団結のキーワード――自立、連帯、参加

団結にとって必要なことは何かを、「自立」「連帯」「参加」という三つのキーワードで考えてみたい。

1　「自立」

労働組合は、労働者が団結してつくった組織である。労働者が個人で、使用者と立ち向かうことは困難である。団

結の目的は、仲間が手を携えて、団結の力を背景に、より対等な関係を形成し、雇用・労働条件の維持向上を図ることにある。

いうまでもなく、まず個人としての労働者があり、個人としての労働者が仲間として結集することによって団結が結成される。決して始めに組合ありきではない。

憲法二八条は「勤労者」の団結権を保障しているのであり、「労働組合の団結権」を保障しているのではない。労働組合は「勤労者」個人がそれぞれ保障されているその団結権を行使することにより結成されると考えるのが、労働組合の正しい理解の仕方であろう。

そうだとすれば、団結権の主体たるべき労働者、団結権の担い手たるべき労働者が権利者として自立していることが団結の基礎となる。つまり、自立した個人の結集体としての労働組合こそ、労働組合のあるべき姿なのである。よく、労働者は社会的に弱者であるから団結が必要であるといわれる。たしかにそのとおりであるが、その意味は、労働者個人が弱者であってよいということではなく、おかれている立場が社会的・経済的弱者であるという構造的関係を指していわれていることである。

日々の労使関係において、使用者と対峙しているのは労働者個人であり、組合員個人である。年休権を行使するかは年休権を保障されている労働者の判断に委ねられている。残業代を請求するかどうかも、退職を迫られたとき、それをはねかえすかどうかも個人の判断である。これらの問題について労働組合がどうかかわり、サポートしていくかという問題はあるが、基本的には個人として対応しなければならない問題である。

労働者は身を守る術としての権利を知る必要があり、権利を行使しうる自立した労働者であることが必要である。

消費者教育推進法という法律が二〇一二年に制定された。これは「消費者と事業者との間の情報の質及び量並びに交渉力の格差等に起因する消費者被害を防止するとともに、消費者が自らの利益の擁護及び増進のため自主的かつ合理的に行動することができるようその自立を支援する」ことを目的とする法律であり、ひと言でいえば「賢い消費者になろう」ということである。

消費者と事業者との関係以上に、労使の関係は交渉力等の格差の大きい関係であり、「賢い労働者」であることがより求められる。自らの権利・利益を擁護するためには自主的・自立的な労働者であらねばならないということだ。

自立をあまり強調すると自立している労働者なら、あえて団結は要らないのではないか、自立していないからこそ団結を求めるのではないかという反論があるかもしれない。しかし、私がいいたいのは、団結の前に個人としての自立が必要であり、団結を支えるのは自立であるということである。団結と自立の関係は、自立によって支えられる団結という関係と団結によって自立を助け、強めるという双方向の関係としてとらえられるべきである。後者の関係が、「連帯」という問題である。

2 「連帯」

労働者は連帯を求めて労働組合に結集する。なぜ連帯なのか、個人の自立だけではどうして駄目なのか。

自立だけで使用者に立ち向かうには大いなる限界があるということだ。自立だけでは孤立につながることになるおそれがある。「分断して統治せよ」は、古来権力者が好んで用いた統治の手法である。労使関係においても使用者にもっとも好ましい状態が個々の労働者が孤立して、分断されていることである。どんなに自立した労働者であっても、結局個人であることの限界は免れない。団結がなければ、団体交渉はなく、実質的な対等交渉は困難であり、使用者にとっては労働条件の一方的決定が容易に可能となる。

自立した労働者が連帯し結合した場合、労働組合の持つ団結力は大きな力を発揮する。日本労働運動の先駆者といわれる高野房太郎（一八六九～一九〇四年）は、「労働は神聖なり、結合は努力なり」と刷りこんだ名刺をいつも持ち歩いて、労働者に労働組合の意義を説いたそうである（二村一男『労働は神聖なり、結合は力なり―高野房太郎とその時代―』岩波書店、二〇〇八年七月）。今の言葉に直せば、「労働は商品ではない」（一九四四年、ＩＬＯフィラデルフィア宣言）、「団結は力である」ということであろうか。

権利の行使が怠られることになれば、それは結果として仲間の権利行使を困難にする。権利の行使は仲間に対する義務でもある。多くの組合員が年休を取れば、その職場では年休権はあたり前のこととして定着する。

労働法上の権利についての知識や権利意識が弱まっているが、これは労働組合の組織率の低下と軌を一にしている。労働組合は労働者が連帯のなかで権利を知り、権利意識を培う学校なのである。孤立した労働者を自立へと導き、連帯を通じて権利を守る装置が労働組合である。

「赤信号皆んなで渡ればこわくない」は、連帯の必要を示す俗流名言（？）である。初めに道はなく、多く人が通ればそこが道になる。労働組合という連帯の場が形成されることによって、権利はより確かなものとなる。

連帯によって自立は強まり、自立が連帯をより強める。

自立と連帯は労働法を支配する理念でもある。労働法は体系的に大きく個別的労働関係法と集団的労働関係法に分けられる。労働基準法、労働契約法、労働安全衛生法などが前者に属し、労働者保護法といわれる法分野である。一方、労働組合法、労働関係調整法などが後者に属する。

労働者保護法において保障される諸権利は、労働者がその保障された権利を自ら行使することによって実現され、法の保障は現実化し、実効的なものとなる。つまり、自立した労働者であることが労働者保護法が「生きた法」として機能するための前提であり、自主的に権利を行使しなければ、「死せる法」となる。権利行使を可能にするのは自立の精神、いいかえれば権利意識である。しかし、一方において、前述したとおり、自立のみでは十分ではなく、連帯が不可欠とされる。労働法はこの連帯の法的しくみとして、団結権を保障し、労働組合法等によって裏付けたのである。いうまでもなく、集団的労使関係法の主役は労働組合である。労働組合法などの集団的労働法と個別的労働関係法が車の両輪となって、労働者の雇用・労働条件を守るという法的しくみを形成しているのである。自立と連帯は、まさに労働法体系の理念を体現するキーワードでもある。

3 「参加」

自立と連帯の好ましい関係を労働組合はどのような方法によって築いていくことができるか。

あらゆる団体についてあてはまることであろうが、その団体が生き生きとして活動しているかは、団体構成員がどれだけその団体の活動や運営に関心を持ち、実際に参加しているかによって決まる。労働組合も例外ではない。組合員が組合の運営や活動に参加しているかは、団結度のバロメーターである。参加によってこそより強い連帯が生まれる。

労働組合は、特権ともいうべき大きな権限を法律によって保障されているがゆえに、その前提として民主的な組織運営をすることが求められている。いわゆる組合民主主義である。民主主義は、決定にかかわる者の参加と十分な討議によって成り立つものである。先の参議院選挙の選挙結果で私がショックを受けたのは、自民党の圧勝もさることながら、投票率のあまりの低さであり、三年前の前回の参議院選挙を五ポイント強下回り、戦後三番目の低さである五二・六%であった。これからのわが国の将来にかかわる重要な争点があるはずなのにである。このような選挙への関心の低さ、主権者としての政治への参加状況は、わが国民主主義の形骸化につながるおそれがある。組合民主主義にとっても、組合のさまざまな決定プロセスへの組合員の参加がなければ組合民主主義は形骸化・空洞化し、ひいては団結の弱体化にいたる。

「組合離れ」は、組合組織率の減少という面だけでなく、組合員でありながら、組合の運営や活動に参加しないという団結の内実の問題でもある。いかにして、組合員の組合への参加を実現していくか、組合は参加への手立てを真剣に考えなければならない。連帯は「連帯しよう」とのかけ声だけで強まるものではない。組合員は参加を通じてのさまざまな触れ合いによって連帯の意味や重要性を体得することになるのではないか。

労働組合・労働運動は、「危機」にあるといわれる。はたして労働組合・労働運動の「復権」「再生」はあるのか。労働組合や労働運動の存在意義が問われているいま、そもそもなぜ労働者は団結を必要とするか、どういう団結が求められるか、団結のためには何が必要か、を団結の本義に立ち返って検討する必要がある。団結は労働者にとってかけがえのないものであり、労働組合は労働者の権利を守る最後の砦である。このことは過去においても、現在においても、そして将来においても変わることのない真理のはずである。

略　歴

一九三九年　大阪市生まれ、沖縄宮古島育ち
一九五八年　琉球政府立宮古高校（現沖縄県立宮古高校）卒業
一九五八年　東京大学文科Ⅰ類入学
一九六三年　東京大学法学部卒業
一九六五年　弁護士登録。東京弁護士会所属。
一九八七年～一九八九年　中央大学法学部非常勤講師
一九九七年～二〇〇五年　日本労働法学会理事
二〇〇一年～二〇〇三年　早稲田大学法学部大学院非常勤講師
二〇〇五年～二〇〇七年　東京大学法科大学院客員教授（労働法、法曹倫理）
二〇〇二年～二〇一二年　日本労働弁護団会長

東京都新宿区新宿一丁目一五番九号　さわだビル五階
東京共同法律事務所　所属

執筆目録

著書

『労働委員会―審査・命令をめぐる諸問題』労働教育センター、一九九〇年四月
『労働基準法入門』編著、労働大学出版センター、二〇〇四年四月
『憲法の危機をこえて―弁護士活動からみえる人権』編著、明石書店、二〇〇七年二月
『労働組合のための労働法』労働教育センター、二〇〇八年一一月
『問題解決労働法6　女性労働・非正規雇用』共著、旬報社、二〇〇九年一月
『問題解決労働法12　不当労働行為と救済―労使関係のルール』旬報社、二〇〇九年六月
『労使の視点で読む最高裁重要労働判例』共著、産労総合研究所、二〇一〇年五月
『就活前に読む―会社の現実とワークルール』共著、旬報社、二〇一一年一〇月
『実務に効く労働判例精選』編著、有斐閣、二〇一四年三月
『はたらく人のための労働法（上）』労働大学出版センター、二〇一四年一一月

論稿（二〇〇〇年以降）

「ＪＲ採用差別問題についてのＩＬＯ勧告の内容と意義」労委労協五二七号（二〇〇〇年三月）
「企業法制度の改正と労働者保護」月刊労働組合四一一号（二〇〇〇年五月）
「労働委員会命令の法理」日本労働法学会編『講座21世紀の労働法（8）利益代表システムと団結権』有斐閣、二〇〇〇年五月
「企業再編と団体交渉」季刊労働者の権利二三七号（二〇〇〇年一〇月）

「不当労働行為制度の焦点―労委命令と司法審査」労働法律旬報一四九五・九六号（二〇〇一年一月上・下旬）
「個別的労使紛争の新たな解決システム―『個別紛争解決促進法』について」労務事情三八巻九九六号（二〇〇一年一〇月一五日）
「ＪＲ採用差別事件の二つの高裁判決」労働法律旬報一五〇〇号（二〇〇一年三月下旬）
「会社分割と労働契約承継法」賃金事情二三八六号（二〇〇一年五月五日）
「合併・営業譲渡　労組のための法知識」ひろばユニオン四七三号（二〇〇一年七月）
「小泉政権の雇用政策　不安定雇用の拡大と雇用規制緩和」国際労働運動三一巻八号〈通号三五七号〉（二〇〇一年八月）
「司法改革審議会意見書と労働裁判改革の課題」労委労協五四五号（二〇〇一年九月）
「出向・転籍　知っておきたい法知識」ひろばユニオン四八八号（二〇〇二年一〇月）
「企業再編法制の動向―再編リストラサポート法の問題」月刊労働組合四四七号（二〇〇二年一一月）
「ＪＲ配属差別事件の和解とその意義」労委労協五五一号（二〇〇二年三月）
「労働基準法―企業責任と労働者の姿勢」ひろばユニオン五〇一号（二〇〇三年一一月）
「労働裁判改革と労働委員会改革」労委労協五七一号（二〇〇三年一一月）
「許すまじ『解雇しやすいルール』」ひろばユニオン四九三号（二〇〇三年三月）
「労働基準法・派遣法改正法案の内容と問題点」労委労協五六五号（二〇〇三年五月）
「労働事件の現実と紛争解決システム―労働者側弁護士の立場から」季刊労働法二〇五号（二〇〇四年夏季）
「労働基準法改正についての評価と問題点―労働者側弁護士の立場から」日本労働研究雑誌四六巻一号〈通号五二三号〉（二〇〇四年一月）
「不当労働行為審査制度の改革―改正労組法の内容と問題点について」労委労協五八三号（二〇〇四年一一月）
「採用差別の法構造―採用差別との闘いの原点に立ち返って」季刊労働者の権利二五四号（二〇〇四年四月）
「労組法上の『労働者』と『使用者』の意義―東京都立国際高校団交拒否事件・東京地労委命令（平成一五年一一月四日）」季

刊労働者の権利二五四号（二〇〇四年四月）
「リストラの現場では今……」職場の人権一六号（二〇〇二年五月）
「解雇規制　国際基準と日本の現実」ひろばユニオン五一一号（二〇〇四年九月）
「労働条件変更法理と解雇法理―交錯と判断」季刊労働法二一〇号（二〇〇五年秋季）
「国鉄改革法による『採用』手続とJRの不当労働行為責任―法的責任論を中心に」労働法律旬報一五九一・九二号（二〇〇五年一月上・下旬）
「労使委員会制度について」季刊労働者の権利二六二号（二〇〇五年一〇月）
「労働契約法の必要性と基本的視点―拙速をさけ、労働現場を踏まえて十分な論議を」月刊労働組合四八六号（二〇〇五年一一月）
「団体交渉・労働協約の法理と実務」季刊労働者の権利二五九号（二〇〇五年四月）
「団体交渉事項　球団合併　選手会労組に学ぶ教訓―日本プロ野球組織事件・東京高裁二〇〇四年九月八日判決」（ひろばユニオン五一九号（二〇〇五年五月）
労働判例研究（第一〇三三回）「営業譲渡における労働契約不承継合意の効力―勝英自動車（大船自動車興業）事件・横浜地判平成一五年一二月一六日」ジュリスト一二九四号（二〇〇五年七月一五日）
労働判例研究（第一〇五八回）「配転命令及び出向命令が無効とされた事例―日本レストランシステム事件―大阪高判平成一七年一月二五日」ジュリスト一三二〇号（二〇〇六年一〇月一日）
「労働契約法制の問題点―労使委員会・労働者代表制度を中心に」労働法学研究会報五七巻六号〈通号二三七七号〉（二〇〇六年三月一五日）
「JR採用差別とのたたかい―到達点とたたかいの課題」法と民主主義四〇七号（二〇〇六年四月）
「投資ファンドによる企業買収と投資ファンドの使用者性について―東急観光事件を素材に」労働法律旬報一六三一号（二〇〇六年九月上旬）

「労働法制の規則緩和」労委労協六一九号（二〇〇七年一一月）
「最新労働判例解説　家族配慮を重視する最近の配転判例動向―日本レストランシステム事件（大阪高判平成一七年一月二五日）」労働法学研究会報五八巻六号〈通号二四〇一号〉（二〇〇七年三月一五日）
「労働委員会制度の過去・現在・未来」労委労協六一三号（二〇〇七年五月）
「労働契約の成否と労働組合法上の労働者」『ロースクール演習労働法』法学書院、二〇〇七年六月
「組合加入資格と使用者の団体交渉応諾義務」『ロースクール演習労働法』法学書院、二〇〇七年六月
「不当労働行為事件の審査・判断・救済」労委労協六三一号（二〇〇八年一一月）
「労働契約法について―労働条件の決定・変更のルール」季刊労働者の権利二七四号［修正版］（二〇〇八年四月）
「新・労働契約法への対応Q＆A（上）」労務事情四五〈一一四〇号〉（二〇〇八年四月一五日）
「新・労働契約法への対応Q＆A（下）」労務事情四五〈一一四一号〉（二〇〇八年五月一日）
「労働者の団結と闘いが権利を守る」月刊労働組合五二〇号（二〇〇八年六月）
「労働契約法制過程と法制定の意義・評価―労働者側弁護士の立場から」日本労働研究誌五〇巻七号〈通号五七六号〉（二〇〇八年七月）
「労働判例はこう読もう」ひろばユニオン五五九号（二〇〇八年九月）
「守られない雇用のルール」まなぶ六一一号（二〇〇八年九月）
「『委任契約』をしている外国人教員の労働者性―東京都立国際高校団交拒否事件・東京地労委平成一五年一一月四日命令」労働法律旬報一六七九号（二〇〇八年九月上旬）
労働判例研究（第一一二六回）「労組法七条二号の『使用者が雇用する労働者』の意義―兵庫県・兵庫県労委（住友ゴム工業）事件・神戸地裁平成二〇年一二月一〇日判決」ジュリスト一三九一号（二〇〇九年一二月一五日）
「ＪＲ採用差別とのたたかい―二三年間の軌跡をふり返って」労働法律旬報一七二九号（二〇一〇年一〇月上旬）
「労組法上の『労働者』について―判断基準をめぐる問題と課題」労委労協六五二号（二〇一〇年八月）

「労組法上の労働者の判断基準―労使関係法研究会報告書について」労働法律旬報一七五八号（二〇一一年一二月下旬）

「新国立劇場運営財団事件およびＩＮＡＸメンテナンス事件の最高裁判決―その意義と射程」労働法律旬報一七四五号（二〇一一年六月上旬）

「働く者の『団結』の再生を!!」法と民主主義四六一号（二〇一一年八月）

「拡がる格差と貧困のもとで―労働組合に問われているもの」労委労協六六九号（二〇一二年一月）

「日本航空整理解雇・東京地裁判決について―整理解雇法理の実質的緩和論批判［二〇一二年三月二九日］」労働法律旬報一七六六号（二〇一二年四月下旬）

「『統治権者』と『使用者』」労働判例一〇四三号（二〇一二年五月一五日）

「有期労働契約の法規制―有期労働契約に関する労働契約法改正について」労働法律旬報一七六八号（二〇一二年五月下旬）

「団結権侵害―橋下市長に問う」ひろばユニオン六〇七号（二〇一二年九月）

ローヤリング労働事件（第八回）「労働委員会による不当労働行為の救済」季刊労働法二四〇号（二〇一三年春季）

「法実践のなかの労働法」日独労働法協会会報一四号（二〇一三年）

「非正規労働者の組織化に向けての課題」ビジネス・レーバー・トレンド〈労働政策研究・研修機構〉二〇一三年三月

「不当労働行為救済申立実務実践講座（1）」季刊労働者の権利三〇〇号（二〇一三年 Sum.）

「不当労働行為救済申立実務実践講座（2）」季刊労働者の権利三〇二号（二〇一三 Aut.）

「労働契約法の改正と非正規労働者」労働の科学六八巻一号（二〇一三年一月）

「どう考える　従業員代表制」ひろばユニオン六二〇号（二〇一三年一〇月）

「労働審判制度の実務と課題―労働者側弁護士の立場」菅野和夫ほか編『労働審判制度の利用者調査―実証分析と提言』有斐閣、二〇一三年三月

労働判例研究（第一二〇一回）「救済命令発出後の事情変更と救済命令の拘束力―広島県・広島県労委（熊谷海事工業）事件・最高裁平成二四年四月二七日第二小法廷判決」ジュリスト一四五四号（二〇一三年五月）

「Q＆A知っておきたい労働用語の基礎知識」まなぶ六七二号（二〇一三年五月）
「不当労働行為救済命令に関する最高裁判例の紹介と解説」労委労協六八七号（二〇一三年八・九月）
「労働者代表制をどう考えるか（1）労組の組織率低下・役割後退の下では労働者の声反映させる仕組み必要」月刊労働組合五九三号（二〇一四年一月）
「不当労働行為とのたたかい―体験的覚書」労働法律旬報一八〇九号（二〇一四年二月上旬）
「団体交渉―義務的交渉事項と誠実交渉義務」『ジュリスト増刊　実務に効く労働判例精選』有斐閣、二〇一四年三月
「混合組合の団交権と不当労働行為救済申立人適格―中労委（大阪府教委・大阪教育合同労組）事件・東京高判平二六年三月一八日」労働法律旬報一八一四号（二〇一四年四月下旬）
「アベノミクスと労働法制の規制緩和」連合総研レポート二九三号（二〇一四年五月）
「更生管財人による整理解雇と整理解雇法理―JAL東京高裁判決の論理と手法」労働法律旬報一八一九号（二〇一四年七月上旬）
「私たちの生活・社会と裁判」まなぶ六八八号（二〇一四年八月）
「労働破壊の規制緩和論を問う」ひろばユニオン六三一号（二〇一四年九月）
「『多様な正社員』提言への疑問と危惧」労働法律旬報一八二六号（二〇一四年一〇月下旬）

あとがき――お礼にかえて

私の弁護士五〇周年にあたって本書が出版されたことは望外の喜びであり、身に余る光栄です。御執筆いただいた皆さんに心からお礼を申し上げます。

一九六五年に弁護士となって五〇年、顧みてあっという間の年月であったというのが率直な感慨です。司法修習生時代、自分の性格はあまり闘争的でなく、弁護士という職業に向いていないのではないかと思い、裁判官になるべきかと心揺らいだこともありました。しかし、労働者・労働組合の権利にかかわる弁護士になりたいとの思いが募り、労働弁護士の道を選択しました。

以来五〇年間、その時々の時代状況を反映する様々な労働事件に第一線で取り組み続けることができたことは労働弁護士冥利に尽きるというべきでしょう。

さて、これからですが、今まで歩んできた道をこれからも歩み続けることしか思い浮かびません。体力は劣化しており、とぼとぼ歩きになるでしょうが、気力と智力はまだ残っていますし、経験知は失せるものではないでしょう。

私が愛読する作家藤沢周平の名品に「三屋清左衛門残日録」があります。「隠居」の身になった清左衛門がつけはじめた日記のタイトル「残日録」に漂う寂しげな感じを心配した若い嫁に清左衛門はこう説明する――「日残リ昏ルニ未ダ遠シの意味であり、残る日を数えようというわけではない」と。

「日昏ル」まではいきませんが、五〇年間労働者の権利の軌跡と伴走してきた者としては、もうしばらくの「残日」を現役にこだわって活動したいという思いがあります。労働者の権利をめぐる昨今の状況をみる時、なおさらそう思います。

本書の刊行を企画していただいた鵜飼良昭、徳住堅治、井上幸夫、鴨田哲郎の各弁護士、および、本書の出版をお引き受け下さり、企画段階から出版にいたるまで御尽力をいただいた旬報社の木内洋育社長に厚く御礼申し上げます。

入院するような病気をすることもなく、五〇年間仕事をすることができたのは、いつも私の健康に気を配ってくれた妻芳子のおかげである。記して、感謝の念を表したい。

二〇一五年四月

宮里　邦雄

森　　信雄（もり　のぶお）弁護士、きづがわ共同法律事務所
豊川　義明（とよかわ　よしあき）弁護士、関西学院大学名誉教授
川人　　博（かわひと　ひろし）弁護士、川人法律事務所
横山　慶一（よこやま　よしかず）弁護士、青森八甲法律事務所
今野　久子（こんの　ひさこ）弁護士、東京法律事務所
君和田伸仁（きみわだ　のぶひと）弁護士、東京法律事務所
古川　景一（ふるかわ　けいいち）弁護士、古川景一法律事務所

第Ⅲ部
江森　民夫（えもり　たみお）弁護士、東京中央法律事務所
福田　　護（ふくだ　まもる）弁護士、神奈川総合法律事務所
長谷川裕子（はせがわ　ゆうこ）全国労働委員会労働者側委員連絡協議会事務局長
在間　文康（ざいま　ふみやす）弁護士、いわて三陸ひまわり基金法律事務所
喜多　英之（きた　ひでゆき）長野県平和・人権・環境労働組合会議事務局長
後藤　　徹（ごとう　とおる）弁護士、後藤徹法律事務所
石井　　将（いしい　まさる）弁護士、ナリッジ共同法律事務所
池宮城紀夫（いけみぎ　としお）弁護士、那覇第一法律事務所
在間　秀和（ざいま　ひでかず）弁護士、在間秀和法律事務所
中村　和雄（なかむら　かずお）弁護士、市民共同法律事務所
徳住　堅治（とくずみ　けんじ）弁護士、旬報法律事務所
井上　幸夫（いのうえ　ゆきお）弁護士、東京法律事務所
鴨田　哲郎（かもた　てつお）弁護士、旬報法律事務所
山口　　広（やまぐち　ひろし）弁護士、東京共同法律事務所
渡辺　　章（わたなべ　あきら）筑波大学名誉教授
菅野　和夫（すげの　かずお）東京大学名誉教授
西谷　　敏（にしたに　さとし）大阪市立大学名誉教授

執筆者紹介（掲載順）

第Ⅰ部

髙木　太郎（たかき　たろう）弁護士、埼玉総合法律事務所
上田　絵理（うえだ　えり）弁護士、道央法律事務所
小島　周一（こじま　しゅういち）弁護士、横浜法律事務所
小川　英郎（おがわ　ひでお）弁護士、ウェール法律事務所
村田　浩治（むらた　こうじ）弁護士、堺総合法律事務所
佐々木　亮（ささき　りょう）弁護士、旬報法律事務所
中野　麻美（なかの　まみ）弁護士、りべるて・えがりて法律事務所
林　　陽子（はやし　ようこ）弁護士、アテナ法律事務所、国連女性差別撤廃委員会委員長
岡村　親宜（おかむら　ちかのぶ）弁護士、東京本郷合同法律事務所
船尾　　徹（ふなお　てつ）弁護士、東京南部法律事務所
棗　　一郎（なつめ　いちろう）弁護士、旬報法律事務所
後藤潤一郎（ごとう　じゅんいちろう）弁護士、名古屋中央法律事務所
田中　　誠（たなか　まこと）弁護士、神奈川総合法律事務所
岡田　俊宏（おかだ　としひろ）弁護士、自治労法律相談所
木下　徹郎（きのした　てつろう）弁護士、東京共同法律事務所
牛久保秀樹（うしくぼ　ひでき）弁護士、新宿総合法律事務所
加藤　健次（かとう　けんじ）弁護士、東京法律事務所
海渡　雄一（かいど　ゆういち）弁護士、東京共同法律事務所、原発労働者弁護団共同代表
鵜飼　良昭（うがい　よしあき）弁護士、神奈川総合法律事務所

第Ⅱ部

山本　　博（やまもと　ひろし）弁護士、東京協立法律事務所
塙　　　悟（はなわ　さとる）弁護士、新宿総合法律事務所
中村洋二郎（なかむら　ようじろう）弁護士、新潟菜の花法律事務所
熊谷　悟郎（くまがい　ごろう）弁護士、熊谷悟郎法律事務所
上条　貞夫（かみじょう　さだお）弁護士、東京法律事務所
関戸　一考（せきど　いっこう）弁護士、みどり総合法律事務所
吉田　健一（よしだ　けんいち）弁護士、三多摩法律事務所

編者紹介

鵜飼良昭（うがい　よしあき）
弁護士、日本労働弁護団会長、神奈川総合法律事務所

徳住堅治（とくずみ　けんじ）
弁護士、日本労働弁護団副会長、旬報法律事務所

井上幸夫（いのうえ　ゆきお）
弁護士、日本労働弁護団副会長、東京法律事務所

鴨田哲郎（かもた　てつお）
弁護士、日本労働弁護団副会長、旬報法律事務所

労働者の権利—軌跡と展望（宮里邦雄先生弁護士50周年記念）

2015年5月25日　初版第1刷発行

編者　鵜飼良昭・徳住堅治・井上幸夫・鴨田哲郎
装丁　佐藤篤司
発行者　木内洋育
発行所　株式会社 旬報社
〒112-0015 東京都文京区目白台2-14-13
TEL 03-3943-9911 FAX 03-3943-8396
ホームページ http://www.junposha.com/
印刷製本　中央精版印刷株式会社

ISBN978-4-8451-1407-8